基础外语教育理论与实践丛书

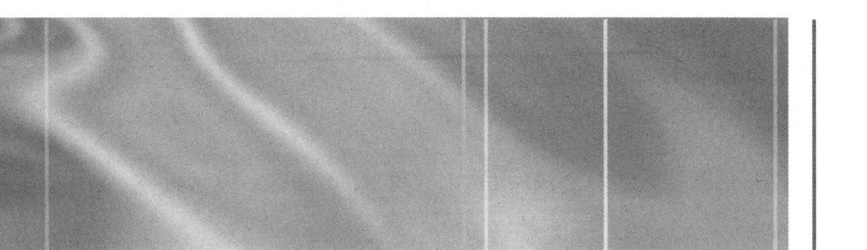

新课程 新教材 新教研

——上海市高中英语教研实践优秀案例

束定芳　汤　青　王蓓蕾　编著

上海外语教育出版社

SHANGHAI FOREIGN LANGUAGE EDUCATION PRESS

图书在版编目(CIP)数据

新课程 新教材 新教研:上海市高中英语教研实践优秀案例 /
束定芳,汤青,王蓓蕾编著. -- 上海:上海外语教育出版社,2022
(基础外语教育理论与实践丛书)
ISBN 978-7-5446-7376-1

Ⅰ.①新… Ⅱ.①束… ②汤… ③王… Ⅲ.①英语课-教学研究-高中
Ⅳ.①G633.412

中国版本图书馆CIP数据核字(2022)第174380号

出版发行:**上海外语教育出版社**
　　　　　(上海外国语大学内) 邮编:200083
电　　话:021-65425300 (总机)
电子邮箱:bookinfo@sflep.com.cn
网　　址:http://www.sflep.com
责任编辑:陆轶晖

印　　刷:启东市人民印刷有限公司
开　　本:635×965 1/16 印张37 字数602千字
版　　次:2023年12月第1版 2023年12月第1次印刷

书　　号:ISBN 978-7-5446-7376-1
定　　价:118.00元

本版图书如有印装质量问题,可向本社调换
质量服务热线:4008-213-263

前　言

　　自 1988 年以来,上海的基础教育历经两期课改的传承和创新,在国际测评和国内外基础教育改革中取得了令人瞩目的成绩。上海的基础教育教研体系作为基础教育质量的重要支撑和保障,在推进课程改革、指导教学实践、促进教师发展、服务教育决策等方面起到了特色鲜明的巨大作用。

　　教研员和教研室是具有中国特色的教育教学研究、教师发展和培训的机制。为了全面提高基础教育质量,教育部于 2019 年 11 月 20 日发布了《关于加强和改进新时代基础教育教研工作的意见》,成立了基础教育教学指导委员会,进一步落实完善国家、省、市、县、校五级教研工作体系,《普通高中英语课程标准(2017 年版 2020 年修订)》(以下简称"新课标")也强调了教研机制的重要性,明确"要建设教学团队,形成教研机制,开展教师间的合作与研究"。

　　为了总结和提炼上海市基础外语教育教研工作的经验,进一步推动和提升上海市基础外语教育教研工作质量与水平,上海市英语教育教学研究基地和上海市教委教研室高中英语教研员、特级教师汤青等合作,约请了上海市各区高中英语教研员,就"新课程 新教材"背景下高中英语教研工作中的优秀教研案例进行优化,结集出版,希望能为全国其他地区的基础外语教研工作提供参考。教研员们基于"立德树人"的基本要求和新课标,聚焦各区在"双新"背景下的单元教学、专题教学和课题研究,阐释了教研理念落实到教研实践的途径、方法和成效。每个教研案例附有专家点评,有助于广大教研工作者学习借鉴区域英语教研活动的设计特点和要领,发挥优质教研资源的示范引领作用,推动教研机制的科学进程,创建新时代基础教研新格局。

　　同时,为了反映上海市高中各学校的教研机制工作情况和相关经验,我们约请了上海各区 29 所高中围绕"新课程 新教材"背景下的最新教研工作案例形成书面报告。各校英语教研组长基于新课标对于高中英语学科的新要求,结合"双新"背景下本校教改的重点和特色,就教材教法、课程资源和专题项目开展形式多样、内容丰富的深度教研。我们还邀请了有关专家对每个案例进行点评,供广大教研工作者深入了解和研究基层学校高中英语教研的实践经验和最新动态,充分发挥优质教研资源的示范引领作用。

编　者

目　录

上篇：区域教研

专题教学

下篇：校本研修

教材教法研究

课程资源建设

专题项目研究

上篇：区域教研

整体设计　深度参与　以评促学

——徐汇区高中英语学科单元评价任务设计教研活动案例

上海市徐汇区教育学院　孟　莎

一、教研理念与经历

1. 教研理念

在基础教育发展进程中,教研员发挥着重要的专业支撑作用,不仅肩负着教学研究和指导的责任,还承担着教学服务和管理的功能。伴随着基础教育课程改革的全面推进和深入实施,教研员不但要承担这些职能,而且要成为基础教育课程建设与发展的推动者,成为专业的课程引领者。

如今的教研工作正在发生巨大的转变。教研重心从"学科教学"转向"课程育人",研修内容从"关注教师的教"转向"关注学生的学",教学改进从"基于经验"转向"基于实证",教师研修从"专家传授"转向"教师众筹"。作为推动课程改革实施、促进教师专业发展的重要专业力量,区域教研员面临着许多需要思考和解决的问题。比如:如何帮助教师深度理解学科核心素养? 如何开展基于核心素养发展的教学和教学评价? 如何真正站在学生的立场思考教育供给,实现学生学习方式的转变? 如何兼顾区域内学校和教师的共性需求与个性化需求? 这些问题没有现成的答案,必须在实践中不断摸索,寻求突破。因此,教研员必须转变角色和定位,要从课堂指导转向全方位专业支持,从基于经验的指导转向基于实践的共同成长。只有这样,教研工作才能聚焦学生核心素养发展的关键问题,帮助教师提升关键能力。

2. 教研经历

笔者从 2005 年走上教研工作岗位至今,本着"发展教师,成就自我"的理念,在工作过程中不断调整工作思路、总结工作经验,以适应时代发展的需要。

早期的教研活动以专题讲座和公开课展示为主。对这种单向输入式的教研活动,教师参与的积极性不高,效果十分有限。怎样才能激发教师的内在需求,提高教师参与教研活动的深度和广度呢? 笔者认为首先就是要让教研活动能够帮助教师解决教学中的实际问题。

于是笔者开始围绕教师在教学实践中面临的突出问题和主要困惑,精心设计解决问题所需要的教学示范、专题讨论等教研活动,以激发教师参与的积极性。但这样的教研活动依然存在一个问题,就是绝大部分教师以接受现成的内容为主,缺乏对知识形成过程的亲身体验,容易造成"知其然,而不知其所以然"的情况。如何才能让更多教师亲身经历问题解决过程,从而获得更大的提升呢?

经过不断的探索,笔者逐渐摸索出"问题切入——主题引领——项目研究——课程深化"的教研路径。研修实施以区校联动的形式推进,教研员和骨干团队一起,以教学中的真实问题为引领,以具体任务驱动问题的解决,在实践与反思中提炼经验、发现不足,改进教学操作,形成资源的迭代更新。这样的教研活动呈现为一个动态、开放的系统,教研员以一名同行者、合作者的身份和心态参与其中,与教师展开平等、积极、自由的互动,共同寻求解决问题的对策,并在这一过程中,实现双方原有知识的解构与重建,促进彼此专业的共同发展。

二、教研活动设计与实施

1. 教研背景

自 2020 年秋季学期开始,上海市普通高中高一年级全面实施新课程,使用新教材。新课程、新教材(以下简称"双新")的实施对教师提出了新的要求和挑战。如何帮助教师把握国家新课程方案与学科课程标准,理解英语学科新教材的编写理念、特点与主要变化,把握《普通高中英语课程标准(2017 年版 2020 年修订)》(以下简称《新课标》)要求,探索有效的教学方法,切实将"双新"理念转化为教育教学实践,确保学科核心素养的落地是迫切需要研究和解决的问题。

单元教学设计是落实素养目标的重要载体,其实质是知识的整合,这种整合意味着需要统整地设计单元学习活动和评价任务。经过近几年的研修实践,我区教师对于单元设计的基本要素(如单元教学目标、单元课时计划、单元教学活动、单元评价设计、单元资源设计等)和单元教学设计的基本方法有了一定的了解。但是教师在教学上的改变还是非常有限,主要表现为主观上虽然具有单元教学的意识,但在实践中缺乏系统思考与整体设计的能力。

比如,教师在单元设计中会设计大量学习活动,但这些学习活动缺乏整合性,活动之间仅依赖单元主题关联。这些零散而无序的学习活动往往又与评价各自独立,弱化了评价促进学习的功能。为了落实素养目标,极有必要探讨在单元设计中如何设计单元评价任务,以实现目标、教学、评价的一致性。因此,引导教师基于单元主题设计单元评价任务,并以大的评价任务统领小的评价任务,从而统摄单元教学和课时教学,无疑能有效地提升教师系统思考、整体设计教学的能力。

2. 教研主题及范围

（1）教研主题及范围

本次教研活动对象为徐汇区全体高一年级教师,主题为"单元评价任务设计",是2019—2020学年实施的区级研修课程"素养导向的单元教学设计与实施"中"单元评价设计"板块中的一个重要内容。该研修课程内容框架如图1所示。

（2）主题内涵阐释

素养导向的学习目标要求学生综合应用知识与技能解决问题,因此为了发展学生素养,单元评价任务需要学生综合运用各种知识与技能完成任务。这样的评价任务往往是大任务,它们架构了单元设计,实现了单元诸多知识与内容的整合。单元评价任务具有以下两个方面的特征。

第一,体现课程标准的要求。单元评价任务转化了课程标准的要求,体现课程标准所包含的综合性素养。单元评价任务的设计结合具体情境问题,致力于发展学生综合运用知识与技能解决问题的能力,能满足课程标准所包含的素养目标要求。

第二,整体架构单元教学。首先,单元评价任务直接指向单元学习目标,规定了单元中最重要的学习结果的表现形式。其次,单元评价任务为学生搭建了学习的支架,同时也提供了评价的载体,使评价不再独

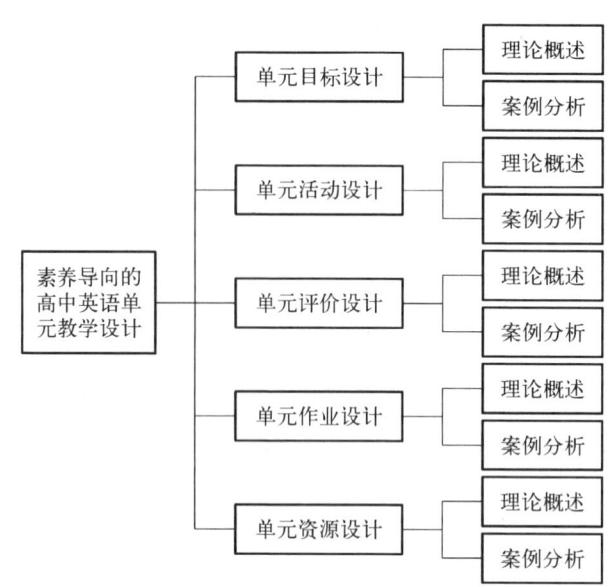

图1 "素养导向的单元教学设计与实施"区级研修课程内容框架

立于课堂教学之外,让学生真实的学习过程和评价融为一体,并得到及时的反馈和改善。

3. 教研内容与形式

（1）教研内容

① 通过理论学习,理解单元评价任务设计的意义、原则和路径;

② 通过案例分析,掌握单元评价任务设计的方法、步骤和要点;

③ 通过实践反思,强化单元评价意识,提升单元整体设计的能力。

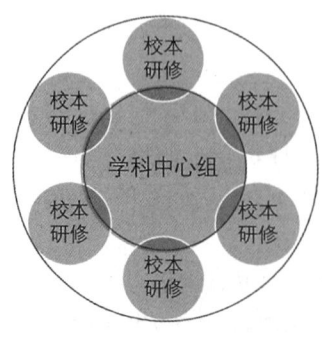

图2 教研活动运行方式

（2）教研形式

本次教研活动采用"边做边研,由点到面"的模式,从问题出发,强调学习、实践与研究相结合,研修范围从中心组成员逐步扩大到全体高一教师,通过多种任务环境,引导教师深度参与,在连续的实践、反思、改进中凝练经验、提升能力。其基本运行方式如图2所示。

4. 教研活动设计与实施步骤

（1）主题系列活动设计

整个系列活动大致分为五个阶段，历时近半年。

第一阶段：骨干先行、开发样例（2021年2月）

通过访谈等方式了解我区教师在单元评价任务设计方面存在的问题和困惑，从中提炼出关键问题，如：什么是单元评价任务？如何设计单元评价任务？单元评价任务与单元教学目标之间的关系是什么？单元评价任务如何统摄单元学习活动的设计？中心组成员带着这些问题利用寒假期间进行理论学习，并对新教材进行分析与解读，在理论学习的基础上尝试开发典型样例。

第二阶段：研讨改进、总结提炼（2021年3月）

中心组成员在研讨交流和实践应用的基础上对单元评价任务的样例进行调整和改进，提炼出单元评价任务设计的方法和路径，并开发相应的工具，如表1所示。

第三阶段：全员培训、深化理解（2021年3月底）

中心组成员以微讲座和案例分析的形式对全区高一教师进行培训，明确单元评价任务设计的意义、原则和路径，并给出单元评价任务设计的方法、步骤和要点。

第四阶段：任务驱动、实践体验（2021年4月）

中心组成员分别深入各校，指导教师以备课组为单位展开实践研究。教师以备课组为单位，运用工具完成指定单元的单元评价任务设计。

第五阶段：成果分享、资源迭代（2021年4—5月）

各备课组在区域主题教研活动中交流与展示完成的单元评价任务设计，研讨点评，并在研讨基础上进一步修改完善，生成新的资源。

（2）主题活动基本流程

本次主题教研活动为第五阶段的交流展示活动，参加教师为我区使用《高中英语》（上外版）（以下简称"上外版"）新教材的全体高一年级英语教师，共约40人。活动基本流程如表2所示。

5. 教研活动成效

本次系列教研活动以单元评价任务设计为切入点，通过"骨干先行、开发样例→研讨改进、总结提炼→全员培训、深化理解→任务驱动、

表1　单元评价任务设计工具

单元主题：No limits
本单元属于"人与自我"主题语境，单元各语篇均围绕冒险、挑战自我等内容展开，传递的主题意义是：挑战自我，超越极限。

课程目标	课程内容要求	单元目标	评价任务	学业质量水平
课程总目标：全面贯彻党的教育方针，培养和践行社会主义核心价值观，落实立德树人根本任务，在义务教育的基础上，进一步促进学生英语学科核心素养的发展，培养具有中国情怀、国际视野和跨文化沟通能力的社会主义建设者和接班人。 具体目标：培养和发展学生在接受高中英语教育后应具备的语言能力、文化意识、思维品质、学习能力等学科核心素养。具体目标如下： • 语言能力：具有一定的语言意识和英语语感，在常见的具体语境中整合性地运用已有语言知识，理解口头和书面语篇所表达的意义，识别其恰当表意所采用的手段，有效地使用口语和书面语表达意义和进行人际交流。	课程标准提出了由主题语境、语篇类型、语言知识、文化知识、语言技能和学习策略等六要素构成的课程内容以及指向学科核心素养发展的英语学习活动观。 具体而言，指向学生核心素养发展的英语教学应以主题意义为引领，以语篇为依托，整合语言知识、文化知识、语言技能和学习策略等学习内容，创设具有综合性、关联性和实践性的英语学习活动，	语言能力：能理解本单元各语篇传递的意义，主要信息和意图；能从心理学和生物学的角度解释青少年冒险行为背后的原因；能运用所学交际策略谈论自己恐惧的事物及其原因；能在语境中正确使用语法结构，识别和运用一篇主题相关的词汇，并撰写一篇作文介绍一位勇于挑战自我的人。 文化意识：通过听、说、读、看、写等活动，了解人类历史上的探险运动及当今生活中的极限运动，以及发生在生活中敢于不断挑战的普通人，深化对冒险精神的理解，培养	评价任务： 1. 运用本单元所学的交际策略，和同学完成一个对话，谈论自己的冒险经历或行为，给对方提出建议并陈述理由（口头）。 2. 撰写一篇记叙文，介绍一个自己敬佩的、勇于挑战自我的人，内容包括该人物的主要事迹和对你产生的影响（书面）。	1-4 能简要地口头描述自己或他人的经历，表达观点并举例说明。 1-8 能通过重复、解释、提问等方式，克服交际中的语言障碍，保持交际的顺畅。 1-13 能以书面形式简要描述自己或他人的经历，表达观点并举例说明。 1-14 能运用语篇的衔接手段构建书面语篇，表达意义，体现意义的逻辑关联性。

续表

课程目标	课程内容要求	单元目标	评价任务	学业质量水平
• 文化意识：获得文化知识，理解文化内涵，比较文化异同，汲取文化精华，形成正确的价值观，坚定文化自信，形成自尊、自信、自强的良好品格，具备一定的跨文化沟通和传播中华文化的能力。 思维品质：能辨析语言和文化现象，梳理、概括信息，建构新概念，分析、推断信息的逻辑关系，正确评判各种思想观点，创造性地表达自己的观点，具备多元思维的意识和创新思维的能力。 • 学习能力：树立正确的英语学习观，保持对英语学习的兴趣，具有明确的学习目标，能够多渠道获取英语学习资源，有效规划学习时间和学习任务，选择恰当的策略与方法，监控、评价、反思和调整自己的学习内容和进程，逐步提高使用英语学习其他学科知识的意识和能力。	引导学生采用自主、合作的学习方式，参与主题意义的探究活动，并从中学习语言知识，发展语言技能，汲取文化营养，促进多元思维，塑造良好品格，优化学习策略，提高学习效率，确保语言能力、文化意识、思维品质和学习能力的同步提升。	健康的生活方式和积极的生活态度。 思维品质：通过文本信息的获取、概括、辨析、迁移、运用和迁移，辨别青少年冒险的原因并反思自己的行为，探讨解决方式；能简述对于冒险行为的辩证思考；运用批判性思维，理性表达自己的观点和态度，辩证地评价冒险行为。 学习能力：通过小组合作，同伴讨论，个人思考，分享对极限运动和冒险精神的看法；利用阅读笔记、图表、思维导图等收集、整理信息，能通过项目小组活动，网络查找资料、查阅字典学习词汇，培养自主探究能力和合作学习能力。	评价要点： • 能从心理学和生物学的角度分析冒险行为的原因并提出建议。 • 能体现人物描写类语篇的结构特征；能正确使用描写人物个性特点的语汇。	

表2　主题活动基本流程

时　间	活　动　流　程	主讲人
13：00	签到并领取资料	
13：15—13：30	教研主题说明 布置研讨要求	教研员
13：30—14：00	案例分享：上外版必修三第三 单元解读与单元评价任务设计	上海市零陵中学 张蕊蕊
14：00—14：30	案例分享：上外版必修三第四 单元解读与单元评价任务设计	上海市第五十四中学 程金华
14：30—15：30	交流研讨	
15：30—16：00	教研员点评并布置作业	

实践体验→成果分享、资源迭代"的实施路径（见图3），引导教师的深度参与，形成团队成员互相支持、共同解决问题、持续改进的氛围，推动教师在解决问题过程中不断提升系统思考、整体设计教学的能力。同时，教研过程中形成的成果，即不断迭代更新的单元评价任务设计案例，也为创新专题性的研修课程积累了宝贵的资源。

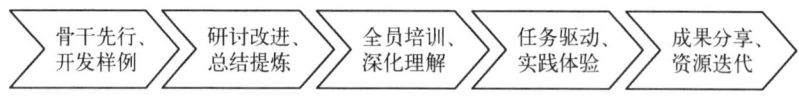

图3　研修实施路径图

通过参与本次教研活动，教师对素养导向的单元教学理解更加深刻，对本单元要落实的核心学习内容定位更加准确，对如何开展单元教学评价以促进学生的学习有了更全面、深入的思考。本次教研活动的成效主要体现在以下两个方面：

（1）深化对核心素养的理解，提升单元整体设计能力

通过本次主题系列教研活动的实施，教师在理论学习的基础上积极实践，基本掌握了单元评价任务设计的方法，并通过设计单元评价任务提升了单元整体设计能力。从教师展示交流的单元评价任务设计中，可以体现以下特点：

① 对《新课标》的深度研读

设计单元评价任务时教师首先研读《新课标》,在理解《新课标》内涵的基础上将其解构,并结合教学实际转换为具体的课程目标、单元目标和课时目标。

② 对教材的深入理解

以上外版必修三第四单元为例,本单元主题是"生活与科技",所属主题语境为"人与社会",主题群为"科学与技术"。本单元共有四则语篇,均围绕"科技"展开,内容上涉及科技在娱乐、医疗、教育、工作等生活诸多方面的运用和影响,从个体层面和群体层面,探讨了科技对人的情感、健康、工作、文化等方面的影响,以及人们对科技的不同体验、感受和态度,较为全面地为学生呈现了主题语境下的多元文化视角。教师设计的单元评价任务为:

A. 进行一次辩论。内容是"Which is better, online learning or traditional classroom learning?"要求结合生活实际、个人经历、高中生学习特点,使用比较和对照的方法,分析两者的异同、阐述各自的利弊,表达个人观点并陈述理由。

B. 进行一次新闻报道。内容是"The Most Popular Smart Apps among…"。要求以小组为单位,共同设计问卷,以特定群体为调查对象,调查内容可包括:最受欢迎的手机应用软件和其受欢迎的原因以及改进的诉求。运用问卷星等网络调查工具,收集并分析调查数据,撰写调查报告。根据单元语篇,仿写一则新闻报道,并进行展示交流。

在此基础上,教师又结合具体的单元教学内容,将单元评价大任务分解为三个单元评价子任务,贯穿单元学习过程,如图4所示。

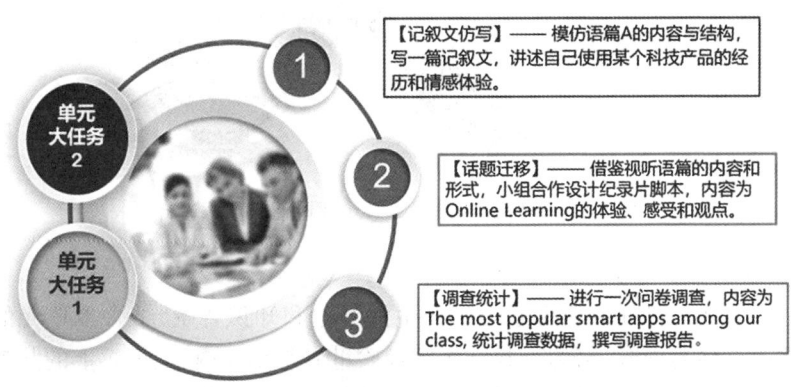

【记叙文仿写】—— 模仿语篇A的内容与结构,写一篇记叙文,讲述自己使用某个科技产品的经历和情感体验。

【话题迁移】—— 借鉴视听语篇的内容和形式,小组合作设计纪录片脚本,内容为Online Learning的体验、感受和观点。

【调查统计】—— 进行一次问卷调查,内容为The most popular smart apps among our class,统计调查数据,撰写调查报告。

单元大任务2

单元大任务1

图4　上外版必修三第四单元评价子任务

③ 对单元主题意义的整体把握

学生对主题意义的探究是语言学习最重要的内容。《新课标》强调"以学科大观念为核心,使课程内容结构化,以主题为引领,使课程内容情境化,促进学科核心素养的落实"。教师在设计单元教学任务时,要始终关注语言的整体性、意义的建构性和语境的真实性,以此避免碎片化、知识化教学的倾向,坚守语言学习的初衷,即学习语言背后的文化,学习不同的思维方式,学习语言传递的价值观。

还是以上外版必修三第四单元为例。本单元主题意义为理解现代科技对个人或群体生活的影响,并形成对科技和生活的健康态度。学生通过主题语篇的学习,进行认知和理解性的语言输入;通过对语篇内容、题材,作者的意图、语篇文体特征、结构和语言特点的剖析,为语言的输出做充分的准备;通过完成单元评价大任务和子任务,以口头和书面相结合的方式,进行语言的输出应用。单元评价任务将记叙、报道、纪实等文体相结合,将听、说、读、看、写融为一体,逐步深入,驱动学生从认知到理解,再到应用、创新,达成指向核心素养下的各项教学目标。如图 5 所示。

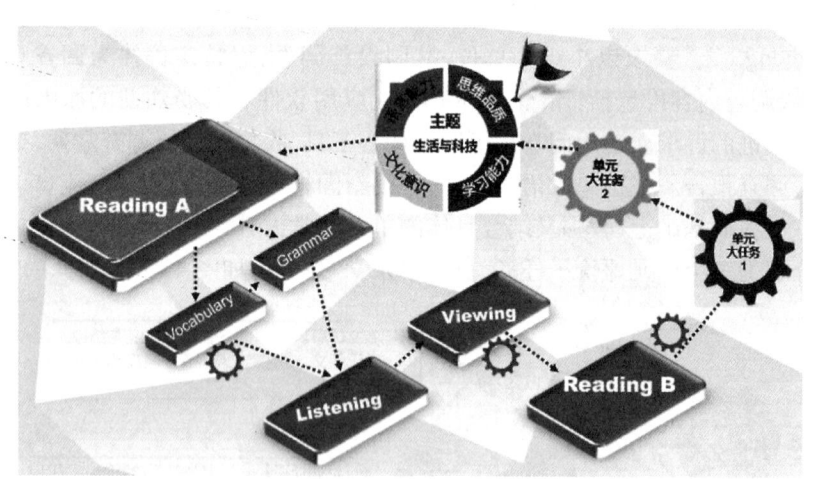

图 5　上外版必修三第四单元评价任务整体设计

④ 对学生学情的充分关注

单元评价任务应考虑学生的生活经验和知识背景,结合本单元的学习目标与内容,努力寻找学生的经验世界与单元内容、情感上的共鸣点,以激发学生的学习动机。从几位教师的交流情况看,都力求做到聚焦单元承载核心素养的学习重点和现实生活的关联,使知识技能、能力培养、核心素养培育等包含在真实的问题探究过程之中。

值得一提的是,本次教研活动虽然以单元评价任务设计作为研修目标,但这只是教研活动外显的目标,内隐的目标是进一步更新教师的教学理念,提升教师单元教学整体设计的能力。也就是说,我们的教研活动不仅要让教师学会使用一个工具或是掌握一种方法,更需要深入理解背后的理念,让教师们知其然,也知其所以然。从教师的研讨发言中可以看出,教师们通过实践与研讨加深了对《新课标》的理解、对教材的理解,更加深了对单元教学设计的理解。比如,有的教师提到:"有个别单元评价子任务的设计不够具体,操作性需要加强。"也有的教师提到:"单元评价任务不仅需要对学生完成的成果等可视化的结果予以评价,也应该对其过程中的参与和表现进行相应的评价,应设计并提供相应的评价工具。"等等。

(2)深度参与研修活动,促进关键能力持续发展

教师在行动中学习。教师只有不断对原有经验加以改组,形成个体的新知识,逐渐实现专题教学经验结构的重组和思维的变化,才能真正驱动教学行为发生内生性、可迁移性的改变。因此,精准聚焦现实教学中面临的真问题,改进教师研修方式,引导广大教师深度参与,是促进教师关键能力持续发展的重要途径之一。

在此次教研活动中,中心组的教师们全程参与关键理论学习、参与单元评价任务的设计与修正、参与多层级的交流与评价,实现了全方位的参与式研修。特别是他们作为指导者,通过样例的解读研讨,对其他教师展开培训,让有益的思路方法获得传播,在更广的范围内运用和完善,这种角色互换中的连环跟进,对教师的成长十分明显。其他教师在小组合作的基础上进行学习、交流、对话和实践。每个备课组都可以将自己的研究成果在区级平台上进行展示与交流,并获得来自其他备课组的反馈与建议,不仅有助于教师关键能力的提升,更能帮助教师体验到成功感和归属感。

6. 后续跟进措施

(1)各备课组根据研讨反馈的意见,修改完善单元评价任务设计,并将修改后完整的单元评价任务设计挂网交流,作为资源在区域内共享。

(2)全体高一教师自选必修课程中的一个单元,独立完成该单元的评价任务设计,作为培训作业上传。

三、教研感悟

新课程的实施推进对教师的课程理解力与执行力提出了更高的要求。如何进一步优化区域教研活动,提升教研品质,从而提高教师的关键能力,促进教师的专业发展,笔者认为还需要从以下三个方面去思考和努力。

1. 教研品质提升需要依靠科学的规划设计

教研活动旨在促进教师对教育教学,对自己及学生的想法、感受、思维和行动的反思,和对这些方面相互关系的反思。教师的任何教学行为都是在一定的理念支配下进行的。教研活动应立足教育实践,拓展教师的眼界、冲击教师的理念,让教师在思维的深处更新学生观、教学观和教育观,体验到研修带来的新视野。此外,教研活动应特别重视教研方式本身对教师的示范作用。教师通过亲身参与,体验其背后的理念,便于他们在自己的教学中迁移运用。

2. 教研品质提升需要依靠骨干团队的力量

学科教研需要骨干团队的支撑,否则教研会缺乏其辐射力与有效性。在本次系列教研活动中,中心组教师发挥了非常重要的作用。在前期的教研活动中,他们和区域教研员一起,围绕教学关键问题,确立研修主题,构建研修共同体,围绕研修主题展开研究,从而成为真正的学习者、研究者和设计者;而后期的教研活动中,他们深入到每一所学校,成了培训者、推广者、反思者。这样一支骨干团队聚焦教学研究,并辐射专业影响力,促进学科教师跨校合作教学研究机制的形成,保障更多教师在改革实践中不断学习与反思,不断提高教学和研究水平。

3. 教研品质提升需要依靠教研大数据的支撑

进入信息时代,运用大数据提升教学水平已经成为社会共识。学校教师要通过分析、挖掘学生学习大数据,制订高效合理的教学计划,找到最优的教学途径。教研员则要收集、整理区域教研大数据,改变以往教研活动凭经验、只重因果逻辑的现象,通过大数据整理教研中存在的问题的相关性,使教研活动更具针对性。而这也是今后教研活动需要进一步努力的方向。

结语

"双新"课程实施过程中教师是主要实践者,教学方式改革的智慧在广大教师的教学实践中。区域教研员的主要任务就是广泛地发动、组织,搭建教师实践研究与专业发展的平台,富集智慧,萃取经验。通过"区域统筹、院校联动;研修先行、实践跟进;反思研讨、提炼范式;推广应用、丰富完善"的基本路径,突破教学改革中的重点和难点问题。同时,教研员要不断加强自我修炼,多维度提升教研的核心能力,高品质服务区域教育改革的发展需求。

参考文献

[1] 罗滨. 教研: 用专业和敬业服务区域教育发展——对新时期教研转型的思考与实践[J]. 中国教师,2021,(02): 6 - 8.

[2] 雷浩,崔允漷. 核心素养评价的质量标准: 背景、内容与应用[J]. 中国教育学刊,2020,(03): 87 - 92.

[3] 邵朝友、陈体杰、杨宇凡. 论单元核心学习任务的设计——基于目标—教学—评价一致性的视角[J]. 当代教育科学,2021,(03): 73 - 78.

[4] 伊剑. 从经验主导走向理论自觉的教师专业成长[J]. 教育理论与实践,2021,41(19): 39 - 42.

[5] 俞文森. 核心素养导向的课堂教学[M]. 上海: 上海教育出版社,2017.

[活动点评]

- 选题应时应景

本系列主题教研活动的选题源于教研员对"双新"要求与任务的深刻理解、对教学现状与需求的精准把脉。以"单元评价任务"为抓手,在行动中帮助教师理解学科核心素养、熟悉新教材编写逻辑、树立单元整体设计意识、提升单元整体设计能力,实现教学评一体化。活动中积累了丰富的单元评价任务设计和实施案例,不仅能服务本区,还可辐射全市,具有很高的推广价值。

- 路径科学有效

本系列主题教研活动规划科学、路径清晰,在教研员的引领下,不仅发挥了骨干教师团队的作用,也在区校联动中把每个学校建设成研修共同体。合理的设计最大限度激活了教师的内驱力,在不同阶段的任务驱动中,教师有所学、有所思、有所得,不仅收获了有形的教学案例,更收获了无形的理念、方法和策略。扎实有效的教研路径对其他区域有很强的借鉴作用。

- 理念引领行动

高品质的教研活动,归功于合理的选题定位、科学的规划设计、有效的实施落实。而这些,又取决于教研员对教研功能与教研员角色的深度思考。"从课堂指导转向全方位专业支持,从基于经验的指导转向基于实践的共同成长""与教师展开平等、积极、自由的互动""实现双方原有知识的解构与重建,促进彼此专业的共同发展"。正是有了这样的理念,才有了本系列教研活动的精彩落地。

(点评人:上海市浦东教育发展研究院　沈冬梅)

作者简介

孟莎,上海市徐汇区教育学院高中英语教研员,中学英语高级教师,上海市高中英语学科中心组成员,上海市第三期名师名校长培养工程学员,长三角基础教育英语学科专家,上海市学科基本要求修订审读专家,"英语学科核心素养发展丛书"编委会成员。曾参与多项国家级、市级课题研究,先后获得上海市基础教育教研员专业发展评选一等奖、全国部分省市"聚焦课堂"活动公开课评比一等奖等奖项。

关注单元　深入语篇
——松江区"单元视角下的语篇教学"主题教研活动

上海市松江区教育学院　吴健雄

引言

　　2020 年 9 月起,上海市高一年级英语学科全面启用新教材,松江区 7 所高中全部选用《高中英语》(上外版)教材。新教材的使用对教师的教学提出了新的挑战:如何用《普通高中英语课程标准(2017 年版 2020 年修订)》(以下简称"新课标")的理念来指导新教材的使用? 如何基于各校现有的教情、学情摸索出新教材使用的现实路径? 很多问题和困难都摆在一线教师面前,需要开展各级各类教研活动来帮助老师们缓解焦虑、探索路径、落实新理念。

　　本文以案例的形式介绍笔者作为区县教研员对以上问题所展开的相关思考,以及所设计的相关教研活动。笔者力图通过关注教师发展需求,设计系列教研活动,提升教师参与度,在新教材使用过程中为一线教师提供相应的帮助,进而提升区域高中英语教学的有效性。

一、教研理念与经历

1. 教研理念

　　教研活动是教研员策划组织、教师共同参与的学习活动。教师的学习行为与中小学生的学习有着很大的不同。就目的而言,教师的学习更倾向于解决实际问题;就路径而言,教师的学习是基于经验来深化理解和掌握。因此,笔者认为教研活动的设计要以解决教师教学中的实际问题为出发点,让教师在已有经验的基础上提升对相关问题的认知,启发教师在今后的教学实践中做出相应调整。

区县教研活动是市级教研活动和校级教研活动之间的桥梁。市级教研活动从宏观上引领全市的研修方向;校级教研活动从微观上针对本校教情、学情落实研修项目。如果基层学校无法深刻领会、精准落实市级教研的精神,就需要区县教研活动来做进一步的阐释,助力市级教研精神的落地;如果市级教研活动不能够精准解决本区县各校的实际教学问题,就需要区县教研活动及时补位,为本区县学校开展教学提供更具针对性的帮助。

2. 教研经历

自 2019 学年起,笔者走上教研员工作岗位,主持《基于思维品质培养的高中英语课堂提问研究》《单元视角下基于学习活动观的高中英语语篇教学初探》等院级课题。2020 学年,笔者主持区域高一、高二年级英语教研工作,致力于"双新"工作在本区的推进。

在早期的工作经历中,笔者多注重基于语篇的教学设计,曾撰写《例谈六要素整合的课堂教学设计》等文章。在现阶段的工作过程中,由于自身的岗位变化及英语教学的发展,笔者更关注高中英语教学中存在的真实问题,以可操作的任务驱动一线教师对教学的思考、研究和实践。

二、教研活动设计与实施

1. 教研背景

（1）外部要求

2018 年初,新课标正式颁布。2020 年 9 月,依照新课标理念编写的《高中英语》新教材在全市高一年级全面推行使用。新课程、新教材的全面推广对于教师的教学提出了新的要求。为了帮助一线教师深刻理解并迅速落实"双新"理念,以新教材教学为依托的教研活动成为区域教研活动的重点工作。

我区目前所使用的《高中英语》(上外版)教材从活动观出发,按照新课标规定的主题语境设计了基本学习单元。单元是学生开展主题学习的基本单位,单元视角是新课标、新教材对教师教学设计提出的要求。这就需要教师打破原有的以课时为单位的碎片化的教学观,落实更宏观的单元教学理念。

（2）内部需求

为了规划第二学期的教研活动,笔者于第一学期期末设计并发放了调查问卷,了解教师的需求。共回收 120 份有效问卷。研究结果表明,"在教学过程中,您最希望在以下哪个或哪些方面得到帮助?"这个问题的回答中,区域内教师目前最希望得到的帮助主要集中在"活动设计"和"语篇解读"两个方面。(详见图 1)

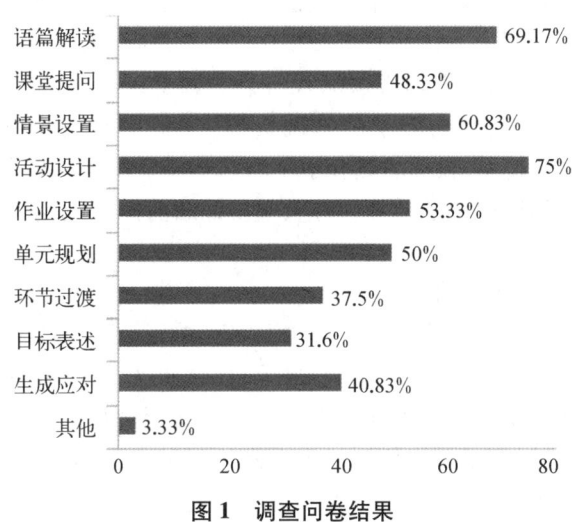

语篇解读　69.17%
课堂提问　48.33%
情景设置　60.83%
活动设计　75%
作业设置　53.33%
单元规划　50%
环节过渡　37.5%
目标表述　31.6%
生成应对　40.83%
其他　3.33%

图 1　调查问卷结果

其中,最受关注的"活动设计"(75%)要根据具体的语篇类型、文本特点等开展。而"语篇解读"(69.17%)排在教师需求的第二位,这恰是实现"活动设计"的前提条件。笔者权衡了两者的关系,选择先以"语篇解读"为切入点,深化区域教师的语篇解读能力,再在后续的教研活动中优化教师的"活动设计"能力。

（3）区域现状

笔者经过近两年的观察,发现区域内教师在教学实践中存在一些亟待解决的问题。首先,单元设计缺乏前后关联。经过前期对新课标的学习,教师们逐步建立起单元教学的意识,但是在实际操作过程中仍缺乏对单元全局的思考和设计能力,不能很好地关注到单元内多个语篇之间的关联或者单个语篇与单元主题语境的关联,设计语篇学习活动时仍多从课时视角出发。其次,语篇解读趋于固定模式。部分教师在语篇教学过程中,按部就班地按照读大意、读细节的固有模式操作,缺乏引领学生对主题意义的深层探究,因而难以激发学生对语篇的浓厚兴趣和深度理解。

2. 教研主题与范围

2020学年第二学期,松江区高中英语高一、高二年级教研活动主题定位在"单元视角下的语篇教学"这一主题上,举行了一系列相关教研活动。笔者对该主题的内涵阐释如下:

（1）体现课标要求

新课标指出:教师要认真分析单元教学内容……根据学生的实际水平和学习需求,确定教学重点,统筹安排教学,在教学活动中拓展主题意义(中华人民共和国教育部 2020：57)。因此,从单元视角出发设计课堂教学活动成为教师必须深入研究的教学设计思路。此外,新课标还指出:语篇是英语教学的基础资源。(中华人民共和国教育部 2020：59)也就是说,教师的教和学生的学都需要基于语篇来开展。因此,深入研读语篇就成了教师做好教学设计的前提,对于落实学科核心素养极为重要。

（2）依托市级教研

"一月一研"市级教研活动非常重视"单元"和"语篇"这两个概念。2020学年第一学期的四次主题活动(详见表1)中有两次主题定位在"阅读语篇分析"。这两场活动为教师备课过程中开展语篇解读提供了积极的引领示范作用。另有一次活动的主题为"单元主题探究与单元整体设计"。此次活动从单元视角出发,指导教师关注单元主题意义的探究和整体教学设计的路径。

表1　2020学年第一学期市级"一月一研"教研活动主题

时　间	主　题
2020 年 9 月	阅读语篇分析 1
2020 年 10 月	单元主题探究与单元整体设计
2020 年 11 月	数字化时代的人才培养
2020 年 12 月	阅读语篇分析 2

这几场活动中的专家讲座、教师分享等部分提升了我区部分教师进行语篇分析和整体规划单元的意识,并提供了路径上的示范。

（3）符合区域教情

教研活动策划应该始于对教师的需求分析(季平 2014：65)。

2020学年第一学期末,在经历新教材教学一个学期之后,笔者向区域内教师发放调查问卷,了解一线教师在教学过程中的实际需求。调查发现,教师们最希望得到的帮助集中在"活动设计"和"语篇解读"两个方面。而"活动设计"需要在"语篇解读"的基础上展开。因此,笔者先将"语篇解读"设定为2020学年第二学期的教研活动的关注重点之一。

另外,经过笔者观察发现,单元设计缺乏前后关联和语篇解读趋于固定模式是目前区域内教师教学中亟待解决的两大问题。在逐步解决这两个问题的基础上,后续可以按照教师需求开展以"活动设计"或其他需求较高的内容为主题的教研活动。

3. 教研内容与形式

本学期,我区以"单元视角下的语篇教学"为主题,开展了以"主题调研—公开研讨—实践跟进—拓展思考"为序的系列教研活动(详见表2)。

表2 区域"单元视角下的语篇教学"系列活动列表

活动序号	活动形式	内 容 要 点	时间地点	参 与 对 象
1	主题调研	a) 三位教师就《高中英语》(上外版)1BU4 Reading A 的语篇 *Open Love Letter to Basketball* 进行同课异构教学实践 b) 教师座谈对"单元视角"和"语篇解读"的理解	松江一中; 2021年3月中旬	松江一中部分英语教师; 本区新教材研究基地部分教师
2	公开研讨	a) X 老师执教《高中英语》(上外版)1CU2 的阅读公开课 *Banquet Speech*,并从语篇出发讲解设计思路 b) W 老师解读备课组对 1CU2 的整体教学规划 c) 听课教师基于公开课及相关解读给出评价 d) 外请专家开展题为《单元视角下的语篇研读和教学设计》的讲座	松江一中; 2021年4月下旬	本区高一、高二全体英语教师; 本区新教材研究基地全体教师

活动序号	活动形式	内　容　要　点	时间地点	参 与 对 象
3	实践跟进	不同学校高一教师依据主题开展教学实践,教研员及区内部分骨干教师实时跟进。 a) L 老师执教 1CU1 Stay Hungry. Stay Foolish. b) S 老师执教 1CU1 Malaria Fighter's Path to Nobel Prize c) J 老师执教 1CU2 Vincent van Gogh + Blowin' in the Wind d) C 老师执教 1CU3 Take Charge of Your Health e) G 老师执教 1CU3 Classic Health Debates f) D 老师执教 1CU4 Life with a Robot Dog	松江一中、华实高中、松江四中、上师附外、立达中学; 2021 年 4 月至 6 月	松江一中、华实高中、松江四中、上师附外、立达中学部分教师; 本区新教材研究基地部分教师
4	拓展思考	高二年级教师依据主题"单元视角下的语篇教学"开展教学实践,拓展主题适用范围。 a) Z 老师执教、解读牛津教材 S2BU6 的语篇 Unique and Unconventional b) Y 老师解读牛津教材 S2BU4 整个单元以及语篇 The Vincent van Gogh Exhibition 的教学	松江四中; 2021 年 5 月下旬	本区高二全体英语教师; 本区新教材研究基地全体教师

从表 2 中可以看出,本系列活动前后跨度近一个学期四个月,较长的战线可以为教师提供消化活动的收获、改进教学实践、思考后续探索的契机。活动举办的学校涉及市实验性示范性高中、区实验性示范性高中和一般高中,丰富的学校层次可以较好地探索该主题在不同类型学生中的适应性和可操作性。活动设计重视教学实践和成果辐射,每次活动都以教师的教学实践为依托,从一所学校辐射到全体学校,由高一年级辐射到高二年级。教师们都紧紧围绕"单元"和"语篇"这两个关键词展开教学实践,但在内容上各有侧重,体现活动对同一主题设计的相互关联和逐步深入。

4. 教研活动设计与实施步骤

下文以 2021 年 4 月下旬的公开研讨活动为例,介绍本区开展教研活动的具体情况。此次活动围绕松江一中 X 老师执教《高中英语》(上外版)1CU2 的阅读课 *Banquet Speech*,开展对"单元视角下的语篇教学"的探讨。

(1)活动前:优化活动流程及语篇解读模式

① 优化活动流程

开展教研活动的重要任务,就是为了教师实施课程和教学进行导向引路、释疑解难,促进教师合理思维、深化认识,促进教师的教学素养和研究能力不断提高(陆伯鸿 2017:113)。为了实现这样的目标,笔者在教研活动开始前首先着力活动流程的设计。我区先前的公开研讨活动主要以教学展示、教学说明及同行评课三步展开。笔者认为这样的流程尚不利于教师深化认识单元整体规划的重要性,且缺乏对教师在教学理念上的高位引领。为了改进这些不足,笔者在活动流程的优化过程中,在保持原先注重教学实践的基础上,引入了同伴单元解读和专家专题讲座的环节(详见图 2)。

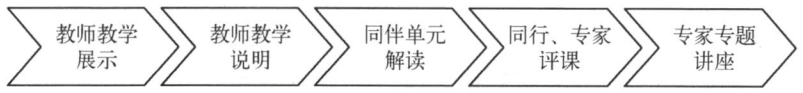

图 2　优化后的公开研讨活动流程

X 老师完成教学展示之后就本堂课如何针对语篇内容开展语篇解读进行说明。而后,同一备课组的 W 老师则从单元内容梳理、单元目标设定和单元课时规划等方面介绍了本备课组对本单元的整体教学规划,为参与教研活动的其他教师从单元视角理解执教者的语篇解读和教学设计提供更为宏观的支持,也为所有教师展示其备课组在单元教学设计规划中探索出的单元规划路径。

在本区教师完成对这节课的评议之后,另由学科专家开展题为《单元视角下的语篇研读和教学设计》的讲座,就什么是语篇研读、为什么要开展单元视角下的语篇研读、如何进行语篇研读等重点问题进行深度讲解,让教师对"语篇研读"的目的和方法有更多、更深的了解,为满足教师教学中的实际需求提供高位引领。

② 优化语篇解读模式

在教学准备过程中,执教者 X 老师、其所在备课组以及区域教研员共同优化语篇解读的模式。

首先,统领单元内容,思考语篇价值。在对语篇本身开展深度解读之前,执教者及其团队先通读单元内所有板块,剖析语篇与单元主题的关联以及各板块之间的关联。经过研讨,将该单元分解为 Arts in different forms 和 Artists at home and abroad 两个子话题;并确定在本语篇教学过程中建立与本单元的 viewing 板块鲍勃·迪伦的歌曲 *Blowin' in the Wind* 及思辨板块的技能 Analyzing and comparing 之间的联系。这样的解读过程可以在后续教学中充分帮助学生从单元的角度来理解本文的意义和价值。

其次,挖掘语篇意义,关注语言特征。本文是鲍勃·迪伦获得诺贝尔文学奖后的演讲,他在文中通过将自己与世界文豪莎士比亚作比较,表达了对文学创作的理解,回应了外界的质疑。这种比较的写作手法正是理解本文的核心:文中不仅有作者与莎士比亚这一组最为显性的比较,还有作者对于获奖这件事前后心情的比较(never could have imagined,truly beyond words,such a wonderful answer 等),以及文学创作中 the farthest thing from one's mind 和 the vital center of almost everything I do 之间的比较。教师在研读语篇的过程中通过抓住其中的核心意义以及比较这一手法,在设计学生学习活动的过程中引导学生通过比较作者的语言理解语篇内涵。

(2)活动中:深化参与力度

教研活动的实施过程要有可参与性,突出教师在教研活动中的主体地位。笔者认为活动的任务实施过程需要结合成年人的学习特点,找到一线教师能够开展思考和行动的参与点,最好能够利用具体的任务来驱动,设计契合主题的观课、评课工具,为教师提供思考的方向和交流的平台。

工具的主要作用是为引导、指导教师参与教研活动服务(陆伯鸿 2017:120)。此次教研活动开发了观课工具,对参与活动的教师提出了具体任务,提供了具体的观察重点和观课记录(详见表3)。

工具中的"观察重点"包含两个问题,契合本次活动的主题,并为教师积极观课提供了关注和思考的方向。记录表的提供保障了教师记录证据的空间,并建立起教学细节与个人观点之间的联系。这份观课工具的使用,一方面帮助全体参与教师依据观察重点记录课堂细节,评价执教者的教学成效;另一方面,为在同行评课环节没有机会公开发言的教师提供反馈渠道,将自己的观察和思考成果反馈给教研员和执教者,形成良性的互动机制。

表3　本次活动使用的观课工具

观察重点

1. 本节课哪些教学环节体现了单元意识?
2. 本节课的活动设计或问题设计对于推动学生理解语篇的效果如何?

阶　　段	亮　　点	可改进之处
Pre-reading		
While-reading		
Post-reading		
Assignments		

（3）活动后：强化活动成果

就像学生上完课以后需要通过作业巩固学习成果一样,一次教研活动的结束,不是对某个问题思考的停滞,而是带出对这一问题更深的思考和更多的实践。此次活动结束后,笔者与新教材研究基地的成员深入各校继续参与后续的"实践跟进"和"拓展思考"活动,调研和指导各校对"公开研讨"活动成果的落实情况,分享对该主题的进一步思考。

5. 教研活动成效

"单元视角下的语篇教学"系列教研活动前后历时约一学期,涉及的学校多、参与的教师多、教学实践的次数多。教师们参加了这个系列

教研活动后普遍反映收获较大,为今后的教学提供了可操作的教学设计路径。具体如下:

(1) 加深单元全局意识,明确单元规划路径

单元视角是本系列活动中的一个重点概念。经过这段时间的探索,多数教师加深了单元意识,能够在备课过程中立足单元,尽己所能地避免原先单课时、碎片化的模式,同时探索出如下三步走的单元备课步骤:

① 根据教材及配套资源,梳理单元学习内容:解读单元主要输入型文本,细分单元话题语境;解读输出型板块的要求和内容,确定单元输出总任务。

② 根据单元学习内容,设定单元学习目标。

③ 根据单元学习目标,确定课时学习目标。

上述步骤背后的逻辑即以单元教学内容为统领,依据内容和学情设定单元目标,再依据目标确定课时目标和课时具体内容,同时体现了对教材单元内容的充分理解和新教材资源的合理利用。

(2) 探索语篇研读方法,提升语篇研读能力

语篇研读是本系列活动中的另一个重点概念。近阶段教师们认真探索语篇研读方法,逐步提升语篇研读能力,除了以新课标提出的 What / Why / How 三大问题来指导自己的语篇研读过程,还形成了开展语篇研读工作的共识:

① 统领单元内容,思考语篇价值。即在对语篇本身开展深度解读之前,先通读单元内所有板块,剖析语篇与单元主题的关联以及各板块之间的关联。进而确立具体授课语篇与单元内其他板块的具体联系,形成具体课时的设计方案。

② 挖掘语篇意义,关注语言特征。在对具体授课语篇进行解读时,关注语篇作为表达意义的单位的主要内容、结构框架和核心价值等,并关注体现这些内容的相关语言特征,如修辞方法、具体措辞等。

三、教研感悟

1. 收获与启示

"单元视角下的语篇教学"系列的区域教研活动给笔者带来的收获与启示如下:

（1）用系列活动推动行为改变

用教研活动推进教师教学行为的改变是一个漫长的过程,不可能一蹴而就。因此,教研活动的设计也应该循序渐进,设计成系列化的活动来逐步深入推进教师意识和行为的改变。此次系列活动设计历时近一个学期,涉及多所学校、多个年级、多位教师的教学实践,辐射面广,对满足教师发展需求、解决教师教学中的实际问题有帮助。

（2）用流程优化落实活动效果

活动中增加的同伴单元解读环节有利于激活全区各校从单元视角出发开展备课的意识,助力打破原先碎片化的备课思路,帮助教师们用更宽广的视野审视自己的教学设计。专家专题讲座则为教师提供了在新教材使用过程中具有前瞻性、关联性、实操性的备课方案和路径,为本区高中英语教师深度思考如何在单元视角下开展语篇研读和教学设计增加了高位引领,提升了整场教研活动的研修深度。

（3）用观课工具提升参与力度

活动中观课工具的使用为教师观察课堂教学提供了围绕主题的明确着眼点以及记录课堂证据和自身思考的空间。最为重要的是,记录和思考的过程作为活动中的具体任务,保障教师们全程参与教研活动的积极性;记录和思考的成果作为活动后的反馈意见,推动执教者及其备课组在活动后实施改进。

2. 完善与推进

在市级教研活动的引领下,在教师发展需求的推动下,笔者在设计和实施区级教研活动的过程中做了一些调整,起到了良好的效果。但是反思这些教研活动的过程,仍有不少值得改进之处。

（1）问题聚焦有待细化

"单元"和"语篇"是本系列教研活动的两大关键词,两者有很多值得研究的分支。笔者设计的活动,其聚焦点尚有进一步细化的空间。就研读语篇内容而言,还可以分解为如何深入语篇的主题内容、语篇的深层含义、语篇的基本特征等多个方面开展聚焦;就语篇解读方法而言,可以考虑引导学生利用可视化工具获取和梳理信息,进而形成结构化的知识。因此,在今后的活动设计过程中,应进一步细化问题,从更小的切入点开展更方便教师学习和操作的主题教研活动。

（2）观察工具有待优化

观察工具的引入为体现活动的主题提供了一个载体,为教师们的深度参与提供了一种保障。但是观察工具的设计仍需进一步优化,需要改进工具来促进活动的有效性。就此次使用的工具而言,没有很明确地将所需记录的事实和所需提出的评价进行区分,对于使用者而言会产生一定的困惑;也没有将对单元整体教学规划的记录和评价纳入其中,无法促进教师对单元设计的深度思考。在今后的工具使用中,可以进一步分为"我的观察""我的评价""我的建议"等部分,让证据的寻找和评价的提出有更明确的体现;还可以增加对"单元整体规划"的记录和评价,深化对单元教学的思考。

结语

新教材推进的一学年来,笔者立足区县教研员的岗位,通过调研教师发展的需求,以设计系列活动、优化活动流程、使用观课工具等方式提升教研活动的有效性,为教师和学生更好地使用新教材提供了一定的支持。但是每一个环节都还有提升的空间,笔者将在今后的活动设计和实施过程中进一步落实有效教研。

参考文献

[1]中华人民共和国教育部.普通高中英语课程标准(2017年版2020年修订)[S].北京:人民教育出版社,2020.
[2]季平.新课程背景下教研员专业发展指南[M].北京:教育科学出版社,2014.
[3]陆伯鸿.上海教研素描——转型中的基础教育教研工作探讨(修订版)[M].上海:上海教育出版社,2017.

[活动点评]

吴健雄老师本着"问题导向式"研究方法开展了为期一年的"单元视角下的语篇教学"教研活动,该系列教研活动将系统性的教材教法分析融入听课评课活动中,旨在帮助一线教师在课堂中落实"双新",切实辅助学生提高学科核心素养。教研活动主题依据教学实际需求确立(通过问卷,调查了解教师需求),活动形式依据教师特点展开(教师更注重如何解决实际问题),借助于市级教研活动资源(上海市高中英语新课程新教材"一月一研"活动），规范单元教学设计和语篇研读的路径。该主题教研活动分别在不同类别学校展开（市实验性示范性高中和一般高中，主题内容结合学情），且聚焦点有所侧重（围绕"单元"和"语篇"展开，更注重关联性和深入性）。该系列教研活动结合本区教学实际有以下特色：加入"同伴单元解读"及"专家专题讲座"环节，辅助校本教研深入和区域认知深化；引入观课工具使用，以任务驱动模式引导教师观察课堂、评价反思，鼓励全体教师参与，为青年教师发展提供更多元的同伴支持；提供教学思考点，搭建公开教学和日常课堂直接联系点，为深入思考教学提供支架。

（点评人：上海市松江区教育学院 凌清华）

作者简介

　　吴健雄，上海市松江区教育学院高中英语教研员，曾任教于华东师范大学松江实验高级中学、上海市松江二中。上海市第四期双名工程"攻关基地"（金怡基地）学员，第四期双名工程"种子计划"松江区高中英语共同体副主持人，松江区第六届学科名师。曾荣获"一师一优课，一课一名师"部级优课，上海市中青年教学评比三等奖，上海市基础教育青年教师爱岗敬业教学竞赛优秀奖。所撰写的文章《例谈六要素整合的课堂教学设计》收录于《〈普通高中英语课程标准（2017 年版）〉解读：理论与实践》一书。

主题教研贯穿学期，系列活动落实理念
——崇明区高中英语学科单元教学主题教研系列活动案例

上海市崇明区教育学院　沈宇丹

引言

　　教研是教师专业发展的重要路径，也是提升教学有效性、促进教育内涵发展的重要手段。做实教研是区域教研员的本职工作，组织好教研活动是带好一支队伍、建好一门学科的基础。

一、教研理念与经历

1. 教研理念

　　"问题解决"式的系列化主题教研是一种有效的教研模式。教研主题应来源于教师日常教学中的实际困惑或困难，要能切实解决教学中的真正问题，并提供方向和方法。而且，主题教研应持续一段时间，要有一系列的活动支撑，通过系列活动，从不同侧面，逐个解决这一主题下的系列问题，要理论结合实践，既要给教师以理论上的指导，也要有直观的实践案例供教师参考模仿。这样的系列教研活动才能真正迎合教师的实际需求，激发教师的学习内驱力，给教师发展和实际教学提供帮助。

　　当然，教研主题的确定也要体现新的教学理念和要求，要与时俱进，这就需要紧跟市级教研方向，把市级教研所倡导的理念内化，再根据区内学校和教师的特点和需求，确定适切的教研主题。同样，区级教研也为校本教研指引方向，学校教研组或备课组应根据市级和区级教研，以及日常教学中的实际问题，确定校本教研的主题和形式。因此，市、区、校三级教研体系是相辅相成的，无论哪一级的教研，都既要自上而下，紧跟新理念，又要自下而上，找准学校和教师的真需求、真问题，确定恰当的教研主题，再围绕主题设计系列活动，理论和实践双管齐下，助力教师理解和践行教学理念，提升教学有效性，落实学科核心素养的培养。

2. 教研经历

在十年的教研经历中，笔者努力践行"问题解决"式的系列化主题教研理念，设计每一学年或学期的教研活动。教研主题涉及高中英语阅读教学、词汇教学、语法教学、写作教学、听说教学等，也关注教师课堂话语、阅读教学中思维品质培养、单元教学等主题，希望通过大主题下的系列教研活动，促进区内教师的专业成长和学科的健康发展。

当然，在实际的设计与实施过程中，也走过一些弯路，出过一些问题。比如，刚开始几年，在设计系列主题教研活动时，教研主题是笔者一个人拍脑袋想出来的，并没有根据基层教师教学中遇到的实际问题提炼主题，导致不能满足教师的需求，也就没法激发教师的积极性。另外，确定教研主题后，缺少对主题的阐释，仅仅关注每一节课例的品质。打磨多次后呈现的课例确实让教师看到了一节优质课，但这仅仅给教师提供了一节可以参考与模仿的样本，教师只知其然，却不知其所以然，很难迁移运用到自己的课上。后来，通过反思和学习，笔者开始在调研中更多地关注教学中的典型问题，了解教师的实际需求，再根据市教研室主导的理念，来确定每学年或学期的教研主题。同时，利用学期初的培训，先向骨干教师、教研组长和备课组长进行教研主题的阐释，再由这些教师把与主题相关的理念传递给组内教师，教师在理解了教研主题后，无论在课堂教学还是做讲座，抑或在听课评课中，都能更好地把这些理念融合进教学与教研中。近几年，又利用暑期全员培训的机会，更全面地向区内全体高中英语教师阐释该学年或学期的教研主题，为后续的主题教研做好铺垫。另外，在条件允许的情况下，也借力区外的专家，提升区级培训与教研的品质。

以下以崇明区2019学年第一学期的主题教研系列活动为例，呈现笔者对于"问题解决"式系列化主题教研理念的践行。

二、教研活动设计与实施

1. 教研背景

（1）响应课程标准与市教研室要求

《普通高中英语课程标准（2017年版）》（以下简称《新课标》）于2018年初颁布，提出了学科核心素养的理念，并在教学建议部分强调单元是承载主题意义的基本单位，单元教学目标是总体目标的有机组成部分；单元教学目标要以发展英语学科核心素养为宗旨，围绕主题语境整体设计学习活动。同年8月，上海市教委教研室推出了《高中英语单元教学设计指南》，提出教师要以教材为载体，研究教学的起点与预期，看到课与课之间的关系，有效开展单元教学设计。并在市级层面的优质课展示活动和教研论坛中，对单元教学设计进行了多次解读和指导。

（2）助力区级层面项目推进

区级层面的第三轮"主动·有效"课堂项目，在基层学校自主申报、实践、评比的基础上，形成了第三轮"主动·有效"课堂的实施意见，提出"主动·有效"课堂要以立德树人为根本任务，以培养学生核心素养为目标，以课程标准、学科教学基本要求为指南，坚持"五育"并举，全面发展素质教育，着力打造学生主体地位突出、充满创新思维的课堂。其在实施策略中也提到了要开展基于学科核心素养的单元教学设计，单元教学是实现"主动·有效"课堂的基础。该项目于2019学年开始全面实施。而且，崇明中学英语教研组组建了"主动·有效"项目团队，探索了"激活—展示—应用—整合"的课堂教学模式，并在此前的展示评比中获得了好评。

（3）引领学校开展单元教学设计与实施

在日常调研中发现，崇明区多数高中英语教师是站在课时的视角进行备课和上课的，很少进行单元整体思考，忽视课时与课时之间的关联，存在教学碎片化，整体性不强等问题，这在一定程度上制约了学科核心素养的培养。而且，学校在开展校本教研或集体备课时，也存在重课时、轻单元等问题。因此，有必要在区级层面开展主题教研，一起探索设计与实施单元教学的策略，为基层教师开展单元教学积累方法与实践案例。

2. 教研主题与范围

基于以上背景，笔者在市级教研的指引下，基于《新课标》、单元教学指南和区"主动·有效"课堂项目的要求，以及学校教学中的实际问题，确定 2019 学年第一学期的教研主题为：落实单元教学设计，打造"主动·有效"课堂。并围绕此大主题，设计了七次系列教研活动（具体见图 1），以主题阐释、案例交流与讨论、课例展示与研讨、讲座等为活动形式，从不同切入口，帮助教师理解单元教学的内涵、设计方法、实施方法及注意事项等。并以校本教研为筹备主阵地，区级教研为公开展示或研讨的平台，从三个年级全面入手，期望在区内逐步推进单元教学的落地，引导教师在日常教学中从单元视角开展教学设计，将教学结构化，体现《新课标》的新理念。

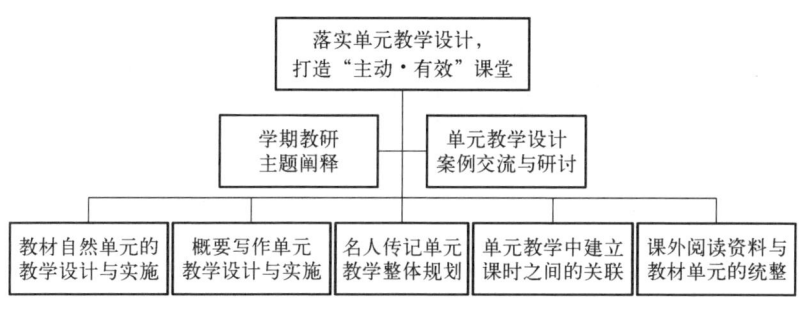

图 1

3. 教研内容与形式

围绕主题的七次系列活动中，第一次活动是阐释主题的讲座，第二次是交流与讨论先前完成的单元教学设计案例，后面的五次是结合课例的主题研讨活动。七次活动具体见表 1。

七次活动在 2019 学年第一学期陆续开展，均为区级层面的教研活动，但在活动前，基本都有校级层面的教研准备，组内老师会进行多次的研磨与改进，作为教研员，笔者也尽量一起参与研讨、指导改进。

就教研内容而言，后面结合课例的五次主题研讨活动涉及从不同视角设计单元教学。例如，第 3 次活动是按教材的自然单元设计了单元教学；第 4 次活动是按高考题型设计了概要写作能力单元；第 5 次活动根据教材中有多个名人传记课文的特点，设计了名人传记主题群单

表1

序号	活动内容	活动形式	主讲/执教	活动范围	活动地点	活动时间
1	学期教研主题阐释	讲座	教研员	各校教研组长 各校备课组长 区级骨干教师	教育学院	2019－9－5
2	单元教学设计案例交流与研讨	交流讨论	教研员 各校团队负责人	各校单元教学设计团队	教育学院	2019－9－19
3	教材自然单元的教学设计与实施	2个课例研讨	崇明中学2位	区全体高一教师	崇明中学	2019－10－10
4	概要写作单元教学设计与实施	2个课例研讨	崇明中学1位 民本中学1位	区全体高三教师	扬子中学	2019－10－17
5	名人传记单元教学整体规划	1个课例研讨 1个微型讲座	扬子中学1位 主讲人同执教者	区全体高二教师	扬子中学	2019－10－31
6	单元教学中建立课时之间的关联	2个课例研讨	崇明中学1位 民本中学1位	区部分教师	崇明中学	2019－11－27
7	课外阅读资料与教材单元的统整	2个课例研讨 2个微型讲座	扬子中学1位 堡镇中学1位 主讲人同执教者	区全体高一教师	扬子中学	2019－11－28

元;第6次活动涉及了教材自然单元中教学内容的删减与调整,并重点关注了如何建立课时之间的关联,也是区教学月活动的一部分;第7次活动则站在合理补充教学资源的视角,统整课内外资源,设计了主题语境单元。

就教研形式而言,包括了讲座、案例交流与讨论、课例展示与研讨等。而且,在第3次至第7次的课例研讨活动中,除了第5次活动仅有一个课例外,其他4次活动都有两个课例,以便老师们更直观地感受单元教学中课时之间如何建立关联,而且第6次活动是专门针对课时之间建立关联开展的一次专题研讨活动。

就教研范围而言,课例涉及了高中三个年级,参与对象涉及了全区所有高中英语教师。尽管因学校教学安排,仅在崇明中学和扬子中学开展了课例研讨教学,但参与执教的老师来自不同层次的学校。第4次活动是两位崇明中学的老师借班扬子中学执教了两节高三的概要写作课;第6次活动是一位崇明中学的老师和一位民本中学的老师在崇明中学的同一个班级执教了单元中的两个连续课时;第7次活动是扬子中学和堡镇中学各一位老师在扬子中学分别执教了一个单元中的课内阅读教学课时和课外阅读教学课时。

4. 教研活动设计与实施步骤

此次系列主题教研活动的设计与实施步骤如图2所示,其中的重点步骤分析如下:

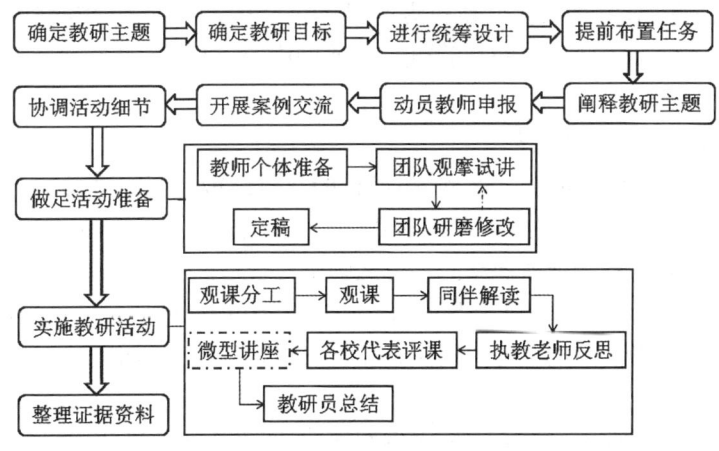

图2

（1）确定教研目标

确定学期的教研主题为"落实单元教学设计，打造'主动·有效'课堂"后，确定学期教研目标如下：

① 通过系列活动，促使一部分老师先动起来，在校级教研组层面研究如何开展单元教学；

② 通过系列活动，帮助教师理解和把握单元教学设计的内涵与要点，明确单元教学设计的路径，逐步尝试转变教学方式，向基于课程标准的教学靠近；

③ 通过系列活动，激发教师对单元教学的思考，并运用到日常教学实践中，努力打造主动有效的课堂。

（2）进行统筹设计

为了更好地为2019学年第一学期的系列主题教研做准备，提供研讨案例，2018学年第二学期临近期末时，笔者给各校教研组长布置了一个暑假作业，即组建1—2个团队，利用暑假，团队合作，尝试做1—2个单元教学设计，并做好下学期交流准备。

同时，在2019学年第一学期的第一次教研活动中，向教研组长、备课组长和骨干老师明确了该学期的教研主题，并对主题进行阐释。同时，让各校做好交流暑假所做的单元教学设计的准备，并让教研组长动员和推荐组内教师申报区级公开研讨课和区级讲座，为后续的系列活动做准备。

在收到各校的申报后，根据申报教师的任教年级、所在学校和个人教学特点，对申报的公开研讨课与讲座进行统筹设计，与申报教师商讨，确定活动主题、活动时间与地点、课例内容、讲座内容等，以便相关教师提前做准备。

（3）做足活动准备

区级教研活动前1—2周，与该校的教研组或备课组老师，一起参与课例执教老师或讲座老师的试讲，研磨和改进教学设计或讲稿。而且，让执教老师指定备课组的一位老师全程参与这个过程，以同伴的身份记录研磨与改进的过程及理由，以备在公开课后的研讨中进行同伴解读，这样做的目的是促进团队合作，也让其他老师更清晰地了解教学设计思路。

同时，提前一周左右在网上发布通知，明确活动时间、地点、内容以及参加活动的对象，以便老师们提前安排和准备。

（4）实施教研活动

对于有课例的教研活动，一般情况下都是先观课，在观课前下发课堂观察表，引导教师从教师教学、学生学习和教学/学习效果三个维度，从教学目标、教学内容、教学过程、教师话语、媒体板书、学习准备、学习情绪、学习参与、思维活动、教学/学习效果等不同视角观察课堂，并指定不同学校从某个或某些视角重点观察和记录课堂。

观课之后，主题研讨活动前，先让听课教师讨论10分钟，以便同一学校教师根据观课前安排的重点观察视角，交流、讨论、汇总观课意见，随后推选1—2位教师代表作为评课人。

主题研讨活动的第一个环节是同伴解读，由执教者的同伴对课例的设计理念与思路做解读；第二个环节是执教老师反思，由执教者根据上课情况，做即时的自我反思；第三个环节是评课，由各校教师代表从指定的不同观察视角进行评课，要求评课教师在看到亮点的同时，也要提出建设性的意见，与此同时，执教者或教研员对评课教师的观点进行回应。评课之后是微型讲座，根据申报情况和统筹安排，这一环节不是每次教研活动都有。一般由主讲教师围绕活动主题，结合理论和案例，做20分钟左右的微型讲座，主讲教师为上课教师或其他骨干教师。最后由教研员做活动总结。

活动结束时，每个听课教师需提交观课前下发的课堂观察表，每个学校还需以无记名的方式，填写并提交一份书面的活动反馈表，以便教研员收集并了解教师参加教研活动的收获，以及对有关活动的意见和建议。

（5）整理证据资料

活动结束后，执教者将研讨课例的教案、学案、课件等相关资料上传至本区的课程教学研修网，主讲教师将讲稿上传至该网站，以供区内教师共享、学习和迁移运用。

另外，教研员查看每一位听课教师提交的课堂观察表，进一步了解教师对课例的看法，并查看各校的活动反馈表，了解教师在活动中的收获和对教研活动的意见或建议，以便更好地反思教研活动成效。

5. 教研活动成效

从每次教研活动后教师代表的无记名书面反馈来看，绝大多数教师觉得参与这种形式的活动颇有收获，主要成效如下：

（1）积累了从不同视角设计单元教学的案例

在系列教研活动中，老师们尝试从不同视角设计单元教学，除了根据教材自然单元设计单元教学（第3次活动）外，还尝试根据学生情况，重整教材单元，打破教材原有顺序，适当进行删减，如第6次"单元教学中建立课时之间的关联"主题教研活动中，两位教师就把教材高三第一学期第三单元 Travel 中的主阅读语篇"Penang"作为第一课时，重点是理解和分析语篇，积累主题语汇，把次阅读语篇"What is ecotourism?"提前至第二课时，重点是帮助学生深入理解生态旅游的内涵和本质，关注要点信息，进行概要写作。另外，也尝试设计了概要写作能力单元（第4次活动）和名人传记主题群单元（第5次活动），还探索根据主题语境和单元特点补充课外阅读的途径（第7次活动）。这些案例向教师们展示了如何从不同视角进行单元教学设计，拓宽了教师们对单元教学的理解。

（2）提升了教师单元教学设计的意识和能力

这七次系列活动从主题阐释到案例交流，再到课例展示与研讨，逐步帮助教师们厘清了单元教学设计的内涵、路径以及要点，使教师们有了进行单元教学设计的意识，也提升了他们的设计能力。

（3）探索了优化主题式系列教研活动的方式

这次主题式系列教研活动与以往活动的不同之处在于：不仅有主题阐释和课例研讨，还在主题阐释后、课例研讨前，安排了一次案例交流讨论活动。而且这次的案例准备是从上一学期的期末开始，让各学校有足够的时间组建团队、思考和尝试单元教学设计。在这次案例交流中，不仅展示了各个团队的亮点，也暴露了一些问题，有些还是比较普遍的问题，如课时之间缺少关联等，这些问题又正好成了后续研讨活动的切入口。这样的交流研讨活动在整个主题式系列教研活动中起到了承上启下的作用，优化了教研方式。

三、教研感悟

在系列主题教研活动后，笔者对活动进行了总结与反思，具体感悟如下：

1. 精心统筹设计是做好教研活动的前提

该学期的教研活动能取得较好的成效，在很大程度上得益于活动前的统筹和精心设计。从提前布置任务,到阐释教研主题,再到案例交流讨论,促使教师尤其是骨干教师对单元教学做了先期的思考,并通过交流讨论,深化了对单元教学的初步认识,这为后期的课例展示与研讨奠定了基础,激发教师尝试从不同视角设计单元教学。

2. 发挥骨干力量是做好教研活动的基础

此次系列活动中,教研主题是由教研员向教研组长、备课组长和其他骨干教师阐释的,先期的案例准备与交流都是由各校的教研组长和其他骨干教师牵头开展的,这些教师作为先头部队,先对单元教学进行思考,开展尝试,起到了引领作用。在后期系列活动准备中,骨干教师又起到了培训者和指导者的作用,为教研活动的品质奠定了基础。而且,在后期的课例展示中,有一半的课例也是由骨干教师执教的,他们进一步起到了辐射引领作用。

当然,如何更好地用好骨干力量还有待进一步思考。此系列教研活动中,骨干教师的指导作用多数还仅局限于校内,对于跨校的指导与辐射还有待进一步挖掘。

3. 定制教研工具是做好教研活动的抓手

在这次系列教研活动中,虽然使用了课堂观察表和教研活动反馈表等教研工具,但课堂观察表是我区高中英语研讨课的统一观察表,不是专门为这个主题教研活动设计的,因此,没有很好地突出单元教学这个主题。在教研活动前,若能专门设计与主题匹配的课堂观察表,突出主题,将更有利于研讨的深入。

4. 优化活动形式是做好教研活动的保障

尽管这七次活动涵盖了讲座、交流讨论、课例展示与研讨等不同形式,但因场地等限制,只能让部分教师参与,所以对于教师个体来讲,仅参加了2次左右的活动,不能从全局多角度地深入单元教学。因此,除了开展现场研讨外,若能融合线上线下资源,进行线上的观摩与互动,将能让更多的教师参与主题教研活动,进一步扩大参与面,更好地发挥教研活动的作用。

结语

2019学年第一学期的"落实单元教学设计,打造'主动·有效'课堂"主题系列教研活动只是常规教研的一部分,对于笔者和基层教师都有颇多的收获,但无论在活动设计还是实施方面,也有不少值得反思和改进的地方。在后续的工作中,笔者将在总结反思的基础上,紧跟新理念,进一步洞察基层教师教学中的问题,不断改进教研方式,将"问题解决"式的主题教研贯穿学期,通过系列活动来落实理念,努力带好教师队伍,做好学科建设。

新课程 新教材 新教研

[**活动点评**]

● 基于要求、呼应需求

　　本系列主题教研活动的选题,不仅响应了新课标的要求,还呼应了区级项目的主题,更聚焦了教师的需求。以"单元"和"主动·有效"为关键词,针对教师在单元教学设计与实施中存在的真问题展开,帮助教师多角度进行学习、实践和反思,助力教师尽快适应"双新"背景下的教学新要求。

● 目标清晰、扎实推进

　　本系列主题教研活动目标明确、教研路径清晰,教研员和教师在每一个阶段都有明确的任务,确保了教研活动能够扎实有效推进。活动前充分研磨,做足准备;活动中分工合作,上课与观课、多维度解读与议课,打开了视野与思路;活动后整理积累实证,也为后续教研活动的有效实施奠定了基础。

● 统一主题、立体实施

　　在设计和规划本系列教研活动时,教研员克服本区三个年级只有一位高中英语教研员的困难,在统一的教研主题下进行分层立体实施,兼顾了"单元"与"课时""主题单元"与"板块单元""教材资源"与"拓展资源"等内容维度;也兼顾了不同层次的学校,积累了不同层次的课堂教学设计与实施案例。

　　本系列教研活动帮助教师在一定广度上了解了单元教学的设计与实施。如条件允许,建议后续能从深度上进一步拓展。

（点评人：上海市浦东教育发展研究院　沈冬梅）

作者简介

  沈宇丹，中学高级教师，崇明区高中英语教研员。华东师范大学英语专业学士，教育学原理专业硕士。先后任教于上海市崇明中学和上海市扬子中学，2011年调入上海市崇明区教育学院。成为教研员以来，始终以"带好一支队伍，建好一门学科"作为工作目标。通过把区级教研活动主题化、系列化，引领教师转变教学理念；通过开展个性化听课指导，促进教师把教学理念转化为日常教学行为。曾获中国教育学会外语教学专业委员会论文评审二等奖、上海市基础教育教研员论文评选活动三等奖、"崇明区园丁奖"等，曾领衔上海市英语教育教学研究基地项目《高中英语单元教学中主题词汇的教学策略探究》、参与编写《高中英语》(上外版)必修三练习部分等。

聚焦听说重难点　借助研训促发展

——黄浦区"高中英语听说单元教学的设计与实践" 研训一体化课程实施案例

上海市黄浦区教育学院　王凌珏

一、教研理念与经历

1. 教研理念

教研,顾名思义即指教学研究,既要对教育教学的理论开展研究,也需要进行教育教学的实践探究,更需要在理论与实践之间进行有效的链接与融合。教研是一个动态发展、螺旋进阶、与时俱进的过程。

在基础教育课程改革推进的过程中,教研员肩负着研究、指导、服务和管理等重要使命。面对新课程的顶层设计与实施层面不断出现的新要求、新情况和新问题,教研员应率先加强学习与研究,及时进行教研规划,适时按需设定教研目标,优化教研网络,丰富教研内涵,探寻并实践有效教研模式,为广大教师提供系统的专业支持,持续跟进指导,鼓励他们积极面对新课程、新教材和新挑战,帮助其把握课改方向、转变教学理念、明确课标要求、研究教材内容、建立教学自信,开展基于情境或问题导向的互动式、启发式、探究式、体验式等多样化的课堂教学,发展学生的核心素养,实现从理论到实践的跨越,提升教育教学水平。

2. 教研经历

笔者自 2001 年起担任区域中学英语教研员,始终以学生发展为本,以切实提高广大英语教师实施教育教学的能力和促进教师专业发展为目标,潜心教研,提升实效。

二十年来,笔者亲身实践了学段式教研、跨学段衔接教研、分年级教研、分层教研、项目化研修、校本研修、市区教师培训课程和研训一体化课程等面对不同教师群体、不同形式的教研活动和教师培训。本人认为"研""训"都是促进教师专业发展的重要模式,而"研训一体化"可以促成"研"与"训"两种模式的优势整合,将解决问题与促进教师专业发展自然融合,有利于更好地整合资源,充分发挥教研、科研和培训的功能,辐射教研成果。

在研训一体的实践中,本人围绕课改不同阶段的总体目标和英语学科的教研目标,根据参与对象的不同需求,挖掘并设计学年或学期的研训主题和系列活动,开设区级研训一体化课程,通过"聚焦问题与难点→寻找方法与策略→开展设计与实践→加强反思并提升"的"问题解决型"研训路径,促使教研工作由"单一指导型"向"研训互助型"转变,以主题培训、教学研讨、课堂展示、听课评课、案例解析、专家引领、同伴互助、自主学习等多种研训策略引领教师开展学习、研讨与交流,分阶段集中解决课改进程中学生的"学"及教师的"教"所面对的问题或疑惑,共同探讨如何改进教学方法、优化教学设计、提高教学效果。

二、教研活动设计与实施

1. 教研背景

2017 年开始的新一轮高考改革在确保高考的基础性、综合性和应用性的同时,还倡导创设开放性试题以评价学生核心素养的发展状况。2017 年普通高等学校招生全国统一考试(上海卷)英语科目考试发生了两项重大变革:一项是一年两考;另一项是按照教育部的综合评价体系调整了听说测试部分的形式和记分方式,除了笔试(含听力)的纸笔测试外,还新增了人机对话的听说测试,并计入总分,更加关注学生的语用能力。

《普通高中英语课程标准(2017 年版 2020 年修订)》(以下简称《新课标》)从语言教育视角明确地界定了语言能力指的是英语语言运用能力,即"语言能力指在社会情境中,以听、说、读、看、写等方式理解和表达意义的能力,以及在学习和使用语言的过程中形成的语言意识和语感"(教育部,2020:4)。"听"是语言输入的重要手段,是口头语言输出的基础。"说"是语言输出的重要形式,学习英语的重要目的之一是为了获取、传递和交流信息,在理解和表达意义后能够流畅地使用英语与他人进行口头交流。近年来,"听"和"说"作为两种重要的英语语言运用能力日益受到重视,但受到英语学习环境、母语思维方式等条件的影响,英语听说教学对高中学生和教师而言可能是难学和难教的。

为此,探究、设计并实施提升高中英语教师基于单元的听说教学设计能力的研训策略有利于引导教师更好地整合课程资源,探索听说教学设计的有效方法、途径和模式。

2. 主题及范围

本人在 2019 学年第一学期开设了面向黄浦区高二年级全体英语教师的区级研训一体化课程"高中英语听说单元教学的设计与实践",旨在借助有效的研训策略引导教师重点关注并研究如下两方面,最终提升基于单元的听说教学设计能力。

（1）基于单元的听说教学

《新课标》指出"语言技能是语言运用能力的重要组成部分,主要包括听、说、看、读、写等方面的技能以及这些技能的综合运用。听、看和读是理解的技能,说和写是表达的技能。它们在语言学习和交际中相辅相成、相互促进"。由此可见,"听说教学"体现了听说技能的综合运用,强调在学习过程中,把听和说自觉构成一个不可分割的整体,以一定的问题为载体,创设一种与单元主题相符的有利于听说互动的情境和途径,激励学生学以致用,把听的输入以及单元所学内容主动转换为说的输出,在自主参与的过程中获得听说能力的发展。

（2）教学设计

教学设计既是一门科学,又是一种艺术。通过单元整体及各课时的教学设计,教师要明确单元教学目标与课时教学目标之间的关系,尤其是听说课型或听说学习活动与单元及课时教学目标的关系,明确达成教学目标的路径与方法。通过优化教学设计,教师要思考如何把握听说教学要点,优化听说教学内容、教学步骤、教学方法,合理设计学案和作业等,促进听说教学的系统化、科学化、合理性和渐进性。

3. 内容与形式

在规划"高中英语听说单元教学的设计与实践"研训一体化课程时,尽可能做到内容紧扣主题,形式多样,具体进度如表 1 所示。

表1　"高中英语听说单元教学的设计与实践"研训一体化课程进度表

序号	日　期	研训形式	研　训　内　容	负责人
1	2019.10.9	主题培训	高中英语听说单元教学设计的基本要求	区教研员
		研讨课观摩	听说教学研讨课：Facts and Opinions Regarding Tutorial Centers（Listening & Speaking）	区重点学校骨干教师
		研讨交流	高中英语听说单元教学设计的方法	课程班全体教师
2	2019.11.20	研讨课观摩	听说教学研讨课：Big Businesses（Listening & Speaking）	市重点学校骨干教师
		微讲座	借助多模态语篇,深度挖掘主题意义	市重点学校学科带头人
		专题交流	增补听说资源,构建单元教学	市重点学校青年教师
		研讨交流	高中英语听说单元教学设计的资源与有效方法	课程班全体教师
3	2019.12.18	专题讲座	单元视角下的听说教学设计	学科专家
4	2020.1.8	案例分享	高中英语听说单元教学设计案例分享	课程班全体教师

4. 策略与方法

（1）聚焦问题与难点

真实的听说教学问题及教学难点往往能激发教师探究的兴趣和学习的欲望,也能帮助教师了解研训一体化课程的实施意义,激发教师主动探寻解决问题的途径与方法,有利于教师积极参与研训活动,提高研训有效性。

例如,在"高中英语听说单元教学的设计与实践"研训一体化课程的首次研训活动中,通过设计"高中英语听说教学存在的主要困难是什么?"这一问题让教师反思日常教学现状,进而通过讨论以及"高中英语听说教学设计能力的现状调研问卷"的填写,发现日常听说教学中的确存在不少问题,如:听说教学选取的内容与单元主题或单元及课时教学目标存在不一致的现象,造成听说学习活动内容与其他板块或技能培养间的关联性不强,不能很好地服务于单元学习总目标;听说教学过程存在简单化和表面化的现象,教师让学生练得多,而评析与辅导偏少;教师偏向于关注结果,而忽视为学生创造足够的听说体验过程;教师往往急于要求学生进行语言输出,为学生提供语言和信息内化的机会较少,课内留给学生开展真实的听说学习活动的时间不够充足;对发展学生深层次思维能力关注不够,活动设计往往停留在信息提取层面的检测,并视其为听说的结果;教师对听力原文的文体特征及文本的整体性结构分析关注不够,缺乏对所学语言的理解和运用;对听后说的环节的表达性输出的语言要求或是结构要求还不够明确,不利于学生学以致用。

有了这些真实的问题和困惑,在研训一体化课程实施的过程中就有了教师们始终关切的聚焦点,便于教师在观课评课时选择重点观察的独特角度,思考有效开展听说教学的方法和策略,从而在实践和探究中不断提升基于单元的听和说以及以听促说的课堂教学设计的能力。

(2)解读《新课标》与论著

解读《新课标》及相关论文和著作中与高中英语听说教学有关的章节内容,有利于教师明确学科基本要求,把握关于基于单元的听说教学设计的研究现状及发展趋势,有利于教师学习相关理论,借鉴现有的研究成果,从而为教师思考听说单元教学的有效方法与策略、开展听说单元教学设计奠定理论基础。

例如,在"高中英语听说单元教学的设计与实践"研训一体化课程的第二次研训活动中,笔者解读了《高中英语单元教学设计指南》一书对单元的诠释,并就《新课标》中对高中英语听说技能的水平要求做了解读,还挑选了具有借鉴价值的关于听说教学的论文分享给教师,要求他们先独立阅读,边读边找出作者关于听说教学的主要观点,再重点就其中一篇文章的主要观点做好摘要与评析;然后组织教师以小组交流方式分享阅读体会,既鼓励教师就同一文章畅谈不同的认识与评价,也鼓励阅读不同文章的教师间相互提问,补充信息,从而借助评析与听说教学相关论文的方式提升教师对听说教学设计理念的认识。

（3）组织教学展示与研讨

通过指导围绕研训主题开设的教学研讨课,提供开展研讨的教学实例,鼓励教师在观课前选择观察重点,在课中进行任务型课堂观察,在课后请开课教师介绍教学设计思路、分享教学反思,并组织观摩教师研讨,进行评课并畅谈改进听说教学设计的建议,最终有利于教师的教学设计能力的提升。

以"高中英语听说单元教学的设计与实践"研训一体化课程的第三次研训活动为例,组织教学展示与研讨的具体过程如下:

① 选择研讨重点

教学研讨课应基于日常教学中广大教师共同的困惑与难点,有针对性地选取研讨课的切入点,选择适合学情的教学内容。听说单元教学的素材可以是教材单元中的听说板块内容,可以是教材单元中适合进行听说教学的课文,也可以是与教材单元主题相关的补充素材,还可以是与单元听说技能培养相关的其他素材。

② 打磨教学设计

要使教学研讨课更具有示范性,体现研讨的价值及经验辐射的意义,教研员应组织开课教师的备课组、教研组,甚至是研训一体化课程的部分学员一起磨课,帮助开课教师不断完善教学流程,优化教学设计,规范教案和学案。例如,在"高中英语听说单元教学的设计与实践"的研训一体化课程中,笔者分别就两节教学研讨课组织了多次磨课,在开课教师每一次的试讲及课后反思环节,引导开课教师重点关注基于单元的听说教学理念,思考教学内容与方法的合理性,关注提升听说能力的"学习脚手架",对教学环节尤其是"听"和"说"的融合不断做优化,力争使研讨课能更好地展示开课教师对"听说教学"理念的理解与方法的实践,使研讨课更具有观摩和研讨的价值。

③ 明确观课任务

澳大利亚语言学家 Wajnryb(1992)认为,听课或课堂观察能为教师的专业成长积淀大量的教学过程和经历的材料。可见,组织教师开展课堂观察可以加强教师对"基于单元的听说教学"的感性认识,促其思考,进而提升其教学设计能力。但是,一堂教学研讨课往往有很多内容可供观察,例如教师的教学行为、学习者的行为、师生交流或生生交流的模式、不同的学习方式、学生或教师的注意范围、小组学习动力问题等等,教师靠一己之力很难面面俱到。因此,本人在组织教学展示与研讨活动的准备活动中设计了任务型观课记录表(见图 1),以便教师在观课前确定观察重点,有助于缩小教师观课时的关注范围,使教师着重关注自己感兴趣的一两个教学环节,便于教师重点关注课堂教学活动中的细节并进行思考,进而提高课堂观摩活动的效益。

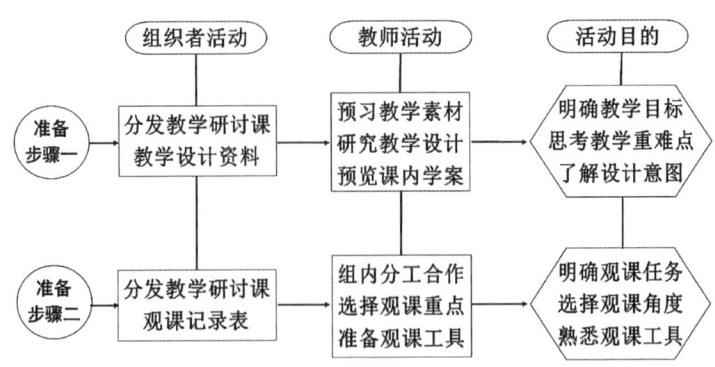

图1　教学展示与研讨活动的准备活动图

（4）加强评课研讨

评课,作为教学系统中的重要环节,起着检查学生达标程度和教师教学质量的作用(盛群力 李志强 1998：562)。观课活动后,组织教学研讨,创设开课教师和观课教师间互动交流的机会,加强评课研讨,有利于促进教师反思。任务型观摩可以使观课教师更仔细地观察研讨课,围绕观察重点更深入地进行思考,而分享交流还能碰撞出更多思维的火花。笔者往往先要求教师分小组进行讨论,再将各组汇总的意见尤其是对教学再设计的思考进行分享。因为学生的水平从学校到班级有很大的差别,教学研讨课呈现的是一种适合开课班级学生的教学设计,观课教师应学会迁移,借鉴开课教师运用的方法策略,学会对教学设计进行再设计。

例如,在"高中英语听说单元教学的设计与实践"的研训一体化课程中,针对"Big Businesses（Listening & Speaking）"这节教学研讨课,所有教师非常认真地根据自己选择的观课重点进行了点评,并就教学再设计提出了建议,具体评课研讨流程如图2所示。

（5）评析典型案例

教学案例描述的是教学实践的真实过程,往往以叙述形式呈现了含有教师和学生的典型行为、思想、情感在内的真实故事,启迪教学智慧。对典型教学案例进行评析,可帮助教师了解某一或某些教学案例发生、发展、变化的过程和结果,研究案例传递的教学理念与思想、教学

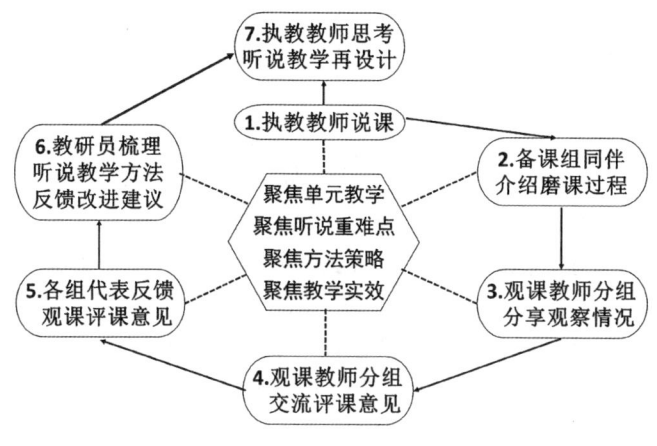

图 2　评课研讨流程图

经验与教训、教学方法与策略,同时反思自己的日常教学行为。

在研训一体化课程的实践中,本人充分发挥学科带头人、骨干教师或是教研组长、备课组长等优秀教师在研训一体化课程中的示范作用,鼓励他们率先示范,先研先试英语学科的新教材新理念,通过专题交流等模式评析典型教学案例,发挥专业引领作用。例如,在"高中英语听说单元教学的设计与实践"的研训一体化课程中,安排了我区市重点学校学科带头人詹老师结合新教材的编写体会做"借助多模态语篇,深度挖掘主题意义"的专题交流,也安排了市重点学校青年教师宋老师做"增补听说资源,构建单元教学"的专题交流,通过她们试教试用和探究实践的典型案例,引导教师关注学生的听说学习体验,思考听说教学设计要点。同时,还创设机会让广大教师与优秀教师进行对话,激励教师了解案例背后的听说教学思想、教学方法和策略,感悟案例要传递的教学理念,并在学习和评价案例的基础上反思自己的教学设计与教学实践,为教师们把自己的听说教学经历写成课例或案例,并在研训一体化课程班中做分享奠定了基础。

(6)开展主题培训

主题培训旨在帮助教师研究在文献研读过程中可能遇到的一些新理论、新概念、新名词、新方法。一方面,教师原有的理论基础和专业积累也许难以帮助他们理解在课堂教学实践的过程中遇到的新问题、新困惑,借助主题培训,可以将听说教学的关键问题或重点关注内容作为培训主题,就教师们在开展听说教学设计时可能遇到的相关疑问,有针对性地开展主题培训,较为直接地帮助教师理解教学的基本要求,解决教师对一些教学理念的困惑,扫清教师在教学设计时可能遇到的障碍。

另一方面,可以借助专家的力量,开设有关"基于单元的听说教学设计"主题讲座。例如,在"高中英语听说单元教学的设计与实践"的研训一体化课程中,本人邀请了学科专家做"单元视角下的听说教学设计"专题讲座,专家的专业引领能有效提高教师理解和把握研究的新动态,有利于打破区域界限了解市级层面或兄弟区县的优秀典范和经验,也可以为参加培训的教师创设与专家交流的机会,可与专家面对面探讨基于单元的高中英语听说教学设计的相关问题。这种与专家零距离交流互动的形式,很好地发挥了专家引领的作用,拓宽了教师开展听说教学设计的思路。

(7)分享交流课例

来自不同学校,有着不同经历和背景的教师在各自实际的教学工作中,对教育教学的现象和问题形成了各自不同角度、不同侧重或不同深度的看法与思考,这是研训一体化活动中重要的学习资源。笔者认为,在研训一体化课程中应利用不同的载体或是不同的活动,充分挖掘参训教师平时积累的经验、教训以及教学智慧,创设小组分享、大组讨论、团队合作等机会,使教师组成学习共同体,能够在合作学习中学会分享,并相互借鉴、共同提高。

例如,笔者在"高中英语听说单元教学的设计与实践"的研训一体化课程中要求教师完成一份作业,即"基于单元的高中英语听说教学的设计与实践"的课例撰写,并在最后一讲时组织教师以4—5人组成学习小组,分别介绍自己撰写的"听说教学"教学课例,重点介绍听说素材的选择、听说教学的过程及培养听说学习策略的环节或细节,并倾听同伴发言,做好简要记录,就同伴课例中听说教学设计发表见解,完成高中英语听说教学课例交流记录及评价表。

作业分享为教师创设了良好的小组合作学习交流氛围,促使教师在和谐、民主的氛围中互相交流"基于单元的高中英语听说教学"的实践与思考,鼓励教师敢于提出同伴在教学设计中存在的问题,给出可改进的建议,并就同伴所提的改进建议,思考如何进一步优化"听说教学"的教学环节,从而提升教师听说教学的教学设计能力。

5. 活动成效

通过实施"高中英语听说单元教学的设计与实践"区级研训一体化课程，笔者探究、设计并实施提升高中英语教师基于单元的听说教学设计能力的培训策略，取得了一定的成效。

首先，增强了教师对听说教学理念的认识。教师们不再认为学生的听和说的技能只能分开培养，他们开始意识到"以听促说"或"听说融合"体现了听说技能的综合运用，能使学生在学习的过程中，把"听"和"说"自觉构成一个不可分割的整体，通过指导学生有目的、有方法地通过"听"拓展语言输入，获取对"说"有用的词汇、句式和表达技巧，进而迁移至真实的听说任务中，提升听说水平。

第二，丰富了教师开展基于单元的听说教学的方法与途径。教师们在培训时不再只是看、听和记，更多的是想、析和说，既有观摩学习，又有自身反思，还有集体的头脑风暴，通过静心阅读、认真聆听、两两对话或是小组研讨等多种学习方式交流、评析并探索，加深了对听说单元的理解，获取了许多在高中英语课堂教学中适用的可借鉴的基于单元的听说教学方法和途径。

第三，提升了教师基于单元的听说教学设计能力。通过问题引领、文献导读、主题培训、专家讲座、案例评析、听课评课、专题交流、作业分享等多样化的培训策略，教师从学术论文、专家、优秀教师、同伴提供的教学案例及教学展示中获取基于单元的听说教学设计的经验，进而反思自己的课堂教学设计，优化听说教学环节，从而提高基于单元的听说教学设计能力。

三、教研感悟

教研路漫漫，求索无止境。开展有效教研是一份职责与任务，更是一种使命与担当。

有效教研应基于课改进程中师生面对的教与学的真实问题。教研员应深入基层与师生对话交流，了解教学现状与需求，激活教师解决问题的欲望与智慧，引领教师积极参与教研活动，共同探寻对策。

有效教研应创设"学习共同体"式的良好教研氛围。教研员应在教研活动中创设分享、研讨、合作的氛围，甘当"促进者""合作者"甚至"助手"，才能更好地鼓励教师头脑风暴、献计献策、反思提升。

有效教研应注重方法与策略，讲究实效。教研员应运用多样化的教研策略,调动教师的原有经验,鼓励其通过反思与构想、实践与尝试,实现理论向实践的转化,促进教师专业发展。

结语

通过"高中英语听说单元教学的设计与实践"研训一体化课程的实施,运用多样化的研训策略,有效促进了参训教师对基于单元的听说教学的研究,促使他们优化听说教学设计、改善听说教学实践、提高听说教学实效。如何更好地助力学生自觉提升听说能力、发展核心素养,有待后续教研的跟进。本案例是笔者教研生涯中众多教研活动的一个缩影,藉此反思总结,继续前行。教研有法,但无定法,教研始终在路上。

参考文献

[1] Ruth Wajnryb. *Classroom Observation Tasks* [M] , Cambridge University Press , 1992.

[2] 中华人民共和国教育部. 普通高中英语课程标准(2017 年版 2020 年修订) [M]. 北京:人民教育出版社,2020.

[3] 盛群力,李志强.《现代教学设计论》[M].浙江:浙江教育出版社,1998.

[活动点评]

王凌珏老师从事中学英语教研工作已有二十春秋,长期致力于探索并实践开展有效教研的模式与方法,引领教师在学习中反思,在反思中实践,在实践中进步。本文分享的"高中英语听说单元教学的设计与实践"研训一体实施案例体现了如下亮点,值得借鉴:

● 聚焦真实问题。本案例源于对新高考背景下高中英语听说教学现状与需求的深刻认识,研训内容安排合理,能引领教师聚焦单元教学和听说教学的重难点问题,立足实践,探索方法,解决问题。

● 创设合作氛围。本案例充分显示了教研员与区学科带头人、骨干教师、青年教师等不同对象以及种子团队、教研组、备课组等不同教师团队之间的合作,也体现了教研员在研训活动中搭建平台、创设机会激励广大教师分享研讨、畅所欲言、集思广益的教研理念。

● 注重策略运用。本案例通过规划先行、主题明确的研训模式，尝试运用多种研训策略，有效启发教师更好地整合课程资源，探索优化听说教学设计的方法，使听和说成为双向互动的过程，达到听和说的有机融合，力争有效激发学生的听说兴趣，养成听说习惯，提高听说水平。

建议在本案例的实践基础上合理规划后续教研，给予教师系统化、序列化、持续化的专业支持，进一步探究教研工具，提升教研品质。

（点评人：上海市杨浦区教育学院　李蒨）

作者简介

王凌珏，上海市黄浦区教育学院高中英语教研员、师训部副主任，上海市黄浦区教育学会外语教学专业委员会副秘书长，第四期上海市普教系统名师名校长培养工程"种子计划"（黄浦）高中英语组指导专家，中学高级教师。曾任上海市高中英语学科中心组成员，上海市英语教育教学研究基地兼职研究员。曾获"全国中小学外语教师名师""上海市黄浦区教育系统园丁奖"等荣誉称号，获"第七届全国中小学外语教育教学科研优秀论文评选一等奖""上海市黄浦区教师教育优秀课程"等奖项，参与编写《上海市高中英语学科教学基本要求》《高中英语语法详解手册》等。

单元视域　以读促写

——基于单元教学目标的高中英语读写课型教学研究的行动与反思

上海市青浦区教师进修学院　郝　民

引言

笔者自 2001 年来到上海市青浦区教师进修学院,2003 年,转型到中学英语教研岗位。新的职业角色带来了新奇之感和压力之重。幸有上海多元富饶的资源给予了支撑我顺利履职的精神力量和专业养分。与此同时,自己也勤学不辍,与时俱进,不断增强胜任岗位的能力。

一、教研理念

1. 坚守杏坛情怀

想以"选择我所爱,爱我所选择"表达笔者对事业的忠诚与守望。凭着对教育的坚定信念,在中学英语教研岗位上,牢记"服务基层,服务教师"的宗旨,进德修业,勤学笃行,执着于区域教师专业发展和学科教学质量的整体提高。

作为 21 世纪青浦教育的亲历者,深感"承续青浦实验使命"的艰巨和神圣。转换角色,以"服务者"的姿态,深入课堂,走近教师,积极发挥从教学理念到实践操作的中介作用;寻找教育行动到反思的连接桥梁,引导教师理性审视实践中存在的问题,促使教学行为的跟进或转变,帮助同伴提炼、分享、传播教育教学有效经验,丰富、壮大个人和团队的实践智慧。

以自己努力、勤奋、踏实的工作作风和教育、教学的实绩,为在一轮轮教育新形势下如何成长为"好老师"的郝老师追求具有个性的注脚。也想用自己和身边老师们的经历，印证这样一个事实——努力，让"普通"的老师身上都能彰显出"好老师"的潜质……

2. 笃行真研实修

本着教研员的三大职责定位，即研究、指导、服务，注重基于形式多样的调研，发现学科中的难点、痛点、盲点，再在研修中与教师一起探索"破题"的途径和方法。历年来，从最开始的地毯式听课、访谈摸排，到现在"定向"式的诊断、分析和探索，从理想化的全面开花到逐步聚焦切入点，研修的针对性和效果的可检测性得到了提高。

研修效果的评价和检测的维度可以是多元的，但是，其核心就是"变化"，即研修前后的不同，可以但不限于：发现不同——暴露盲点，见识不同——拓展视野，想的不同——深化认识，做的不同——提升行为。为了达到求变的目标，顶层设计是关键。研修的内容要结构化、整体化，其中既有对相关理论的研读和提炼，更是蕴藏着培训实施者对突破现状的"路线图"和实践建议。

求变的途径，即研修的方式，可谓是一切皆有可能，我们常用的方式包括现场的跟踪式、展示式课堂观察，微格分析式的录像回放，微讲座、专题发言交流，主题报告、座谈，任务驱动式的资源开发，备赛集中研讨，跨校和区联动等。在资讯和联系方式发达、多元化趋势日益明显的当今，也可随时开展不拘一格的新型研修形式。

在开展教研活动的过程中碰到过的困惑主要是不容易达到面上立竿见影的成效，但也磨出了耐心和恒心，一直保持打"持久战"的心理准备。非常感动的是总有一批批老师以满腔的教育情怀并肩作战，努力实现心底珍藏着的"成事"的强烈愿望。于是，研修中注重搭建平台，使教师们有机会分享所惑所思所得，最后达成成事成人亦成己。这是研修最重要的成果，也是更加看重的"学、习之得"。

3. 践行资源增值

作为"新"上海人，对资源的渴求和珍惜从未有些许消减。从自己参加市教研室、高校、兄弟区和各类机构、渠道的学习活动中的启发和学得，更加坚信资源"阅历"所起到的催化剂的作用。于是，不遗余力地参与、组织、吸纳、迁移、宣传；因时因需地打造资源、分享资源；坚持不懈地打造青浦区教育数字资源库里高中英语的"小菜园"。以资源缩短物理距离、弥补信息差,培育教研沃土。

二、教研活动设计与实施

1. 教研背景

阅读和写作作为语言能力的重要内容,一直是高中英语教学研究的重点。就读写结合的理论依据而言,窄式阅读的理论、支架式理论、关联理论等都认为大量的可理解性语料输入能够让学生自然而然习得第二语言,所以阅读活动能够提高学生的语言能力,教学中教师根据训练目标,利用针对性的阅读语料输入和写作引导,也能够在一定程度上提高学生的写作能力。

然而,目前高中英语写作教与学存在的问题和需求则是,学生语言知识积累不足、词不达意、语言错误频出;缺乏语篇体裁结构意识、写作内容空泛,逻辑性不强;内容平淡,缺乏真情实感等问题。学生常会因过于关注语言使用的准确性,而忽视谋篇布局和逻辑的合理性;一般都较缺乏读写结合意识,缺乏将输入的语言知识运用到写作中的意识。学生对写作的畏难情绪较重,积极性不高。

英语阅读教学中,教师容易忽视阅读和写作技能的相辅相成、密不可分的辩证关系,尤其会忽视阅读教学对学生写作能力培养与提高的辅助作用,往往造成写作教学事倍功半,收效甚微。因此,摸索出行之有效的写作教学策略成为亟待解决的问题。

而高中生毕业后无论是继续深造还是在平时生活中,都对学生的英语口头和笔头表达能力提出了更高要求。由于写作能力提升涉及因素比较复杂,训练见效需要较长时间,因此,教师迫切需要掌握有效的写作教学方法。

2. 教研主题及范围

本研究致力于读写课型中"以读促写"在高中英语写作教学中的应用研究,探讨"以读促写"高中英语写作的教学模式,力图探索如何更新高中英语写作教学的理念,探究如何通过针对性的阅读活动,培养和提高学生的英语写作能力。

读写课型中的"以读促写"指的是教师运用有效的课堂教学策略,帮助学习者通过有效阅读促进写作能力提升的教学过程。读写课型中的"以读促写"适合高中英语写作教学,因为将阅读与写作相结合充分地体现了语言学习学以致用的特点,能促进学生有效地运用从阅读中获得的知识和语言,进而在完成与之呼应度较高的写作任务中提高其建构篇章结构的能力、英语思维能力和词汇知识运用的能力。更为重要的是,有效的"以读促写"教学活动能帮助学生搭建语言和内容的脚手架,带给学生积极的写作体验,增强他们的成就感,改变其对英语写作的畏惧心理,从而增强学生英语写作的自信心,最终带来较好的学习效果。

全区六所公办高中的英语教研组均参与本专题研修。

3. 教研内容与形式

本主题研修已经过三个学年的探索研究和实践,探求读写结合课型的理论依据,探索教学原理和基本教学模型。通过模型和优质课例引领教师读写课型实践水平和教学质效的提升。按设置时的规划,本主题研修经过四个阶段,如表1所示。

表1　"以读促写"主题研修内容

阶段	工作重点	时间跨度	具体内容
一	准备及初步实施阶段	2018 年 9—12 月	理论学习、《单元教学目标》相关部分的优化及课例探索
二	项目组课例实践	2019 年 1—12 月	梳理《英语》(牛津上海版)可供开发的课型的素材及案例并进行分析
三	调整、反馈、再实施阶段	2020 年 1—12 月	案例实践完善(2020 年 9 月起)和中期总结(2020 年 11 月)
四	总结、推广阶段	2021 年	梳理成果并撰写项目报告

4. 教研活动设计与实施步骤

教研活动前进行扎实调研和学习。立项后,调查本区高中学生英语写作方面存在的问题和需求、本区高中英语教师对于读写训练的设计策略和方法的需求情况。了解相关现状后再开展理论学习和研究,研究国内外相关教育理论和教改发展动态,借鉴已有的理论成果,支撑和构建本项目的理论框架,做好实践探索的思想准备。《普通高中英语课程标准(2017 年版)》颁布后,即组织参与项目研究的教师以及本区高中英语教师一起认真学习,加深教师们对单元教学和学科核心素养等核心概念的理解,也更加明确本项目的研究内容和目标。还推荐阅读与项目研究相关的书籍,组织项目小组成员及区高中骨干教师撰写阅读体会,力求以理论引领实践。

教研实施中,注重实践积累,积淀成果。通过不断实践探索,尝试构建读写结合课型基本模型(如图 1 所示),细化读写结合课型的教学步骤和操作要点。

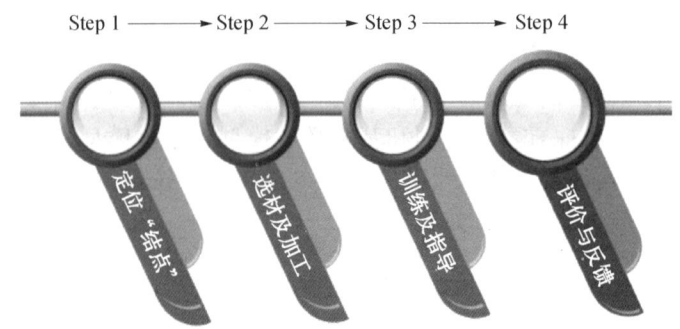

图 1　读写结合课型基本模型

读写结合课型的教学步骤依次为:定位"结点"、选材及加工、训练及指导、评价与反馈。旨在通过有聚焦的针对性的语料输入,提取仿写要素(即"结点"),在设计的语境中,引导学生迁移内化。

同时,结合课程实施、教材教学,积累以包括《高中英语》(牛津上海版)和《高中英语》(上外版)等教学资源中可供开发的读写结合课型的素材及案例。依据研修设计,初步探索"以读促写"策略在高中英语写作课型中的有效运用。针对学生在写作方面存在的主要困难和瓶颈问题,借助阅读语料的输入,将从中提取的内容(素材)、写作技能和词汇为主的语言支持等运用于新的写作任务中。还聚焦基于单元教学目标的高中英语读写结合课型的设计与教学实施的探索,梳理和开发一批教学中可供利用的资源,旨在帮助学生在单元学习框架里,根据学习目标,通过课堂学习活动,有效地利用语篇的输入,进行仿写或应用性写作训练,最终达成写作能力的提升。

项目实施至今,项目组成员已积累若干研究课和展示课的课例资料,涉及多个话题的各类文体,积累了从阅读语篇中提取的主题信息、主题词汇和文本结构等可仿写元素,从发现到模仿,从模仿到创造,在新语境中进行意义和文本再构的写作课设计实践探索的教学策略。边实践边总结边研究,及时反馈、修订行动方案,不断优化以读促写课堂教学的方法,用典型课例引领教学实践。

表 2　专题研修汇总表

序号	活动内容与要点	活动层级	活动地点	活动时间
1	◆ 课例实践1节:概要写作教学中的读写结合 年级:高三 ◆ 专题交流:高中英语概要写作专题训练规划与设计	区际联动	朱家角中学	2018 - 10 - 10
1	◆ 课例实践2节:概要写作教学中的文本文体与写作指导 年级:高二、高三 ◆ 互动研讨	区级教研	东湖中学	2018 - 10 - 24
2	◆ 课例实践1节:概要写作教学中的文本文体与写作指导 年级:高二 ◆ 专题校本研修交流	区级教研	青浦区第二中学	2018 - 12 - 5
3	◆ 课例实践2节:概要写作教学中的写作指导 年级:高二 ◆ 互动研讨与专家指导	区际联动	复旦附中青浦分校	2019 - 5 - 22
4	◆ 专家讲座:指向核心素养的单元教学设计思路 ◆《高中英语单元教学指南》读书体会交流	区级教研	青浦高级中学	2019 - 10 - 9
5	◆ 专家讲座:单元视角下的教学设计与实施 ◆ 专家讲座:以网络支持教研的实践与思考	区级教研	青浦区教师进修学院	2019 - 12 - 24

序号	活动内容与要点	活动层级	活动地点	活动时间
6	◆ 课例实践1节：描述性文本的读写教学 年级：高一 ◆ 互动研讨与专家指导	区级教研	青浦区第二中学	2020-11-11
7	◆ 课例实践1节：综合实践课中的读写融合 年级：高一 ◆ 互动研讨	区级教研	复旦附中青浦分校	2020-11-25
8	◆ 课例实践1节：读后新语境的创设和写作任务设计 年级：高二 ◆ 互动研讨与专家指导	区级教研	东湖中学	2020-12-02
9	◆ 课例实践2节：文本要点的梳理和表述 年级：高二、高三 ◆ 互动研讨与专家指导	区级教研	东湖中学	2021-4-28
10	◆ 课例实践2节：读后写作任务的设计 年级：高一 ◆ 互动研讨与专家指导	区级教研	青浦高级中学	2021-5-19
11	◆ 课例实践1节：读后议论文体的写作任务教学 年级：高二 ◆ 互动研讨和专家指导	区级教研	青浦区第一中学	2021-5-26

5. 教研活动成效

（1）单元整体设计教学理念得到更广泛的认同。在备课、教学、训练、作业、评价等教学各环节,教师会更多地关注单元教学内容、教学目标的整体性和相关性;注重读写课时教学目标与单元教学目标的呼应。以本研究为例,教师能有意识地通过前端阅读板块等教学逐步达成学生从语言输入到语言输出的提升,最终提高其表达能力。

（2）教学的精细化程度提升。通过本项目的探索,教师指导的精准性和针对性提高了。在读写课型中，为了达到以读促写的教学目标，教师在阅读教学中，除了关注语法和词汇知识，会更加注重引导学生归纳、梳理语篇知识，如文本的话题（梳理主题词汇）、体裁和篇章结构，在此基础上模仿、借鉴、迁移。以读促写的教学路径更加清晰、具体。

（3）教师的专业发展意识和教学水平得以加强。全区各高中英语教研组广泛参与历时三年的研究，并实现了全学段的实践探索，涉及不同年级、不同学情，以及处在不同专业发展阶段的教师。参与研究的教师对专业发展的理解更加深入，教师对高中英语读写课的认知理解及教学设计都发生了积极的变化，无论是在集体的教研活动中还是平时的教学中，教师参与上课、观课、评课的积极性也明显提高。参与项目实践和研究的成果也获得了相关奖项。

（4）学生的改变和提高。学生逐渐接受读写结合课的教学方法，他们的写作能力得到提高，通过对学生的调查与访谈发现，学生对英语写作学习、训练的投入度明显提高，他们的阅读和写作也更加得法。大部分学生比以前更懂得重视互相借鉴学习方法和技巧，改变了英语课单纯学习语言点、语法的想法，学生阅读和写作的积极性被调动起来了。

6. 存在问题和不足

（1）内容存在局限性

本课题虽致力于"读"到"写"的拓展，致力于培养新的具有整体观的"教学常态"，但从现阶段研究的方向与所取得的成果来看，仍存在"读"与"写"缺乏内在实质联系的教学惯性现象，需要继续在读写联结点上下功夫，继续努力探索迁移训练的方法。下一阶段还应该将重心移到学生思维的拓展训练上，除了文本结构以及好词佳句的积累和创造性模仿外，中高年级还应该重视选材、谋篇上的训练，通过持续的学习、迁移训练，摸索规律，形成范式，也就是从"读"中找出如何"写"的普遍性规律。

其次，到目前为止，教学素材主要取自于牛津版高中英语教材以及相关主题的拓展文本材料，"读"也仅仅是为了"写"进行的一种输入方法，研究面较窄。读写结合的活动设计也主要局限于牛津版教材，缺少对现已启用的《高中英语》（上外版）新教材以及其他适合训练之用的语料在读写结合的教学实践中的研究。

（2）实施效果存在局限性

阅读与写作是综合语言能力的体现,学生综合语言能力的提高是一个较长的过程,需要长期进行跟踪分析,但由于目前的研究时间有限,项目研究还未完善。"读写结合、以读促写"是一个长期系统训练的过程,对学生自我积累要求也比较高。在研究过程中发现,"学困生"在以往较为单一的阅读或作文教学中存在学习困难,而在这相对综合的读写结合训练中其学习困难可想而知。相反,"学优生"通过读的铺垫,写的延伸和写的反哺作用,其读写能力都有较大的进步,从而导致班级内的优困生之间的距离进一步拉大。

7. 后续跟进

（1）适当补充研究内容

听说读写是一个整体,读写结合仅仅为综合技能整合教学的方法之一,因此要研究学生整体语言技能,还需加入对听说的研究,将读写结合与读说写、读听写等有机结合,为学生提供更加全面且更多元化的学习方法,从而形成更加完备的综合语言技能教学体系。

与此同时,2021学年起,《高中英语》（上外版）新教材将在本区高二年级使用,读写结合的活动设计和教学实践活动需要陆续充实"上外版"新教材课例,丰富读写结合高中英语教学研究的素材和资料,扩大研究的视野。不断优化教学范式,更加明确读写的关联和教学结合课型的教学规律,帮助学生达到读精善写的目标,以上也是该项目下一阶段的重点研究内容。

（2）密切跟踪,防止两极分化

"读写结合、以读促写"是一个长期系统训练的过程,将完整追踪并研究教师和学生在高中三个年段的学习和教学情况,并着力研究如何抓好"学困生"的读写辅导与转化,尝试运用"分层教学"的策略,对其给予更多的关照和表现的机会,让每个层面的学生的读写能力都得到最大程度的发展。还将探索延伸到新教材的融合课型中,让已有的研究和探索成果为新教材的顺利实施发挥促进作用。

三、教研感悟

1. 专题化研究是提升学科品质的具体抓手。在读写项目实施的过程中,单元教学设计理念引领下的阅读和写作教学的深入研究和实践,成为教师研修的主要内容。通过多轮的学习、研讨、实践、反思,老师们在参与过程中,不断强化整体教学理念;通过观察和实践,提升文本分析、写作指导的水平。

2. 学科研修要从问题入手。学生的语言输出能力一直是各项语言技能中的短板,本专题就是借助优化读写结合课型教学,展开学困点攻坚的研究和探索。经过实践,对问题的认识更加全面和深入,项目研究实践的成果也能更加对症,帮助学生突破写作的主要困难和瓶颈问题。本专题研修梳理和开发更多相关资源,在教师中的认同度就更高,项目成果的实操性就更大。

3. 专题研修需要全员参与。读写结合项目开展三年,虽然已有相关实践经验,但是,教师认同其教学原理、探索教学设计策略和方法、推广研修成果等都需要时间渗透和沉淀,让尽可能多的老师参与、投入,才能保证实践的覆盖面和研究的深度,经验效应才能尽快辐射和扩大。

区内基本形成"周三现场教研,周五网络研讨"的机制,在区现场教研活动后通过青浦区教育局 RTX 系统举办区高中英语研修活动线上(网络)教研,串起"思—做—说—写"的"学科专业研修链",老师们定期围绕共同主题,尝试运用"专业语言"进行"专业表达",增强其"专业角色感"和"专业自豪感",保持研修专业热情,使得研修的成效持续"释放"。灵活的时间安排,打破了时空的局限性;具体的讨论主题,深化了思考;民主宽松的氛围,激活了更多的观点碰撞。老师们畅所欲言,分享感悟、困惑和建言,促进了教学实践经验的内化、提升和辐射。

参考文献

[1] 梁思华.适切教研视角下提高中学英语教研实效性的策略[J].英语教师,2019,(7):74-76,80.

[2] 林小玲.中学英语教师教研现状与专业发展研究[J].中小学外语教学(中学篇),2021,(3):24-29.

[3] 梅德明,王蔷.普通高中英语课程标准(2017年版)解读[M].北京:高等教育出版社,2018.

[4] 沈弘."以读促写"在高中英语写作教学的应用[J].现代基础教育研究,2012.

[5] 沈君.参照英语课本提高写作能力[J].中小学英语教学与研究,2009,(7).

[6] 韦储学.克拉申的输入假说及其对大学英语写作的启示[J].桂林师范高等

专科学校学报,2004,(4).

[7] 永林,董玉真."以读促写,以写促读"——"体验英语"视角下的教学模式新探[J].中国外语,2010,(1).

[8] 尤小平.学历案与深度学习.上海:华东师范大学出版社,2017.

[9] 中华人民共和国教育部.普通高中英语课程标准(2017 年版 2020 年修订)[S].北京:人民教育出版社,2020.

[10] 上海市教育委员会教学研究室.高中英语单元教学设计指南[M].北京:人民教育出版社,2018.

[11] 上海市教育委员会教学研究室.上海市高级中学英语学科教学基本要求(试验本)[S].上海:上海教育出版社,2021.

[活动点评]

本系列专题研修活动以"以读促写"为抓手,通过文献研读、专题讲座、教学实践、互动研讨、区校联动等形式,采用周三现场教研、周五网络研讨的研修路径,在全区范围内进行了较为广泛的实践与探索。通过系列活动,教师们不仅形成了单元视角下读写教学设计与实施的共识,也对概要写作、读后续写、综合读写等课型有了更深入的感悟;学生也在更注重思维品质的课堂中获得更多的体验和成长。系列活动为教师提供了具体的教学案例,在评价反思、迁移模仿中,助力教师落实教学理念、丰富教学策略、提升教学有效性。

建议后续研究借"双新"实施契机,基于已有研究基础,形成具体的分年级读写能力发展目标,在读写教学实践时有更明确的阶段性研究重点,并积累更丰富的教学案例。

(点评人:上海市浦东教育发展研究院　沈冬梅)

作者简介

郝民,上海市青浦区教师进修学院高中英语学科教研员,中学高级教师,青浦区第七届学科带头人,青浦区高中英语学科教师研修基地主持人,青浦区拔尖计划种子项目高中英语学科读写项目主持人。2007—2009 年被华东师范大学现代远程教育研究中心聘为兼职研究员,上海市双名工程英语学科基地(第二期)学员,国培项目(2010)——中小学骨干教师研修项目优秀学员。被授予"上海市园丁奖"荣誉称号。多项教科研成果曾获各级教科研奖项或刊登发表。参与《高中英语阅读教学设计》《高中英语语法教学设计》《英语教师正音手册》《落实学科核心素养在课堂·高中英语阅读教学》等多本专著的撰写工作。

大处着眼，小处着手

——浦东新区提升高中英语重点课型有效性的区教研实践

上海市浦东教育发展研究院　沈冬梅

一、教研理念与经历

教研，顾名思义是教学研究，其内核是对于教学问题的研究，其目的是提高教学有效性。教研员，作为教师队伍中特殊的群体，肩负着研究、服务和指导的职责与使命。

自 2006 年 2 月份开始笔者从高中英语教师转岗为高中英语教研员。任职以来，笔者始终深入课堂，关注教学重难点问题，挖掘教师需求，设计研训活动，逐渐形成"根植课堂、任务驱动、实证积累"的教研风格，帮助教师提升教学设计能力和实施能力，助力教师专业发展。

本文将聚焦教研工作的主要板块之一：区域教研活动。常规区教研活动主要分为准备阶段、实施阶段和跟进阶段。准备阶段确定内容反复打磨；实施阶段观课评课，思维碰撞；跟进阶段反思调整，迁移教学。笔者采用"互动对话式"教研，在各阶段始终努力体现"互动"这个关键词。图 1 简单呈现不同参与主体在整个教研过程中所承担的主要任务。

二、教研活动设计与实施

2020 学年度，笔者负责浦东新区高二年级英语教研，本案例为本学年系列教研活动之一。

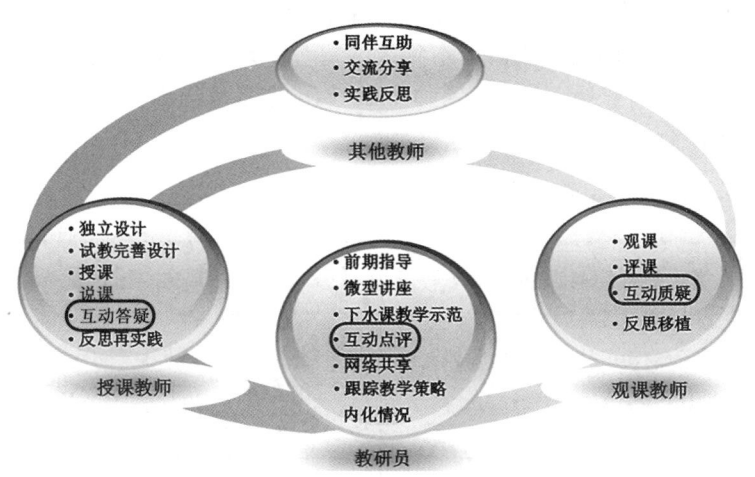

图1　"互动对话式"教研过程

1. 选题分析

　　高二年级，虽然不是新课程新教材的实施起始年级，依然使用老教材，但新课标所倡导的"单元""英语学习活动观"等，也需要在课堂教学中落实和诠释。基于此思考，在上一个学年度（2019学年度），笔者设计实施了"单元学习目标的确定与实施"，为主题的系列教研活动在教材解析、学情分析、单元目标确定、课时目标确定与实施等方面做了深度实践探索。

　　本学年延续"单元"这个主题词，设计了"单元视角下重点课型有效性"主题研训活动，聚焦具体课型，以单元整体设计为视角，进行重点课型有效性的实践研讨，主要的关注点是活动设计、课时之间的呼应等，旨在帮助教师真正"大处着眼、小处着手"，从单元角度进行整体设计，避免教学碎片化和随意性、避免活动与目标之间相背离、避免评价流于形式等，这些也是在大量课堂观察中发现的本区不少教师的共性问题，一定程度上影响了教学中学生的有效体验和收获。

2. 整体规划

　　浦东新区"高二年级单元视角下重点课型有效性"主题教研活动实施时间为2020学年度。围绕教研主题，共规划开展了10次区教研活动(包括2次专家讲座,1次网络教研和7次教学实践研讨)以及3次市区联动网络教研。本年级的每一次现场教学实践研讨都是线上线下同时进行,让所有老师不出校门就能参与教研。具体内容如表1。

表1 2020学年度主题教研活动

序号	活动内容与要点	地点	形式	时 间
1	专家讲座:基于核心素养的单元设计(汤青)	浦东教发院	线下	2020 - 9 - 21
		腾讯会议	线上	
2	● 教学实践课2节 　1.阅读教学(叶婷) 　2.词汇教学(董明志) ● 单元设计与课时教学解析 ● 互动研讨	文建中学	线下	2020 - 10 - 19
		腾讯会议	线上	
3	● 教学实践课3节 　1.阅读教学(陈怡) 　2.词汇教学(陈璐) 　3.语法教学(陈瑜) ● 单元设计与课时教学解析 ● 互动研讨	南汇中学	线下	2020 - 10 - 30
		钉钉	线上	
4	● 学习内容 　1.专家讲座 　2.教师教学设计分享 ● 研讨话题 　1."单元视角下的文本解读"与"文本解读"最大的区别是什么? 　2.这个区别对于你现有教学理念和行为的最大挑战是什么? 　3.你是否尝试过"单元视角下的文本解读"?请谈谈体会 ● 分享你设计和实践的教学案例	上海教研在线	网络教研	2020 - 11 - 9~11 - 30

序号	活动内容与要点	地点	形式	时　间
5	• 教学实践课 4 节 　1. 阅读教学(杨舒惠) 　2. 词汇教学(张嘉雯) 　3. 听说教学(付泽浩) 　4. 写作教学(高月) • 单元设计与课时教学解析(玄佳霖) • 互动研讨	建平中学 创新泰克	线下 线上	2020 - 12 - 14
6	• 学习内容："获取文化知识、培养文化意识"教学展示课 3 节 • 研讨话题：如何在单元视角,充分利用教材、合理设计活动,培养文化意识? • 分享你引导学生获取文化知识培养文化意识的教学片段或环节	上海教研在线	网络教研	2020 - 12 - 28~ 2021 - 1 - 11
7	• 教学实践课 2 节 　1. 阅读教学(闵欢) 　2. 单元学习活动(梁晓芹) • 研讨话题 　1. 阅读课可聚焦"阅读教学有效性"展开讨论; 　2. 单元学习活动可围绕"单元学习活动与课时教学的关系""单元学习活动评价""单元学习活动课中教师的角色定位"等维度展开讨论。	浦东教师研修社区	网络教研	2021 - 3 - 15~ 3 - 26
8	• 专家讲座：践行英语学习活动观,优化教学活动设计(陆跃勤) • 论文交流： 　1. 单元视角下的高中英语语法教学(梁晓芹) 　2. 新课程标准下提高高中英语阅读教学中课堂反馈有效性的实践研究(赵红梅) • 互动研讨	浦东教发院 腾讯会议	线下 线上	2021 - 3 - 29

序号	活动内容与要点	地点	形式	时　间
9	• 教学实践课 2 节 　1. 阅读教学（袁李瑶） 　2. 听说教学（滕芳梅） • 单元设计与课时教学解析 • 专家点评（何亚男，束定芳） • 互动研讨	建平中学 创先泰克	线下 线上	2021 - 4 - 12
10 - 1	• 教学实践课 2 节 　1. 阅读教学（胡志成） 　2. 写作教学（田文娟） • 单元设计与课时教学解析（来宇辰） • 互动研讨	文建中学 腾讯会议	线下 线上	2021 - 5 - 10
10 - 2	• 教学实践课 2 节 　1. 阅读教学（邬晶敏） 　2. 听说教学（陆静雯） • 单元设计与课时教学解析 • 互动研讨	高桥中学 钉钉	线下 线上	2021 - 5 - 10
11	• 教学实践课 2 节 　1. 阅读教学（玄佳霖） 　2. 听说教学（樊璐瑶） • 单元设计与课时教学解析 • 互动研讨	建平中学 创先泰克	线下 线上	2021 - 5 - 24
12	• 学习内容 　1. 阅读教学（朱春华） 　2. 访谈，"基于单元学习的媒介素养培养"（朱晓彦、王之结、潘健美） • 研讨话题 　1. 展示课中哪个环节给你印象最深？请具体说明 　2. 访谈，哪位教师的发言对你最有启发？请具体说明 　3. 分享你设计和实践的教学案例	上海教研在线	网络教研	2021 - 5 - 31 ~ 6 - 14

本案例介绍的主题教研活动是这一系列活动中的第 9 次活动。本

次教研活动为市区联动。参加本次活动的教师约 230 人,线下 50 人,线上 180 人。

3. 活动实施

本次主题教研的两节教学实践课分别由浦东复旦附中的袁李瑶老师和上海建青实验中学滕芳梅老师执教;学生为建平中学高二学生;教学内容为《高中英语》(牛津版)高二下第三单元 Colours;所选择的重点课型为"阅读课"和"听说课"。

(1)活动准备

为了更好地凸显教研主题,团队确定了本次教研活动的关键词为"单元视角""课时关联""阅读教学""听说教学",以期提升在单元主题语境引领下这两个重点课型的教学有效性。

在教学实践课的反复打磨中,团队记录备课磨课中的设计理念、主要困难、对策选择、教学调整原因等教学背后的思考,反思提炼,以备在互动研讨阶段交流分享。以下是以"单元视角""课时关联"为例,两节课最初版本和最终版本的对比。

表2 课型打磨前后对比

	First Version	Final Version
阅读课 (post-reading)	Explore how to make the world more friendly for visually impaired people.	Explore the application of colours in language.
听说课 (pre-listening)	Interact with the teacher and talk about color associations.	Review colour associations by answering the questions.

阅读课的读后环节,最初的设计是从人文主义角度出发,引导学生思考如何为视觉障碍人士构建友好型社会,从而引发学生对少数群体的关注。但是这个设计,似乎和本单元的主题"colours"有距离,且学生也没有足够的机会去运用语篇中所学到的语言和信息。最终采用的任务是,探究颜色在习语中的运用及含义。这个改变,首先能让学生运用语篇中所获得的关于颜色的信息,猜测和解读这些习语的含义;其次,也为本单元的听力环节 Colour Idioms 进行了预热。

听说课的导入环节,最初的设计想体现学生主体,从学生视角联想色彩,但是具体要做什么其实并不明确。调整后,通过师生问答快速复习阅读课中学习的内容,并引出本课话题。这个改变,一举两得:既让学生在熟悉的情境与内容中为获取新知识做了充分的心理准备,也体现了本课时是阅读教学的延续,使相隔较远的两个课时(通常阅读课是一个单元的第一课时而听说课是第五课时)在单元主题语境统领下成为学习的有机整体。

类似的改变还有很多。在"设计——试教——调整设计——再试教……"的实践课的反复打磨过程中,无论是执教教师,还是参与磨课的教师,都对教研主题的理解更加深入,对重点课有效实施的策略也有了更多的思考。

(2)活动流程

本系列主题教研活动的教学实践研讨活动采用了相同的基本流程,参与活动的教师对流程比较熟悉,基本流程如表3。

表3　教研活动基本流程

流　程　设　计	设　计　说　明
1. 活动说明与观课分工	利用活动前15分钟,教研员介绍活动设计初衷,并分工明确各小组的课堂观察维度,有侧重地观课。
2.上课观课	上课教师执教。 听课教师根据分工,基于观察工具进行观课记录。
3.互动研讨 (1)互动解析 ● 执教教师教学解析 ● 观课教师互动评课 (2)专家点评/教研员主旨发言	围绕教研活动主题,在单元视角下开展互动研讨。授课教师在单元视角下进行课时解析,听课教师借助观课记录表进行教学评价。专家点评,给以更高位的指导与引领。 互动研讨进一步打开单元视角下重点课型有效实施的思路。

(3)展示研讨

① 教学展示

● 阅读教学

本课时的教学内容为说明文 The Many Meanings of Colour,课时教学目标为:① 通过阅读,了解颜色和性格的关系,颜色对人的影响及原因;② 识别并理解语篇所给例子中颜色的应用及目的;③ 在语篇中学习并理解核心词汇;④ 运用因果关系阐述生活中颜色使用的原因,并探讨颜色在生活中更广泛的应用。

课堂教学中,在激活与颜色相关的背景知识后,教师先让学生阅读文章最后一段"Colour is a powerful tool. It can be used to help us, to warn us, to relax us, to control us and to make us buy things",并引导学生关注其中的形容词和动词,明确需要从前文中循证。这种悬念设置,激发了学生的阅读兴趣。随后,教师引导学生通过预测和略读初步了解篇章大意;再通过情境化的问题,让学生对颜色与性格的关系及颜色对人的影响有进一步的认识;然后再从颜色的功能出发,"逆向"寻找各功能所对应的应用事例并说明原因。文本解析后,鼓励学生反思生活中的场景,发掘颜色在生活其他方面的应用,加深对"颜色"这一主题的理解。

整堂课的主线是生活中颜色的各种运用和功能,在教学中采用"逆向阅读"等方法,探究文本内容的内涵和外延。这不仅增强了学生的阅读趣味,也为单元的后续学习做好了铺垫。

● 听说教学

本课时的教学内容为教材的听说板块,聚焦与颜色有关的习语(idioms)。教师基于教材,结合时事、结合学情,对听力材料进行了调整,确保听力材料的时效性并增加了难度,共选用了 the black sheep of the family,be caught red-handed 等八个习语语块。本课时教学目标为:① 通过预测、记笔记等,听懂与颜色相关的谚语的含义;② 掌握目标习语的含义,并在情境中恰当运用;③ 关注颜色的文化内涵。

在导入环节,教师首先通过复习主阅读的相关内容,为猜测习语含义做铺垫;然后利用图片语境,引出习语"the black sheep of the family",并及时补充文字语境,帮助学生准确猜出习语含义;最后介绍该习语的由来,使学生了解习语往往与历史和文化有关。听力环节有两个语段,引导学生在语境中利用上下文猜测词义,同时培养学生记笔记的习惯。针对每一个习语,教师借助各种情境,如运用图片、举例、提问等方式与学生互动,确保学生正确理解习语语块的意义并鼓励学生进行恰当表达。在产出环节的口语活动中,教师鼓励学生通过小组合作,发挥想象,有逻辑地创作故事,并在故事中加入至少三个所学习语。开放性的活动给学生提供更多的想象和发挥的空间,有一组学生在故事中用上了全部八个习语,令人惊喜。

在语境中学习习语语块的设计具有积极的文化意义与现实意义。教师鼓励学生在语境中理解习语语块的含义,并且学会在情境中恰当使用习语语块进行表达,同时培养学生的跨文化意识。

② 互动解析

两位执教老师合作解析。袁老师基于建平中学学情,进行了单元整体设计思路的分享,特别关注了单元学习目标与课时学习目标的设定及其关联性分析。

滕老师则聚焦本次活动的两大课型,进行了学习活动的关联性分析,诠释了有效整合教材、增强课时关联的实施要点。

观课教师也从单元设计、课时关联等维度,与执教教师进行了探讨交流。

③ 专家点评

何亚男老师充分肯定了两节课中所体现的单元整体性设计。阅读课,授课教师紧紧抓住单元主题语境、文本内容以及学生核心素养培养这三个要点,深度研读文本,并恰当运用阅读教学策略,带领学生进行文本解析。听说课,则与现实紧密结合,输入输出环环相扣,学以致用,过程性评价中的同伴互评,也进一步提升了听说能力。

束定芳教授从教学目标、结构和效果三方面进行点评,指出教学目标的设定对于课内外资源的利用、课堂的组织都产生直接的影响。此外,上升到课程结构,束教授建议要关注课程之间的关系和课程内部的关系,做到课堂教学的"入(深度研读)、合(综合运用)、转(举一反三)",从而落实学科的育人功能。

4. 实施效果

本次教研活动的设计和实施得到了两位专家的好评,特别提到了"双新"的落实,虽没有处在新教材起始年级,但高二年级没有等待,在新理念下用好老教材,更新理念、跟进行为。

经过本次教研,对于单元视角、阅读教学、听说教学等,教师们也有不少思考和感悟。下面摘录部分教师互动发言的观点。

• 单元视角下,每节课都成为基于主题语境的系列课的一个有机组成部分,相互关联,不孤立,感觉教学更有成效。

• 语篇分析很重要,只有教师梳理出语篇的文本特征、语言特点、逻辑架构等,才有可能设计出适合学生发展的学习活动。

• 根据教材内容,如听说,进行适当的调整和增加,并联系生活,发挥话题的语用功能,对学生更有效。

• 教师对学生语言表现的评价,不能只停留在"good" "excellent"

等标签式的话语，而是基于具体的内容和语言的质量，进行有针对性的指导，以评促教。

三、教研感悟

1. 收获与共识

本次主题教研活动，在"colours"这一单元主题语境引领下，以阅读教学和听说教学为研究课型，多角度提升了教学有效性。

（1）基于主题语境，剖析语料，逻辑思维境中悟

教师充分利用教材资源的同时，合理挖掘生活中相关语境的有价值的教学资源。基于学生的学习起点，细致剖析所选择的教学语料（阅读、听力）的特点，并巧设教学活动，引导学生在分析、比较、概括中增强语篇意识，在围绕情境进行有意义的产出活动中，锻炼逻辑思维能力。

（2）规划学习活动，循序渐进，技能融合用中学

在单元视角下，精心设计学习活动，适时融合语言技能，环环相扣，有机整合；依据学情，适时调整，深入浅出、循序渐进。在本次教研活动中，学生经历了语篇的深度阅读、听力中的信息检索、与生活的链接、基于主题的表达等，课时关联性密切，有助于学生语言理解能力、表达能力、思维能力等的提升，学生的获得感较强。

（3）及时迁移教学，分层设计，扩大教研影响力

教研活动的影响力可按时间分为准备、实施、跟进三个阶段。准备阶段的教学设计和打磨、实施阶段的教学观摩与碰撞，给教师们带来了最直观的体验和冲击。但要让教研活动的辐射面更广、持续力更强，跟进阶段至关重要。

作为本次教研活动的延续，后续开展了两个活动。其一是跟进部分教师的实践课迁移教学；其二是执教教师的教学反思及改进。希望通过教学跟进，进一步增强单元意识、丰富教学资源、拓宽教学思路、提升重点课型教学有效性。

2. 问题与分析

虽然教研活动顺利完成，并得到了很好的反馈，但还存在有待进一步思考和改进的地方。突出表现在互动研讨阶段，还是受限于时空，有些问题没有得到充分的交流，广度和深度有待拓展。

3. 完善与推进

本次教研活动采用了线上和线下相结合的形式,使实时参与的教师人数有一定程度的提升。下阶段,要进一步借助于网络平台,拓展时空,实时转播的同时,增加延时论坛,让教师交流更充分些,也让教研的影响更持久更深入些。

[活动点评]

一、教研主题明确

此系列主题教研活动主题明确,聚焦课标落地、单元教学、重点课型。亮点在于充分利用教材展开系列教研,提升了教研的意义和价值:教研所得,不是为了某一套特定的教材;教研,研的是理念、思路、路径和方法;教研,是希望通过提升教师的教育教学品质,从而提升学生的学习品质。从这一点来看,此次教研的主题明确清晰,且具有很强的实际意义。

二、研究聚焦重点

此系列主题教研活动着力研究如何在重点课型中落实课标,培养学生的核心素养。整个一学期的教学研究课,包括了8节阅读课、4节听说课、3节词汇课、2节写作课、1节语法课、1节单元学习活动课,对重点课型进行了广泛且深入的研究。同时,专家关于单元教学、学习活动的讲座,教师关于语法教学、阅读教学的论文交流,网络教研的观课和交流,有助于基层教师学习到上位的理论、中位的实践经验和理念,从而能更好地调整自己的日常教学。

三、成果有效辐射

本系列主题教研活动的第9次教研展示了单元视角下的阅读课和听说课,以及单元的解读和活动设计关联性的主题发言。从课的设计来看,教师通过前期8次的教研,已经对单元视角下阅读教学和听说教学有了较为完整且正确的认识,也能将阅读课和听说课活动设计的基本路径和方法运用于教学设计中。同时,后续的分层迁移教研,将区级教研成果进一步转化为校本教研的资源和基础,确保了教研成果的辐射效能。

(点评人:上海市黄浦区教育学院　金敏)

作者简介

沈冬梅，上海市浦东教育发展研究院教研员，正高级教师。上海市高中英语学科中心组成员，常年担任区英语教师培训基地／工作坊主持人。参与《高中英语》(上外版)教学参考资料、练习部分编写，出版多本专著。曾获"全国中小学外语教师名师""上海市园丁奖""上海市三八红旗手"等荣誉称号。

聚焦难点　分层并进

——黄浦区高中英语议论文写作教研活动案例

上海市黄浦区教育学院　金　敏

一、教研理念与经历

1. 教研理念

　　教研活动是教师有目的、有过程、有方法地分析和解决学校课程实施、教育教学过程中所面临的各种具体问题，以促进教师发展为宗旨的一种实践性、反思性的专业发展研究活动；是一种在教研负责人组织下，在某个教师群体展开的以发现、总结事物规律，解决问题或改进某个具体教学情境为目的的教学研究活动。

　　作为区域教研员，笔者的工作理念是服务区域学校高中英语的全面发展，为课程建设、教师发展和学生成长提供专业支持。基于此理念，笔者在工作过程中逐步形成了以下的一套工作流程：1）深入基层学校，了解并发现教师在教学中的困惑及难点；2）自我不断学习，获取解决问题的理念和思路；3）开展基层学校教研组或备课组的深入研究和实践，总结梳理问题解决的区本化方案和策略；4）组织展示型教研活动，以讲座、教学实践课等形式，推广形成的策略和路径，实现区域辐射；5）助力校本教研，实现区本化方案和策略的校本化，确保方案和策略的最优化，助推学校的课程建设。同时，也逐步形成了"关注不同生源学校、不同职业发展阶段教师的发展需求，助力教师的职业成长和获得感"的教研特色。

2. 教研经历

　　笔者从 2005 年开始担任区域教研员的工作，经历了从"菜鸟"开始、不断成长的过程。一开始，笔者跟随区域资深教研员，了解和熟悉教研员工作的性质、责任和主要工作,确保各项任务能够顺利完成,属于"任务完成型"教研员;之后,开始独立担任区域教研工作,边学习边实践,边成长边反思,逐渐形成了一些自己对教研工作的理解,对英语教学、学生成长更深入的思考,从零打碎敲式的教研,到逐步以课题研究、教师研究团队、主题教研等方式引领区域的教研发展和教师成长。

二、教研活动设计与实施

1. 教研背景

黄浦区写作教学现状不尽如人意,主要表现为:在写作前期和中期缺乏教师应有的指导和介入,在写作后期也缺乏高效的批阅、讲评和反馈。其中议论文写作教学更是教学难点,也是很多老师不愿多触碰的教学内容。一方面,教材中没有足够的议论文教学的内容,输入文本以说明文为主,缺乏可学习模仿的范本;另一方面,教师缺乏有效的议论文教学方法,且觉得仅从应试的角度而言,教学性价比不高。

因此,区域内拟开展议论文写作教学的系列主题教研活动,形成议论文写作的教学内容规划、基本路径和方法,以此来提高教师议论文写作的教学能力。

2. 教研主题及范围

本次系列教研主题为:议论文写作中的教师介入,参加对象为:黄浦区高二年级英语教师。

写作是一种表达方式,其目的是为了被读懂,让读者接受、让对方信服、让彼此信赖。写作教学是教会学生"用读者能够理解的语言和形式表达",这样的表达必须借助思维来完成。

议论文写作对思维的要求很高,但很多教师往往只停留在框架结构、连接词、语法的层面,缺乏真正的介入。只有当教师认可了"介入"的必要性,明晰了"介入"的时间点,确定了"介入"的重点,获得了"介入"的方法,才有可能真正让学生通过写作达成"用读者能够理解的语言和形式表达自己的思想",并在教师及时恰当的"介入"帮助下,提升思维品质。

3. 教研内容与形式

（1）主要内容：通过研究议论文写作中的教师介入，明确议论文写作教学的要点和实施路径，形成议论文写作的整体规划；提升教师对议论文写作教学意义的认知，提高教师议论文写作指导的能力。

（2）教研形式：讲座+课例研讨+教师写作

（3）时间跨度：2018 年 10 月—2019 年 1 月

（4）主要特色：在整体推进的过程中，实施针对完中的分层教研，提高完中教师开展写作教学的信心和能力。

4. 教研活动设计与实施步骤

（1）活动设计：本次主题系列活动共包含 11 次教研活动。从针对群体看：针对全体教师的为 3 次，主要针对完中教师的 8 次；从教研形式看：讲座 1 次，教学实践课 4 次，教师写作实践 4 次，交流研讨 2 次；从交流媒介看，线下 6 次，线上 5 次。具体安排如表 1 所示。

表 1　英语议论文写作系列教研活动

时　间	地　点	主　题	形　式	参与对象
2018.10.10	大境中学	议论文写作中的教师介入	讲座（主讲人：金敏）	全体
2018.11.21	格致中学	如何展开议论（写后指导）	教学研讨课（执教：封灵）	全体
2018.11.26	线上	学生议论文写作中的主要问题	交流研讨	完中教师
2018.12.5	市八中学	如何使用论据（写后指导）	教学研讨课（执教：伊洁岚）	全体
2018.12.5	市八中学	如何展开议论	交流研讨	完中教师
2018.12.7	线上	如何展开议论	教师实践列提纲	完中教师
2018.12.12	线上	如何使用论据	教师实践写段落	完中教师

时　间	地　点	主　题	形　式	参与对象
2018.12.13	市南中学	如何构建段落 （写前指导）	教学研讨课 （执教：龚雯珺）	完中教师 及部分其 他学校教师
2018.12.20	同创中学	如何构建段落 （写后指导）	教学研讨课 （执教：袁茵）	
2018.12.26	线上	如何构建段落	教师实践改段落	完中教师
2019.1.7	线上	如何构建段落	教师实践改段落	

（2）实施步骤：

① 笔者先行学习了有关英语写作、英语写作中的教师介入、英语议论文写作等相关书籍和文章，理解英语写作教学的意义、教师介入的方法和议论文写作要点的分析，从而形成教研的基本思路和理论基础。

② 开设主题为"英语议论文写作中的教师介入"专题讲座，帮助教师在思想层面形成共识，在理论层面厘清概念，在操作层面获得方法。讲座内容主要包括：

● 概念界定：英语写作，英语写作教学，过程性英语写作，英语议论文写作

● 英语议论文写作的要点：establish clear and definite arguments, apply sufficient and reliable evidence, provide proper and strict demonstration

● 英语议论文写前、写中、写后的教师介入：写前——选择话题、指导学生收集话题信息、构思写作内容和方法；写中——给学生提供充分的思考和写作实践；写后——帮助学生修改、润色写作内容并给予评价。

③ 开设针对不同议论文教学阶段、不同层次生源学校的教学实践课，研究并推广具体教学策略和路径。

● 在将近1个月的准备阶段，与承担教学实践课任务的学校备课组共同开展研究和实践，针对各类问题，形成解决策略和路径。

● 通过教学实践课的展示、观课教师的研讨、教研员对研究过程的回顾及总结，帮助教师聚焦议论文教学中的具体问题、教学误区及解决策略。如：

a."如何展开议论"：教学研讨课在本区生源第一梯队的学校进行,形成了提纲修改的基本教学要点和策略,即正确解读题目,理由要能够支持观点,理由的表达需简洁清晰且具有逻辑性。

b."如何使用论据"：教学研讨课在本区生源第三梯队的学校进行,形成了使用论据的基本教学要点和策略,即每一段阐述一个理由,使用清晰简洁的主题句(topic sentence),提供支持主题句的充分且有效的论据,正确且恰当使用"事实、例子、数据"作为论据。

④ 形成完中研究共同体,通过教师实践写作、课堂教学实践,提高完中英语议论文教学的质量。

• 以完中共同体集体备课的形式,梳理学生议论文写作中的主要问题,确定完中分层教研的重点：教师写作实践、教师修改实践及"如何展开论证"教学实践课。

• 教师示范议论文段落写作,在完中研究共同体中进行修改交流,帮助教师明晰议论文写作的要点。

• 开展两次"如何展开论证"的教学实践,在承担教学实践课任务的学校备课组自行备课上课的基础上,完中共同体在教研员带领下,进行集体反思和教学改进。

5. 教研活动成效

(1) 基本形成了对"议论文写作中教师介入"的统一认知。

教师开始普遍认同,英语议论文写作教学的可操作性,教师可以有效介入学生的议论文写作过程。教师必须着眼于学生的写作实践,帮助学生更清楚地认识写作过程,引导学生反复修改完善,在写作过程中帮助学生提高发现问题、分析问题和解决问题的能力。写作不仅仅是正确使用某些语法项目、模仿修辞模式以及阐述所写的内容,写作更是培养学生的思维能力和自我表达能力。

(2) 形成了较为完整的"议论文写作单元"的框架设计。

• "议论文写作单元"的教学目标

学生在完成本单元学习后,能够根据题目完成一篇议论文写作,且论点鲜明确切、论证充分可靠、论证严密得法。

• "议论文写作单元"的课时规划

"议论文写作单元"共包含7课时,帮助学生循序渐进地掌握议论文写作的相关知识。7课时的教学可以集中在某一学期开展,也可根据学生情况分散展开。具体内容见表2。

表 2 议论文写作单元课时安排和教学目标

课时	内 容	教 学 目 标
第一课时	"如何展开议论"写前指导	A. 学生知晓议论文的基本结构：引言段—主体段—结论段
		B. 学生知晓每一部分的基本要求： • 引言段——简单解释要讨论的主题，一般有一个清晰简练、亮出中心论点的主题句 • 主体段——一般有 2～3 个分论点，分别展开阐述，并辅以充分的证据，每一段一般应有一个主题句 • 结论段——重提自己的看法、意见或建议，与引言段呼应但不重复原句，也不增加新的信息 • 段落之间应有使行文逻辑清晰的过渡词语或转接句
		C. 学生知晓议论文的常见框架结构：总—分—总，总—分，分—总。
第二课时	"如何展开议论"写后指导	A. 学生掌握正确破题的方法
		B. 学生学会如何写出紧扣主题句的分论点
		C. 学生学会如何写出简洁清晰的分论点
		D. 学生学会如何逻辑排列分论点的顺序
第三课时	"如何使用论据"写前指导	A. 学生知晓常用的论据有：列举案例、援引数据、陈述事实
		B. 学生知晓引出论据的话语标志语 • 列举案例——One of the examples is..., Another example is..., take... as an example..., ... • 援引数据——According to... • 陈述事实——As a matter of fact, in fact, ...
		C. 学生知晓在使用论据时要呼应并支撑分论点
		D. 学生能够区分观点与事实

课时	内　容	教　学　目　标
第四课时	"如何使用论据"写后指导	A. 学生能正确使用事实、例子或数据作为论据
		B. 学生能学会如何呼应并支撑分论点
		C. 学生能运用"一般到特定""定义法"等技巧展开论据
第五课时	"如何构建段落"写前指导	A. 学生知晓段落内逻辑论证包括：段落结构为归纳和演绎，论证方法包括假设、递进、因果、分类、比较、对比等。
		B. 学生知晓段落间自然衔接的主要方法：显性衔接和隐形衔接。
第六课时	"如何构建段落"写后指导	A. 学生能够用归纳或演绎法搭建段落结构。
		B. 学生能够用假设、递进、因果、分类、比较、对比等方法来论证。
		C. 学生能够用显性或者隐形衔接方式来衔接段落。
第七课时	"如何写引言段和结论段"写作指导	A. 学生能够在引言段里简单解释要讨论的主题，并写出简练清晰的能表达中心观点的主题句。
		B. 学生能够在结论段里重提自己的看法、意见或建议，呼应引言段但不重复原句，不增加新的信息。

　　议论文写作单元的写前指导课，一般旨在让学生对各个写作环节和要素有基本的了解。因此，教师需耐心且充分地提供学生阅读范本、梳理要素、获得思路的过程，帮助学生获得基本的议论文写作技能和方法。议论文写作单元的写后指导课，旨在帮助学生解决实际写作中的难点。因此，教师需仔细梳理学生习作中的主要问题，找出产生问题的原因，提供解决问题的思路和策略，并在讲解操练的过程中，帮助学生积累议论文写作和与话题主题相关的表达。

- 教学案例一:"如何展开议论"写后指导(略)
- 教学案例二:"如何使用论据"写后指导(略)
- 教学案例三:"如何构建段落"写后指导(略)

同时,设计了不同课时的"检查单",帮助学生养成自我检测、自主修改的良好写作习惯。

Checklist 1:"如何展开议论"提纲写作

☐ Are the points sticking to the thesis statement?

☐ Are the points brief and clear?

☐ Are the points arranged in a logical order/sequence?

☐ Are there any mistakes (grammar, spelling, punctuation) in the writing?

Checklist 2:"如何使用论据"段落写作

☐ Is there one main idea in the paragraph?

☐ Is there a clear and brief topic sentence in the paragraph?

☐ Is there adequate and specific evidence (fact, example, statistics) sticking to the thesis statement and the topic sentence?

☐ Are there any mistakes (grammar, spelling, punctuation) in the writing?

Checklist 3:"如何构建段落"篇章写作

☐ Is the evidence logical and persuasive (clause, discourse markers & adv.)?

☐ Are the transitions between paragraphs smooth?

☐ Are there any mistakes (grammar, spelling, punctuation) in the writing?

Checklist 4:"如何写引言段和结论段"段落写作

☐ Is the topic briefly discussed in the beginning paragraph?

☐ Is the thesis statement clearly presented in the beginning paragraph?

☐ Is the thesis statement restated in the concluding paragraph without repeating the expressions in the beginning paragraph and adding new information?

☐ Are there any mistakes（grammar，spelling，punctuation）in the writing?

（3）梳理了议论文写作不同教学环节教师介入的重点和要点

教师了解了议论文写作各环节的教学重点,明确了"写前写后"不同的指导要点。"如何展开议论"环节,重点在于议论展开的逻辑性;"如何使用论据"环节,重点在于论据使用的丰富性和合理性;"如何构建段落"环节,重点在于段落构建的多样性和流畅性。"写前"环节,要充分指导学生有效学习范文,归纳总结写作的思维路径,获取可供借鉴使用的表达;"写后"环节,要根据学生习作的共性问题,指导学生通过修改,夯实写作的思维路径,丰富自主表达。

（4）提高教师,尤其是完中教师的议论文写作和评价能力,从而有效提升教学有效性

通过全过程的真实写作,提高教师议论文写作的能力,尤其是思维的缜密性,语言的多样性和恰当性。教师自身写作能力的提高和写作思路的清晰,极大提高了指导、评析学生习作的效能。

三、教研感悟

直击教学难点的主题教研能切实解决教学问题。对于大部分教师普遍感觉困难的议论文写作指导,笔者通过自我研习、讲座分享、课例研究等方式,从认知、操作、实践等层面,一步步帮助教师形成共识,获得方法,开拓思路。虽然过程有点艰辛,但是在自我坚持和教师们共同努力下,我们终于获得了一些议论文写作教学的基本方法和思路,在一定程度上解决了教学难点。深入基层学校,走进课堂和教师,发现教学

中的普遍问题,然后通过教研活动来寻求解决方法和策略。真研究真实践,才能解决真问题。

提高教师的写作能力是提升写作教学质量的关键。教师本身的逻辑思维能力有一定的差异,这在一定程度上阻碍了部分教师对教学过程的正确把控和对学生习作的正确判断。在完中共同体的专项写作研讨过程中,除了研究教学方法,笔者也带领教师们自己写作、相互评议修改。在"真刀真枪"的写作过程中提升教师的逻辑思维能力和议论文写作能力,从而提高议论文教学的课堂质量和评判质量。教师自身能力决定了教学的有效性,因此,提升教师的专业能力也是教研的主要任务之一。

[活动点评]

● 选题定位清晰

本系列主题教研活动的选题基于教研员对区域教学现状的观察及教师需求的梳理,聚焦"英语议论文写作",探究教学中教师介入的意义、时机、路径和策略。整个研究以"议论文"为单元,以专题单元为视角展开研究,定位清晰、目标明确、整体性强,具有很强的合理性和推广价值。

● 活动设计科学

本系列主题活动包含 11 次教研活动,有形成理念共识的专题讲座,也有分阶段进行的线下教学实践研究和线上跟进研讨。系列活动始终聚焦议论文写作的关键问题,兼顾写前指导和写后指导,从写主题句到写段落,循序渐进,设计科学,为教师在理念与实践之间逐步架设桥梁,从而更好地审视自己的日常教学,调整并提升议论文写作教学的有效性。

● 分层兼顾全体

本系列主题教研活动的亮点之一是分层教研,教研着力点适度向薄弱学校倾斜。在研究推进过程中,针对全体教师的教研活动为 3 次,主要针对完中教师的有 8 次。系列研究细分写作要点,在不同梯队的学校中进行分层教学研讨,把相对思维容量较大的"论据使用""段落构建"等放在第三梯队的学校进行,形成可迁移的教学要点和策略,从而有效提升区域议论文写作教学的短板。

本次教研在教研工具和数据支持两方面还可加强,相信这能进一步提高教研的效能。

（点评人：上海市浦东教育发展研究院　沈冬梅）

作者简介

金敏，上海市黄浦区高中英语教研员，上海市高中英语兼职网络教研员，上海市高中英语中心组成员。2005年起从基层学校调入教研室，开始担任区级教研员。曾先后被授予"上海市园丁奖""全国中小学外语教师园丁奖""全国中小学外语教师名师"等荣誉称号。撰写的论文曾先后获得"全国中小学外语教育教学科研优秀论文评选一等奖""上海市英语学科教育教学论文评选一等奖""上海市教研员论文评选二等奖""上海市学校教育科研成果三等奖"等奖项。

聚焦真困难 齐聚众智慧
——嘉定区高三英语写作教研实践案例

上海市嘉定区教育学院 孙 怡

引言

教育部于 2019 年发文,提出《加强和改进新时代基础教育教研工作的意见》,笔者于同一年进入嘉定区教育学院,投身于新时代的基础教育教研工作中。教育部提出,教研工作的主要任务是"服务学校教育教学、服务教师专业成长、服务学生全面发展、服务教育管理决策"。当年,这四项任务于笔者只是空洞的概念,因为笔者没有实质性的教研工作经历与之对应。而如今再看这段文字,笔者开始自动地将这两年所开展的教研活动和撰写的各类报告与之一一对应。有了真实的教研案例和真切的教研体会后,笔者发现自己对这四项任务背后所承载的具体工作和教研使命有了更直观、更清晰、更深刻的认识,这一认识也带动笔者更好地反思和推动自己的教研工作。

一、教研理念与经历

1. 教研理念

进入教研岗位之后,笔者理解到区教研员是保证学科教研上下联动、高效运行的关键一环。作为一名区教研员,需要上接国家的课程方案、课程标准以及市级文件精神,下接学校的学科课程计划、教研组工作方案,在调研走访中发现问题、提炼经验,在实践研究中带动教师的专业化发展、提高区域教研质量。

经过两年的教研思考和实践,笔者对自己的教研理念总结为十二个字——"理清堵点、主题协同、互惠共生"。其中,"理清堵点"是前提,"主题协同"是方法,"互惠共生"是目的。作为一名新的区教研员,笔者认为教研工作首先要将工作目标对准国家课程方案和课程标准,其次要观察区内教师在日常教学中的实践,访谈教师的实际困难,了解教师在日常教学中所遇到的堵点和痛点,找出"去哪里"和"在哪里"之间的差距。再思考如何围绕堵点和痛点,借助市级教研活动的资源和力量,通过主题教研活动协同发力,带领教师参与到教研项目中,使教研活动的多个参与方都能从中得益,提升专业化发展,互惠共生。

2. 教研经历

教研工作的第一年是极其特殊的一年,笔者遇到了嘉定区十年一遇的基础教育课程与教学调研、上海英语新教材试教试用、上海英语教育教学研究基地新教材委托项目、疫情期间的"嘉定区双师云课堂""上海市空中课堂""线上调研""线上教研"……这一年中,笔者几乎是被一个个任务和项目推着前进。忙碌的第一年结束后,笔者开始梳理一年来的教研经历,为第二年即将开展的高三教研工作做好准备。渐渐地,笔者对教研员的工作职责、使命、方向有了更清晰的认识。

两年的教研工作中,印象最深的就是嘉定区基础教育课程与教学调研工作。通过这次调研,笔者明确了调研的路径和流程,明白了开展调研工作的意义。调研工作可以说是教研中最重要的板块之一,因为"没有调查就没有发言权,没有调查更没有决策权",调研工作决定了教研的努力方向。如何通过调研工作来深入了解区域内各校的学科建设情况,从而更好地总结经验、发现问题、提出建议、指导实践,是教研员的必修课。

经过课程与教学调研的洗礼之后,在第二年的高三教研工作中,笔者利用学院集中调研、飞行调研和个人随访等机会,对区内高三教师的课堂教学和日常教学管理工作做了充分的考察和分析。对于高三年级来说,大部分学生面临的第一门高考科目就是英语,两次外语高考对师生来说都意味着不小的压力。在调研过程中,笔者发现各校在高三英语师资配备上几乎已经尽到了最大的努力,并且本届高三教师的精神面貌好,备考经验和课堂管理经验都比较丰富。那么,在短暂的高三第一学期以备考教学为主的外语教学中,区级教研该以何为重点呢?在与教师的深入交谈中,笔者发现,教师们普遍反映最迫切的需求还是资源,虽然市面上的复习资料看似很多,但教师们仍然感到优质的复习资源极其缺乏。于是,针对教师们的需求,结合学生的英语能力短板,笔者找准主题,鼓励并带领全区高三教师参与高三优质复习资源的创建,并开展对应的现场教研活动,帮助教师实现从理念到实践的全方位思考和体验,形成有价值的教学案例和教学资源。

二、教研活动设计与实施

1. 教研背景

《普通高中英语课程标准(2017 年版 2020 年修订)》(以下简称《新课标》)对高中英语课程内容做出了具体要求,指出"教师要关注学生的生活经验和认知水平,选择既有意义又贴近学生生活经验的主题,创设丰富多样的语境,激发学生参与学习和体验语言的兴趣,以使学生能够在语言实践活动中反思和再现个人的生活和经历,表达个人的情感和观点"。与此同时,《新课标》规定,"英语高考的设计要以必修课程和选择性必修课程的内容以及学业质量水平二的要求为主要依据,写作部分主要考查学生以书面形式表达意义、传递信息、再现生活经历的能力"。可见,《新课标》在课程内容和评价标准方面对学生的写作能力训练和写作能力考查提出了具体的要求。

根据本区历年高三质量调研数据的分析得出,高考写作板块是本区学生最大的弱项,即便是最优秀的一批学生,写作成绩和阅读成绩也是不成比例的。与此同时,教师在课堂教学中也存在着"重输入、轻输出"的现象,相较于阅读教学,教师平常在写作教学方面的课时投入比例和作业布置频率较低。究其原因,除了高考试卷结构本身的原因之外,还有其他几点原因:一是高三课时紧张,通过惯常的过程性写作教学来训练每一个写作话题,占据课时较多,短时间内很难有明显的收效;二是一个班级所能积累的写作素材有限,而考试中的写作题目话题广,一个话题的写作素材很难迁移到另一个话题;三是班级当中英语能力中上的学生能模仿的范文有限,现有的班级范文资源很难满足这部分学生在备考中对语言提升的需求。

基于以上区域情况分析,笔者组织开展了系列化的高三英语写作教研活动,联合全区所有高中学校,探讨写作教学方法、积累写作教学案例、建设写作素材资源,将成果实现区内共享,形成辐射。

2. 教研主题及范围

本次教研活动的主题为"高三英语备考写作教学",是全区"高三教学质量提升"项目的重要组成部分。本次教研活动为系列活动,持续一个学期,教研对象为全区高三英语教师,以下为本次教研活动的主要目标:

(1)通过教学示范和专家理论指导,明确过程性写作教学的流程,鼓励教师在日常教学中展开过程性写作教学;

(2)通过分析高考和历年模卷写作话题、明确任务分工、动员师生参与,研究写作命题方向,建设区级写作素材资源库,对过程性写作教学进行辅助,形成资源共享;

(3)通过不同层次学校的研究课,探索多方法融合的多话题写作备考教学。

3. 教研内容与形式

作为语言综合运用能力考查的重要板块,写作能力的训练涉及学生多项语言知识和语言技能的灵活运用,是提升高三复习质量的有效抓手。本次教研活动研究和实践的内容与形式如表1所示。

表1 "高三英语写作备考教学"区级教研活动的内容和形式

主 要 内 容	教 研 形 式	时间跨度
过程性写作教学示范	线下:公开教学	半天
高考命题写作的特点	线下:专题讲座+研讨	半天
优质英语习作征集	线上:网络互动	一学期
优质写作语言整理	线上:专题研讨+网络教研	一学期
分类写作教学实践研讨	线下:公开教学+反思交流	半学期

此次高三英语备考写作教研活动采用线上和线下相结合的形式,全区所有学校都参与,对高考命题写作特点展开学习和探讨,对过程性

写作教学的关键环节展开梳理,并参与资源建设的过程,形成同一层次学校可相互借鉴的资源,在此基础上,对过程性写作教学进行辅助,开展分类写作教学实践研讨。

4. 教研活动设计与实施步骤

本次"高三英语备考写作教学"区级教研活动的主要流程设计如图 1 所示。

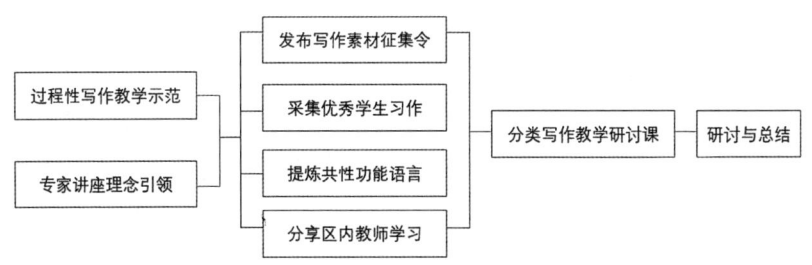

图 1　区高三英语备考写作教研活动框架

（1）现场教学示范、达成理论共识

2020 年 9 月,趁学生刚刚进入高三,笔者借班开设了一节高考指导性写作的区级展示课。本节写作课选取了高考常见的写作话题之一——推荐信写作。按照过程性写作的程序,笔者指导学生通过"审题—布局—内容构思—提纲整理—语言支撑"等活动开展,一步步地帮助学生搭建脚手架。在这个过程中,笔者设计了丰富的问题,引发学生思考,帮助学生有逻辑地组织他们的想法,并通过转述、翻译、关键词提示等方式给予学生结构化的语言支撑。通过教师的引导,学生整理思路、完善提纲、提升语言,最终形成有逻辑的写作段落。

在课例结束后,专家为全区高三英语教师做了"在体验中写作、在写作中体验"的讲座。在讲座中,专家分析了高考英语写作教学的特点以及高中生在英语写作上所面临的困境,并鼓励教师多开展"以读促写"活动,以培养学生基于文本的赏析意识、深入文本的发散意识和超越文本的表达意识,并巧用思维导图增加输入、构建支架、进行评价。并且,在写作过程中,教师要给予学生"即时即地"的指导,在最大程度上扮演着一个评估者的角色,帮助学生在构思、用词、语法上进行评估和决策,帮助学生在疑惑时选择正确的思维路径,在纠结时做出合适的决定。

（2）研究命题方向、众筹写作素材

为了将过程性写作教学模式更好地与课堂实际需求相结合，笔者带领中心组教师对历年高考写作题目和模考题目进行研究和剖析，经研究之后得出写作素材征集令（表2）。按照表2的要求，每所学校高三英语备课组要在规定的时间节点前完成对学生写作话题的布置、教授、批改和范文搜集等工作。整个写作资源建设的时间持续一个学期，共六次，每次选取不同的写作类型，涉及尽量广泛的写作知识和技能。

表2　写作素材征集令

类型	考察能力	话题	题　　目	时间节点
选择类	议论（理由）	清理和应用程序	随着移动网络的发展，各种手机应用应运而生，给我们的生活带来了极大便利，但许多同学也因此沉迷网络。现学生会发起一项清理手机应用的倡议，如果你只能从以下四个应用：Wechat，Taobao，E-dictionary，Glory of Kings（mobile game）中保留两个，你会如何选择并说明理由。	9月25日
选择类	议论（原因+描写）	选择讲座话题	假设你是明启中学的李华，你校外籍教师 Chris 将在文化周期间做一个有关西方艺术的讲座，现就讲座内容征求你校学生的意见。请给 Chris 写一封电子邮件，邮件必须包含以下内容 • 你喜欢的讲座话题（从音乐、美术、舞蹈、戏剧中任选其一）； • 选择该话题的原因及关于该话题你感兴趣的内容； • 希望从中有何收获。	10月14日

类型	考察能力	话题	题　　目	时间节点
夹叙夹议	叙述+议论	演讲稿：感动你的人或事	假设你是明启中学的王华，你校学生会将举办主题为"Looking for the Chinese Spirit"的英语演讲比赛，请你作为参赛者写一篇演讲稿，内容包括： 1. 描述生活中最感动你的一个人或一件事，并说明其体现了怎样的中国精神； 2. 你获得的启发及感受。	10月28日
设计类	说明+议论	方案征集	假设你是陈芳。你的好友王敏是新华中学的学生，下个月将去英国的姐妹校交流访问。王敏想拍摄一个短片，向英国的同学和老师介绍自己的学校。她通过邮件向你征求意见。写一封回信，内容须包括： 1. 短片的主题以及与之匹配的主要内容； 2. 你选择这些内容的理由。	11月11日
建议类	数据描述+议论（建议）	班级图书角	文华中学的读书节即将展开，学校将给每个班级配发图书，放置在班级中，总量为20本。现在学校向学生们征求意见，假设你是该学校的学生李华，请你给学校写封邮件，描述提供的图书类型并谈谈你的意见与建议。	11月25日

类型	考察能力	话题	题　目	时间节点
特征描写类	分类描写	父母教育	如今,许多家长焦虑地守在孩子身边,密切关注孩子一举一动,被称之为"直升机父母(Helicopter parents)",还有"扫雪机父母(Snowplow parents)",轰隆隆地扫除孩子通往成功路上的所有障碍,让孩子免遭失败、挫折。对此,学校校刊特辟专栏对此进行讨论,请以李华为名投稿,用身边的例子描述这两类家长,并谈谈对此的看法。	12月9日

按照资源建设的要求,各校备课组先针对本校学生的习作展开研讨,遴选 3 篇最佳范文,并做好文档编辑、整理和注释工作,上交到指定邮箱。

（3）分层提炼语言、辅助过程教学

为了更好地服务于教学,让教师和学生都能在写作过程中获得更多语言上的支撑,并能够将单个写作话题的语言迁移到其他写作话题当中,我们将每一次搜集来的学生范文按照该话题所涉及的语言功能、语言层次进行整合和提炼（见表 3）。并且,在提炼共性功能语言的过程中,我们根据句型结构和词汇的难度将每个板块的功能语言分为基础、中等和提高三个层次。这样,教师和学生都能得到相当大的便利。首先,教师在写作教学过程中,可以给予不同能力层次的学生以不同程度的语言支撑;另外,对学生来说,在拿到这些写作素材进行自学时,也能够朝着更高层次的语言目标努力。

按照时间节点,每次写作话题的资源整合结束后,笔者将相应的修改内容反馈给各备课组,并通过微信群、邮件等方式分享给全区教师,教师可以按照自己喜欢的方式,对资源进行提取、改编或者再创造,以适应课堂教学的不同需求。

表3 提炼共性语言

选择讲座话题	基础	• I hope the lecture is about music. • I hope you can say something about the western music. • From where I stand, to choose the music as the topic is really a good choice for you.
	中等	• **It will be an excellent idea if you could** cover western plays in the lecture. • As far as I am concerned, a lecture on western painting would be preferred. • **Speaking of Western art**, music comes into my mind first.
	提高	• **I would appreciate it very much if you could** choose music as your theme／ if you could give us some knowledge on western drama. • **Considering that I have always been fascinated** by western drama, **it is natural that** I would prefer you to center on it in your lecture.

（4）应用写作资源、拓展教学案例

有了课例示范、专家引领以及集众人智慧建立起的高三写作备考资源库之后，笔者鼓励区内高三教师们继续在常态课、公开课、研究课中利用好这些区级写作素材，使学生真正从中获益。在之后的写作教学中，区内教师们挑选了不同的写作话题，拓展了更多的写作类型，以过程性写作为教学流程，使用资源库中的语言支撑，帮助学生扩充思路，丰富表达。以上海大学附属嘉定高级中学谢文波老师的一节高三英语写作复习研讨课为例，在研讨课中，谢老师选择了调查报告类写作的话题，按照过程性写作教学流程，首先，帮助学生明确写作对象和写作内容，打好布局框架。接下来，鼓励学生开展头脑风暴，对数据描述的内容、数据背后的原因以及解决方式展开了充分的讨论。在此过程中，谢老师带领学生回忆描述数据比较的句型（见图2）。并且，在学生写初稿之前，谢老师提示学生回忆之前学过的功能语言，引导学生给这些功能语言进行归类（见图3），鼓励学生在初稿写作中用到这些语言。

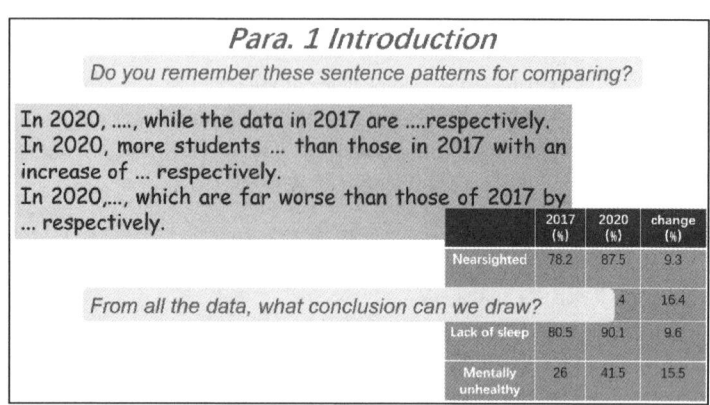

图 2　写作课例语言指导 1

图 3　写作课例语言指导 2

5. 教研活动成效

（1）以点带面，加深了教学理解

对外语教师来说，过程性写作教学法已经不是一件新事物，但高三教师很少在常态教学中开展过程性写作教学，其中原因之一便是缺乏接地气的高三备考写作教学范例。因此，本次教研活动以"过程性写作"为切入点，课例引路、任务驱动，带动教师在高三教学过程中开展过程性写作，并在此基础上，搜集写作素材，形成基于高考命题作文的教学素材包。在本次主题教研活动结束之后，不少教师表示对过程性写作教学的理念和关键环节有了更加深刻的认识，对高考命题作文考查的写作类型和写作知识也有了进一步的理解,部分教师在活动后还将课例迁移到自己的课堂中,并按照学校和班级情况作了一定的调整。

（2）辐射面大,提升了研究热情

为期一学期的高三写作备考教学教研活动成功吸引了全区所有高三教师的参与,为教师的写作教学提供了方法指引、资源借鉴和课堂实践的机会,在此过程中,教师的写作教学理念得到进一步更新,并且积累了更多的教学实践素材。经过此次教研活动,笔者发现越来越多的教师敢于、勤于、乐于开展分类写作话题研究,在常态课中开展高三备考写作教学,为高三英语写作教学积累了各类话题的教学实践案例,为区域高三备考教学起到了助力作用。

此外,该活动不仅在高三教师中引起了良好反响,还辐射到了高一和高二的英语教师。在教学随访中,我们发现高一和高二教师在日常教学、公开课、研讨课中也开始借鉴高三年级所积累的写作素材。

（3）参与面广,积累了教学素材

本次教研活动通过写作素材征集令的发布,不仅带动了全区高三英语教师的参与,还影响了全区高三学生英语写作的训练和学习过程,取得了良好的实效。在此过程中,习作被遴选出来的学生由各校备课组给予口头奖励,学生范文在全区范围内进行分享,是对学生写作能力的肯定。并且,此次活动也给同类学校学生相互欣赏和借鉴习作的机会,提升了学生的写作积极性。

对于教师来说,此次教研活动也扩充了教师的语言储备,方便教师在学生的写作过程中进行适时介入。过程性写作教学仅仅只是一种教学程序,教师只有在学生思考和写作过程中同时给予学生足够的语言支撑,帮助学生选择和评估语言,学生才可能真正有逻辑性地使用英语表达自己的思想,得到最大的进步。

三、教研感悟

经过两年的教研工作,笔者感到教研工作是一个需要开展大量自培的工作。如果想要做好教研工作,教研员必须围绕着教研主题展开自我学习。没有对教研主题和内容的清晰认知,教研就好比无源之水、无本之木,无根基可言,即便找到了教师的需求所在,也不可能真正帮助教师找到解决问题的钥匙,更不要谈实现教师的长远发展。

与此同时,教研员的工作必须要结合区域实际,建设教研共同体,有针对性地解决区域学科的关键问题。虽然从事教研工作时间不长，但笔者深刻地感到教研要"从教师中来，到教师中去"。教研员工作的内容是研究、指导、服务，而教研工作的对象是教师。怎样才能更好地开展研究、真正服务于教师发展，就必须从教师的需求出发，也就是"从教师中来"，而研究的成果也要能够解决教师的实际困难，也就是"到教师中去"。与此同时，教研工作的开展需要最大限度地调动全体教师的参与度，只有教师真正行动起来，亲自参与到整个研究的思考和实践的过程中，才能真正有所收获。因此，要做好教研工作，必须深入课堂和教师，发现教师的实际困难，并抓好区域各条线的教研团队，构建实践共同体，真正实现教研工作的目的和意义。

四、结语

教研工作任重而道远。以上的教研案例只是笔者在探索过程中的一次尝试，未来还有很多可以完善和推进的方面，例如：借助网络平台，提高教研的信息化水平，扩大教研影响力；开发教研工具，完善活动互动研讨机制，实现充分交流；加强队伍建设，推进教师专业化成长，构建学习型团体等等。在两年的教研工作中，有收获的喜悦，也有困惑的苦恼。路漫漫其修远兮，吾将上下而求索。

参考文献

［1］中华人民共和国教育部. 普通高中英语课程标准（2017 年版 2020 修订）［M］. 北京：人民教育出版社，2020.

［活动点评］

孙老师在充分调研的基础上，从教师的实际需求出发，确立了高三教研活动的主题，即：高三备考写作教学。主题教研活动有先进的理念引领，有清晰的流程规划，有明确的目标引导。教研过程的设计规范细致，值得学习和借鉴，尤其体现在以下三点：

一、以教学示范提升认识

孙老师通过下沉示范，执教高三写作课，现身说法，帮助教师认识到过程性写作教学中给予学生语言支撑的重要性，并以专家讲座进一步予以理念上的支撑,充分体现了教研员的引领示范作用,为教师提供了可复制、可操作的教学方法和研究路径,促进了教师对高三写作教学的认识和理解。

二、以资源建设促进理解

孙老师动员全区教师共同参与建设写作教学资源,一方面解决了教学的实际需求,为区域写作教学的改进提供了丰富的资源;另一方面也使教师在实践的过程中加深体验,促进理解,提升了教研的效果。此外,布置任务前合理的规划和详细的分工也保证了资源建设的质量。

三、以教学实践加强内化

孙老师指导高三教师开展常态课、公开课、研究课等教学实践课,既是对前期教研成果的巩固和推广,也是对教师恰当使用资源的一种指导,有助于教师内化所学理论和方法,并更好地运用于日常写作教学中,对提升区域整体的写作教学水平有很大的促进作用。

（点评人：上海市嘉定区教育学院 陆艳艳）

作者简介

孙饴,上海市嘉定区教育学院高中英语教研员。《高中英语》(上外版)教师用书编者,主持多项市级和区级项目和课题,多篇论文发表于全国核心期刊。曾荣获"第五届全国中小学外语教师教学能手""上海市教学能手""嘉定区青年领军人才"等荣誉称号,参与并获得第十二届全国高中英语课堂教学优秀课展评二等奖、第三届上海基础教育青年教师爱岗敬业教学竞赛一等奖、上海市青年教师教育教学研究课题二等奖等奖项。

"上""下"结合　落实"必须"源于"必需"

——松江区高三英语写作教学教研案例

上海市松江区教育学院　凌清华

引言

松江区目前共有七所高中,其中学力差距较为明显,不同层次学校间可供借鉴之处有待发掘。通过调研发现,教师在写作教学方面亟须帮助。通过和七所学校高三教师访谈(你校或你班学生在写作中遇到哪些困难? 你的解决方式是什么? 哪些通过实践证明是行之有效并可以推广? 在写作教学中你希望得到什么帮助?)、抽样调查学生习作,笔者将高三写作教学教研主题确立为"以过程性写作为抓手充实写作内容　以更精准表述思想为目标丰富习作表达",采用公开研讨、调研交流、评价反思、一校一策四种教研方式。

一、教研理念与经验

1. 教研理念

笔者的教研理念为:以学定研,以研促思,以思促学。

刚入职时,笔者经常思考:如何从学生视角转变为教师视角? 该教什么? 怎么教? 平时,笔者结合学情阅读相关专业书籍,观摩同行课堂教学,参加教研活动,以学情确定思考及研究重点,坚持"以学定研"。经过五年左右模仿后,参加教研活动时开始结合自己教学中所遇问题进行思考,受益于"以研促思"。十年后,笔者开始思考:如何突破自身专业瓶颈、提升教学素养、寻求更大突破? 怀揣着这样一份信念,在一线教学满13年后,笔者成了一名教研员,致力于思考以何种方式帮助教师成长,助推学生进步,坚信"以思促学"。结合自身成长路径,模仿、改进、突破,改进教学行为的模式,引导教师基于学情确定研究重点,在研究中思考,在思考中成长,以帮助学生提升综合素养作为教研重点。

学校教研组是一位教师成长的外界直接作用力,因学情类似,课堂设计有较多可借鉴之处,且处于同一空间,相互交流机会多,类似于蛋炒饭里的饭,是教师专业成长的重要构成部分。但一所学校教师准入门槛基本保持一致,认知冲突较难形成,而区级教研活动作为他山之石,可以帮助教师打开思路,相当于蛋炒饭里的蛋,是必不可少部分。而市级教研活动范围更广,集中了全市优秀教师智慧,相当于蛋炒饭里的鲜酱油,起着提鲜作用,是精华部分,往往对教师专业突破起着至关重要的作用。

作为教研员,可以从校级教研活动中了解教师教学亮点、需求及困惑,借助于区级教研活动主题和形式进行发扬、探讨或改进。市级活动中专家引领、优秀教师展示可以辅助区级层面确立研究方向,确定教研目标。区级活动可将区级教学实情结合市级活动理念展开,在某种程度上起到桥梁作用。

2. 教研经历

2016 学年笔者在一线教学时,发现学生在写作中都有选用高级词汇的意识,但欠缺选用技巧,用词缺乏语境意识,且用词单一。针对这一问题,开设了一节主题为"How to Word"的公开课,请学校教师和区级骨干共同体教师研磨课堂,结合同行评课和课后反思后撰文"星星之火 可以燎原——利用产出性词汇美化高中英语写作的教学策略研究"。2018 学年成为教研员后,笔者有志于改变学生写作时缺乏高级产出性词汇这一现状,采用自上而下的教研方式,邀请全区各教研组加入课题"开发提升高中生英语阅读兴趣的阅读材料的调查与研究",积累阅读素材,以期学生在主动阅读中积累相关话题语汇。但通过实践发现,该教研方式存在两方面问题:其一,研究重点未考虑校情,部分学校已经使用固定课外阅读资料,而有些学校基础较为薄弱,部分高一学生掌握教材话题语汇尚有困难;其二,研究方向不具区域推广价值,市重点学校学生在写作中需要锤炼语言,而对于学力较为薄弱的学生来说,写作首要问题是内容单薄和结构混乱。通过对松江区七所高中学校的调研发现:学生亟须在写作中充实内容、丰富语言。基于这一发现,从 2018 学年第二学期开始,松江区高三英语写作教研重点为"以过程性写作为抓手充实写作内容 以更精准表述思想为目标丰富习作表达",将教研路径转化为上下结合,即综合课标要求、区域共性和学校需求三方面的教研方式,旨在激发教师对写作指导的关注力和研究力,从而推动教师专业发展,提升课程执行力,更精准地指导学生解决写作中实际问题,提高教育教学质量。

二、教研活动设计与实施

从 2018 学年第二学期至 2020 学年围绕写作主题"以过程性写作为抓手充实写作内容 以更精准表述思想为目标丰富习作表达",共采取了四种教研活动组织形式,具体如下:公开研讨(示范性);调研交流(探讨性);评价反思(典型性);一校一策(研究性)。

1. 教研背景

(1)课标"必须"

掌握熟练的英语已经成了现代复合型人才必备的素质之一,而英语写作体现学生英语综合能力和素养,是评价学生综合语言运用能力的重要方面。《普通高中英语课程标准(2017 年版 2020 年修订)》(以下简称《新课标》)中英语学科核心素养语言能力三级要求为:准确、熟练和得体地陈述事件,传递信息,表达个人观点和情感,体现意图、态度和价值取向。写作教学的目的是通过对学生进行激活灵感,整理思路,组织素材,规划结构,遣词造句等基本写作技能培养,使他们能表达事实、观点、情感和想象力,能交流信息,能形成规范的写作习惯。

(2)实际"必需"

部分学生对于写作内容架构缺乏整体意识,体裁意识淡薄,因此出现内容空洞、论述不足等问题。词汇是高中生英语写作水平重要的制约因素,在英语写作过程中,学生普遍习惯于将初级词汇重复应用于写作之中,即使是词汇量较大的学生也习惯性使用低级别词汇,因此选词单一、用词重复、单调乏味。

在日常教学和教研过程中,通过交流发现,教师普遍感受到写作教学最力不从心,教师往往在高三一年进行突击。而高三教学任务重,写作教学过程不够扎实,写作教学不能有效地与阅读等活动有机结合。受结构主义语言学和行为主义心理学影响,一些教师认为"写作和语言知识相关,重点在于对词汇、句法和衔接手段的正确使用",课堂中出现各种死记硬背现象：词组、连接词、经典句式、作文模板等。

（3）研究助力

2020年4月笔者开展了《基于过程体裁法充实议论文论据的策略研究》的课题研究，在自我研究和探索过程中，积累了丰富的思考。空中课堂对整个高三年级的写作教学从不同体裁和题材上给教师们打开了新思路，教师们纷纷表示空中课堂值得借鉴、深入研究，但不能生搬硬套，需要结合学校、班级、学生具体情况进行选择性运用。同时，上海外语教育出版社出版的新教材在写作方面指导细致，例如根据要求确定相关体裁、主题句的选择、强调重点词汇等，可作为高三写作教学的辅助资源。

2. 教研主题与范围

表1　教研主题与范围

教研形式	教研时间	教研主题	教 研 范 围
公开研讨	（活动一）2019.3.12 设定依据：高考前帮助学生根据不同体裁进行复习。	作文复习—议论文写作 设定依据：学生在议论文写作时无法合理选用论据。	活动学校：华师大松江实验高级中学（以下简称华高）设定依据：华高为松江区区级重点学校，学生在写作中所遇困难在全区具有代表性。授课教师A，为学校优秀中青年教师，课堂教学具有一定示范性。参与教师：全区高三教师 设定依据：引发全区教师对这一话题重新构建，通过交流和点评，改进教学思维模式。
	（活动二）2020.11.17 设定依据：学生在进入高三两个半月学习后在习作中遇到困难，亟须帮助。	Variety in Words and Sentences 设定依据：学生在习作中缺乏运用词多样性意识。借鉴空中课堂写作教学专题。	活动学校：华高 设定依据：两次公开课都为同一所学校，便于跟踪调查，推动校本深入教研。2020年11月授课教师B，第二年担任高三教学工作。

新
课
程

新
教
材

新
教
研

教研形式	教研时间	教研主题	教 研 范 围
公开研讨			参与教师：全区高三教师；松江区高中英语青年教师培训班；高一新教材基地校教师。 设定依据：松江区高中英语青年教师培训班为教龄为 1 到 10 年青年教师，年轻教师需要尽快对整个写作教学构建系统认识。《高中英语》(上外版)教材在写作板块指导具有实操性，公开课研讨能辅助教师思考如何从高一开始进行写作指导，推进双新落地。
	(活动三) 2021.4.13 设定依据：艺考生在不到两个月高考备战时期，需学习如何根据不同体裁进行内容架构。	Letters of Application 设定依据：结合教材内容，考虑学生实际需求，借鉴空中课堂 2019 年第二学期高三英语教学第二单元"职业发展与规划""写作—申请信"部分。	活动学校：松江区立达中学(以下简称立达) 设定依据：立达为一所普通高中，艺术见长，大部分学生在艺术专业考后才能全力备考英语秋考。 授课教师 C，第一年担任高三教学工作。 参与教师及设定依据同活动二。
调研交流	(活动四) 随机(经商定后定为 2020 年 5 月 26 日)。 设定依据：校本教研时间。	写作教学 设定依据：围绕教研主题系列开展，具体为建议类作文写作。借鉴空中课堂 2019 年第二学期高三英语教学设计第四单元"人与自然"中写作部分"写作—问题解决型"。	活动学校：上海市松江一中 设定依据：松江一中为市实验性示范性高中，在校本教研和课堂教学上有较多可供推广之处，授课教师 D 是优秀青年教师，通过调研关注年轻教师发展。 参与教师：学校教研组、全体教师 设定依据：共同研讨课堂教学，促进青年教师发展。

续　表

教研形式	教研时间	教研主题	教 研 范 围
调研交流	（活动五）区级一周调研（经商定后定为2020年9月22日）。设定依据：校本教研时间。	写作教学设定依据：围绕教研主题系列开展，具体为 How to polish your writing in language？	活动学校：上海市松江二中（以下简称松江二中）设定依据：松江二中为市实验性示范性高中，在校本教研和课堂教学经验丰富，授课课教师 E 为优秀青年教师代表，新担任高三英语教学，通过调研发掘课堂亮点。参与教师：学校教研组设定依据：共同研讨课堂教学，促进青年教师发展。
评价反思	（活动六）2020.12.8设定依据：一模考后。	写作教学设定依据：学生写作相对薄弱。	活动学校：上海外国语大学西外外国语学校（以下简称西外）设定依据：西外为一所民办学校，学生间层次差别较大，写作教学指导要求跨度较大，需要不同层次学校备课组长给予帮助。参与教师：高三备课组长设定依据：以老带新，促进较年轻备课组长专业成长。
	（活动七）2021.4.20设定依据：二模考后。	写作教学设定依据：以评价促教学，共享写作教学智慧。	活动学校：上海师范大学附属外国语中学（以下简称上师附外）设定依据：上师附外为松江区重点学校，外语见长，有多年优良英语教学经验。参与教师及设定依据同活动六
一校一策	（活动八）2021.01.08设定依据：一模考后。	挖掘写作指导经验设定依据：个别平行班级在写作中表现异常突出。	活动学校：松江区第四中学（以下简称松江四中）设定依据：松江四中为一般高中，通过数据分析发现平行班中个别班级写作表现非常突出，有教学经验可供挖掘。参与教师：高三备课组长及教研组长设定依据：引导教研组长、备课组长对班级进行深入分析。

3. 教研内容与形式

教研活动时间应教研形式而定,教研内容就不同主题及学校类型彰显相应特色,根据反馈,各活动中教师感触最深之处如表2所示。

表2 教研内容与形式

教研形式	时间跨度	活动特色	经验提炼
公开研讨	一个月	区域教师共同思考,借力专家专业引领(华高、立达)	活动一:设定科学评价量表,留足够时间给学生自评、互评。 活动二:写作情境为解决"校门口交通堵塞"这一问题,该内容素材结合生活经历,激发学生写作欲望。 活动三:利用教材资源,借用文中说明方法阐述应聘优势,增加语言复现率,语言素材与内容素材有机结合。
调研交流	一天	了解课堂日常生态,关注新任教师发展(松江一中、松江二中)	活动四:就学生习作及时评价能激发学生写作兴趣;提供清晰、具体改写句子方法可使学生写作时有章可循。 活动五:通过写作教学帮助学生形成逻辑思维能力。
评价反思	半天	发挥评价激励机制,敦促校本深入教研(西外、上师附外)	活动六:教师在学生习作积累过程中缺失指导,应及时介入。 活动七:在指导写作时,在读前活动中加强审题训练,注重提纲撰写。
一校一策	半天	落实班级细化分析,助力重点学校突破(松江四中)	活动八:积累是写作的前提,该任课教师进行了文本结构和表达功能句型两方面突击积累。但根据文体特点的句型积累、词汇积累以及话题积累应贯穿于整个学习过程中。

4. 教研活动设计与实施步骤

活动遵循教研设计—现场活动—效果评估的流程。活动前以"活动告知表"(见表3)方式通知相关人员,若活动为公开研讨形式,听课中要求根据"听评课量表"(见表4)进行观课,活动后提交"活动反馈表"(见表5)。听评课量表包括以下观察点:教学内容确定;学生学习引导;师生对话开展;教学资源利用;教学目标达成;课后作业设计等。

表3　活动告知表

活动时间	
活动主题	
活动形式	
参与人员	

表4　听评课量表

我观察到的	我可借鉴的
我观察到的	我建议的

表5　活动反馈表

通过此活动我的收获	
我对此活动的建议	

　　每次教研活动通常根据不同的教研形式采用相应教研步骤(见表6)。公开研讨具有探究性,需提前确定主题并进行磨课,并由专家评课和高位引领;调研交流具有调研性,由备课组及授课教师围绕主题商讨授课内容,研讨课堂教学;评价反思具有针对性,结合考试评价,通常发挥备课组长力量分析异常现象;一校一策具有引领性,针对薄弱学校或帮助新任备课组长,引领备课组长对年级、班级进行细致学情分析。

表6 教研形式与教研步骤

教研形式	教 研 步 骤
公开研讨	主题确立(结合课标具体要求和教学实际需求确定) 备课研磨(授课教师先行备课,时间为两周;教研组长和备课组长组织教研组进行磨课;教研员和区内骨干教师共同磨课,两次磨课时间共计两周) 授课说课(授课教师进行课堂展示;反思性说课) 评课交流(听课教师利用观察量表分小组进行评课,根据教师人数和学校特色进行分组) 专家指导(专家进行写作教学点评和专题讲座)
调研交流	提前通知(提前三天通知备课组长,由备课组长通知授课教师) 教师备课(授课教师结合要求进行备课) 观课评课(校内教师参加,交流评课) 总结发扬(记录优良经验,丰富内涵,加以推广)
评价反思	分析学情(备课组长结合学情反思教学中可发扬或改进之处) 互学共研(备课组长商讨各校可借鉴或待完善之处)
一校一策	学校分析(教研组长、备课组长复盘组内教学、研究情况) 班级比对(备课组长、教研组长总结每个班级发展情况,总结有实效、可推广的教学方法)

5. 教研活动成效

（1）教研系列化引发教师多维度思考

为期五个学期的八次教研活动分别围绕高三英语写作教学中以下方面展开：议论文写作（活动一）、建议信表达多样性（活动二）、申请信撰写（活动三）、优化写作语言（活动四）、建议信撰写（活动五）、写作教学反思交流（活动六、七）和考前写作指导（活动八）。从写作步骤看，涵盖五大步骤：审题（活动七）、构思（活动五）、写初稿（活动一、三）、修订（活动二、四）和积累（活动六、八）。从写作素材积累看，分别关注语言素材（活动一、二、四）、内容素材（活动三、六、七）及行为素材（活动五、八）。

（2）教研持续性激发教师习惯性关注

写作研究贯穿高三教学始终，以此可激发教师在学生写作时及时介入，形成习惯性关注，激发区域内教师改变写作指导缺位现象：教材研究淡化、读写教学割裂、问题链意识淡薄、互动评价缺失。八次活动后,教师在以下方面达成共识:跟随教材进行系统性、科学性写作训练,体现过程化,从句子、段落再到文章,循序渐进;搭建文本框架与日常写作之间的桥梁,积极利用课堂教学过程培养学生积累写作素材意识;用问题链串联教学内容与学生思维,帮助其提升思维逻辑性,形成写作思维能力;结合教学内容和学生写作特点,开发写作自评、互评工作,引导学生反思和自我修正,提升学生自主写作能力。

(3)教研深入性培养教师探究性意识

四种教研形式,八次教研活动采取教研员组织,中心组、教研组长、备课组长引领,参与教师展现的形式,致力于全员对该主题不同方面进行深入研究,探究适合本区学生的写作指导方式,培养教师课题研究意识,提升教师写作教学质量。部分教师反思如下:写作题目不应拿来即用,应该与课堂所学、学生经历有机结合;应注重词块教学,课堂教学和课后作业增加语言复现率,帮助学习内化并运用;教师课堂用语应做到用词精准、思维严密,提高自身语言素养,为学生树立榜样……同时,教师结合自身教学实践,也在该系列主题教研活动中产生探究性问题:如何创新地设计写作训练,而非枯燥地进行应试型写作?如何更多元地评价学生作品,激发学生写作兴趣、提高学生写作能力?

由于研究时间短,对写作教学认知有限,写作研究宽度有待拓展(写作时缺乏读者意识,语用功能意识有待加强;句型除了多样还应体现统一、连贯、简洁并且重点突出),深度还有待挖掘(例如审题时除关注文体形式和写作主题外,还应重点考虑写作目的及阅读对象),其次,如何在三年内进行系统写作研究亟须进一步探索。写作能力提升是漫长而又让学生受益终身的素养,值得所有教师携手同行、共同奋进。

三、教研感悟

1. 探索师生必需　保障有效教研

该教研主题来源于教学,落实于教学,师生参与度较高,保障了活动有效性。在为期五个学期的主题教研活动中,从活动前访谈、问卷调查,活动中教学展示、评价交流,到活动后反思反馈、行为改进,松江区师生都展示出极大的热情和敢于突破的决心。活动过程中,不同层次的教师形成团结互助的合作共同体,共同切磋,齐头并进。

2. 开展系列研修　落实常态教研

该主题研修活动内容呈现系列性,教师通过不同形式、不同维度思考写作教学,对课堂教学具有直接指导意义,展现了常态教研意义。教师通过参与系列活动中教学问题研讨、教研活动组织、先进经验传播的活动路径,在课堂中开始形成"发现问题—解决问题—总结经验—推广经验"的意识,关注行动和实效,保障教育教学质量。

3. 引发自主思考　助力科学教研

学生自主进行能力提升、教师自主进行专业发展为教研活动终极指向目标。公开研讨中教学内容确定,调研交流中校本教研,评价反思中对策思考,一校一策中经验提炼均为教师行为,教师需有思考、有行动,在解决问题过程中教师及教研组展现出充分的探究精神,产生新的思考点,帮助学生在写作中寻求新的发力点。

结语

写作教学对师生都提出较高要求,教师需有培养学生自主构思、自主修正的意识和能力,学生需在教师引导下勤于思考、笔耕不辍。"双新"背景下,如何将教材资源转化为课堂资源,如何将课堂资源有效利用,转变成写作素材,值得教师们共同关注。如何开展主题研训活动,落实"双新"理念,关注教师专业发展需要,帮助学校落实课程改革要求,助力学生核心素养落地应为教研员开展活动的价值主张。

[活动点评]

凌清华老师善于观察、勤于思考、乐于实践。从 2018 学年第二学期伊始,凌老师前期通过对新课标的研读,对教师的访谈以及对学生作业的观察确定了"以过程性写作为抓手充实写作内容　以更精准表述思想为目标丰富习作表达"的区域研训主题;中期通过组织公开研讨、调研交流、评价反思、一校一策等不同类型的活动方式扎实开展一系列循序渐进的教研活动,助力一线教师切实提升写作教学实效,助力不同层次学生解决写作中遇到的实际问题;后期通过不同形式的教研跟进,促进教师反思教学、发现亮点、辐射经验,将教研成果落实到教师的教学实践中,形成教学思维上的闭环。总体而言,凌老师对教研活动的设计和实施呈现出关注需求、关注实效等优点。出于对教师需求的关注，凌老师设计出覆盖全区七所学校的示范性、探讨性、典型性、研究性教研活动，用不同的形式解决不同教师在工作中的不同问题；出于对教研实效的关注，凌老师在实施教研活动过程中遵循教研设计、现场活动、效果评估的流程，并在每一个环节中为教师提供思考和实践的具体内容支撑。综上所述，凌老师为高三作文教学开发的系列教研活动值得学习和推广。

（点评人：上海市松江区教育学院　吴健雄）

作者简介

凌清华，以"上海市高等学校优秀毕业生"称号毕业于上海师范大学，先后就职于松江一中和松江区教育学院，荣获市青年教师新教材展评二等奖，区教学评比一、二等奖。一份教学案例收于《上海市中小学学科育人价值研究论文与案例集》，一篇文章收于《思想教育》杂志。获区教坛新秀、学科名师称号。教研工作崇尚上下结合的教研方式，秉持"发展自我　成全教师"的教研理念。主持多项院级课题，《基于学生核心素养提升的英语阅读课教学设计案例》刊登于《松江教育》，两位受指导教师分获综合评比和教学类市级一等奖。坚信一线教师是教学问题提出者和首要解决者，帮助教师解决教学问题是教研员的工作重心，助力教师成长、学生发展是教研员的终极目标。

锁定教学痛点　落实主题教研

——黄浦区"高中英语过程性写作教学"序列化区域教研实践

上海市黄浦区教育学院　许　颖

引言

　　教研工作的研究方法路径已经发生了一系列转型,教学研究的起点也正由"理论验证式"向"问题导向式"逐步转化。开展教研活动主要是为了解决教育教学中真实的痛点和难点问题。通过调研提炼问题、分析问题成因,再确定教研主题、规划主题序列、设计活动方案。藉此,才能使教研活动更具针对性、系统性和持续性。

一、教研理念与经历

1. 教研理念

　　教研员被视为教学问题的研究者、教学经验的传播者、教研团队的建设者(徐淀芳,2019)。在基础教育改革和发展的进程中,教研员应始终将提高学生整体学业质量和核心素养、提升教师专业发展水平作为己任。笔者以为,实现教研愿景的具体实施路径有以下几条:

　　① 学习理解:引领教师共同学习教育教学理论经典著作,研读《课程标准》和《学科基本要求》,科学把握课程性质、基本理念、育人目标、内容要求及实施方法;

　　② 应用实践:通过调研,锁定教育教学痛点作为教研重点,以研训一体课程的形式,展开渐进式、序列化、持续性的主题式教研活动;

　　③ 迁移创新:根据市教研室阶段性教研重点确立区域教研阶段性主题,充分领会精神、传递理念、利用资源,并根据区情、学情、师情调

适"移植"到区域内各层面的典型试点学校,形成新的个性化案例,提炼新的研训资源,继而在区域内辐射教研理念、推广教研成果,形成"自上而下"与"自下而上"相结合的参与式培训路径;

④ 提炼推广:教研员以课题指导研究和实践,以论文和典型案例(包括典型课例和典型教师成长故事)的形式物化教研工作中的思考,发表于区级以上学术刊物,在区域内进一步推动研究成果的转化。

2. 教研经历

笔者在从事教研工作的十余年间经历过诸多困难和困惑,通过学习、实践和反思,努力探寻最佳解决路径,并根据新时期的教研工作要求,不断实现自我突破和转型。

(1) 建立"课—研—训—评"一体化工作模式

教研员日常事务性工作繁杂而零碎,比如:听课评课、指导教学、组织常规教研活动、培训活动、指导教师参加教学竞赛、区域性学业质量监控命题等等。笔者一直致力于打造教研工作任务链,探寻各项碎片化工作的内在逻辑关联,化零为整,提质增效。研训一体课程是我区教研工作的主要组织形式之一,在此基础上,笔者尝试了两个整合:

第一,与教学评价整合,即将阶段性教研主题与阶段性区域学业质量监控命题的内容和形式相结合,实现"课程—教学—评价"一体化,如图1所示。研训一体课程的主题和内容,既起始于课堂教学的问题,又推动课堂教学内容和方法的变革,同时还决定区域质量评价纸笔测试中"考什么"和"怎么考"。而教师能利用评价反馈信息,及时发现学生的

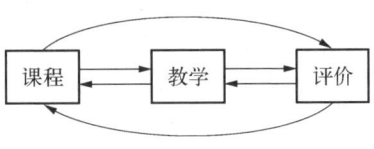

图1　研训一体化

问题,提供帮助和反馈,并对自己的教学行为进行反思调整。由此,区域质量评价不仅能进一步向基层学校传递正确的教学导向,通过数据分析发现各校教学中的问题并及时反馈,实现其对教学的积极反拨效应,还能为区域教研提供新问题和新一轮研究的主题方向,推动区域主题教研走向深入。

第二,与青年教师的培养工作整合。青年教师是每一所学校的宝贵财富,也是区域教育教学发展的未来和希望。但他们在就职初期往往缺乏专业成长平台,职初培训后也少有后续跟进式培训。尤其在一些规模小的学校,一个备课组仅由1—2名教师组成,她们更渴望获得

"专业帮扶"。

据不完全统计,笔者组织的区级公开研讨课,近2/3由5年及以下教龄的青年教师担纲。在教研员和所在学校备课组组成教研团队点对点的指导和陪伴下,完成公开教学的设计和实施。在密集型的准备周期中,青年教师往往能迅速提升教学理念、完善设计思路、磨砺教学技能、精化课堂细节,在积极的压力下迅速成长。近年来,一些青年教师已经在各自学校教学中挑起大梁,也在各级各类教学评比中崭露头角。近5年,曾执教区级公开课的青年教师有8人次获得"一师一优课"部优、市优、市"青教赛"、市"新教材"教学评比、市中青年教师教学评选等市、区教学评比奖项,而她们获奖时教龄基本为0—2年。

(2)打造"接地气"的教研

在区域教研活动中,笔者一直致力于打造"接地气"的教研课例,如"邻家女孩开的概念车",既能传递最新教学理念,又能通过一定的调适,迁移到不同层面学校的日常课堂中。途径有二:

第一,实证研究。针对课堂教学中的真问题,教研员首先基于经验与理论形成基本的解决路径假设,再投身课堂一线实践。通过搜集、分析、解释相关数据和案例,初步验证假设的可操作性,然后再通过主题教研活动在区域内逐步推广使用。

第二,分层教研。黄浦区拥有"完中联合体"和"卓越英语联合体"等根据学情分层的教师学习型组织,教研员可利用这些团队开展分层教研。在观课评课活动中,执教者根据相似的学情设计教学,使得来自同质态学校的观课者更能产生共鸣,后续的研讨也因此更具针对性和有效性。

二、教研活动设计与实施

1. 教研背景

英语写作能力的重要性毋庸置疑。"写"是表达性技能的最高境界,它既能体现学生的综合语言能力,也能集中反映包括文化意识、思维品质和学习能力在内的学科核心素养。《普通高中英语课程标准(2017年版2020年修订)》对学生的书面表达能力的要求有明确表述,高中英语学业质量水平也提出了三个层次的具体要求。因此,英语教师都应努力探索提高学生英语写作能力的有效方法和途径。

然而,近年来各种标准化考试提供的数据均显示,学生的英语写作能力相对于其他语言技能而言最为薄弱。2019 年中国大陆地区学术类雅思考生阅读均分为 6.2 分,与全球均分持平,而写作均分仅为 5.5 分,全球倒数第六。2018 年高考分析数据也表明,上海学生英语输入性技能和输出性技能发展不均衡。尤其体现在写作项目,仅不足 30% 学生达 CSE4 级水平,大多数只有 2—3 级水平。

笔者在区域内走访调研中发现,在课堂教与学中,"学生怕写,老师怕改"的情况屡见不鲜。学生学英语已有不少年头,但每当想用英语表达时总是不得要领,写出来的东西在英语母语者看来错漏百出、词不达意或逻辑混乱。而教师的写作指导课多流于技巧讲解和模板套用,讲评课也常类似为语法订正课。写作教学的课堂中有诸多痼症亟待解决:

(1)亟须研究过程性写作的教学方法

写作是一个复杂的心理、思维和交际过程。写作的复杂性决定了写作教学也应具有长期性、渐进性和序列化的特征。过程性写作着眼于学生的写作实践,旨在帮助学生更清楚地认识写作过程,并引导学生反复修改完善,强调写作过程中帮助学生提高发现问题、分析问题和解决问题的能力(何亚男等,2017)。教师应更多关注如何培养学生写作兴趣、写作策略和思维品质,而非仅仅是最终的作品。

(2)亟待开发过程性写作的评价工具

写作教学的过程性决定了教师必须开发、利用工具,对学生的学习进程进行过程性的检测和评价反馈,使评价与教学更紧密地融合,帮助学生对自己的努力和进步做出更准确的判断,并能及时调整学习方法和策略。此外,写作过程的交际性特征也决定了评价主体的多元化,而非局限于师评。

2. 教研主题及范围

针对课堂教与学的痛点,笔者在我区开展了"高中英语过程性写作教学"序列化主题教研活动,旨在以典型案例为主要载体,采用"自我反思、同伴互助、专家引领"的方式,共同探讨有效的过程性写作的教学方法和评价工具。并在"课—研—训—评"一体化教研模式下,打造"接地气"的课例,为教师们提供可借鉴的实践经验,并引发更深层的思考。

系列教研活动面向黄浦区全部 15 所不同层次的学校,涵盖市实验性示范性学校、区实验性示范性学校、普通完中等,关注不同类型的学生。除部分分层教研活动外,参加对象为教研员所负责学段的全体教师。

3. 教研内容和形式

（1）整体规划

黄浦区"高中英语过程性写作教学"序列化主题教研活动自 2012 年开始实施,至今已开展了 22 次区级教研活动(包括 6 次专题讲座和 16 次教学实践研讨),如表 1 所示。

表 1　"高中英语过程性写作教学"教研活动

日　期	教 研 活 动	活动形式	活 动 主 题	参与对象
2012.9.26	高中英语拓展阅读中教师的有效干预研究（许颖）	专题讲座	利用读写档案袋培养学生的书面表达能力	全 体 高 一教师
2012.11.21	The Sick Lion（敬业　缪瑛）	教学研讨	读写档案袋的使用(主题拓展阅读)	全 体 高 一教师
2012.12.12	高中英语写作指导之"以读促写"（吴小英）	专题讲座	以读促写	全 体 高 一教师
2012.12.19	A Brief Look at Two Metropolises（市八　傅亚岑）	教学研讨	读写档案袋的使用(课内阅读)	全 体 高 一教师
2013.4.3	How to Learn a Language（市十　陈慧）	教学研讨	读写档案袋的使用(主题拓展阅读)	全体完中联 合 体 英语教师(分层教研)
2013.12.18	Health and Diet（卢高　倪柳）	教学研讨	读写档案袋的使用(课内阅读)	全 体 高 一教师
2014.3.19	What makes a genius?（向明　沈大卫）	教学研讨	读写档案袋的使用(报刊阅读)	全 体 高 一教师

日　期	教 研 活 动	活动形式	活 动 主 题	参与对象
2014.4.30	Friend or enemy?（格致　汪小彦）	教学研讨	读写档案袋的使用（课内阅读）	高中卓越英语教学联合体（分层教研）
2014.5.8	Teenagers' Problems and Solutions（格致　陶颖）	教学研讨	读写档案袋的使用（主题拓展阅读）	全体高一教师
2015.4.15	关于看图作文教学的一点思考（许颖）	专题讲座	描述性作文教学建议	全体高一教师
2015.9.23	读写联动，多元评价（市八　傅亚岑）	专题讲座	读写档案袋的使用（教研组经验交流）	全体高一教师
2016.4.20	Let's Tell a Story（大同　江海波）	教学研讨	描述性作文教学实践	全体高一教师
2016.4.20	Let's Tell a Story（大境　王洁鹏）	教学研讨	描述性作文教学实践（看图写话）	全体高一教师
2016.12.14	Let's tell a brief story（格致　褚朝慧）	教学研讨	概要写作教学实践（记叙文）	全体高一教师
2017.5.3	Using English Properly（敬业　黄雷）	教学研讨	概要写作教学实践（说明文）	全体高一教师
2018.10.10	"循序渐进，提升学科关键能力"（许颖）	专题讲座	概要写作教学建议	全体高一教师
2017.11.29	Your opinions on tutorial centers（卢湾高级　倪柳）	教学研讨	议论文写作序列化指导教学实践（写前指导）	全体高二教师
2018.4.25	Which do you prefer：online reading or traditional reading?（大境　王懿）	教学研讨	议论文写作序列化指导教学实践（写后讲评）	全体高二教师

新课程　新教材　新教研

日　　期	教研活动	活动形式	活动主题	参与对象
2018.4.25	Which do you prefer: paper books or e-books?（向明　李雪莹）	教学研讨	议论文写作序列化指导教学实践（写后讲评）	全体高二教师
2019.10.23	老教材与新课标（许颖）	专题讲座	高中英语新课标对接统编教材的教学建议（以写人叙事写作单元教学设计为例）	全体高一教师
2021.4.14	Adjö（光明　金丹）	教学研讨	写人叙事写作单元教学实践（高中英语新课标对接统编教材）	全体高二教师
2021.5.26	Oliver Wants More（市十　梅娜）	教学研讨	写人叙事写作单元教学实践（高中英语新课标对接统编教材）	区实验性示范性高中、完中高二教师（分层教研）
To be continued				

（2）区域特点

● 一个工具

开发使用"读写档案袋"作为过程性写作的评价工具。"读写档案袋"不仅有助于学生形成素材意识和语言自觉，打通"读"与"写"的壁垒，还兼具形成性评价与终结性评价的功能，并且更有利于合作学习。

● 三个阶段

第一阶段：工具（读写档案袋）的开发使用。

此阶段的关键词为：主题阅读、以读促写、档案袋评价。

教研员组织全体教师搜集、筛选、编辑"主题阅读篇目汇编"共计156篇文本（文本主题为本区使用的两套教材共有的主题语境），作为课外主题拓展阅读的原始资源库，在区域范围内交流分享。教研员本人积极开展实证研究，在向明中学带班上课，亲自试用读写档案袋，在课堂教学过程中积累了大量鲜活的素材和案例,后续开发为研训资源。在部分学校试点读写档案袋的使用,以系列公开教学研讨课和专题讲座的形式分享教师的经验与智慧。

第二阶段:过程性写作方法的实践研讨

此阶段的关键词为:序列化、循序渐进、思维习惯养成。

主要研讨针对不同文体特征的写作技能教学,以及在构思、选材、成文、修改、评价等写作过程中的教学要点和活动组织。后续的案例将具体阐述。

第三阶段:写作单元教学的设计研究

此阶段的关键词为:新课标、老教材、单元教学设计。

教研员引领最后一届使用老教材的教师群体,研究高中英语《新课标》,形成用《新课标》指导教学的专业自觉。在深入研读教材文本的基础上,努力对接"新课标"的要求,挖掘教材亮点,创新写作教学设计。公开教学研讨课示范了纵向大循环、学期小循环、横向自然单元的教学设计,以及如何实践活动观,优化学习过程的思考和实践。旨在提高教师对学科核心素养和单元教学设计的认识水平。为新《新课标》的执行、新教材的推广和使用做好充分的理论和实践准备。

以下案例为"高中英语过程性写作教学"序列化主题教研活动第二阶段的第 8 次活动,即子主题"议论文写作序列化指导实践研究"下的一次现场教学研究课实施。本次活动是区级教研活动,教研地点在大境中学。执教的两位教师均为 5 年以下教龄的青年教师,其中一位教师借班上课。参加本次活动的教师共约 70 人。

4. 教研活动设计和实施步骤

基本流程如图 2 所示。

(1)主题活动准备

● 教学实践课准备

"议论文写作序列化指导实践研究"是在"课—研—训—评"一体化教研模式下开展的系列主题教研活动(如图 3 所示),本次活动为第二次现场研讨活动。

在 2017 年 11 月 29 日"研训活动 1"中,通过执教教师的课例、教研员的微讲座向参训教师传递了议论文写作过程性教学的步骤、工具、

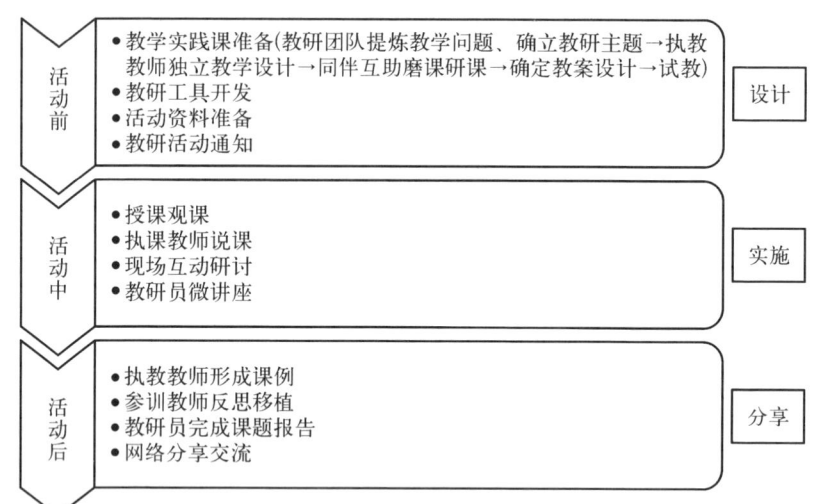

图2　教研活动基本流程

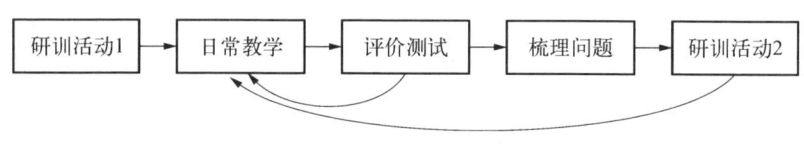

图3　一体化教研模式

课堂教学活动组织等方法与理念；参训教师通过反思、调适，实践应用于各自日常教学；教研员在期末区域质量检测中将作文命题的内容、形式要求与研训活动和教学内容相呼应，旨在帮助教师检验和反思阶段性教学成效。

本次现场研讨活动属于"研训活动2"。两位执教教师将首先分析学生在评价测试中集中呈现的问题，精准定位教学目标，再进行有针对性的教学设计。

- 课堂观察工具开发

基于本次教研重点以及研训一体课程的作业要求，教研团队确定了如下课堂观察要点：学生的具体困难、活动设计的针对性、教师引导有效性（包括板书设计、提问设计、预设分层设计等）、学生思维积极度（包括参与面、思维深度）、工具的开发使用（包括思维导图、议论文写作检查列表等），并在课堂观察记录表中记录课堂实录、自我反思、启发建议等，以便在互动研讨环节交流分享。

● 教研资料准备

本次教研活动为教师提供了两节教学研讨课的教案、学案、学生作文样本、范文，以及课堂观察记录表等资料。

（2）展示研讨

教研团队通过学生作文采样，收集学生在议论文写作中的内容构思、语言表达和结构逻辑中的主要问题，并梳理出典型问题作为研究对象，明确教研重点。

2018 年 4 月 25 日，两位执教教师基于学生问题，分别尝试用一个课时的教学时间主要解决一个真问题，并生成典型课例，旨在体现教学指导的序列化，引发参训教师的思考和实践。

课例一：王老师关注议论文写作中的语言问题。针对学生考试习作中普遍存在的用词重复、简单句过多、第一人称开头过多和句子之间缺乏联系的问题，指导学生善用词汇同义替代、不同句式结构来增加书面表达的多样性（variety）和连贯性（coherence）。

课例二：李老师聚焦如何展开议论文分论点段落写作。针对学生习作中论证不足的独句段、论据偏离论点或偷换概念、重复论证等逻辑问题，探索议论文段落展开的几个标准并给予教学指导。

两节公开课属于同课异构的作文讲评课，虽然着眼点不同，教师教学风格不同，但都体现出了专注细节、打磨细节、精益求精的治学钻研精神。由于教学内容切入点小、教学目标明确具体，因此整个教学过程清晰流畅，实际操作性强。在教学过程中，两位教师都能关注如何有效地启发学生思考、带领学生阅读、指导学生评价、鼓励学生使用评价量表剖析，从而培养学生独立思考、独立写作的习惯。预期的教学目标达成度都很高，李老师的课还被评为 2018 年度"一师一优"部优、市优课。

5. 教研活动成效

（1）证据积累

● 课堂观察记录

在主题教研现场活动中，提供课堂观察记录表（见表 2），包含具体的观察要点和观课任务维度。教师在观课过程中记录课堂片段实录、自我反思、启发建议等，以便在互动研讨环节交流分享，也有助于日后根据学情和自身教学特点调适、迁移。

表2 课堂观察记录表

课堂观察记录表——议论文写作序列化指导实践研究

课堂观察要点：

1. 学生在议论文写作中的具体困难以及相应课堂教学活动设计的针对性；
2. 教师引导的有效性（板书设计、提问设计、预设分层设计等）；
3. 学生思维积极度（参与面、思维深度等）；
4. 工具的开发使用（思维导图、议论文写作检查列表等）。

Teaching Procedures（过程）	Inspirations （启发）	Suggestions （建议）	Adaptations （移植）
Pre-task			
While-Task			
Post-task			
Assignments			

记录人：_____ 学校_____

● 教学研讨课相关资料

除了现场活动提供的纸质教案、学案、学生作文样本、范文之外，相关资料还包括：电子课件、教学实录、执教教师教学反思，以及在设计、备课、试教、磨课阶段中积累的反映青年教师专业成长故事的过程性资料。

（2）后续跟进

执教教师进行课例撰写，完成进一步教学反思；观课教师完成研训作业，进行片段反思和再设计，实现迁移运用；教研员完成课题论文《高中英语议论文写作序列化指导实践研究》，形成阶段性成果；网络平台让更多教师参与到思考和实践中来，实现教研活动成果更大范围的辐射作用；继续聚焦本阶段教研过程中发现的新问题，策划跟进式教研。

三、教研感悟

1. 对于主题教研活动内容的共识

本次主题教研活动以两节议论文讲评课的公开教学为主要研究对

象,通过课例研讨反思,提出针对学生在议论文写作中普遍存在问题的教学对策建议,为参训教师提供可借鉴的实践经验:

(1)关注写作教学的序列化和能力培养的过程性、长期性

议论文写作指导和讲评课应基于学生作业和考试评价中反映的具体问题和困难,定位教学重点,有针对性地对学生薄弱环节进行辅导,形成序列化。建议选取学生习作中的典型性问题段落,引导学生自主寻找问题所在并尝试修正和总结对策。

(2)利用思维导图和写作提纲,促进思维发展

引导学生利用思维导图和写作提纲等工具构思文章、筛选素材、有逻辑和层次地表达观点。培养学生在组织论据论证中的思辨性、注重实证与逻辑、分析与论证、由具体事例呈现到抽象规律总结等能力。并在师生互动、小组活动、个体思考过程中,养成批判性思维的习惯。

(3)课堂生成评价标准,养成修改、编辑、校对的习惯

鼓励学生积极开展自评和互评活动,从评价的接受者转变为评价活动的主体和积极参与者,及时有效地调控自己的学习进程,并从中获得成就感和自信心。师生可在课堂中共同制定并逐步完善评价量表,作为笔头输出和自评互评的标准。依据议论文检查列表的维度成文,并在写作完成后再次根据量表进行评估和改进,养成运用评价量表多角度评价、修改文章的学习习惯。

(4)学生应勤写多改,教师应坚持指导和讲评

教师应循序渐进地给学生布置有具体情境的写作任务,并鼓励学生用评价工具修改作文,每次教学指导主要关注一个主题,修改润色,螺旋式上升。评价过程中,教师应启发学生思考,引领学生阅读,指导学生剖析,鼓励学生修改,以培养学生独立思考、独立写作的习惯,体现过程性写作教学的意义。

2. 对于主题教研活动形式的反思

(1)继续实践教研活动主题化、系列化

坚持认真调研,发掘教学中的真问题,与教师共同实践和研究。基于问题、形成主题、系统规划、整体设计,并将主题细化成不同阶段的问题链,作为每一次教研活动的子主题,促使系列化、深层次、持续性的深度教研的发生。

(2)继续实践课、研、训一体化

坚持采用"课例研究式"研训一体教研模式。以典型课例为载体,

通过听、评课、互动研讨的形式,分享交流参训教师的经验和思考,从而提升教师的教学智慧和教学实践能力,搭建思维碰撞的平台和合作交流分享的教研文化氛围。

（3）继续搭建青年教师发展平台

进一步关注如何发挥青年教师的专业特长和个性特点,为她们在不同课型的研讨展示中创建平台,辅佐他们在公开教学各个环节中不断清晰教学理念、获得磨砺、快速成长。同时,通过试教磨课,团队教师同伴互助,达成相互启迪,共同提升,助推以备课组为核心的学习型团队的建设。

（4）优化教研活动评价量表,提高研讨实效

继续完善课堂观察记录表,按不同课型细化观察维度,使教师的观课和反思更具针对性和实效性。开发教研活动评价表,及时收集教师对于教研活动本身的内容、形式、效果、建议等反馈信息,优化教研质效。

后记

"高中英语过程性写作教学"的序列化区域教研实践起始于 2012 年,至今已近 10 个年头。虽然写作教学一直是英语教与学中最大的痛点,需经过长期的实践和研究,且最初的设计并没有覆盖这么长的时间跨度。当时能够达成共识的是,遵循学生语言、思维的成长规律,我们的教学实践必然具有循序渐进的坡度,而相应的主题教研也应呈现渐进性和序列化特征。比如:先提供可操作的工具,再研究教学细节;先讨论如何写好中心论点句和主要观点句,再讨论如何成段成文、充分论证。

然而,随着研究实践的不断深入,旧的问题得到解决,新的问题、新的时代需求又相继产生。主题教研活动也如课堂教学一般既有预设又有生成,而这些新问题和新需求又促使我们思考和规划新一轮研究的主题方向,推动区域主题教研走向深入。倾听教师和学生的声音,找准教研活动中的真问题,进而更新规划设计,是保持教研生命力的不竭动力。

参考文献

[1] 中华人民共和国教育部. 普通高中英语课程标准(2017 年版 2020 年修订) [M].北京:人民教育出版社,2020.

［2］上海市教育委员会教学研究室.上海市高中英语学科教学基本要求［M］.上海：上海教育出版社,2017.

［3］徐淀芳.不忘教研初心,传承嫁衣精神,笃行树人之道［J］.上海课程教学研究,2019,（10）.

［4］何亚男等.高中英语写作教学设计［M］.上海：上海教育出版社,2017.

[活动点评]

本系列主题教研活动以"问题导向"为研究起点,许颖老师立足教学一线,了解学科教学现状、教师需求、学校特色,精准把握教学中的核心问题,以此确立教研主题,再将主题细化成不同阶段的问题链,从而规划序列化的研究实践活动,确保长期、渐进、持久地开展深度教研。教研员将教学问题课题化、工作过程项目化、实践成果课程化,实施"课例研究式"研训一体教研机制,边实践、边研究、边培训,围绕研究专题对课堂教学中存在的真问题展开切实有效的研讨,创建了思维碰撞的平台和合作交流分享的教研文化氛围。

教研员积极创新教研工作方法路径,以"课—研—训—评"一体化工作模式打造教研工作任务链,将教学、研究、评价、培训整合为环环相扣、螺旋上升的循环,相互关联,互为证据。教研活动以"实证研修"为重点,在"问题解决"上求推进,在"关注难点"中求实效,每个阶段的终点即是另一个循环的起点,使得教学和教研工作都能呈现不断向上的发展态势。

教研员在研修团队建设中也有独特的思考,体现了面上的推进和点上的侧重。尤其能结合区域及学校的特点,关注青年教师群体的职初跟进式培训,使青年教师在区域公开研讨教学中获得磨砺,缩短了成长周期,有效地提供了专业发展平台,效果显著,有学习推广价值。

（点评人：上海市普陀区教育学院　沈怡）

作者简介

许颖,中学英语高级教师,就职于上海市黄浦区教育学院教育国际交流中心,兼任区高中英语教研员十余年,曾指导多位教师获得市、区级教学评比奖项,多篇课题论文发表于市、区级学术刊物。

聚焦文化板块　提升文化意识
——金山区高一英语"双新"推进的区域教研实践

上海市金山区教育学院　俞　连

引言

近年来,金山区高中英语教育教研都紧紧围绕"让课程改革更深入、让师生关系更和谐、让学习经历更丰富、让教育服务更优质"的金山教育总要求,以培育学生英语学科核心素养为核心,更加重视学生的成长规律,围绕"实证"教研和"主题"教研开展工作,深入课堂,潜心研究教学重点、难点和热点,努力提升金山区高中英语教学的品质。2020学年开始,高中英语"双新"正式实施,金山区高一全体教师以此为契机,上下一心,认真学习、努力实践、勇敢展示,积极探索"双新"背景下的教育教学新路径。

一、教研理念与经历

1. 教研理念

走上工作岗位以来,笔者一直被"身在上海"的一种小确幸温暖着,上海的教育理念和教育水平在全国乃至全世界都处于相对比较领先的地位。从事区域教研工作以来,笔者更坚信我们的教研理念要与市级教研保持高度一致。同时,为了更精准地发现并有效解决区域教育教学中的一些问题,我们强调抱团取暖,而其中,必须要最大限度地发挥教学骨干和中青年教师的重要作用。因此,笔者的教育理念归纳起来有如下三条:(1)"自上而下 & 自下而上"相结合,促进市区校三级教研循环联动;(2)"校际互动 & 团队合作"相结合,实现信息互通、资源共建共享;(3)"骨干引领 & 新人多飞"相结合,勇敢体验新理念、发现新问题。

2. 教研经历

笔者担任高中英语教研员工作已有五年,从 2020 学年开始负责两个年级,其中一个为高一。最近一年中,"双新"背景下的高一教研与以往的英语教研有很大的不同。教材的版本完全不同、教师对新教材的接受程度和驾驭能力不同、各校对英语"双新"的支持力度也大有不同……开展教研活动过程中,碰到的最大困难是绝大部分教师对新教材有不同程度的焦虑、中老年教师的职业倦怠导致观念不改被动上新,因此我们主要采用的方法为:抱团取暖、共同摸索;借活动和调研为契机,推进"双新"活动;借外力,促内生动力。在教研活动开展中,大胆启用新教师,激发"助燃型"教师的内生动力,并充分发挥骨干教师的传帮带作用。其中印象最深的是我区开展实践课和调研课时,有好几对"十年龄骨干教师+新教师"的姐妹组合。

二、教研活动设计与实施

1. 教研背景

努力把握国家新课程方案与学科课程标准,了解《高中英语(上教版)》的编写理念、特点与主要变化,把握新课标指导下的学科教学要求,探索新课程标准下的学科教学方法,切实将"双新"理念转化为教育教学实践。在不增加额外负担的前提下帮助一线教师尽快熟悉各种课型并合理使用新教材,缓解教师压力。将市级一月一研和我区教研有机结合,开展我区高一教研:以有序有效落实"双新"为主线,探索各种课型的教学方法和路径,积极呼应市教研主题,结合本区特点,服务于师生需求和发展。

"双新"推进过程中,我们充分发挥暑期"双新"培训骨干团队、教龄为五年内青年教师团队、新教材审读试教试用团队、市级空中课堂录制团队等的合力。最近一年里,各级领导都非常关注英语"双新"的落地情况,市级英语活动在汤青老师的组织和指导下更是如火如荼地高密度、高质量地开展。考虑到一线教师时间精力有限,笔者觉得"自下而上和自下而上"相结合的教研活动能促进并基本实现市区校三级教研循环联动,因此在做学期计划时,我们以市教研活动为主线,选派备课组长等"双新"骨干参与,消化并分享,结合学科中心组和教研室的力量,设计本区教研活动,并让"双新"骨干教师带动本校备课组其他小伙伴积极实践市区两级教研的要点精髓,实践中发现问题,作为下一阶段教研的小主题。目前我区教研活动的基本路径为:积极参与市区活动并及时学习跟进,主动补充必要的理论学习,适当借力、由专家指点迷津,通过实践探索课和各专项活动的集体磨课探索"双新"的落实。一年实践下来,可达到"活动促发展,调研促提升"的效果。

2. 教研主题及范围

为促进英语"双新"第一年的平稳落地,2020学年度我区高一英语开展了主题为"落实双新理念,把握单元设计"的系列教研活动。目的是实现新老教材的平稳过渡,摸索出基于"双新"背景下的新教材教学的方法和路径,明晰新教材各种课型的授课模式。第一学期教研面向高一全体英语教师,第二学期教研侧重为调研对象及调研单位。(见表1)

表1　2020学年区教研主题

学　期	主　题	内　容	备　注
2020 - 1	落实双新理念,把握单元设计	双新背景下单元设计的落实,关注语言聚焦,探索课堂过程性评价。	"双新"落地第一学期
2020 - 2			迎来"上海市课程与教学调研"的学期

3. 教研内容与形式

教研内容为"双新背景下单元设计的落实,关注语言聚焦,探索课堂过程性评价"。我们以本学年的专项工作(迎接"上海市课程与教学调研")为切入口,主动呼应市教研活动主题,通过探索实践课+调研磨课+教材主编调研课等方式,从特定课型的基本上课模式、学习活动的设计、语言聚焦的落实、信息技术的支撑、课堂反馈模式的优化等维度,探索"双新"实施的基本方法和路径。

参与系列活动的是我区的8所高中,其中2所为市实验性示范性学校、2所区实验性示范性学校、2所新教材实验项目学校、2所民办高中。在资源共建共享活动中,我们将不同层次学校组合,即:将

8 所高中分成两组(4+4 团队),每组涵盖不同类型学校各一所,力求兼顾不同层次学校的不同师生群体,使资源的借鉴性和辐射性最大化。在 2020 学年我们一共集体备课 12 个单元,以主题意义为引领,贯彻单元整体设计思路,分工合作,共享成果,形成区本资源库的雏形。

4. 教研活动设计与实施步骤

我区教研活动设计遵循的基本原则是:积极参与市教研各项活动,主动呼应其主题及时跟进,认真学习消化"双新"理论,专家适时有针对性地指导,区内抱团前行、积极探索、勇敢展示。

本学年高一英语教研主题为"落实双新理念,把握单元设计",一学年来我们始终加强理论学习,提升理论共识,围绕单元主题探究,基于单元视角设计教学,立足于信息化时代背景,探索新教材不同课型的基本授课方法和有效经验。两学期点面结合,不同侧重地开展了系列教研共 14 次(如表 2 所列)。第一学期对部分重点课型(比如阅读)和教材新板块(文化聚焦)进行了面上教研;第二学期以开展点上教研为主,结合两项大调研进行了多种课型的展示。

表 2 高一年级系列教研活动

序号	关键词	活动内容与要点	活动层级	活动地点	活动时间	活动说明
1	学习	专题讲座:主题语境引领多项技能融合	区级教研(面)	金山教院	2020 - 9 - 30	专家指导,提升理论共识。
2	多种课型探索	《高中英语(上教版)》B1U3 "Choices" Reading and interaction 版块探索实践课研讨活动		金山中学	2020 - 10 - 14	重点课型(阅读课)教法研讨。呼应市级一月一研"阅读语篇分析"。

序号	关键词	活动内容与要点	活动层级	活动地点	活动时间	活 动 说 明
3	多种课型探索	《高中英语（上教版）》B1U4"My space"Cultural focus 版块探索实践课研讨活动	区级教研（面）	华师大三附中	2020－11－11	教材新课型（文化聚焦中的阅读课和视频教学课）教法研讨。呼应市教研"单元主题探究与文化聚焦教学设计""获取文化知识，培养文化意识"。
4	多种课型展示	《高中英语（上教版）》B3U1"The media"单元教学探索实践课活动	区校联动（点）	上师大二附中	2021－4－12	多课型教学展示（阅读、听说、视频教学等）。迎接"上海市课程与教学调研"，借专家外力提升品质。
5				亭林中学	2021－4－14	
6				金山中学	2021－4－15 2021－4－16	
7		《高中英语（上教版）》B3U2"The things around us"单元教学探索实践课活动		华师大三附中	2021－5－6	多课型教学展示，聚焦教学实践中的新困惑，寻求专家指点。配合教材主编的调研。
8				张堰中学	2021－5－13	
9				交大南洋	2021－5－18	
10	学习	专题讲座：外语能力的概念、表达和评估——以能力为中心的教学目标设计 教师实践操作：撰写教学目标	区级教研（面）	华师大三附中	2021－6－16	专家指导，提升理论共识和实践操作能力。
11	交流展示	教师代表主题发言："信息化教学在高中英语阅读课堂的应用与实践"	市区联动	徐汇中学	2020－11－18	参与市级一月一研，主题为"数字化时代的人才培养"。

序号	关键词	活动内容与要点	活动层级	活动地点	活动时间	活动说明
12	交流展示	教师代表参与现场座谈："基于单元学习的'媒介'素养培育"	市区联动	曹杨二中	2021 - 4 - 7	参与市级一月一研,主题为"深入探讨主题语境,发挥英语学科育德功能"。
13	交流展示	《高中英语(上教版)》B2U2 空中课堂录制	市区联动	开放大学	2020 - 10	设计并录制 8 课时
14		《高中英语(上教版)》B3U4 空中课堂录制			2021 - 3	设计并录制 8 课时

本案例介绍的是其中第 3 次活动,教研时间是 2020 年 11 月,教学内容为《高中英语(上教版)》必修第一册第四单元 My space 文化聚焦板块。这是新教材中的一个全新板块,当时高一教师们虽然已经接触新教材两个月,但依然存在较多的教学困惑,因此我们组织了此次探索实践课研讨活动。

● 活动准备

(1)精心打磨关键环节:为了培养学生文化意识,提升思维品质,凸显新教材文化聚焦板块有别于以往的文本阅读教学,我们在磨课中尤其关注学习活动设计中的任务梯度,遵循先观察梳理现象、后分析比较文化异同的原则。

(2)预告听评课观察点:学习活动的设计(任务的梯度、问题链的设计)、语言聚焦的落实、文化意识的培养三个层面的观察点(利用"腾讯文档"发布,便于听课教师评课时实时参与)。

(3)准备教研资料:两节教学探索课的教案、教学设计说明、学案。

● 活动当天由观课和交流讨论两部分组成

本次主题教研的两节探索实践课分别是华师大三附中的萨日娜老师执教的文化聚焦板块的阅读课和李郁优老师执教的视频教学课。

（1）现场观课

萨老师执教的是本单元的第七课时，题为 A house with a history。课文选自旅游宣传手册，含有简单而吸引人的标题和副标题、明艳的插图、令游客身临其境的语言。语篇从悠久历史、独特风格、历史意义、当代魅力四个方面突出历史名居的主要特征。萨老师本节课设置的主要任务是观察、思考、模仿。阅读过程中让学生观察旅游手册文章的语言和布局特点，并根据历史性建筑应该具备的四个标准查找本篇介绍的 Highclere Castle 如何满足这几个标准的具体信息；鼓励学生结合本单元话题 My space 思考在海克力尔城堡这样空间宽敞的地方人们可能会进行什么样的文化活动，从他们的社会地位、交际圈、私人收藏等方面思考那时候的人们的文化娱乐活动；观察思考后给学生机会模仿这篇文章，根据学过的历史性建筑的特点，介绍中国本土的名宅，探索中国古代建筑的同时探索当时社会的文化活动。

李老师执教的是本单元的第八课时，题为 Pastimes in the past，视频内容为老时光里的休闲娱乐。在本课导入环节，李老师从自己孩子的照片出发，引出 pastime 的含义，并让学生大胆预测、自由产出一些单词，为视频的内容做了很好的铺垫。在播放视频时，李老师尽量创造多次观看视频的必要性。通过一次次地观看，分别达成以下任务：罗列视频中提到的家庭成员休闲娱乐项目、将娱乐项目和特定的时代匹配、理解不同时代下娱乐项目的变化。基于以上对于视频的理解，组织学生讨论交流视频中各个家庭成员们最喜欢的年代、变化和时代变迁过程中的不变之处，并探讨娱乐活动背后的原因，探究人们对于娱乐活动的态度。

（2）交流讨论

在现场观课后，与会教师们进行了小组讨论，派代表进行交流发言，并在腾讯文档上完成简要的个人观课体会和点评。

有教师认为，阅读课"A house with a history"要让学生完成获取事实信息等浅层阅读任务没问题，但从文化角度深层挖掘课文内容，通过联想本单元主题 My space 分析城堡内房间用途，还需要学生从空间大小、居住者社会地位等角度思考他们的文娱活动，这是学生不太熟悉的语境，可能还是个挑战。但也有教师认为萨老师利用图片暗示以及文中 upper class 等词汇给了学生不同的启发，学生有很多不同的反馈，比如上层社会喜欢举行聚会；有学生提到城堡主人挖掘过法老的墓，收藏了很多宝藏，显示主人的财富；还有学生说这里是开会的地方,因为房间装饰很正式。总之,关于房间用途学生还是提出很多有意思的猜想,利用逻辑思维,推测当时人们的文化生活,有一定的思维深度。

　　视频内容讲述了过去四十年里英国家庭休闲娱乐方式的变迁。交流讨论中,与会教师对于何时放出视频字幕以及提问内容的难度展开了观点的碰撞。大部分教师认为过早放出字幕会降低听的难度,影响学生看画面的热情,不容易对视频内容进行深度思考,不太符合"二轻二多"原则(教学内容轻、要求轻、多看、多说)。也有教师分享了自己在视频课教学中的有效做法:第一遍开无声视频,让学生根据画面,谈谈看到了什么,黑板板书。第二遍观看有声无字幕视频,同时确认第一遍的内容猜测是否准确,继续板书、拓展。如有一部分有疑问的内容,提问不同的学生,或者追问,如果大部分同学有疑问,让学生带着问题进入第三遍有声无字幕视频,同时关注教材第二大题的内容。观看完后确认答案,有疑问的地方,提醒学生留意,最后观看第四遍有字幕视频,进行最后的确认和巩固。

　　从单元主题的视角,上教版必修第一册四个单元分别为 our world—places—choices—my space,由大及小,从全世界到一个城市,从个人选择到个人的空间,参会者一致认为我们应该有大单元的意识,才能从比较高的站位上带领学生去感知、比较、分析和鉴赏,才能感受到内在的联系,同时去解释、评价语篇(或视频)背后的社会文化现象。正如这次教研中的语篇 A house with history 可以让参会者体会到,历史建筑因为有了人类的新活动(唐顿庄园拍摄)而赋予了新的生机,文化与历史有交融,继承与发展要平衡;视频 Pastimes in the past 也让师生体悟到,时光的流逝、科技的发展都会改变人们娱乐的方式,但家和亲情是永恒不变的主题,是各种文化中的大同。

5. 教研活动成效

　　(1) 收获与共识

　　① 利用任务驱动,渐进带动学生思考。

　　教师设计具有一定挑战性的学习任务,并为学生搭建一定的活动支架,能带动学生循序渐进地进入并深挖某个文化现象。两节探索课都能以任务驱动,带领学生识别文本陈述的社会文化现象,并进行一定程度的异同对比。如萨老师的课上先通过梳理文本细节让学生去观察感知历史名宅之美,再分析建筑的功能用途,然后介绍同时代中国的古建筑,活动设计有梯度,从学习理解、应用实践到迁移创新,步步递进,有助于加深对中外文化异同的理解和思考。李老师在组织学生听、看视频的过程中,能结合画面,抓取图片、动画等传递的信息,并鼓励学生用自己的语言表达对视频内容的理解。

② 关注不同学情,适度渗透文化意识。

在两节探索课的评课交流环节中,参会教师们比较了授课教师和自身在两种课型上的具体实施方式,各抒己见,发表了不同的观点或看法,从侧面证明了教学节奏的推进、教学原则的实施、对文化现象把握的度等等,需要教师充分了解客观学情,找到最适合自己学生的平衡点。比如李老师的视频教学课的产出环节中梳理了娱乐项目对应的特定时代、探究了不同时代下娱乐项目的变化、感悟了人的共性需求有亲情有陪伴等,有一定难度,但也激活了学生用已有的历史文化知识,并为这些文化现象提供可能的解释,从而加深了对中外优秀文化的精神内涵的领悟。了解学生已有的经验,建立"学情视角",即明白学生的起跳点(jumping point)在哪里,这样才能把握适切的度进行文化意识的渗透。

③ 强调互动开放,适时关注语言聚焦。

课标要求教师在教学中要树立语言和文化相互促进、相互渗透的意识。语言能力的提高蕴含了包括文化意识在内的学科核心素养的提升,有助于学生扩展国际视野和思维方式,开展跨文化交流。语言是文化的载体,它促进文化的传承与发展,而文化也影响到语言理解与表达之间的关系,因此,语言聚焦是本学科教学的基本特征之一。在具体授课时,把文本内容和学生的生活相结合,要求学生结合自己的看法和观点对文本内容发表评论。整个过程中,给予学生充分的讨论时间和练习机会,使学生能够做到以意义为中心,力求表达自己的思想。尽管我们的学生英语基础比较薄弱,语言中存在很多不足之处,在不影响交际的前提下,教师没有立刻进行干预,而是耐心等待,给学生足够的时间,允许他们采用迂回或者简化的交际策略,鼓励学生去表达思想。而当学生出现干扰意义表达的语言困难时,教师及时、有意识地开展语言聚焦,"雪中送炭",把握语言教授的最佳时机。

(2) 问题与建议

视频课教学要尽可能落实"二轻二多"的原则,要求学生能结合视频画面上捕捉到的信息,学习相关词汇和语言功能,并通过合作学习完成多项小组活动,通过预测、观看与推理等活动,进行以意义为中心的文化学习。因此，视频的字幕不宜过早出现，而且思考讨论的内容不宜太深入，不宜要求学生高度概括。

综合长作业的设计还有所欠缺。除了课时作业等，建议适当考虑长作业，即单元的综合实践作业，在本单元主题语境下，选择一个符合学生认知水平、贴近学生生活的话题，主要以说或者写的形式，考查学生在这个阶段后的综合习得水平。

三、教研感悟

落实"双新"的系列工作任重道远，身为教研员的我们责无旁贷。高效的区级教研还需要我们进一步做好顶层设计，坚持教学研究从实际出发，坚持需求导向、问题导向，做好"接地气"的区本教研。积极采取理论学习和经验反思相结合的方法，鼓励教师发现自身或同伴的教学优势和有效的教学方法，学会迁移实践，提高课堂教学质量与效率，促进教师的专业成长。真正做到"真学、有研"！

高效的课堂教学首先要以学生为本，学会观察学生学习过程，预设教学内容和动态生成资源应该有机结合，这就需要教师们进一步加强单元教学设计研究和实施，在推进新教材的过程中抓好单元整体备课，从单元教材教法分析和学情分析入手，确定单元教学目标和分课时教学目标，在课时教学设计中突出教学重点，并有针对性地设计学习活动，在活动的关键环节设计核心问题或核心问题链，理清教学设计的思路，并对每一课时的作业进行系统规划。这是对每位教师的教育智慧以及课堂生存技能的大考验。必须体现"真做、有效"！

文化意识体现了英语学科核心素养的价值取向，而培养学生文化意识的切入点就是学习中外优秀文化。新教材中很多语篇都蕴含了丰富的文化内容，因此，进一步聚焦"文化板块"，探究高效的新课型教学方式必定能帮助学生获得更加丰富的文化知识，增加国家认同和家国情怀，树立正确的三观。同时，我们也要进一步积累并完善相关教学、教研资源，扩大共建共享的覆盖面和辐射面。

结语

"双新"推进的这一年，多亏了专家引领，带我们高位起跳。区级层面上专家教授亲自为我们解读教材的编写理念和特点，提供各种课型的基本上课思路,提出"断舍离""融合"的建议。校级层面上,开展项目合作,两所新教材实验项目学校得到了专家团队更直接深入的理论指导和教学指导。

"双新"推进的这一年,心有焦虑,却日夜兼程马不停蹄地走来,多亏了抱团取暖的共同体,互通有无,共建共享;我们摸索前行,不够完美却也勇敢展示,直面问题,甘做靶子。

路漫漫其修远兮! 我们将继续奋楫扬帆,共谱新篇!

参考文献

[1] 中华人民共和国教育部.普通高中英语课程标准(2017 年版 2020 年修订)[M].北京:人民教育出版社,2020.

[2] 何亚男,应晓球.落实学科核心素养在课堂　高中英语阅读教学[M].上海:上海教育出版社,2021.

[3] 邹为诚.英语课程标准研究与教材分析[M].北京:高等教育出版社,2017.

[活动点评]

● 立足新教材,促进理念落地

本系列教研活动立足"双新"推进和"上海市课程与教学调研"的大背景,在新教材落地之初,有效整合"调研"之力和市"一月一研"资源,精心设计符合区域教学和教师需求的活动,内容丰富形式多样。通过专家讲座、教材研读、教学观摩与实践、专题研讨等,带领教师们提升理念,丰富重点课型的教学策略,尽最大可能帮助教师全方位感受新教材各个板块中蕴含的教学方法、提升不同课型的教学有效性。

● 聚焦新板块,丰富教学体验

本案例中呈现的教研活动,聚焦新教材中新增板块"Cultural Focus"。执教教师在单元主题语境引领下,合理利用教材资源,在精心设计的教学活动中挖掘文化意义,提升文化意识。观课教师借助具体的观课维度,有针对性地进行观察和思考,在反思和研讨中探索"文化聚焦板块"的教学方法和策略。扎扎实实的实践与思考,丰富了所有参与者的教学体验。

● 建设资源库,助力有效辐射

本系列教研活动非常注重资源库的建设,在整个活动开展过程中,不仅能发挥不同备课团队的力量进行单元整体设计,并基于此形成区本资源库的雏形;还能积累每次教研活动的上课、评课等资源,丰富教研实证;此外还收录了空中课堂设计和拍摄过程中形成的优秀教学案例。区本资源库的建设,延伸了教研的辐射效能,有效助力"双新"的顺利推进。

(点评人:上海市浦东教育发展研究院　沈冬梅)

作者简介

俞连,上海市金山区教育学院高中英语教研员,中学高级教师,金山区第八届"明天的导师"工程学科导师。曾获金山区百名优秀青年教师、"明天的导师"工程优秀骨干教师等荣誉称号。曾参与《高中英语》(上外版)选择性必修第一册练习册的编写。

构建教研共同体　促进教师专业化
——嘉定区高中英语思维品质提升教研活动案例

上海市嘉定区教育学院　陆艳艳

引言

面对教育综合改革的不断深化,国家课程体系的不断变革,教研员的工作也更具挑战性。如何直面困难,通过教研工作引领和指导教师改进教学方法、提高课堂实效、提升专业能力,为学校和教师的发展做好服务,从而推动英语学科的区域建设和发展,是教研员要经常思考和研究的问题。而开展教研活动,对教师进行教学指导是重要工作之一,它不仅能够促进教师的成长,对校级教研活动也具有很大的示范和引导作用。本文以高二年级英语的一次教研活动为例,论述了教研员在通过策划和实施教研活动,促进教师的专业成长和提升教研实效方面的思考。

一、教研理念与经历

1. 教研理念

上海市教委教研室著的《主题导航教研》一书中提到:"教师共同体不仅能相互学习、相互激励,加快自主发展的步伐,而且还能够有效地提高教育教学质量,促进学生健康成长。""在教师共同体中,教师之间可以彼此分享教育教学经验和各自所学的内容,并在专业对话和合作实践中通过思想碰撞和观点交流,为教师个体的自主发展提供丰富的发展资源。"因此,区域教研工作可以项目为载体,通过构建区域教研共同体的方式来提高教研的广度和深度,从而促进教师的专业成长。教研共同体的构建可通过四种途径来实现:一是共同学习教育理论,即通过合作学习、相互分享交流等形式提高理论素养,形成先进的教育理念。二是共同开展教学研究,即通过参与项目、研究课题、磨课等形式,使不同的思想产生摩擦和碰撞,最终达成共识,提升教学水平。三是共同参与资源建设,即通过建设教学资源库的形式,打破学校边界、分工协作、资源共享,带动全区教研组的发展。四是共同分享优秀经验,即通过开设论坛、举办沙龙等形式介绍备课组的工作亮点和优秀做法,以拓宽教研思路,辐射全区。

2. 教研经历

在从事教研工作的两年中,通过平时的调研和走访,发现我区的教研现状存在以下三个问题:

(1)教研缺乏理念引领

一线教师往往比较务实,常常注重解决眼前的实际教学问题,比较缺乏教学理论基础。教研组的活动内容也通常以研究教学实践为主,很少有相应的理论学习研究。

(2)教师不善教学反思

一方面,教师们主观上不善于总结自身的教学经验,反思教学行为,懒于动笔记录教学心得,缺乏开展教学研究的自觉性;另一方面,教师也忙于处理日常繁重的教育教学任务,无暇静心评估自己的教学行为,开展课题研究或撰写论文。

(3)师资欠缺均衡发展

我区目前有10所高中,学校的规模、层次都各有不同,因此各备课组的师资力量也存在很大的差别,教师数量多的教研组可达30人,少的则只有4—5人,力量单薄,备课工作压力大。

这些问题直接影响了教研工作的成效,在不断摸索与尝试的过程中,2020年上半年的教研工作经历也给了笔者启发:2020年初,由于疫情的关系,学校无法如期开学,课堂教学转为线上教学,教研活动也由线下转为线上。借助网络通讯平台,我们一方面定期开展网络教研活动,针对在线教学现状,围绕主题,通过互相学习、互相借鉴来帮助教师们改进线上教学方法,提升效率;另一方面集合群众的力量与智慧,组织教师录制云课堂,为线上教学提供教学素材。疫情期间的教研虽然困难重重,但是大家迎难而上、集思广益、群策群力,收到了很好的效果,也受到了教师们的欢迎与肯定。

从中得到的启示有三点:一是教研活动要应时应景应需应用,只有从实际出发,基于教师真正的需求,解决实际的问题,才会收到实效;二是教研活动不是教研员一个人的事情,只有让教师真正融入其中,深度参与、共同研究,教研活动才能真正体现其价值;三是教师在有共同明确目标的前提下,参与教研活动更积极、更投入,活动效果也更好。因此,在设计与开展教研活动时,以这三点为基础,力求通过教研共同体的建设,改变教研现状,促进教师的专业发展,提升教研效率。以下是其中一次的高二英语教研活动,用以说明所作的尝试与研究。

二、教研活动设计与实施

1. 教研背景

《普通高中英语课程标准(2017 年版 2020 年修订)》(以下简称《新课标》)指出:普通高中英语课程强调对学生语言能力、文化意识、思维品质和学习能力的综合培养,具有工具性和人文性融合统一的特点。思维品质被确定为学生通过英语学科教育必须发展和提升的重要核心素养。《新课标》对"思维品质"的定义为:思维在逻辑性、批判性、创新性等方面所表现的能力和水平。

然而,通过平时的听课及交流,我们发现在现实的英语教学中,教师往往比较注重引导学生对语言知识和事实信息的理解,而忽视对学生思维能力的培养。学生未经过思维的系统训练和培养,思维存在着很大的局限性和非系统性,教师引导学生对语篇的理解也大多局限于表层信息的获取,以及零碎主题判断和简单的意义推断。《新课标》在"思维品质目标"中提出:能辨析语言和文化中的具体现象,梳理、概括信息,建构新概念,分析、推断信息的逻辑关系。这对教师在教学中培养学生的思维品质提出了具体的要求,因此也成为我们教研的方向。

2. 教研主题及范围

2020 学年,高二年级的教研目标为:探索阅读教学中提升学生思维品质的有效策略,发展学生的英语语言能力,提升英语阅读教学的有效性。由于单元整体教学也是一直在研究的主题,因此,在高二年级开展了一系列主题为"基于单元整体设计 关注思维水平提升"的教研活动。活动主要以专题讲座、微论坛、教学实践、听课研讨等形式展开,所有高二年级的英语教师参与学习研讨。参加活动的除了高二全体英语教师外,还有区骨干教师、名师工作室的成员以及五年以下教龄的教师。

3. 教研内容与形式

在理论学习与研究的基础上,我们在封浜高级中学进行了一次教学实践活动,围绕"基于单元整体设计　关注思维水平提升"的主题,章中兰和仲健两位老师以牛津教材高二下学期第五单元"Our Fragile Environment"为例,通过连上主阅读语篇的第 1 课时和第 2 课时,展示如何在单元视角下,关注学生思维品质的提升。

本次活动主要以两位教师进行教学展示,其余教师听课研讨的形式进行。活动分备课磨课—展示研讨—总结反思三个阶段,教研流程如图 1 所示。

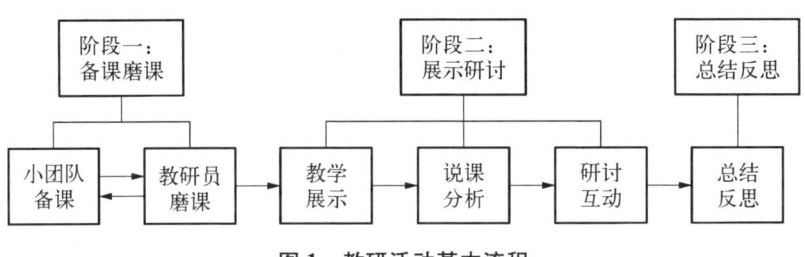

图 1　教研活动基本流程

4. 教研活动设计与实施步骤

阶段一: 备课磨课

(1) 小团队备课——进行教学分析,讨论教学思路

备课组的所有教师都参与集体备课,包括分析教材、分析学情、确定单元以及各课时的教学目标,并讨论教学展示两课时的教学思路。本次的教学研讨课是单元内的第 1 第 2 课时连上,在处理教学内容时,第 1 课时既要为第 2 课时作铺垫又要留出空间,第 2 课时既要有第 1 课时的延伸又要有所深入,所以两位上课教师既要考虑如何完成本课时的教学目标,又要考虑到两个课时之间的内在联系,在备课的过程中必须互相交流、协同合作。在完成教案撰写、课件制作后,经过备课组、教研员的修改,形成试讲稿。

(2) 教研员磨课——组织试教研讨,完善教学方案

两位教师借班试教,教研员组织备课组的其他教师共同观课,课后

进行研讨,提出修改意见。经过第一次的试教,教师们发现了很多问题,例如:在课时衔接方面,第 1 课时留下的问题并未在第 2 课时得到解决,单元的整体性不够;在语篇内容处理上,两节课均涉及了人物性格的分析,有所重复;在词汇处理方面,第 2 课时需运用的词汇在第 1 课时中未教学过。两个课时之间如何做到有效衔接,又不喧宾夺主呢?经过反复讨论,大家认为首先应该确定好教学目标,两节课无论是语篇内容的处理还是词汇教学都应围绕教学目标展开,并达成共识:第 1 课时的教学目标为:理解故事大意和寓意,用第一人称复述语篇;通过上下文理解相关词汇的意义,如:obsess, foresee, consequence, obese, profit 等;具备环保与慎重做决定的意识。第 2 课时为:通过主人公的言行分析性格特点,并能用自己的语言加以总结与描述;掌握相关词汇的用法,如:be obsessed with, blow up, be doomed to, obese, bring vast profits etc.;培养对生命、金钱和健康积极正确的价值观。

两位教师根据收集到的意见进行修改和调整后再试教,反复磨课,力求以最佳的版本进行全区展示。

阶段二:展示研讨

(1)教学展示——展示教学设计,示范教学行为

两位教师按课时顺序依次进行教学展示。全区高二英语教师进行观摩并记录教学要点及建议,主要思考以下两个问题:两节课中,在思维品质的培养方面有哪些联系点? 教师运用了哪些工具和手段?

以下为两位老师的教学思路:

第 1 课时:章中兰老师首先通过图片导入主题,引发学生思考如何做选择,激发阅读课文的兴趣。在处理故事情节时,对课文进行了重构,并通过问题链和思维导图的方式帮助学生厘清故事的关键情节及深刻含义,也为读后活动即以第一人称复述故事做了铺垫。

第 2 课时:仲健老师通过人物分析,深入挖掘故事寓意,引导学生进行深度阅读,并结合语篇理解完成了目标词汇的教学。以"两个选择"为主线,围绕 how he looked, what he said, how he spoke, what he did 以及 others' response 五个方面展开,分析人物性格,学习如何描述人物,并将目标词汇的教学融入其中,词汇与语篇内容相辅相成,帮助学生加深理解。并通过最后的大任务:让学生通过阅读比尔·盖茨的材料,给故事主人公提建议,进一步巩固词汇并培养学生正确的价值观。

(2)说课分析——解读设计意图,引发教师思考

上课教师介绍本课的设计思路,为了教学目标的达成设计了哪些

教学活动,并反思有待改进的地方。

（3）研讨互动——达成理念共识,提升教学素养

参加活动的教师分小组进行讨论,并派代表分享观课后的心得,包括值得学习的地方、有待改进的地方、可以借鉴的地方等。以下是教师们通过讨论,对于两节课在单元视角下培养学生思维品质方面达成的共识:

在第1课时中,章老师通过一系列的问题帮助学生理解故事大意和寓意,从思维要求的角度来说,这些问题有三个层级:

第一层级:理解表层信息,帮助学生梳理信息:What was his choice? When did he make the decision? What happened to Pakan Valley?

第二层级:理解信息之间的相互联系,帮助学生整合信息,例如:Why did he make the decision? What will happen to Saleem in the end? According to the passage, what's the right order of the pictures?

第三层级:理解语篇的观点或思想,帮助学生分析信息,例如:Why did the writer use "Green orchids" as the title?

这些问题从要求学生寻找信息到整合信息再到分析信息,对思维品质的要求从梳理概括到分析推断,是逐步提高的。然而考虑到第一课时的教学目标,高阶思维的问题还是比较少的。

在第2课时中,随着学生对语篇的理解加深,思维水平也在不断提升,仲老师是通过聚焦两个教学活动达成教学目标的:

活动1:通过收集描述主人公的外貌、语言、说话方式以及行为的语言,分析他的性格特点,并思考作者的写作意图。

活动2:阅读一段比尔·盖茨的材料,比较他与主人公的区别,并给主人公提建议。

这两个活动在思维要求方面同样是有层次的:活动1通过任务和情节的分析,推断出作者的写作意图,引导学生与语篇和作者对话。活动2则是通过让学生进行比较、鉴别、分析以及归纳培养学生的思维品质。

从单元的角度看,两节课考虑到了单元内课时的衔接,教学内容相辅相成;从思维品质培养的角度看,两节课运用的工具和手段各有不同,思维能力的发展是呈螺旋上升的。

阶段三:总结反思——总结活动收获,尝试课堂实践

活动后,开课教师撰写教学反思并在区内分享教案课件,听课教师撰写听课心得,并根据本班学情修改教案课件。

5. 教研活动成效

（1）深度学习提升了专业认识

通过本次教研活动，教师们对《新课标》中有关思维品质的要求从字面意思的理解到教学范例的解读，再到互相讨论、达成共识，对理论的学习不再停留于表面，而是有了更深的认识与内化，例如：问题是学生阅读过程中的思维工具，而活动是提升思维水平的载体，在教学中应该关注学生的思维活动和层次，由浅入深，循序渐进。

另外，在两位教师的备课和磨课的过程中，整个备课组的参与不仅给予了他们精神上的支持和业务上的帮助，共同探讨和解决问题本身也是其他教师自己更新理念和提升教学水平的良机。

（2）深刻研讨提高了教研兴趣

互相交流能碰撞出思维的火花，随着讨论的深入，教师对教研的兴趣也会变得渐渐浓厚。经过讨论，教师们发现，虽然在平时的教学中经常会问各种各样的问题，但是对很多问题的认知还是非常模糊的，例如：哪些问题是有效的，哪些问题能够激发学生的思考，哪些问题能为思维品质和语言能力的提升服务等。于是，对阅读教学中如何通过设置问题提升思维品质又产生了很大的兴趣，希望能有进一步的研究和展示。

应大家的需求，针对在教学中应该如何科学地设计问题，又开展了一次主题为"基于思维提升的问题链设计"的教研活动，由安亭高级中学的高彩平老师执教第四单元的主阅读语篇"The Vincent Van Gogh exhibition"的第 1 课时，重点研究"展示型问题""参阅型问题"和"评估型问题"的设计和运用策略，帮助教师们更深入地理解问题的类型和其不同的功能。

（3）深层思考培养了科研精神

深入的教研能够引发教师的思考，逐步将教学中的问题转为研究的课题。本次教研活动解决了一些问题，同时又产生了一些更深层次的问题，例如：如何充分挖掘文本中深层次信息，提升思维和语言使用能力，引领学生从"read the lines"到"read between the lines"再到更高的"read beyond the lines"；如何把语篇理解和语言教学的位置摆正，把语篇信息、阅读策略、思维能力和语言表达能力的关系处理好等等，这些问题都将成为研究的方向，并且可以作为课题在自己的日常教学中尝试研究。

（4）深入合作增强了合作意识

通过组内的合作备课与校际的研讨交流，教师们开拓了视野、打开了思路、提高了效率，也更具整体和集体的意识，在平时备课时，就更愿意互相探讨和交流，备课组形成合力，更有利于学校英语学科的发展。而校际合作的不断增强也有利于区域教研的均衡发展。

三、教研感悟

1. 教师是教研活动的主体

以小团队合作备课、大团队研讨分享的形式开展教研活动，是建设教研共同体的途径之一。在教研活动的过程中，教师始终是研究的主体，只有让教师真正地动起来，发挥主体的作用，通过寻求帮助、深度合作、广泛参与、研讨互动、分享意见等形式来促使自己深入思考、深度学习，才能在专业上不断成长，才能保证教研的质量，提升教研的效率。

2. 教研员是教研活动的关键

一场教研活动的成功与否，教研员起着至关重要的作用。在开展教研活动前，对研究内容、活动形式、人员分工有全面的考虑和周到的布局；在开展教研活动时，对活动现场恰到好处的把控和适时到位的引领示范以及提炼归纳；在开展教研活动后，对活动效果的及时反思和继续跟进，是提高教研有效性的必要前提。只有这样才能为教师搭建成长的平台，创设良好的氛围，更好地促进教研共同体的形成。

结语

在国家教育改革的大背景下，教研员肩负着推进课程改革、指导教学实践、促进教师发展、服务教育决策等多重使命，教研工作条线繁杂，建设教研共同体是有效抓手之一。当然，通过教研活动开展教学研究只是其中一个方面，还有很多问题有待进一步研究和完善，例如：如何规范细化活动设计，提升活动质量；如何为教师搭建更广阔的平台，促进校际的合作，推动区域教研水平的均衡发展；如何完善宏观制度，保障教研共同体的长足发展等等，这些问题都将是我们要思考和研究的方向。

参考文献

［1］中华人民共和国教育部.普通高中英语课程标准(2017年版2020修订)［M］.北京:人民教育出版社,2020.

［2］上海市教育委员会教学研究室.主题导航教研［M］.上海:上海教育出版社,2020.

［3］上海市教育委员会教学研究室.案例锚定主题(中学卷)［M］.上海:上海教育出版社,2020.

［活动点评］

本次主题教研活动呈现出以下亮点和特色:

一、主题鲜明、应需应用

高二年级是学生思维品质发展的关键时期。学生在高一年级积累了一定的语言知识和话题语料,但通常对所听所读的内容只停留在表面理解,需要教师设计富有思维层次的课堂活动,以启发和引导学生思维,达到课程标准对学生思维品质的要求。陆老师找准了这一关键点,在高二年级开展"关注思维水平提升"的主题教研活动,符合学生的年级特点和学习需求,也聚焦了教师在高二年段教学设计中的迫切要求。

二、内容充实、勇于突破

本次主题教研活动以阅读第1课时和第2课时连上为主要内容,是一次新颖而大胆的尝试。阅读第2课时的教学该如何设计是教师在单元教学设计中的一大难点,本次教研活动齐聚了教研员和备课组的集体智慧,实现了两节阅读课在教学目标、语言知识、思维能力培养等多方面的衔接,形成了有价值的教学案例,为全区教师提供了优秀的实践范本。

三、理念引领、落地有声

本次教研活动的成功组织离不开教研员对课程标准和单元整体教学的深刻理解和充分研究。陆老师在前期磨课、现场展示和研讨反思的过程中,带领教师集体思考,达成理念共识,汇聚教研智慧,收获实践素材,充分展示了教研员的专业指导力和团队凝聚力。活动的开展提升了授课教师所在教研组的研究力,也加深了本区教师对课标和单元整体教学的理解,是一次理念落地的成功探索,教研实效突出,具有很强的可复制性和推广性。

（点评人：上海市嘉定区教育学院　孙饴）

作者简介

　　陆艳艳，上海市嘉定区教育学院高中英语教研员，区优秀骨干教师。曾获区教育局记功、区中青年教师教学评优二等奖等奖项，主持并参与多项区级以上课题研究，并于核心期刊及教育丛书发表《课堂教学的导入艺术》《运用创新思维技术　提升英语教学效率》等多篇论文。

以课题带教研，以教研养课程，以课程反哺教研

上海市浦东教育发展研究院　谢忠平

一、教研理念与经历

1. 教研理念

教育改革的深化对学校在课程建设、教学实施和师资队伍等方面提出了更高要求，如何满足课改需求，为课堂教学提供专业的支持，对教师进行有效的指导，是每位教研员的课题。身为基础英语教育的引领者、基础英语教师专业发展的促进者和基础课程改革的推进者，一位优秀的教研员需要深谙教育改革的核心思想，掌握教学发展的脉搏，丰富教研内容、提升教研能力并发挥示范和引领作用。

时代的进步带来了教研工作内涵的拓展，目前国家不但大力推进教材改革，更是从课程改革维度上进行整体设计，高中学段的课程改革提出了学科核心素养的概念。那么，如何才能聚焦学生核心素养发展的关键问题，帮助教师顺应新时代的要求？所谓"以终为始"，身为教学主体的学生更需要一位好的课堂引导者，若要推动学科教学对学生核心素养的培养，首先就需要全面提升教师的核心素养。

这就要求教研员从单一的学科教研指导转向更为全面的教育教学研究指导：从教学目标走向学习目标；从基于课堂的经验走向基于教研的实证；从基于课本走向基于课标；从课时备课走向单元备课；从孤军奋战走向团队协作。而促进课程改革、促进教师发展的路径便是以点带面的课题引领和课程开发，这便是笔者的教研理念：以课题带教研，以教研养课程，以课程反哺教研。

2. 教研经历

自 2005 年从事教研工作开始，17 年的教研员生涯可分为两个层面：自我锤炼和引领辐射。

"桃李不言，下自成蹊"，肩负引领人的使命，笔者始终不断探索、不断突破，以解决课堂具体问题为抓手进行学科系统的构建，进行自我锤炼：从粗放经营到中观阅读教学设计，到微格课堂师生话语案例分析；从词汇教学到人文策略的提升；从阅读教学到写作教学；从教学环节的优化到改进教学评价的系统建设。

在解决一个个课堂实际问题的过程中，笔者也带着学员一步步向"研究型教师"的目标迈进，进行引领辐射：以名师基地和工作坊主持人的身份，将优质师资的培养视为己任，带领学员共同开发课程。期间开发了七门课程，分别是：篇章阅读的信息加工、中学英语微格课堂师生话语案例分析、中学英语产出性词汇教学策略、人文性阅读的信息加工、中学英语阅读教学评价与测试、基于阅读支架的过程性写作、追溯地道的英语语言表达，前三门课程被评为浦东新区精品课程。

根据区域具体情况，笔者打通了教研员、培训师、主持人的壁垒，与学员共同成长，逐渐形成了"以课题带教研，以教研养课程，以课程反哺教研"的教研路径和基于问题解决的教研体系。精准的、适切的课题无疑更能贴近教师的发展需求，更能解决新时代的教学问题，更能落实学科核心素养的培养，由此提升整个浦东新区的高中英语教学质量。

二、教研活动设计与实施

1. 教研背景

在实施新课程、使用新教材的"双新"背景下，教研工作需要从单纯的研究教材教法、研究教师教学朝着研究课程体系、研究教学评价、研究学生学习方式的转变等方面拓展。然而，我们看到不少中学英语教师教研意识淡薄且缺乏动机，教研能力更是有待提高；不同学历、教龄、职称和学校类型的教师之间存在明显差异。针对如此区域问题，需要激发教师的教研意识，提高其理论素养和课改意识，同时培养其全方位的教研能力，包括提高科研素养和人文修养，而差异化的培训方式也能够让每一位教师在求同存异中实现个性发展，在合作共赢中实现自身的专业成长。

既然核心素养被置于深化课程改革、落实课程育人的基础地位，学生学习英语的过程实则也是其形成人格和意志的过程,而阅读教学不失为提高学生核心素养的主战场。我们知道,人的思维情感与认知有着密切的联系,认知又是复杂的,可将其视为层次关系,越底层越原始,越高层越智慧,也可将之视为整体,各层次本质上又是一体的,只是阐述、表述的角度不一。阅读可以被细分为微观的信息梳理、中观的语篇分析以及宏观的立德树人,而这三个维度都是我们对语篇信息的感知。语篇分析需要依托于信息梳理,信息梳理也会因语篇分析而变得更为明晰,整个过程无不在接受信息所传达的价值观念,这便是阅读过程中的"三维一体"。同样,读写信息的迁移亦渗透了"三维一体"的精妙:信息的复制、编制和创造如同一串不断螺旋式上升的圆圈,思维在其间得以锻炼,创造得以萌发,语言的信息处理技能愈发精湛。最后,作为输出的写作过程依旧如此,没有内容填充的语篇是空洞的,没有语篇意识的内容是零散的,语篇和内容的构建都离不开语言的使用,而语言的使用之所以有意义也正因为它服务语篇内容。质言之,"读"与"写"都是我们认知"三维一体"的表征和应用。

鉴于此,笔者便组织了如下教研活动:在"双新"背景下将高中英语置于"三维一体"的认知框架下进行读写单元的整体构建。其目的,一是改善英语写作教学本身;二是以写作教学的研究促进阅读教学质量的提高,落实其育人价值;三是以高考题型设计作为阅读和写作的总结性评价,既能检测教学效果,还能反哺教学,提升教学质量。由此贯彻"以课题带教研,以教研养课程,以课程反哺教研"的教研思想。

2. 教研主题及范围

针对问题的提出,从 2019 年 3 月到 2021 年 6 月笔者带领自己学段的高中英语教师和自己工作坊的学员,围绕区级研修主题"基于阅读支架的过程性写作实践及评价研究",开展系列活动。在"三维一体"的认知框架下进行读写单元的整体构建,通过写作教学发展历史的学习,提升对阅读和写作有效性的认识,在先进理论的指导下,形成"阅读+互动+写作+评价"的实践模式,紧扣《普通高中英语课程标准》(2017 年版 2020 年修订)《学业质量标准》《英语学科教学基本要求》和《高考考试大纲》,通过调查研究、专家引领、理论解读、课堂实践、案例分析、现象思考和问题研讨,通过基于高考题型总结性评价的学习探讨、设计修改和反思总结,领会"基于阅读支架的过程性写作及评价实践研究"的原理方法，由此提高阅读、写作的教学实践能力和对于区域的辐射能力。

3. 教研内容与形式

（1）教研内容

因为主题化研修的缘故，此轮研修时间跨度为 3 年，期间共开展了 63 次活动。通过专题类学习和研讨，结合理论知识和案例分析，先着手阅读、后探讨写作，由此全方位提高教师和学员的教学实践技能，提升阅读教学、写作教学以及命题评价等专业水准，进而带动其他能力的提高。具体包括：

- 通过理论学习、专家和主持人（教研员）讲座，进行学科专业引领，提升教师和学员的师德修养和教学教研能力；
- 新教材阅读教学的实践及反思；
- 基于新教材阅读的写作教学，初步实践及反思；
- 提升教师和学员的命题能力，进行高质量的试卷质量分析及反思。

（2）教研形式

作为研修课题的带头人，笔者带领教师在研修活动中发现问题；作为英语教师名师基地和英语工作坊的主持人，笔者在名师基地和工作坊与学员共同开发课程，在教师职务培训中使用所开发的课程实践指导和检验，并进行系统分析。而所开发的课程还可以进一步转化为若干微课程，在研修活动中以微课程引领，进行主题化的研修活动；主题研修活动中的经典案例又可以补充或替换原本的课程内容，由此确保课程的先进性和实用性。总而言之，教研活动与教师培训齐头并进，以解决实际教学问题的课题为引领、开发课程并再次利用分化出的微课程进行主题研修，实现以微课程为引领的"发现问题——课题研究——课程培训——发现问题"的正循环。研修模式如图 1 所示：

上述过程又以下面四点为教研支架，分别是文献查阅、比较分析、行动研究和分层教研。

① 文献查阅：通过历史文献，了解相关领域的研究和发展程度，借鉴国内外经验，研究出适合国情的读写结合以及总结性评价方法（即如何进行检测和分析）。

② 比较分析：分析比较阅读教学各种设计方法的差异及各自的优缺点；比较过程性写作与基于阅读支架的过程性写作的差异及各自的优缺点。

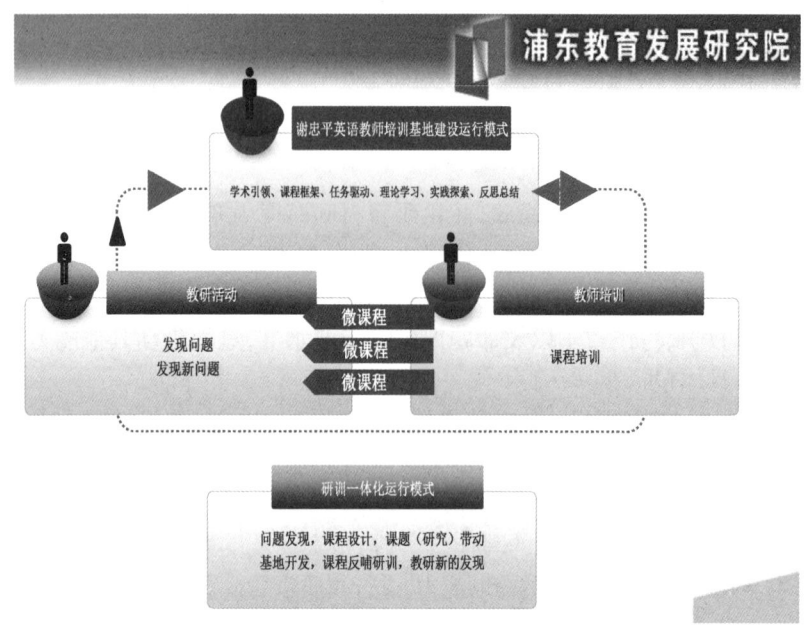

图1　研修模式

③ 行动研究：通过发现问题、界定问题、文献探讨、拟定计划、实施计划、评价效果，通过"修改——再实践——再反思"的方法，提升教学实践水平。

④ 分层教研：教师和学员各有差异，学校性质的不同、所遇问题的不同，以及学段的不同等等都会带来教研需求的差异。教师带着自身的变革需求谋求引领，研修内容能否与教师和学员自身的发展水平相衔接，能否发挥教师和学员个人的发展优势，能否在反思实践中给予教师和学员个人发展的力量，无疑是引领成败的关键。为此，针对区域教师能力水平参差不齐的现状，教研活动将侧重点分为市重点、区重点以及普通高中和民办高中三个层面，对应教师和学员所处的不同性质的学校，对三类教师和学员采用不同的研修要求和不同的评价标准，且每次研修实践活动基本以"市重点教师和学员"带动"区重点学校教师和学员"的模式进行，使各类教师和学员都能够获得较为满意的发展。通过"学术引领、课堂为先、研究见长、个性发展"的分层培养策略，让每位教师和学员都能在教研方面取得长足发展。具体分层见表1。

表1 分层教研的具体内容

教师和学员的类型	研 修 目 标	研 修 形 式
第一层 成熟型（市重点学校教师和学员）	能够有深厚的理论素养、丰富的专业知识和一定研究能力；能够运用先进的教育思想和理论指导实践，以敏感的研究意识在教育实践中自觉地发现、分析和解决问题，不断反思并富有创新精神。	读原著和权威学术期刊，在源头寻觅教学真谛；在区级研修活动，甚至在市级、省级活动和全国比赛中参赛，进行学习交流。
第二层 经验型（区重点学校教师和学员）	能够在教学过程中对教学进行不断反思，以实现教学不断走向教学工具合理性、教学目的合理性和教学主体的合理性。	以间接带教为主，先观摩第一层教师和学员的课堂展示，随后在教研合作区域、区级活动中进行交流学习。
第三层 成长型（普通高中和民办高中教师和学员）	能够在教学理论和实践上得到全方位提升，并具有一定的反思能力。	由第一层面教师和学员带动，共同备课研讨，由此反思自身不足。课堂实践后，观摩成熟型教师的展示课，寻找上升空间；第二次教学实践后，通过录像分析，快速提升教学能力和反思能力。

4. 教研活动设计与实施步骤

（1）教研活动设计的四个着力点

此轮研修立足于课程开发和课堂教学实践研究，着手于阅读教学、写作教学的整体构建，致力于区域教师和工作坊学员的全面发展。围绕"基于阅读支架的过程性写作实践及评价研究"的主题，研修活动从提高理论素养和课改意识、培养全方位的教学素养、提升科研素养和人文素养这四个方面同步开展。

① 提高理论素养和课改意识

研修活动包括带领教师和学员认真学习英语教育理论，引领教师和学员加强英语专业

图2 教研活动的四个着力点

理论的学习,了解"双新"背景下新教材设计的目的与原则,以更好地把握新教材内涵,达到新课标对教师提出的各项要求。与此同时,为了更好地适应新课程改革需要,引导教师和学员重视相邻学科知识,包括社会科学、自然科学、人文科学、新兴学科知识、计算机知识及社会生活知识等,以适应新课程设置的信息综合化需要。通过教育学、心理学、教学法的学习,在掌握教育教学规律的基础上,能够结合学生的年龄特点,采取适当的教学方法。

② 培养全方位的教学能力

以课程形式,由主持人和专家担任主讲,要求教师和学员认真学习并积极参与讨论,成为课堂教学的能手和高手,尤其是培养制定教学计划、钻研新教材文本、以阅读为主的教学设计、过程性写作的教学、作业的设计批改等五方面能力。具体见下:

● 制定教学计划的能力:深入学习和理解课程标准,提前制定短期和长期教学计划;

● 钻研新教材文本的能力:一方面,帮助教师和学员梳理新教材的编写意图、知识结构、体例安排和范文特色,指导教师和学员在教学中创造性地使用新教材;另一方面,在目前培养学生核心素养的课程观背景下,教材作用已然淡化,因而鼓励教师和学员在教材之外寻找课堂素材,对教材进行有效的补充;

● 以阅读教学为主的设计能力:通过一系列研修活动,指导教师和学员在教授不同课型、不同内容时选择不同的教学方法,进行阅读教学的个性化和序列化设计;

● 过程性写作的教学能力:在合理和科学的输入以后,还需在课堂教学中完成输出任务,既然要培养学生使用英语表达与思维的能力,教师和学员自身就得本事过硬。对此,研修活动亦旨在帮助教师和学员提升自身的写作素养,培养其教学风格和互动能力,令英语课堂更有特色和生机;

● 作业的设计和批改能力:作业是学生日常学习成效评价的重要途径,为此研修活动也包括指导教师和学员进行有效的作业设计,能给出恰当的评语鼓励和针对性建议。

③ 提高科研素养

研修活动旨在将教师和学员打造为学习型、反思型和研究型教师,以教研思维引领教学。首先,教师和学员应成为终身学习者,这不仅是信息社会对教师和学员提出的要求,更是新课改理念对教师和学员的要求；其次，需要时常反思，善于观察课堂、分析问题与总结经验，比如，在每课教案后写上对该课的反思评价和交流之下的思想火花，及时调整教学。而除了培养课堂问题的发现能力、处理能力和反思提炼能力之外，也注重培养教师和学员"教研引领教学"的发展意识——有教学研究意识的教师会不断自我学习，运用所学的先进教育理论知识来指导与调整教学实践，探索提升教学有效性的途径与方法，由此适应新课标要求。

对此，在显性方面，研修活动会邀请专家开设科研方面的讲座，从课堂某一视角的研究开始，培养教师和学员的问题意识，提高其研究素养；在隐性方面，主持人（教研员）在讲座中、点评中以及与教师和学员的点滴交谈中也将渗透研究方法。而无论显性还是隐性，研修活动都努力为每位教师和学员提供学习前沿理论知识与深度思考教学问题的机会。比如，开学之际，要求工作坊学员明确新学年的学科教研研究方向，并在研修活动中简单介绍自己的学科教学论文框架，主持人（教研员）仔细聆听并逐一给出指导与改进意见，为学员进一步有效开展学科教学研究奠定基础（因人数过于庞大，整个活动区域整个学段教师进行全程观摩）；此外，主持人（教研员）也会为教师和学员交流教学研究成果积极搭建平台，帮助教师和学员修改教学论文并推荐他们在杂志上发表文章。

④ 提升人文素养和人格魅力

所谓"正人者必先正己"，课堂内外，教师的学识和人格会潜移默化地感染和影响学生，某种程度上，教师本身就是实用的人文教育素材。若要培养学生的核心素养，教师和学员自身先要提升人文素养，为此，研修活动十分注重教师和学员的人文教育素养发展情况，通过培养教师和学员优秀的人格品质、建构教师和学员多元的知识结构，以及创设利于提升教师和学员人文素养的环境，帮助教师和学员实现自我提升。途径包括培养优秀的人格品质、建构多元的知识结构，以及创设利于提升人文素养的环境，具体如下：

● 培养优秀的人格品质：可以说，师风师德的建设工作是研修活动不可或缺的组成部分，以培养教师和学员的修身意识和高尚品格。比如，假期期间要求教师和学员利用网络视频，学习特级教师于漪老师的报告《中国教育要有自己的话语权》与教育功臣原上海中学校长唐盛昌老师的报告《教育转型时期教师面临的挑战》，自主学习后在钉钉群和微信公众号的师风师德学习专题讨论区内发表个人的学习观后感,由此进一步意识到肩负的教育重任,坚定个人教育职业的发展信心。

- 建构多元的知识结构:在博雅教育的理念下,在提倡学生多读书、读好书的同时,教师和学员也应品读经典、向名家取经,使知识结构多元化。为此,研修活动也会要求教师和学员学习历史、哲学和美学知识等,拓宽文化视野,加强思维的深度和广度,构建亦"专"亦"博"的人文知识体系。

- 创设利于提升人文素养的环境:在一个注重短期效益、唯分数和升学论的功利时代,更需要关注教师和学员的精神层面,通过打造充满人文情怀的培训环境,给予教师和学员发展的生命空间。比如,开展读书交流的研修活动,营造合作性而非竞争性的互动环境,鼓励教师和学员不局限于专业知识和某个专长,而是博采众长。

(2)教研活动设计的实施步骤

这里,以"三维一体"的高一英语读写单元整合为例,通过2021学年第二学期高一学段教研活动的实施步骤来大致说明教研活动设计的基本流程。

高一英语读写单元整合的实施内容有很多,尤其是在"双新"背景下,而此次教研紧紧围绕读写整合过程中的"三个策略"和常规写作基础上突显的"三个特点"展开。读写整合过程中的"三个策略"分别是单元课时的划分和实施策略、阅读后师生构建的个性化线索或图形策略、确保"由读向写"的有效迁移策略;常规写作基础上突显的"三个特点"分别是如何设计与布置写作题目、如何强化和巩固写作环节、如何进行创意写作。整个实施过程共经历了八个阶段,其中部分阶段有重叠,也正体现了"以课题带教研,以教研养课程,以课程反哺教研"的教研理念,以及"发现问题——课题研究——课程培训——发现问题"这种正循环的教研形式,由此为教师和学员搭建"学习——实践——反思——提高——再实践"的螺旋式上升通道。具体如下:

- "双新"专题学习阶段(2021年2月1日—2月28日);
- "双新"教学设计与交流阶段(2021年3月1日—3月12日);
- 专家指导阶段(2021年2月1日—6月30日);
- 教材对比分析研讨活动阶段(2021年4月—5月);
- 学科走访、进课堂阶段(2021年3月—6月);
- "双新"教学区级公开展示、研讨阶段(2021年3月—6月);

- "双新"教学案例收集、评比阶段（2021 年 5 月—6 月）；
- "双新"推进工作小结阶段（2021 年 6 月）。

5. 教研活动成效

既然是课题引领以开发课程，"基于阅读支架的过程性写作实践及评价研究"便是此轮研修活动所开发的课程。除了该课程开发的显性成果之外，更重要的是教师和学员的隐形成长：一系列研修活动如所预期地让教师和学员受益，在 3 年期间收获了荣誉，取得了诸多成绩。此外，作为教研成果，学生的核心素养得到了培养，推动了课程改革，同时也进行了区域辐射。下面就从教师和学员层面的提升、学生层面的提升、课程改革的收获以及成果的区域辐射来分别说明教研活动的成效。

（1）教师和学员层面的提升

教师和学员在参与研修活动后，均在学科教学、学科德育教育和教育科研等方面取得发展，教育素养有了大幅提高，不仅通过先进理念获得专业素养的提升，也在钻研课题和相互探讨的过程中获得师德品行的培养，而愈发清晰的课程意识也助力其课堂教学，在教学理论、教学设计、教学环节的实施和反思上都有了十足的长进，尤其是在"基于阅读支架的过程性写作实践及评价研究"方面，基本达到了预期目标，包括：A. 提高阅读和写作理论水平以及相应的教学实践能力和反思能力；B. 提高对总结性评价的理论水平、命题能力、质量分析能力及试卷讲评能力；C. 在教学等方面产生了很大的区域辐射作用；D. 完成与教研主题"基于阅读支架的过程性写作实践及评价研究"相关的材料收集以及专著的编写和出版工作；E. 完成与教研主题"基于阅读支架的过程性写作实践及评价研究"相关的区级课程申报等工作。教师和学员的个人成果如表 2。

表 2　教师和学员个人成果统计表

序号	类　别	国　家　级	市级	区级	校级
1	课题（项目）研究		3 项	3 项	
2	论文发表	核心刊物 2 篇；CSSCI 2 篇	26 篇	9 篇	

序号	类　别	国家级	市级	区级	校级
3	出版论著		3 部		
4	公开教育教学展示	2 节	8 节	60 节	3 节
5	主持或参与课程开发	1 门	1 门	3 门	1 门
6	个人获奖	1 项	5 项	29 项	18 项
7	专业晋升		9 位		

（2）学生层面的提升

学生通过读写单元整合的英语教学模式,通过基于阅读支架的过程性写作,以读促写,在有效的课堂学习中培养了写作能力和语言素养,极大提高了写作的积极性,对写作产生了浓厚兴趣,同时也更深刻地体悟到阅读文本的内涵,在阅读过程中对信息进行获取和整合,积累了写作的内容素材和语言素材,也通过生生之间、师生之间的互动交流等锻炼了交际能力;由于不同学生从不同角度思考问题,过程性写作教学法还能形成学生的辩证思维,同时通过类比等思维形式,激发了写作的想象力和创造力。由于过程写作法的写作布置十分具体,任务型的活动设置使每位学生都清楚各写作阶段所对应的学习策略,由此提高自己的思维能力和表达能力。可以说,在整个读写一体的活动中,学生的语言思维、认知思维、理解能力、表达能力均得到了螺旋式提升,实现了学科核心素养的培养。

（3）课程改革的收获

作为在"双新"背景下培养学生学科核心素养的有效途径,"基于阅读支架的过程性写作实践及评价研究"通过读写单元的整体构建,进一步完善了学生"三维一体"的语言认知框架,打造了高效的高中英语课堂,落实了课程育人的课改要求。同样以上述 2021 学年度第二学期高一学段的教研活动为例,通过学习、研究、实践和深度思考"三维一体"的高一英语读写单元整合,最终在过程裁法的基础上形成了颇具创新力的"双九"课程特色:"九大"改进措施和"九大"教学策略。"九大"改进措施分别是:读写整合设计中"三维一体"的思考和设计元素;明确写作任务后,再进行阅读文本的导读;关注主题意义,侧重核心素养的单元设计；整合读写内容，合理规划三个课时的单元设计；深入研读语篇，把握写作教学核心内容；站在学习活动观视角，合理运用任务型教学法；建立多模态教学手段，拓宽学习和运用英语的渠道；确立写作评价标准，提升多元反馈质量；创意写作设计，打造高效课堂。"九大"教学策略分别是：创设写作情境策略；使用写作驱动阅读的教学策略；营造从阅读到写作的迁移策略；采用提升学生语言能力的"三维原则"策略；巧用主位推进策略；优化同伴互助策略；提高学生思辨思维能力策略；建构反馈策略；群体创造力的培养策略。

（4）成果的区域辐射

通过"双新"背景下"三维一体"的读写单元整体构建等一系列教研活动，既改善了英语写作教学本身，也通过写作教学的研究促进阅读教学质量的提高，落实了阅读教学的育人价值，打造了高效的高中英语课堂；而读写单元的整体构建无疑能够完善学生"三维一体"的语言认知框架，锻炼其英语语言思维，提升其认知能力，更有效地培养学生的核心素养。如此教研成果及其背后的教研理念和教研模式，都可以在学校、学校共同体乃至区域内起到一定的引领和示范作用，在全市乃至全国产生一定的辐射影响。

三、教研感悟

课题的主要目的是反思和改进教育教学工作，并在学习、实践、研究的过程中提高专业化水平。对此，教研方式的适切性就显得格外重要了。所谓"适切"即适合、贴切，在中学英语教研中，教师培训需要寻求一种与教研内容"适切"的教研方式。当教育教学指向学生核心素养的培养时，作为教研活动的主体、作为建设与发展基础教育课程的一线工作者，教师首先需要全面提升自身素养。正因为此，教研活动围绕"基于阅读支架的过程性写作实践及评价研究"的主题，从提高理论素养和课改意识、培养全方位的教学素养、提升科研素养和人文素养这四个着力点展开，也正是适切的教研方式。通过三年研修，教师和学员的教育教学素养都有了显著提升。

值得一提的是，教师科研素养的培养尤其需要关注。普通高中教师从专业发展的现状看，和其他学段相比，在本体性知识等方面有一定优势，但从科研角度看，并不乐观，受升学压力等影响，教育科研的热情普遍不高，科研往往是其专业发展道路上的短板，限制了对新课程实施、学生核心素养培养等新趋势的理解,更影响了教学理念实施能力的有效提升。为此,教研活动通过课题引领、任务驱动、理论学习、专家指导、课程设计与课程培训等一系列方式,唤醒高中教师的科研意识,用科研的眼光重新审视"双新"的诸多命题,鼓励高中教师结合改革实践,开展行动研究,在全面育人的同时,也实现高中教师专业素养的提升。

当然,纵使活动在研修方案的指导下实施得较为圆满,仍有一些可改进之处。比如,能否更加聚焦于某一方面的研修,能否在师德上进行更多引领;当研修活动与教师和学员所在学校的活动发生冲突时,能否在制度上给予一定活动保障。这些都是需要进一步思考和调和的问题。

结语

教研理念方面,笔者始终以区域中发现的重大问题作为一轮研修活动的研究方向,而解决问题的途径,就是课题引领——以课题为载体进行任务驱动,以课程开发为特色,开展系列研修活动,由此推动教师的专业发展、提高其全方位素养,落实以培养学生核心素养为基调的课程改革。结合理论知识和案例分析,此轮为期三年的集体教研活动采用文献查阅、比较分析、行动研究、差异培训等方法,先着手阅读、后探讨写作,由此增强了教师和学员的理论素养和课改意识,培养了其全方位的教学能力,包括制定教学计划的能力、钻研新教材文本的能力、以阅读为主的教学设计能力、过程性写作的教学能力、作业的设计批改能力等,提高了教师和学员的阅读教学、写作教学以及命题评价等专业水准,同时也提升了其科研素养和人文素养。而无论是初为教研员的自我锤炼,还是如今身为名师基地和工作坊主持人的引领辐射,笔者始终相信那句话,路虽远行则将至,事虽难做则必成!

[活动点评]

谢忠平老师围绕"基于阅读支架的过程性写作实践及评价研究"主题开展的系列教研活动,有三点值得我们借鉴。

其一,根据区域学科教学的整体情况,谢老师打通了教研员、培训师、主持人的角色壁垒,既注重"向上发展",提升协调指导能力,成为课题的引领者、课程领导者，又"向下发展"，探索教育教学，成为研究型教师的示范。

其二，他为教师和学员提供了个性化、差异化的分层指导并进行了区域内多种力量的整合，形式多样的教研活动无疑能够有力推广教研成果，增进区域间的学科交流，实现资源共享的合作共赢。

其三，也是印象最深刻的，便是谢老师强烈的课程意识，他以课题为载体进行任务驱动，引导教师围绕学生核心素养的发展构建课程体系，由此提高了教师和学员开发课程的能力；而好的课程永远是变化的"活水"，课程研究、开发和培训过程中所衍生出的微课程又可以再次呈现有待探讨的课题，如此正循环的教研活动成就了教师的专业成长，也成就了可推敲的优质课程，将课程育人的教研重心、学生核心素养的提升以及教师和学员的培养都落到了实处。

正是这样的专业素养和敬业精神带来了 3 年研修的成果，可谓实至名归；其"以课题带教研，以教研养课程，以课程反哺教研"的教研理念更是值得我们借鉴和推广。

（点评人：上海市宝山区教育学院　徐继田）

作者简介

谢忠平，上海市特级教师、正高级教师，教育部全日制教育硕士专业学位研究生教学技能大赛英语学科评委，全国师范生技能大赛评委。上海市英语教育教学研究基地兼职研究员，上海师资培训中心专家，华师大外语学院硕士论文评审专家、答辩主席，华师大基础教育学科教育高中英语实践导师，华师大基础教育学科教研联盟高中英语实践导师，《上海英语教研》编委成员，上海教育评估院（正）高级教师评委成员。先后撰写出版 6 部学术专著，在省市级以上刊物发表论文 140 多篇，学术论文在全国顶尖的学术期刊 CSSCI 上发表。获上海市教学成果奖 1 次，（曾）主持国家级重点课题 1 个、市级课题 1 个、区级重点课题 1 个、区级课题 4 个、区内涵项目多个，曾做过国培讲座 10 余场，省部级讲座 30 余场。

发掘自身内核力量，提升团队专业素养
——长宁区高一英语新教材主题教研活动案例

上海市长宁区教育学院　张珏恩

一、教研理念与经历

1. 教研理念

20世纪60年代，斯滕豪斯（L. Stenhouse）提出"教师即研究者"（teacher as researcher），它的核心思想是，教师积极主动地从自己的教学实践中发现问题、思考问题、提出假设和验证假设。也许这看起来高深莫测，但笔者恰恰是在与教师团队一起针对高中英语课堂教学中存在的实际问题，以项目研修和教育科学研究课题为抓手，在踏实研究并努力解决这些问题的过程中，逐渐形成了"以项目和课题引领，用任务和研究促进教师专业成长和提升教研品质"的教研理念。在践行该教研理念的过程中，笔者慢慢提升了自己的专业指导能力，更为重要的是，团队中涌现了一批能研究、会上课的中青年骨干教师，切实提高了长宁区高中英语教研活动的品质。我们的实践证明，教育科学课题研究和项目研修对普通教师而言并非遥不可及，只要方向正确、方法得当、过程扎实，就能够成为启发教师思考、引领教师实践和激发教师沉淀教学智慧的一种有效教学研究方法。

2. 教研经历

自2008年8月入职教研工作，一夜间笔者从教师变成教研员，工作内容和工作对象突然发生改变，那是迄今为止笔者职业生涯中最茫然无措的时候。是笔者的师傅刘健老师传授的教科研课题引领下的主题式教研，以及何亚男、应晓球两位老师当时领衔的上海市第二期"双名工程"高中英语名师培养基地的主题式研修项目（高中英语语法教学）一路带领着我走出了困惑。笔者跟随着他们的脚步，以高中英语教学中的重点和难点问题为研究内容，设计有明确主题的区教研活动，依托课题和项目的推进，避免了低效的"零敲碎打式"教研，在我区高中英语教师团队不断成长的同时，笔者自身也完成了从一名教师到一名教研员的蜕变。十三年来，在市教研室主题教研的引领下，笔者依托三轮长宁区学科带头人项目负责制的三个项目、两个市区级教育科学研究课题和一支长宁区教育系统创新团队，围绕高中英语语法教学、高中英语词汇教学和高中英语写作教学三个主题，开展了有效的项目研修和课题研究，带出了一支优秀的高中英语教师队伍。

二、教研活动设计与实施

1. 教研背景

2018 年 4 月起，我们在上海市教委教研室和上海市英语教育教学研究基地（以下简称"基地"）的引领下开始正式学习《普通高中英语课程标准（2017 年版）》（以下简称《新课标》）。2019 年 4 月至 6 月，市三女中和建青实验两所学校代表长宁区承担了基地发起的《高中英语》（上外版）选择性必修第二册第二单元和第四单元的试用调研任务，开始接触依据新课标编写的新教材。

2020 学年秋，两套新教材正式投入使用，我区被市教委统筹安排使用上教版。根据教师团队当时对上海市自编的两套新教材（上外版、上教版）的了解，大家认为上教版的选材难度更高，但教学参考资料却相对不够充分。本学年我区在高一年段任教的英语教师总计 31 位，其中延安中学 7 位、市三女中 6 位、天山中学 4 位、复旦中学 4 位、建青实验、华政附中、仙霞高级、西郊学校和新虹桥中学各 2 位。第一次使用新教材，仅由两人组成的 5 个自然备课组压力巨大。总之，教师们觉得教材不易上手，心中忐忑，焦灼情绪外露。

2. 教研主题及范围

为缓解教师团队的紧张情绪，我们决定在市教研室"一月一研"大力度"双新"推进教研活动的引领下，采用我区"在项目研修和课题研究中促进教师专业成长和提升教研品质"的惯常路径，以必修三册新教材的学习活动设计为抓手，让每一位教师经历在备课组中的集体备课和在区域层面的分课时说课的考验,通过挖掘团队自身的内核力量,化解使用新教材带来的压力,在积累一批优秀的学习活动设计案例的同时,培育一支更加能干的长宁高中英语教师团队。

本教研活动的主要对象为我区高一年段英语教师,以及在高二和高三年段的市"种子计划"和"攻关计划"学员。教研主题为"高中英语新课标新教材学习活动设计研究(上教版必修)"。

3. 教研内容与形式

（1）教研内容

➢ 深入理解新课标提出的单元教学、语篇分析,英语学习活动观指导下学习活动设计和新教材的编写理念;

➢ 进行体现新课标理念的《高中英语》(上教版)必修三册教材的单元教学设计、语篇分析、学习活动设计;

➢ 在课堂实践的基础上改进学习活动设计,形成典型的单元教学设计、学习活动设计和课后实践活动设计。

图 1 长宁区 2020 学年高一英语教研活动核心内容

我们通过十五次连贯性、进阶性和全覆盖的区级教研活动完成了这些教研活动内容,过程中每位参与其中的教师的专业素养都上了一个台阶。

表 1 长宁区 2020 学年高一英语教研活动安排表

序号	活动阶段	活动内容与要点	活动层级	活动地点	活动时间	活动负责
1	第 I 阶段	● 编写团队工作坊 ● 必修 1 Unit 1 Our world	区级	市三女中	2020.08.28	教材主编 市三女中
2		● 必修 1 Unit 2 Places	区级	区教院	2020.09.16	"复西"

续　表

序号	活动阶段	活动内容与要点	活动层级	活动地点	活动时间	活动负责
3	第 I 阶段	• 必修 1 Unit 3 Choices	区级	区教院	2020.09.30	延安中学
4	第 II 阶段	• 必修 1 Unit 4 My space△	区级	天山中学	2020.10.21	"天仙"
5		• 必修 2 Unit 1 No limits	区级	区教院	2020.11.11	"建新华"
6		• 必修 2 Unit 1 Reading：Blame your brain 教学展示与研讨	区级	延安中学	2020.11.25	延安中学
7		• 必修 2 Unit 1 Reading：Blame your brain 教学反思 • 必修 2 Unit 2 Roads to education ☆	区级	区教院	2020.12.09	市三女中
8		• 必修 2 Unit 1 Cultural focus（Video：Extreme sports in Queenstown）教学展示与研讨	区级	建青实验	2020.12.16	建青实验
9		• 必修 2 Unit 3 Progress?	区级	区教院	2021.01.20	空课团队
10		• 立足单元·优化结构·落实素养——"空中课堂"教学启示（微论坛） • 必修 2 Unit 4 Achievements□	区级	区教院	2021.03.03	市三女中 延安中学
11		• 必修 3 Unit 1 The media	区级	建青实验	2021.03.17	"复西"

序号	活动阶段	活动内容与要点	活动层级	活动地点	活动时间	活动负责
12	第III阶段	● 必修 3 Unit 2 The things around us◇	区级	区教院	2021.04.14	"天仙"
13		● 必修 3 Unit 3 The way we are	区级	复旦中学	2021.05.12	"建新华"
14		● 必修 3 Unit 4 Travellers' tales	区级	区教院	2021.05.19	市三女中
15		● 主编工作坊	区级	区教院	2021.06.09	教材主编

　　表中的△表示从那次教研活动起开始引入"语篇分析"要求;☆表示从那次教研活动起开始引入"单元教学设计"要求;□表示从那次教研活动起开始有"种子计划"和"攻关计划"学员介入;◇表示从那次教研活动起开始有"见习期规范化培训"的基地学校导师力量介入。

（2）教研形式

　　围绕教研主题,以主编工作坊、讲座、说课、公开教学及研讨、微型论坛等形式开展活动,旨在挖掘团队自身内核力量和提高教师团队整体专业能力。教研活动按教材顺序进行,各自然备课组或跨校联合备课组进行说课,活动进程如下：集体备课→分头准备自己负责的分课时设计→教研员审核指导→区教研活动中说课呈现→在课堂教学中实践检验→课后的反思修改→积累并提炼优秀单元整体设计和学习活动设计。"骨干引领、全员出镜、阶梯上升"是本"高中英语新课标新教材

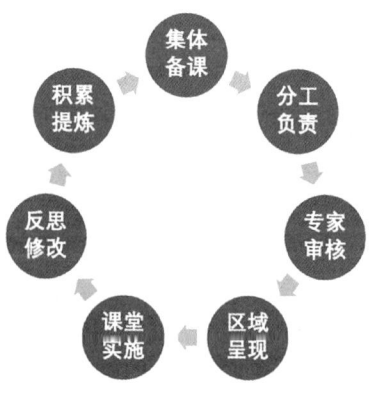

图 2　长宁区 2020 学年高一英语教研活动流程图

学习活动设计研究（上教版必修三册）"教研活动的主要特点。

4. 教研活动设计与实施步骤

本教研活动时间跨度为一学年，以完成《高中英语新课标新教材学习活动设计研究（上教版必修三册）》项目为明确的教研活动主题和路径，旨在体现本教研活动设计方法的科学性、活动内容的连贯性和进阶性、活动范围的广泛性、活动形式的多样性和活动效果的可检测性，进一步提升我区高中英语教研活动的品质，提升教师团队的专业能力。

（1）第一阶段（2020.08—2020.09）：打破壁垒，抱团取暖——项目准备阶段

为了弱化新教材备课带来的巨大压力，减轻教师团队的焦虑情绪，我们首先想到的是打破校间的壁垒，大家一起"抱团取暖"，让9所学校的每个备课组轮流以教材的自然单元为单位，进行教学设计后的说课交流活动。除市三和延安两个自然备课组之外，再组建三个跨校联合备课组——"复西"（复旦中学和西郊学校）、"天仙"（天山中学和仙霞高中）、"建新华"（建青、新虹桥和华政），保证每个备课团队有6位老师，扩大优势备课组的影响力。

三个跨校联合备课组分别由复旦中学李佳薇、天山中学何琼和建青实验徐华担任组长，她们有相同的身份——"种子基地"学员、项目组核心成员，在新课标推广和上外版新教材在我区的试用调研活动中是团队的中坚力量。在核心成员的带动下，教师们按照在主编工作坊中学到的教学目标设定的方法以及对新课标六要素整合的英语学习活动观的已有了解，开始了最初的集体备课和说课活动。这样的教研给大家带来了前所未有的新鲜感、刺激感（团队中有一批老师已经多年没在区教研活动中承担任务了）和温暖感，教师们都积极投入其中，三次活动后大家手里有了一定量的"储粮"，原来的慌乱情绪在很大程度上有了舒缓。

（2）第二阶段（2020.10—2021.03）滚大雪球，提升要求——项目实施阶段

在实际课堂实践中，教师们开始有疑问：新课标提出的"语篇分析"应该如何在学习活动中体现呢？它与阅读学习活动的设计有何关联呢？而此时市教研室"高中英语新教材一月一研"的九月主题"阅读语篇分析（必修一）"给了我们启示：就阅读教学而言，研读语篇就是对语篇的主题、内容、文体结构、语言特点、作者观点等进行深入的解

读,以把握教学的核心内容。新课标明确提出,可以从 What, Why 和 How 三个问题着手语篇研读。就这样,教师们的疑问得到了解答,团队在必修第一册第四单元的说课活动中开始基于"语篇分析"的阅读学习活动设计,设计的活动在质量上比之前集体备课说课分享时又上了一个台阶。比如,延安中学在一年一度的校庆教学展示活动中以必修第二册第一单元的 Reading:Blame your brain 为主题进行了公开教学展示,较成功地呈现了在学习理解新课标"语篇分析"基础上进行的说明文学习活动设计。第一轮集体备课说课活动产生了良好的效果,教师们对语篇分析,六要素整合的英语学习活动观指导下的学习活动设计和单元设计有了感性的认识。

随着团队研究和实践的不断深入和市教研室"高中英语新教材一月一研"的十月主题"单元主题探究与单元整体设计"的引领,教师们渐渐发现零碎的不成系统的学习活动设计并不能高效整合单元内主题语境下的教学资源,也不能合理规划教学内容,更不能真正体现新教材的编写理念。为此,在第二轮集体说课备课中,我们正式把"单元整体教学设计"引入教研活动的要求中,从必修第二册第二单元起,每个备课团队需进行基于单元整体教学设计的分课时说课分享。就这样,在教研活动中我们开始一起更加立体地思考"主题语境""单元教学目标""课时教学目标""语篇分析"和"学习活动设计"之间的逻辑关系,并将点滴感悟体现在主题教研活动的说课分享中,落实在日常的课堂实践中,展示在市"双新"推进系列论坛交流和"上海教育·空中课堂"中。

表2 长宁区 2020 学年承担上海市高中英语"双新"推进系列论坛和"空中课堂"任务

序号	论坛/教学主题	言/教学题目	时　　间	承担者
1	阅读语篇分析 (必修一)	基于语篇研读的阅读学习活动设计——以《英语》(上教版)必修一第二单元 Reading:Where history comes alive 为例	2020.09.23	徐迪
2	单元教学设计 (必修二)	《英语》(上教版)必修二第三单元 Progress?	2021.02－03	李佳薇 徐迪 何琼

续　表

序号	论坛/教学主题	言/教学题目	时　间	承担者
3	单元教学设计（必修二）	立足单元·优化结构·落实素养——上教版必修二第三单元"空中课堂"教学启示	2021.02.24	徐迪
4	加强阅读，提升学生的文化素养与思辨能力	在单元阅读活动中培养学生的文化意识和思维品质——以《英语》(上教版)必修三第一单元 The media 为例	2021.03.24	张珏恩
5	深入探讨主题语境，发挥学科育德功能	探究主题语境，提炼成功要素，落实学科育人——以《英语》(上教版)必修二第四单元 Achievements 为例	2021.04.07	何琼

在本阶段教研活动过程中，基于努力扩大新教材项目研修对我区高中英语教师团队影响力的思考，我们把第四期"双名工程""种子计划"和"攻关计划"本学年不在高一年段的我区学员，在不影响他们参加本年段教研活动的前提下，整编进第二轮集体备课和说课的团队中，让他们通过参加本项目的研究，更好地思考新课标，在专业上获得更大的进步，以更好地体现自身在学术上的先进性，也为我区后续"双新"推进活动储备中坚力量，比如，即将担任延安中学高一备课组长的"种子计划"学员谢烨被编入"建新华"联合备课组，承担了必修第三册第一单元写作板块 Writing a film review 的分课时教学活动设计和说课任务。

（3）第三阶段(2021.04—2021.06)提炼案例，检验成果——项目结项阶段

第二轮的集体备课和说课活动收获了应有的效果，面对新教材，教师们不再感到陌生或恐慌，单元整体设计的理念更加深入了，设计的学习活动质量在持续提升。此时也已到了本主题教研活动项目的结项阶段，如何利用结项进一步提升本主题教研活动的质量呢？恰逢此时，我区2020学年"见习期规范化"培训活动进入考核期。6 位新入职教师、6 位基地学校指导教师和他们所在的 3 个备课组成为第三轮集体备课说课，也就是本教研活动项目结项阶段优秀单元整体教学设计和典型学习活动案例产生的重要来源。

表3 长宁区2020学年新入职教师和带教导师信息汇总

序号	所在学校/学员	所在年段	基地学校/导师	所在年段
1	市三女中/王琪		延安中学/曹铭	
2	市三女中/钱仲薇		延安中学/朱春燕	
3	市三女中/韩喆	高一	延安中学/张毅文	高一
4	天山中学/张舒易		复旦中学/陆佳琴	
5	仙霞高级/郑敖		市三女中/孙倩如	
6	新虹桥中学/陈雨虹		天山中学/何琼	

5. 教研活动成效

（1）丰富的教研活动内容让普通教师心中有了"谱"

本教研活动以高中英语（上教版）必修三册教材为主要研究内容，有主编和优秀编者代表的关于使用该教材的培训讲座和工作坊，本区教师团队进行的分课时教学设计和学习活动设计、语篇分析、单元整体教学设计分享，区级层面公开教学展示研讨和微论坛等多样的形式。每位教师在参加教研活动的过程中逐渐了解了新教材，在承担2—3次要求逐渐提升的公开说课任务中，他们对新课标提出的单元教学、语篇分析、英语学习活动观指导下的学习活动设计、教学评一体化等核心理念有了切身的体验，并学会将其运用到自己的教学设计和反思中去。

图3是延安中学周昊俊老师执教必修二第一单元 Reading：Blame your brain 第一课时，几易其稿中的数个片段。通过对她教案中教学目标的表述、学习活动设计、作业设计的前后对比，我们可以看到：① 教师在认真研读语篇后将要求学生识别语篇说明文的文本特征写进了教学目标；② 教师最终从教会学生读这一类说明文（说理类：指出现象→分析原因→提供解决问题的建议）的角度改进了原来的阅读学习活动设计；③ 教师给出的结对子活动指令语清晰到位，为评价该学习活动提供了依据；④ 改进过的作业设计能帮助学生更好巩固课堂中所读语篇的核心内容及语言信息，并能为阅读第二个课时做好准备。

本教研活动以其大运动量的全员性参与而与众不同，它以一次次设计、一稿稿修改和一次次亮相给全体参与其中的我区高中英语教师

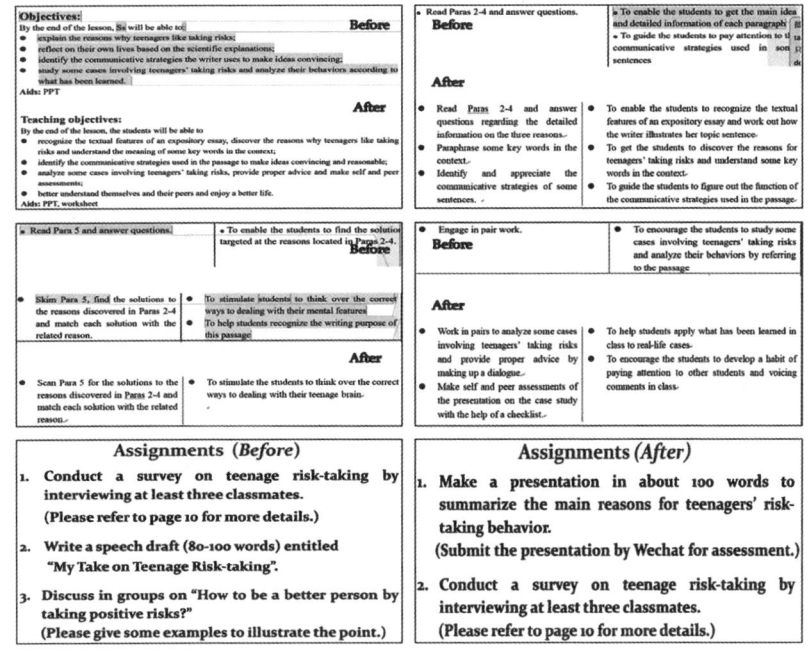

图 3　必修二第一单元 Reading：Blame your brain 第一课时
教案撰写和作业设计前后对比

留下了深刻的印象，也使多年来没有机会在区级教研活动场合中发声的普通教师得到了与骨干教师同等的历练机会，他们已经逐渐适应这套新教材了。

（2）务实的教研活动过程让骨干教师目中有了"的"

我区有一支能干又肯干的中青年高中英语教师队伍，他们是长宁区高中英语教育科学课题研究和项目研修的主要力量，近年来积累了丰富的研究和实践经验。他们既有强大的学习能力，又乐意接受挑战，很快脱颖而出，成为本教研活动的中流砥柱。

例如，市三女中徐迪是《高中英语新课标新教材学习活动设计研究》项目组核心成员，她引领了每一轮的区域说课分享活动。作为市三女中的备课组长，每次在她的团队进行分课时学习活动设计分享前，她的单元整体教学设计是先行的"龙头"。在三轮说课中，徐老师撰写的单元教学目标不断进步。以图 4 为例，从按教材的内容板块到按英语学科核心素养的四个维度来描述，这样的进步源自她对新课标单元整体教学设计理念深入的理解和基于自身实践后的高度认同。

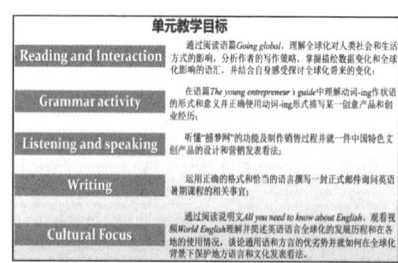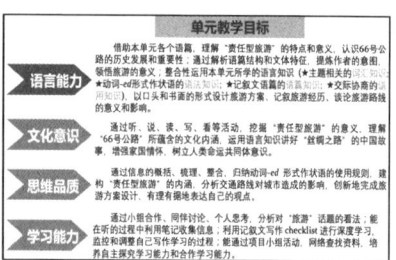

图4 必修二第三单元 Progress? 和必修三第四单元 Travellers' tales 单元教学目标表述对比

再如,图5是徐迪老师设计的必修三第四单元的单元学习活动。她通过网站上介绍 the Silk Road 的单元学习活动整合了学生在该单元各大板块中的所学,目的是通过这些具体的学习活动培育学生的英语学科核心素养。单元学习活动统领的是整个单元每个板块的学习任务,如何化整为零,使它们能服务好各课时的教学目标,在这个设计中徐老师经过缜密的思考,给出了精妙的回答。

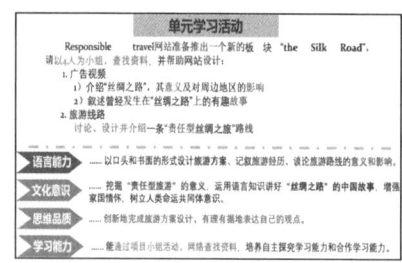

图5 单元学习活动描述与单元教学目标、各课时相关目标和单元学习活动分解

徐迪老师是骨干教师团队中的优秀代表。呈阶梯上升的教研活动要求,务实求真的教研活动过程在很大程度上触发了我区骨干教师团队实践、研究和创新的积极性。他们像海绵一样吸纳着新课标新教材的新理念,身体力行在课堂实践的第一线,不断地瞄准更高的目标,大胆地挑战自己,以自身过硬的专业能力带领着自己的备课团队,同时也影响着区域层面上姐妹学校的同伴老师,为主题教研活动的项目研修贡献了一批优秀的学习活动案例。

(3)明显的教研活动成效让教研员心中有了"光"

本教研活动是在主题项目引领下的全民参与,采用了让教师自己发现问题,在教学实践中自己寻找解决的路径和方法,再根据实践情况发现新的问题,再跟进寻找新策略和方法的行动研究法。教研活动要求的起点设定不高,但在活动推进的过程中,以区公开说课为抓手,要求呈现明显进阶状上升。

图 6　长宁区 2020 学年高一英语教研活动说课要求

　　有着优良教学研究传统的长宁高中英语教师团队在 2020 学年留下的一连串坚实的脚印都证明了我们有能力依靠团队自身的力量,化解新教材带来的些许焦虑。在梳理并公布教研活动成果时,教师们清亮的眼眸中流露出了他们继续用好这套教材的自信。

表 4　长宁区 2020 学年高一英语主题教研成果一览表

单元设计	课时设计	空中课堂	市论坛发言	区说课	区展示课	优秀活动案例	校展示课
12 份	96 份	8 节	4 次	96 节	2 节	24 个	16 节

　　这样的主题教研活动不仅延续了我区高中英语以课题和项目引领教研,提高教研品质的优良传统,而且教研员也在活动的策划、组织、实施和指导的过程中体现了自身的价值,更加坚定了继续走以项目和课题提升我区高中英语教师团队专业素养的决心。

6. 后续跟进措施

　　（1）需更注重在课堂中的实践与检验

　　鉴于是首次使用新教材,始于担心大家由于时间紧任务急来不及进行优质的教学设计而发起的教研活动,在实践过程中的确达成了聚集教学资源和进行浸润式教师培训的目的,积累了一批单元教学设计、分课时教学设计和学习活动设计,但对跟踪这些设计在课堂教学中的具体实施还不够。在选择性必修阶段的教研活动中，我们将把教研活动的中心从活动设计转移到课堂教学实践检验中。

（2）需更关注在实践后的反思与调整

在教研活动过程中借助区公开教学和教研员调研听课，对一批学习活动设计的课堂实施提出了实践后的反思与调整建议，相关教师跟进，进行了反思与调整。然而囿于时间和精力，这种反思和调整的范围有限。在选择性必修的教研活动中和 2021 学年必修三册的第二轮使用中，教师团队将进行更完善的实践后反思和再设计，进一步提高学习活动设计的质量。

（3）需更激发在教研中的互动与生成

本教研活动主要的模式是预设后的输入，即相关责任教师团队经过精心准备打磨后的单元整体设计、分课时教学设计和学习活动设计的一一呈现，对听众教师来说，因为教材是全新的，所以在每个片段的教研活动中他们接收到的信息量是巨大的，几乎没有时间质疑主讲分享教师的设计，为此，本教研活动更多的是单向的输入，缺乏互动生成。我们期望在 2021 学年选择性必修教材使用的教研活动中，在我区相对成熟和从容的高二英语教师团队中能有更多相互激发的讨论和生成发生。

三、教研感悟

1. 立足原点，不断深入

定点深挖有助于产出高质量的教研成果。本学年我区高一英语主题式教研活动的原点在于帮助教师团队在使用新教材的过程中对新课标有更深入的理解，减轻或消除大家因使用新教材产生的紧张感。在这个平实初衷的原点上，随着教研活动的不断推进，教师团队完成教研活动任务的能力不断提升，教研活动的要求也随之不断提升，结出了令人满意的成果。我们的教研实践证明，在主题教研方向的正确引领下，教研核心团队中的骨干教师先行"试水"每个阶段拟提出的教研活动新要求，之后在区教研活动中示范分享，这样整个团队就可以在动态的跟进过程中提升实践和研究能力，收获佳绩。

2. 横向整合，发扬壮大

合理调配教研资源有助于团队整体力量的提升。本学年在高一年段任教的英语教师是本教研活动的主要参与者,然而随着活动不断深入,这种"萝卜烧萝卜"的活动模式在一定程度上阻碍了活动质量的进一步提升。将同样有着"双新"学习任务但本学年不在高一年段的"种子计划"和"攻关计划"学员整编进教研团队,让他们一起参与到单元备课和说课中去,他们在为高一年段的教研活动贡献智慧的同时,自身的专业素养也得到进一步的提升。

3. 项目引领,研训一体

"一方教研养一方教师",教研造就教师。本教研活动充分体现了长宁区高中英语学科惯常的项目化主题教研活动的理念。教师团队围绕新课标和新教材,不同阶段有不同的教研任务,不同阶段有不同的合作伙伴,不同阶段会以不同的身份参加到教研活动之中。教师团队正是在任务不断加码、自身的主观能动性不断被激发的过程中,对教材的结构体系、编写理念和新课标提出的英语学科核心素养有了深一层次的了解。此外,本教研活动是针对新教材的使用,教研活动的主要对象是高一年段的教师,所以也呈现了"教研活动"和"教师培训"两种职能互相融合、资源高度整合的特色,是对"研训一体"教研模式的一次有力尝试。

结语

本教研活动的初衷是顺应我区教师团队面对新课标和新教材时自发产生的解决教学中实际问题的需求。活动中我们以项目引领,通过丰富多样的教研活动内容,行之有效的教研活动形式,带领教师发现问题、思考问题和解决问题,调动了每一位参加者的主观能动性,充分发掘了他们自身的内驱力。我们还调用了一切可以利用的本区教师资源参加本教研活动,让教师们在互相激发教学灵感和相互成就的过程中收获专业上的成长。实践证明,按照教师的实际需求设计和实施的教研活动能充分激发团队的内核力量,提升教师的专业素养,收获实效。

[活动点评]

本案例中的教研活动具有从"剖析教学问题"到"设计教研主题"到"形成项目课题"的组织实施路径,在已有的区域教研经验与范式的基础上做了深化和创新。通过聚焦"双新"背景下英语教学面对的新困惑与挑战,积极回应教学需求,把准教研方向,通过周密计划,扎实推进,不断提高教师自主性与积极性,开路攻坚,效果显著。教研活动呈现以下可复制的亮点与特色:一是共构教研主题。整个学年的教研主题的确立不再局限于由教研员设定、教师随从的惯例,放手"让教师自己发现问题,在教学实践中自己寻找解决的路径和方法",在互动中广泛吸收教师实践中出现的新困惑与问题,调整与丰富研究的方向与内容,教研员与教师一起共同建构与完善系列教研主题。二是壮大研究力量。面对人员数量与构成不合理,组建校际联合"共同体",形成合力,从"尖刀班引领"起步、到"正规军全员参与"再到"预备役试水",不同类别教师的主动参与让教研结构立体。三是优化教研机制。以结构化的教研环节保障教研实施的规范性,以序列性的教研内容和具体化的教研成果及时为教师提供教学支撑,从而保证了区域学科教学的稳步有序推进。下阶段可通过梳理项目成果与经验,形成系列研究课题,突破固有研究视野,在教研主题的序列设计和不同层次教师差异分工两个点上做进一步探索。

(点评人:上海市青浦区教师进修学院　陆跃勤)

作者简介

张珏恩,上海市长宁区教育学院高中英语教研员,上海市特级教师,上海市高中英语学科中心组成员,长宁区专业技术拔尖人才,长宁区正高级教师,后备创新团队领衔人,上海市普教系统第四期"双名工程""种子计划"(长宁区)名师培养基地英语学科基地主持人。曾获上海市基础教育教研员论文评选一等奖,上海市基础教育教研员专业发展综合奖。主持并执笔的研究获 2021 年上海市基础教育优秀成果一等奖,上海市教育科学研究院第六届教育科研成果一等奖。参编《高中英语》(上外版)教师用书。

学过做过不如教过

——宝山区高中英语沉浸式主题深度接力教研案例

上海市宝山区教育学院　厉天宝

一、教研理念与经历

1. 教研理念

本案例提出的"高中英语沉浸式主题深度接力教研"是指将高中英语按技能单元分成 10 种课型作为教研主题,教研员提供相关课型的教学规程,以同一教学规程"下沉示范(教研员或名师)→浸润实践(一线教师 A)→接力升级(一线教师 B 在 A 的直接指导下)→辐射推广(一线教师 C、D、E 等在教师 A、B 等共同指导下创造性地使用教学规程)"的全程"浸润"、多棒"接力"的教研模式。首先,是参与教师观摩导师备课、上课、磨课和评课的学习过程,可谓是"学过",属于表层学习;其次,是参与教师参照导师的做法,借助导师提供的规程和课件独立备课、上课、磨课和评课的实践过程,可谓是"做过",属于中层学习;最后,是参与教师指导其他教师备课、上课、磨课和评课的传递过程,可谓是"教过",属于深层学习。这种"先学、后做、再教"的教研模式既可以大大提高教研的品质和效率,也有助于教师变"要我教研"为"我要教研",从而形成一个有力的"教研磁场"。

其中的"深度教研",其一是指在教研活动中,遵循"学过做过不如教过"的学习理念,参与教师不只是课堂教学的观摩者(研中学),也是实践者(做中学),还是指导者和评价者(教上学)。同时,从第二棒教师开始,后面的接棒教师都要根据学情和教学内容进行更新升级,实现"拷贝不走样"和"拷贝要走样"的双重教研目标,最终形成"一课一案"或"一人一案"。其二是指参与教师在教研活动中需要经历教学设计编写、课堂教学展示、帮助他人磨课、评价他人教学和课例撰写五个环节,最终实现"备课又快又好,上课又活又实,磨课有理有据,评课会圈会点,课例撰写有料有法"。

2. 教研经历

本人曾在四所不同的学校从事教学工作 21 年,2007 年开始担任区教研员,所以笔者的教研经历分为两个阶段。第一阶段:1986 年至 2007 年,担任备课组长和教研组长,参加或组织学校内部的教研活动,也是区教研活动的参与者。这段时间的教研活动多是上传下达,工作布置等事务性的内容,或者观摩课堂教学,然后进行简单的评课研讨,或者聆听专家的讲座,总觉得这样的教研活动和自己的教学关系不是很大,参加教研活动只是例行公事而已,通过教研活动获取一些和考试有关的信息。第二阶段:2007 年至今,担任宝山区高中英语教研员,最初对如何做教研工作也是一头雾水,随着参加市里的教研活动越来越多,感到本区的教研活动的确需要做比较大的调整。结合本区高中英语教研中存在的一些典型问题,比如如何刺激教师变被动教研为主动教研?如何通过教研活动帮助教师切实提高教学效率?在市教研员汤青老师的指导下,学习借鉴外区的教研经验,梳理本区高中英语教师的教研需求,学习研究了相关的教育和教研理论,通过申报课题进行行动研究,形成了适合本区的高中英语沉浸式主题深度接力教研,取得了令人满意的教研效果。下一阶段,努力在市教研室和英语学科基地的指导下,结合"双新"要求,落实教研,促进区域学科教研品质的稳步提升。

二、教研活动设计与实施

(一) 教研背景

1. 教研趋势

以"双新"为核心特征的中国"第三次基础教育革命"(崔允漷,2021)正在兴起,新课程倡导的学科核心素养,新教材传导的融合理念给一线教师带来了巨大的职业冲击力,也为以研究教学方法为特征的传统区域教研带来了新的挑战。

《教育部关于加强和改进新时代基础教育教研工作的意见》(教育部,2019)明确指出:教研工作对提高基础教育质量具有重要的专业支撑作用。本案例以学习金字塔(戴尔,1946)为依据,将陶行知"教学做合一"的理念在区域教研中进行了有效迁移和延展,形成了沉浸式主题接力教研规程和实施路径,达成了从教研到教学的研训贯通效应,有效回应了《教育部关于加强和改进新时代基础教育教研工作的意见》提出的教研主要任务,即"推进区域课程改革、指导教学实践、促进教师发展、服务教育决策"。

2. 我区教研存在的现实问题

（1）亟待从理念的匹配度和适应性上,提升教研主题的素养立意与思维品质

传统教研与教学秉持的是能力立意,而"双新"倡导的是素养立意。本案例聚焦如何帮助教师变"教对的知识"为"教好的知识",变"把知识教对"为"把知识教好",如何帮助教师教活性知识而不是惰性知识,如何帮助教师在教学中落实学科核心素养,如何帮助教师培养学生学会观察、学会比较、学会分析、学会判断、学会评价、学会调整等新时代育人要求。

（2）亟待从内容的支撑力与覆盖面上,实现沉浸式的全面助力与接力式的全程跟进

传统的教研活动聚焦于课堂教学,忽视了在教学设计、教学实践、教学诊断、教学评价和教学反思等教学核心技能方面对教师的全面培训。本案例依托沉浸式主题深度接力教研规程,拓宽教研内容,帮助教师获取备课的支架、上课的策略、磨课的技能、评课的方法和课例撰写的技能。教师参加教研活动由观摩者变为实践者,再变为指导者,充分体现教研团队学习共同体的作用和功能。

（3）亟待从方式的整体性和融合度上,加强教研策略、方法、模式、机制的深度研究

传统教研活动的主要形式是观课评课。活动前、活动中、活动后真正参与实践活动的教师很少,容易产生教研和教学"两张皮"的现象。本案例注重控制教研活动中记忆性学习内容的数量,帮助教师悟透教研活动中理解性学习的内容,倡导并激励教师应用批判性学习方式,加强对教研关键环节的研究,达成教师个体、备课组、教研组和区域学科同步整体发展的教研实效。

（4）亟待从渠道的通畅度和传导力上,提供区域层面的整体规划和系统执行

传统的教研活动贯彻以服务教师为主的原则,忽视了教研工作对教育决策的服务功能和导向作用。本案例以"立德树人"为教研宗旨,创建了统一部署、上下联动、高效运作的区域教研机制。为教育决策提供操作性强且具有可持续发展的教研蓝图和实施方案,助力促进区域

教育优质均衡发展。

（二）教研过程

1. 第一阶段：规程研制试验阶段（2015.6—2017.7）

通过调查研究，梳理教研活动中存在的现实问题，发现时下区域教研活动低效乏力的困境；通过分析问题产生的原因，得出教研活动的设计不利于教师学习留存率的提高；通过文献研究，确定了学过做过不如教过的教研理念。

申报并成功立项区级重点课题《沉浸式主题深度接力教研的探究与实践》。

通过研究和实践，形成了《沉浸式主题深度接力研训规程》，其路径为下沉示范→浸润实践→接力升级→辐射推广。同时作为沉浸式研训的配套子工具，针对中学英语学科形成了10种课型的课堂教学规程，包括指向学生学科核心素养的听说课、听力课、基础阅读课、深度阅读课、报刊阅读课、写作指导课、写作讲评课、概要写作课、语法课和试卷评析课的教学规程。

2. 第二阶段：规程实践实证阶段（2017.8—2019.6）

通过行动研究，明确了教研的主要任务是帮助教师提升教学核心技术，包括备课、上课、磨课、评课和课例撰写等；通过对指向核心素养的课堂教学规程的实践研讨，提炼出10种对应的课堂教学实施路径；通过跨校跨区教学研讨，形成了研训活动的序列操作策略，即备课、上课、磨课、评课和课例撰写是如何帮助教师完成从"学过"到"做过"再到"教过"最后实现蜕变的操作程序。

3. 第三阶段：推广与辐射阶段（2019.8至今）

通过行动研究与案例研究，调整改进了研训活动的细节，注重凸显研训活动的深度，形成了纵向接力教师更新升级的指导策略和横向教师五维发展的研训策略。通过在不同类型不同层次学校的反复实践研讨，形成了"拷贝不走样"和"拷贝要走样"的案例集锦；通过对职初教师、成熟教师和优秀教师的因材施培，将成果推向全市各区及外省市。

（三）教研的路径和内容

1. 构建了区域整体推进沉浸式主题深度接力教研的总体框架和路径

创建了以教育行政部门为主导、教研机构为主体、学校为基地、相

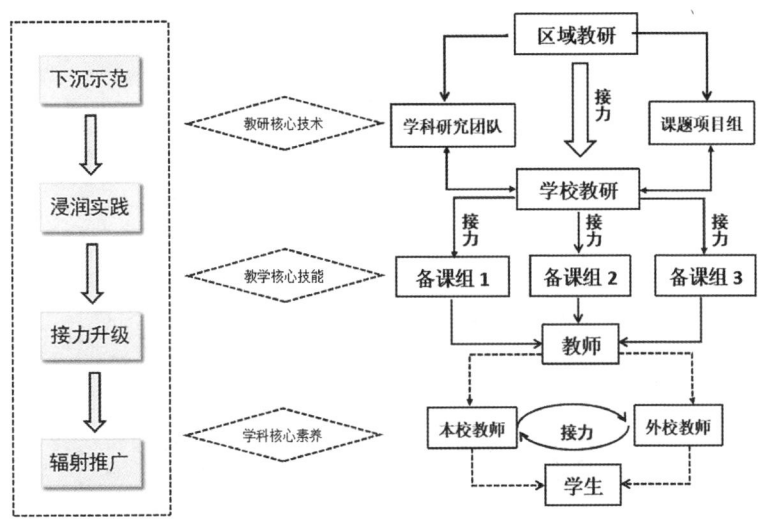

图1　沉浸式主题深度接力教研

关部门和单位通力协作的教研工作新格局。教研引领服务,拓展教研深度,纵向助力教师变教研"观摩者"为教研"实践者"和"指导者";横向指导教师改进教学方式,扩大教研外延,包括教学设计、教学实践、教学诊断、教学评价和教学反思。

2. 形成了区域推进沉浸式主题深度接力教研规程及实施路径

（1）区域推进沉浸式主题深度接力教研规程

过程	板块	具体要求
下沉示范	确定主题	教研员根据学科教学课型或内容及问题,确定教研主题。教研员研制相应的教学规程和实施路径,拟定试行方案,确定教研员下水和第二棒接力教师人选。教研员解读教学规程,梳理教学实施路径。教研员借班试上,教师现场观摩,课后研讨质疑,寻找实证数据。教研员借班展示,全区教师观摩,课后实证评估。
	理念认同	
	示范实证	
浸润实践	模仿设计	教师1参照教学规程和课件样例选定内容备课,独立完成教学设计和课件制作。通过电话、微信等形式获取教研员意见和建议,修改初稿,形成试讲稿。教师1试上,教研员和备课组教师观摩,比较与第一棒的异同,接续更新。教师1综合研讨意见修订试讲稿。教师1展示,全区教师观摩,课后实证评估,搜集存在问题和改进建议。将教师1课件发给各校教师,倡导模仿实践,融入个性化元素 → 确定第三棒接力展示人选和指导任务
	打磨调整	
	实践评估	
接力升级	接力指导	教师2参照规程和教师1的课件独立备课,通过网络沟通,完成初稿。教师2综合教师1和各课组意见修订初稿,打磨细节,形成试讲稿。教师2试上,教师1、教研员和备课组教师观摩,课后研讨,探究个性化施教的最佳方案。教师2全区展示,课后实证评估(教师1点评) → 确定第四棒展示教师和指导任务
	磨课升级	
	展示评价	
辐射推广	迁移推广	教师3试上,教师1、教师2、教研员和各课组教师观摩,课后研讨(教师1和教师2为主讲者)。教师3全区展示,课后研讨(教师1和教师2点评),关注教学规程的实用性、实效性和实践性。全区教研交流,展示教师介绍心得和收获,其他教师互动质疑,教研员倡议全体实践,个性化操作,客观评价。开展校本研修,积累教学素材和相关数据,结合实践,聚焦问题,修订完善符合学情和教情的个性化教学实施方案。
	精准校本	

图2　沉浸式主题深度接力教研规程

（2）区域推进沉浸式主题深度接力教研规程实施路径

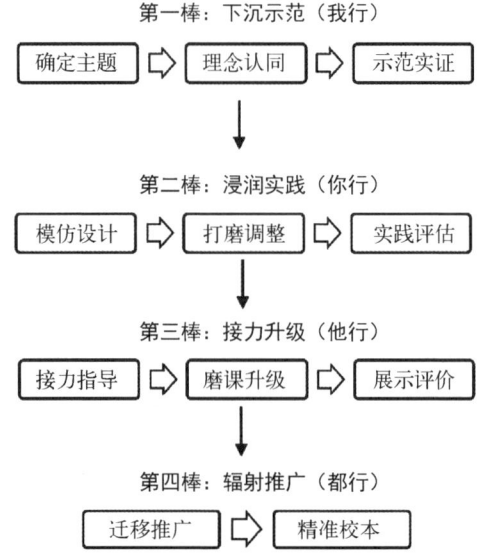

图3　沉浸式主题深度接力教研规程实施路径

　　教研引领,上下联动,高效运行。践行教研服务学校教育教学,服务教师专业成长,服务学生全面发展,服务教育管理决策。辐射拉动区域教研,创建区域教研新生态。达成研训贯通效应:教研核心技术——教学核心技能——学科核心素养。

3. 形成了支持沉浸式主题深度接力教研的核心内容与实践策略

　　（1）核心内容一：课堂教学设计（备课）

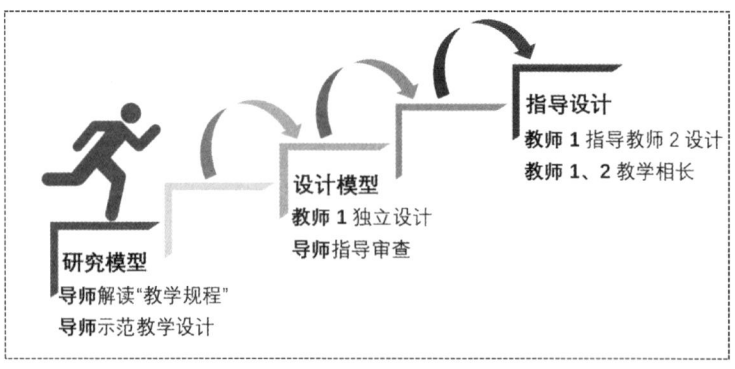

图4　课堂教学设计

通过沉浸式主题深度接力教研,指导并帮助每一位教师在教学设计的每一个环节都要先自主学习相关教学理念,再通过学习他人的操作流程,然后亲自实践完成每一个任务环节,最后还要指导其他教师完成所有的环节和任务。

(2)核心内容二:课堂教学实践(上课)

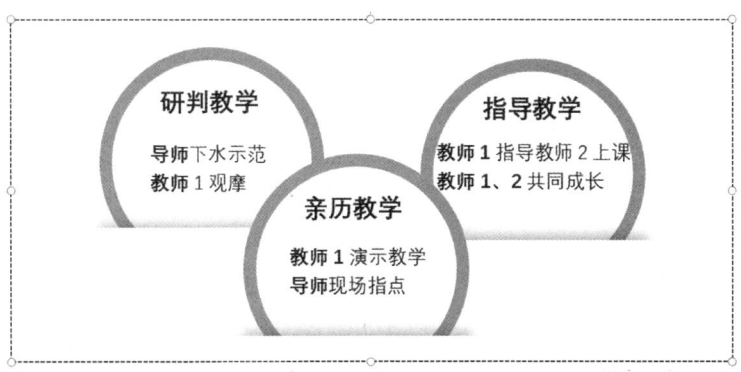

图 5　课堂教学实践

通过沉浸式主题深度接力教研,指导并帮助每一位教师在课堂教学实践方面历练每一个环节,问题导向,关注细节。最后形成一个完整的教研闭环,促进教师全面发展。

(3)核心内容三:课堂教学诊断(磨课)

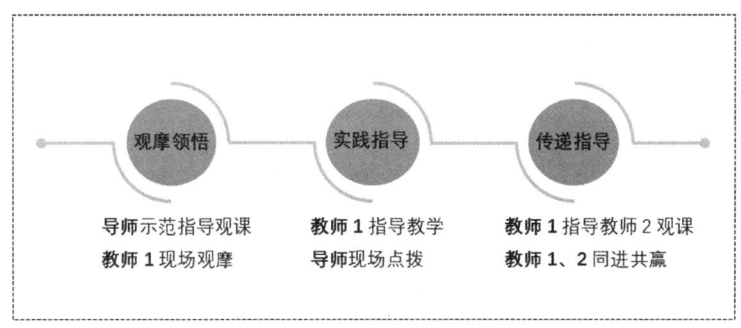

图 6　课堂教学诊断

通过沉浸式主题深度接力教研,组织、指导、帮助不同学校的教师一起参与,互相学习,互相指导,互相打磨,互相帮助,资源共享,同进共赢,实现跨校教研,共同进步。

（4）核心内容四：课堂教学评价（评课）

图7　课堂教学评价

通过沉浸式主题深度接力教研，帮助并指导教师分析研究遇到的问题，提出可行的解决方案，精准施策，靶向突破。通过反复的实践检验，找到合理的解决方法，实现定点定策，让教师有真正的教研获得感。

（5）核心内容五：课堂教学反思（课例撰写）

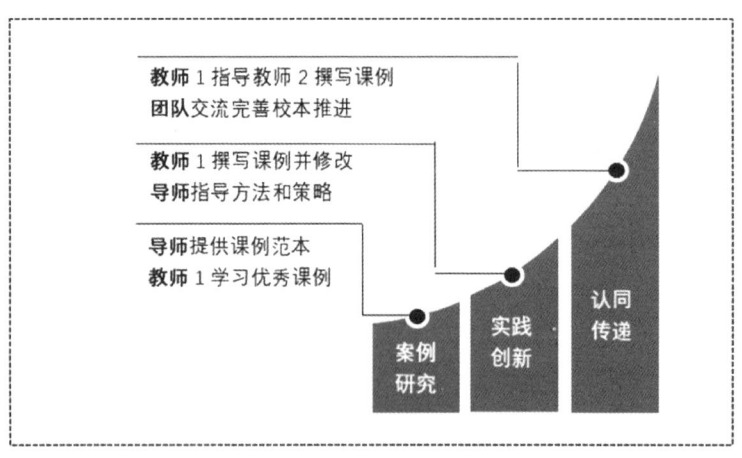

图8　课堂教学反思

通过沉浸式主题深度接力教研，帮助并指导教师学会撰写课例，养成反思教学的职业习惯，不断改进教学方式，提高教书育人能力。

4. 开发了辅助沉浸式主题接力教研的主要工具与操作路径

（1）工具一：指向学生语言能力提升

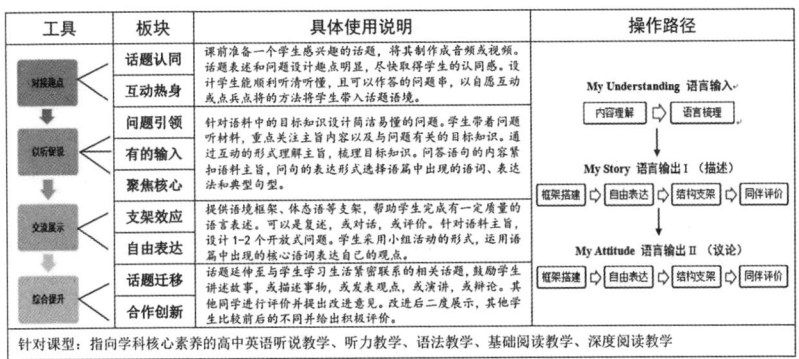

图 9　辅助工具和操作路径 1

指向学生语言能力提升的教研工具在具体操作过程中首要遵循的是实践性原则。帮助教师依据英语学科核心素养的语言能力要素，关注感知与领悟、内化与整合、解释与赏析、交流与创建学科核心素养要点。因此，在沉浸式主题接力教研中，有助于教师始终将学生的学科核心素养的培养落实在每一个教学环节中。

（2）工具二：指向学生文化意识形成

工具	板块	具体使用说明	操作路径
课前赏读	双选目标	学生在所订报刊上自选一篇感兴趣的文章阅读，或由教师推荐一篇文章让学生赏读。所选文章要注意趣味性、时政性和知识性，以及学生的学科基础和文章的难度。学生精读文章，完成导学任务，并结合文章内容联系实际，反思学习和生活，提出自己的观点与想法。	**Appreciation 赏读准备**：选读标记 ⇨ 梳理要点
	自主赏读		
交流分享	内容分享	选1-2位学生介绍自己阅读的文章：标题、关键词和文章主旨。介绍的学生向其他同学推介自己最喜欢的一个单词，一个短语，并说出推介理由。其他同学尝试运用推介语词于自己的学习生活实际。	**Share 分享交流**：话题主题 ⇨ 知识积累
	知识分享		
评价鉴赏	评价建议	其他同学对介绍的学生进行评价，评价内容为同学的表现、推介文章和推介词。班级表决有无必要将同网读被介绍的文章，如无必要，直接进入下一个环节；如有必要，则全班一起阅读文章，体验实证探究的情况，读后开展交流体会。	**Assessment 互动评价**：内容理解 ⇨ 经验分享
	共读经典		
风采呈现	实话实说	学生提炼文章作者观点，并提出自己的观点或讲述自己相关的经历。教师与学生一起汇总本课阅读交流的成果，汲取营养，建构新知，你补我不足。	**Performance 实践应用**：思维碰撞 ⇨ 创新尝试
	提炼升华		

针对课型：指向学科核心素养的高中英语报刊阅读教学、基础阅读教学、深度阅读教学、听说教学

图 10　辅助工具和操作路径 2

指向学生文化意识形成的教研工具在具体操作过程中遵循差异化原则。帮助教师依据英语学科核心素养的文化意识要素，关注比较与判断、沟通与调试、认同与传播、感悟与鉴赏学科核心素养要点。旨在

落实培养学生跨文化意识,汲取优秀文化,传播中华优秀文化。

（3）工具三：指向学生思维品质发展

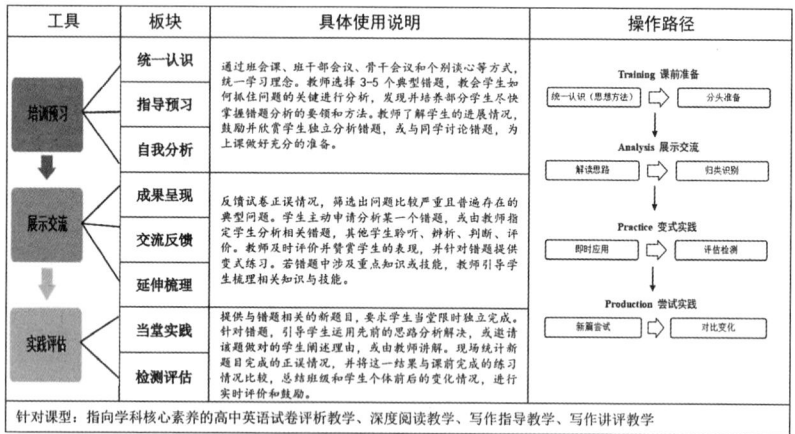

图 11　辅助工具和操作路径 3

指向学生思维品质发展的教研工具在具体操作过程中遵循系列化原则。帮助教师依据英语学科核心素养的思维品质要素,关注辨识与分类、分析与推断、概括与建构、批判与创新学科核心素养要点。旨在梳理不同层次学校对学生思维品质培养的具体要求和手段。

（4）工具四：指向学生学习能力培养

工具	板块	具体使用说明	操作路径
课前准备	策略解锁	教师解读概要写作的策略(KID),即明词话题,锁定关键词;理出主旨:打磨和缩句。通过询问确认学生的策略认同和要领掌握。统一学生对概要写作的认识。挑选一篇300字左右主题鲜明的文章,难度略低于高考C篇(10级),要求学生课前完成学案准备。	My Understanding 语言输入 锁定关键词 ➡ 梳理主旨句
	学案准备		
展示交流	明确要点	以互动形式确定语篇话题,经讨论确定5-6个关键词和相关语句。关键词若符合语篇主旨,则开展拓句课篇;若不符合,则通过意义协商重新讨论。学生相互交流阅读概要和修稿并给对方拨出修改意见。以头脑风暴的形式搭建概要整合的路径(CNPC),并修订自己的概要初稿。	My Strategy 语言输出 知识回顾 ➡ 初稿打磨 ➡ 分享评价
	合作加工		
	自我修订		
新篇尝试	独立梳理	教师提供1篇长度难度相当的新语篇,学生按照KID策略独立完成概要写作的任务。通过互动和投影展示学生的作品,可以让学生作介绍,其他同学提出修改建议;也可以全面个改稿,学生的评价和建议从整体、内容和语言三个方面进行,可肯定,可否定。要有梳理,有逻辑,有依据。	My Achievement 语言输出Ⅱ 二度修订 ➡ 现场概述 ➡ 同伴评价
	交流展示		
评价总结	认体体会	学生针对KID策略和CNPC知识使用的情况交流,对概要交流对象做出评价。同伴提出改进意见,或让学生对照对课堂所学进行反思。教师评价学生在本节课中的表现,以课堂佐证(学生的表现)佐观学生的进步,客观指出有进步的地方和建议。	
	问题建议		

针对课型：指向学科核心素养的高中英语概要写作教学、试卷评析教学、写作讲评教学

图 12　辅助工具和操作路径 4

指向学生学习能力培养的教研工具在具体操作过程中遵循主体性

原则。帮助教师依据英语学科核心素养的学习能力要素,关注主动与进取、监控与调控、选择与获取、合作与探究学科核心素养要点,旨在培养教师主动学习领悟,积极实践体验,及时内化迁移,施策于教。

5. 形成了区域推进沉浸式主题深度接力教研的保障机制

（1）矩阵管理,分工协作的运行机制

由区教育局人才办统一部署,区教研员领衔组建团队,区科研室、干训部和师训部助力指导,区骨干教师组队示范,各校青年教师跟进实践,展示教师互相打磨指导的矩阵管理运行机制可以确保沉浸式主题深度接力教研的"有的"实施。

（2）团队合作,导师掌舵的运行方式

以区学科研究团队为核心,按照主题成立不同的研训团队,依据沉浸式主题深度接力教研规程和实施路径由导师亲自指导把关的运行方式,可以确保沉浸式主题深度接力教研的有效进行。

（3）区校联动,及时更新的运行理念

由区域和相关学校教研组或备课组同时开展沉浸式主题深度接力教研,并根据学情和校情及时调整更新升级的运行理念可以确保沉浸式主题深度接力教研的有力推进。

（4）稳步推进,追求实效的运行过程

按照课堂教学设计、课堂教学实践、课堂教学诊断、课堂教学评价的顺序逐步开展教研活动,逐一落实每个环节,反复实证和修正的运行过程可以确保沉浸式主题深度接力教研的有序开展。

三、教研成效

1. 服务区域教育决策

贯彻落实陶行知的"做中学"和"教上学"的教育思想,为区域和学校提供了一种易操作、可复制、可迁移的科研训一体化的研训模式,即沉浸式研训,为教师专业化发展提供了一种新的路径,为研训生态注入了活力,从而形成一个有力的教研磁场。

主要成效：① 2018 年,沉浸式研训在本区高中所有学科教研中推广;2020 年本区除高中外,在初中和小学所有学科教研中推广。② 2020 年,形成了区域"十四五"教师培训课程,并完成录制了区域网络培训课程：《学过做过不如教过——沉浸式研训》;③ 20 位教师被评为区骨干教师;交流或发表 30 余篇论文;④ 2016 年至今,开展备课研讨 120 次,上课展示研讨 120 次,磨课研讨 156 次,评课展示 120 次,课例撰写 60 篇;⑤ 2020 年,《沉浸式研训——高中英语研训生态探究与实践》一书由上海社会科学院出版社出版。

2. 促进区域教师发展

沉浸式主题深度接力教研起到了推进区域课程教学改革、教学诊断与改进、课程教学资源建设、培育推广优秀教学成果等方面的重要作用。

主要成效:① 在上海市高中英语教研论坛交流 6 次;在市级以上刊物发表论文 16 篇;② 2019 年,在上海市教研微信平台发布沉浸式研训路径和策略;2020 年,在《上海教育》的《第一教育》宣传推广;③ 上海市英语学科教研和教学专家给予指导和肯定;④ 得到了上海市高中英语教研同行的认可和赞赏;⑤ 6 位教师获上海市教学评比一等奖,5 位教师获二等奖;⑥ 领衔人担任上海市教研室兼职教研员、上海市高中英语教研中心组成员、上海市高中英语网络教研专家组成员。

3. 指导区域教学实践

沉浸式主题深度接力教研以实施新课程新教材、探索新方法新技术、提高教师专业能力为重点,着力增强教学设计的整体性、系统化,帮助教师不断提高基于课程标准的教学水平。

主要成效:① 2019 年,参与教育部"送教下乡"国培项目,赴云南交流、展示和培训;② 受邀赴陕西、浙江、安徽、四川、云南、海南、内蒙古等地进行学术交流;③ 5 位教师获全国荣誉称号,3 位教师获全国教学比赛一等奖,5 位教师获全国"一师一优"课评选一等奖;④ 2019 和 2020 年指导上海市"空中课堂"拍摄和录制课 72 节;⑤ 指导编制区域学科教学参考用书 2 本。

4. 推进区域课程改革

沉浸式主题深度接力教研充分发挥了对学校教研组、备课组在研究学生学习、改进教学方法、优化作业设计、解决教学问题等方面的指导作用。

主要成效:① 12 所学校申报科研课题,聚焦校本课程的研究;② 16 位青年教师申报科研课题,聚力学科教学的研究;③ 各校教师主动参与教研展示和交流活动;④ 2020 年承担上海市"双新"教学"一月一研"交流展示 2 次;⑤ 承担区域"青蓝工程""青年教师培训工作坊"的指导培训工作。

四、教研感悟

1. 创新了项目化管理模式在区域教研中的迁移应用

沉浸式主题深度接力教研采用项目化管理,在区域教育行政部门的统领下,按照教研主题分成 10 个子项目,按照子项目组建团队,子项目之间既相对独立,又互为补充。形成了上下联动、运行高效的教研工作机制。

2. 撬动了人口导入大区教师队伍建设、教学质量提升的关键环节

教师在教研活动中的角色由传统教研的"观摩者"变成了沉浸式主题深度接力教研中的"实践者"和"指导者",在教研主题项目中浸润实践,指导接力,成功培养了教师的教研主人翁意识,最大限度地激发了教师的教学潜能和智慧。

3. 提升了英语学科在跨文化交流、传播社会主义先进文化过程中的功能价值

在英语学科教研中落实社会主义核心价值观。注重跨文化沟通意识和能力的培养,注重指导教师如何在英语学科教学中落实培养学生获得文化知识,理解文化内涵,比较文化异同,汲取文化精华,形成正确的价值观,坚定文化自信,形成自尊、自信、自强的良好品格。在传播社会主义先进文化、讲好中国故事等方面体现了英语学科的工具性和人文性的双重作用。

4. 彰显了教研在推进教育优质均衡发展、实现"学有优教"中的重要作用

在上海实施"教育现代化 2035"的过程中,彰显了教研在发展素质教育,培养担当民族复兴大任的时代新人进程中的专业支撑作用。不仅整体提升了区域英语学科的教育教学品质,更重要的是在上海"强校工程""特色高中""绿色指标""双新改革"中起到了教研服务作用。为推进教育优质均衡发展,实现上海"十四五"规划和 2035 远景发展

目标中"学有优教"起到了有力的教研促进作用。

五、结束语

沉浸式主题深度接力教研优化了教研环节,有利于提升教研品质,赋能于教师,施惠于学生;有助于教师和学生的双重减负,真正意义上实现减负增效;有利于学生核心素养的形成。本项目的研究成果为课程标准理念在教研和教学中的落地提供了可借鉴的行动范式。

附:听说课接力教研实例

一、教研规程的由来

课程改革深化推进以来,我们发现,先进的教育理念难以落地。原因何在? 深究发现:理念落地的根本是通过教师对照专家理念,反思自己的理念差距,反观自己的既定行动,思考行动改进的方向与切入口,并实施有设计的改进行动。但现实的实施过程中,教师身在其中,缺少对高位理念的准确解读,缺乏对自己既有理念的定位,更缺少对先进理念落地的方法选择与创新,导致行动改进艰难而低效。那么,如何打通从专家理念到教师实践的通道? 如何有效地将优质展示课转换为优质家常课?

所谓"沉浸式主题深度接力教研",是指先由教研员针对教师的教学困惑或问题确定主题(这里指高中英语按技能单元分类授课的 10 种课型),并与选定学校备课组教师一起备课、磨课,并在全区进行教学展示;然后由前期参与集体备课磨课的一名教师在教研员的指导下模仿试教(备课、磨课、上课、评课);接下来由该教师负责指导其他学校的一名教师就同样的主题试教(备课、磨课、上课、评课);最后由这两位教师负责指导第三所学校的一名教师开展教学实践(备课、磨课、上课、评课),并通过区级教研活动形成辐射效应。

该教研规程的核心特征是实用性,即学习的内容和方式与教师日常的工作密切相关,让教师觉得有用;实践性,即学习过程本身就是教师参与活动的亲历过程,让教师觉得能用;个性化,即学习效果符合不同教师的个体特征和需求,让教师觉得好用。实践表明,这种教研方式可以解决上述教师教学中存在的理念与实践的落差问题。

二、教研规程的操作流程详解

沉浸式主题教研规程分为四个阶段,以听说课为例,操作流程如下:

第一阶段:下沉示范

1. 确定主题。听说课教学在许多高中学校的英语教学中一直是个空白,这也是导致学生哑巴英语的一个重要原因。新的高考改革制度已明确要考查学生的听说能力,听说教学成为常态是大势所趋,所以教研活动的主题确定为指向核心素养的听说课教学。同时确定一所普通中学高一备课组为目标团队,因为普通中学听说课的顺利实施在后期听说教学规程的推广过程中更具说服力。

2. 理念认同。通过备课组讨论,认同教学规程的理念,并将其有效转化为教学行为。在教师自主学习的基础上教研员帮助梳理 My USA 听说课教学规程(由课题组研制),即 My Understanding,通过学习理解类活动,让学生感知、梳理、概括、整合语篇中典型的语言知识和文化知识;My Story,通过应用实践类活动,让学生描述、内化、应用所学语言知识讲述自己的故事;My Attitude,通过迁移创新类活动,让学生分析、判断并应用所学语言表述自己的观点和态度。教研员解答教师困惑,排除教师忧虑,树立教师信心。预设评估证据,比如学生参与度、学生语言输出的量和质等。

3. 示范实证。教研员借班试上,教师现场观摩,课后研讨质疑,寻找实证数据(活动设置、学生反应,目标达成度等)。教研员借班展示,全体教师观摩,课后实证评估(学生互动频率、长度和切合度、师生关系、意义协商等)。

活动结束时确定第二阶段接力教师人选,该校高一备课组内教研质疑者和年轻教师优先入选(实现我行你也行的活动目标)。

第二阶段:浸润实践

1. 模仿备课。教师 A 参照教学规程和教研员上课的课件独立完成教学设计和课件制作,征求备课组意见后调整初稿。通过微信等形式获取教研员意见和建议,修改初稿,形成试讲稿。

2. 打磨调整。教师 A 试上,教研员和备课组教师观摩,课后赏析评估(得与失及其原因),比较与第一阶段实践的异同,嫁接更新。教师 A 综合研讨意见修订试讲稿,关注学生在各环节中的表现,聚焦学生的语言实践和思维发展。

3. 实践评估。教师 A 展示,全体教师观摩,课后实证评估,关注学生梳理整合知识、应用实践、迁移创新的过程和实效;搜集存在问题和改进建议。这一阶段,教师 A 尝试了在新的,不同的现实的情境中有效的使用知识。同时教师 A 将新生成的课件发给参加活动的教师,倡导模仿实践,可融入个性化元素;研讨现场确定第三阶段展示人选(教师自愿报名或学校教研组请缨,注意顾及学校层次,比如示范性或非示范性)和教师 A 的指导任务(备课、磨课与点评)。

第三阶段:接力升级

1. 指导备课。教师 B 选定教学内容,参照教学规程和教师 A 的课件独立备课(期间可问询备课组教师),随时与教师 A 沟通(如都无法解决,再问询教研员),完成初稿。教师 B 综合教师 A 和备课组意见修订初稿,结合学生情况打磨细节,特别是主题语境和问题设计,形成试讲稿。

2. 尝试磨课。教师 B 试上,教师 A、教研员和备课组教师观摩,课后研讨(教师 A 为主要发言者),关注问题及应对策略,比较与第二阶段展示的异同,探究个性化(教师和学校)施教的最佳方案。

3. 升级展示。教师 B 展示,全体教师观摩,课后实证评估(教师 A 点评),论证教学规程的可行性(可视化、可复制、易操作),交流尝试意愿以及操作时需要注意的问题。现场确定第四阶段展示教师(随机—任意性)和指导任务(备课、磨课与点评)。

至此,教师 A 通过传授知识和技能给他人的学习方式获取了最好的学习成效。教师 B 进行了在新的、不同的、现实的情境中有效地使用知识的尝试。

第四阶段:辐射推广

1. 集思广益。教师 C 参照教学规程和教师 B 的课件独立备课,遇到问题及时与教师 A 和 B 沟通,经备课组评议后形成初稿。

2. 更新尝试。教师 C 试上,教师 A、教师 B、教研员和备课组教师观摩,课后研讨(教师 A 和教师 B 为主讲者),关注备课(所需时间)、上课(师生的兴奋度)和评价(课前、课中、课后;多元评价)等环节中存在的问题及应对策略。

3. 观摩研讨。教师 C 展示,全体教师观摩,课后研讨(教师 A 和教师 B 点评),关注教学规程的实用性(可否家常化)、实效性(学生学习兴趣是否提升,课堂是否轻松活泼)和实践性(尝试意愿和变化期望)。开展教研交流,展示教师介绍心得和收获(包括论文),其他教师互动质疑,教研员倡议全体实践,个性化操作,客观评估。倡导校本研修,积累教学素材,及时修订,形成个性化课堂教学和校本课程,提高教学效率,提升教学自信。

三、教研成效——"授之以渔,研教双赢"

沉浸式主题深度接力教研实现了授之以渔的教研效果,即 Give a man a fish, and you feed him for a day. Teach him to fish, and you feed him for a life. 意思是:给他一条鱼,养活他一天;教他捕鱼术,养活他一生。

在沉浸式主题深度接力教研中,教研员拥有了研制、指导、实施教学规程和创用教研模式的教研核心技术,这种教研深受教师的喜爱,一位资深老教师(也是教研组长)说,"这样的教研活动意义重大,很有实效,让人不敢错过!"另外一位市示范性中学的英语教研组长说,"这个听说教学规程很好用,要大力推广!"

在沉浸式主题深度接力教研中,教师优化了教学的核心技能,即优化了备课、上课、磨课、评课和课例撰写等教学技能,在创造性地使用教学规程的过程中实现了个性化教学。一位教师第一次应用概要写作教学规程参加 2017 年上海市中青年教师教学大奖赛,荣获一等奖。

在沉浸式主题深度接力教研中,学生学科核心素养的培养落到了实处。依托活动,借力规程,注重评价的整合式教学过程已然是学生语言能力的发展过程,文化意识的建构过程,思维品质的提升过程,学习能力的形成过程。

沉浸式主题深度接力教研有力地促进了校本教研的开展,区内 15 所学校已经启动了有关听说教学的课题研究和课程开发项目。

沉浸式主题深度接力教研产生的教研贯通效应:融先进理念于教学规程,助教师教学顺利转型,促学生核心素养有效形成。教研成果能够最大限度地转化为教学效益,促进学科良性发展。后续要进一步努力使其规范化、常态化、校本化、个性化,惠及广大的教师和学生。

[活动点评]

《学过做过不如教过——宝山区高中英语沉浸式主题深度接力教研》这个教研案例,是由宝山区高中英语首席教研员厉天宝老师领衔,带领团队经过 6 年的研究和实践而打造的一个区级重点项目。与其说它是一个项目,不如说是一门课程与教学论,因为它符合了学者奥利瓦提出的关于课程与教学论的观点,即"课程是方案、计划、内容和学习经验,教学是方法、教授活动、实施和描述。"由此我们不仅看到了指向学科核心素养的教学规程,也看到了可提高教学核心技能的备课、上课、磨课等培训方案,看到了体现团队教师成长过程的学习内容及活动实施等。

"研训一体"是实施教师继续教育的理想途径,但实际效果并未达到预期。论其原因,主要归咎为缺少系统的研训一体化方法论指导,而本案例的出现可以弥补这方面的不足,成为我们教研员和骨干教师实施教师研训的圭臬。

本案例有两大创新点:一是沉浸式研训;二是生态探究与实践。

以主题为引领,聚焦教研核心技术的研发,开发符合教学规律和渗透《课程标准》理念的教学规程,是通过下沉示范、浸润实践、接力升级、辐射推广的研训活动流程。

通过"实践、反思、研讨、再实践、拓展、辐射"等形式,形成了一个良性循环发展的高中英语教学生态圈,在和谐、自由、平等的研究氛围中促使学生、教师、备课组、教研组、区域教研的发展,最终有力有效地促进教师的专业化发展和英语学科建设。

"工欲善其事,必先利其器",要实现研训效果的最大化,就需要恰到好处地采用高中英语研训一体化的方法,进行系统的方法论指导,而本案例能给我们相关思考和启示。

(点评人:上海市浦东新区教育发展研究院　谢忠平)

作者简介

厉天宝,上海市宝山区高中英语首席教研员,正高级教师,英语学科研究团队领衔人。上海市高中英语教研中心组成员,上海市教研室兼职教研员,上海市高中英语网络教研专家组成员,上海市教育学会英语学科专业委员会理事。曾在4所不同的学校从事高中英语教学工作21年,期间多次被评为优秀班主任和优秀共产党员。2007年担任宝山区高中英语教研员至今。2017年获"全国第十届外语教师园丁奖",2021年获"宝山区优秀园丁奖"。2020年出版论著《沉浸式研训——高中英语研训生态探究与实践》,2010年编著《新世纪高中英语教学语料库》;主持《基于交际的高中英语课堂教学规程》等多项课题研究;研发线下线上教师培训课程3门,在市级以上刊物发表论文10余篇。

践行外语育人使命　助推区域教育国际化

——普陀区"学科德育"为导向英语+关键语种联动教研案例

上海市普陀区教育学院　沈　怡

引言

作为对教育部《推进共建"一带一路"教育行动》的积极响应,《普陀区教育国际化"十三五"专项规划(2016—2020年)》提出"教育国际化",其目的就是坚持教育对外开放,着眼国际一流标准,构建交流、理解、融合、共享"四位一体"的教育国际化发展模式,为区内外语教学的发展强化顶层设计。我区的外语教学以英语语种为主,日、德、法、西、意等关键语种为辅,形成以甘泉外国语中学、曹杨第二中学、宜川中学为主的多校关键语种教学的模式。2020年,教育部组织普通高中课程方案和学科课程标准的修订,明确外语规划语种在英语、日语、俄语基础上增加德语、法语和西班牙语。上海市教育委员会教学研究室也设立"关键语种综合教研员"的岗位,高中关键语种课程的建设越来越受到关注和重视。对此,我区教研室亦更加关注如何以英语教研为基础,联动关键语种的教研和管理。

一、教研理念与经历

随着日语、德语、法语、西班牙语、俄语等关键语种的新课标的颁布,高考外语也扩大到六个语种,我区的高中关键语种教学的发展也逐步从上海市中小学非通用语学习计划项目校甘泉外国语中学向曹杨第二中学、宜川中学延伸,初中学段从甘泉外国语中学、尚阳外国语学校向曹杨二中附属学校、兰田中学、中远实验学校和宜川附校等普通中学延伸。

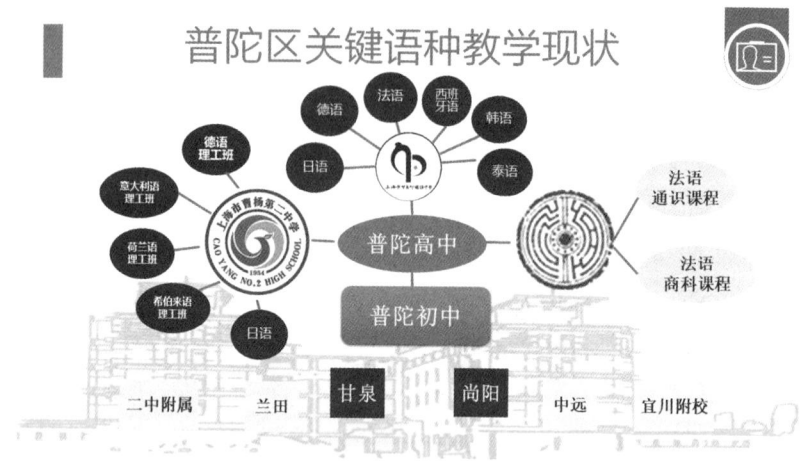

图1 普陀区关键语种教学现状

　　外语学科要培养什么样的人？如何培养人和为谁培养人？各语种的课程标准给出了明确和统一的答案：外语课程的总目标就是全面贯彻党的教育方针，培育和践行社会主义核心价值观，落实立德树人的根本任务，促进学生语言能力、文化意识、思维品质和学习能力等外语核心素养的发展，培养具有中国情怀、国际视野和跨文化沟通能力的社会主义建设者和接班人。外语学科具有工具性和人文性融合统一的特点，能够培养学生优良的文化素养和开放的文化意识，增强文化理解力和民族自信心，在跨文化交流中坚守中国立场，讲好中国故事，传播中华文化，助力构建人类命运共同体。为此，结合上海市教委重大攻关项目《大中小德育课程一体化研究》，针对我区的英语为主，关键语种同步发展的现状，以"坚持文化自信，践行育人使命"为教研主题，在课标研读、教材研究、评价优化、平台搭设等方面，加强区教研部门的专业引领和服务指导。以英语学科先行先试，辐射引领关键语种教研，凸显外语学科特征，促进外语教师把握新课标的精神实质与主要内容，切实提高课程育人能力，助推区域教育国际化。

二、教研活动设计与实施

1. 研读课程标准，聚焦核心素养

　　依托上海市英语教育教学研究基地的平台，我区的学科带头人、教研组长在2017年先行学习《普通高中英语课程标准（2017年版）》，聆

听了课标编写组梅德明、王蔷、程晓堂、王守仁等教授和市英语教研员汤青老师的系列讲座,对课程性质、课程目标、课程结构、课程内容、学科核心素养以及教学和评价的策略进行了系统的学习。参训教师的心得感悟还以教学论文的形式呈现,例如,曹杨中学文锦谊老师的《指向学生学习能力培养的课前 Presentation 设计》,同济二附中范景老师的《例谈基于国家英语课程标准的课堂教学设计》,笔者也撰写了《指向体现核心素养的英语高考考试形式的建议》。再通过区教研员沈伟刚老师和笔者组织的 2018 年暑期专项培训、教研组集体观看市级的网络培训并分组讨论等形式,使每一位在职在岗的英语教师学习、理解和掌握新课标对课堂提出的新要求。

接着,区教研室把这套培训路径迁移到了关键语种教师的新课标培训中,在关键语种大学教授们的引领指导下,在区级的暑期培训和校级的主题教研中研读各语种的课程标准,细化对核心素养的理解,认识到学科核心素养是学科育人价值的集中体现,是学生通过学科学习而逐步形成的正确价值观念、必备品格和关键能力。甘泉外国语中学的法语老师李敏和日语老师郭侃亮还受课程标准研制组负责人王文新和林洪教授之邀,分别参与了《普通高中法语课程标准(2017 年版)解读》与《普通高中日语课程标准(2017 年版)解读》的编写。李老师承担了"提升中学法语课堂效率的手段"的撰稿工作,介绍法语课堂中如何活用现有教材与资源,制作适恰的教学课件,培育学生的文化意识等核心素养。郭老师详述日语学习类 RPG 游戏《甘泉幻想无语》用于教学的经典案例,介绍通过多元的信息化手段来丰富课堂活动的实践,彰显了新课标中提倡多元化教学的指导思想。以学校的单元教学作为案例分析,通过跨校教研、跨语种教研以及见习教师带教等方式,不仅向区内还向全市开设关键语种的学校介绍了经验,起到辐射作用。

关键语种教师们相互借鉴,共同认识到教学内容必须从过去较为单一的以语言知识的传授和语言技能的培养转型为对外语学科核心素养的培育。在课程的实施过程中,教师要引导学生了解、评价并批判性地接受关键语种国家和地区的文化,提高跨文化交际能力,树立文化自信,继承和弘扬中华文化,推动中华优秀传统文化、革命文化和社会主义先进文化与全球多元文化的交流。

2. 研究教材主题,挖掘育人内涵

2020 年起,高中英语新教材为变革英语课堂教学方式提供了科学又鲜活的范本，为教研室助推英语课堂育人方式变革提供了知识依托。在全体英语教师接受了"新课标、新教材"双新推进的培训后，我区的英语课堂也在不断进行革新。

新课标下的英语课程内容包含主题语境、语篇类型、语言知识、文化知识、语言技能、学习策略六要素。在高中英语课堂教学中，教研员发挥教材研究和文本解读方面的指导作用，以单元的主题语境为载体，帮助教师认真研读文本，充分挖掘主题所承载的育人内涵，落实六要素的整合。例如，宜川中学的孙琪老师在学校法国文化节期间，开设《高中英语(上外版)》必修第二册中"饮食文化"为主题的"探究世界各地美食"(A Bite of the World)单元活动课。此课时对接单元目标，关注单元目标中的核心知识、能力要求以及育人价值，引导学生理解世界饮食与文化特征，形成尊重和包容不同文化的意识。在活动课的实施中，孙老师以学科素养为导向，锚定主题任务，设置真实情境，使学生在交流、合作、探究中运用语言，在为中华美食自豪的同时，理解和尊重饮食文化的多样性，落实育人任务。

曹杨二中的朱春华老师执教《高中英语(上教版)》必修第三册The media 单元，该单元关注青少年的"媒介"素养培育。在第二课时Mini-project 的教学环节中，朱老师先引导学生根据第一课时内容提炼出职业记者必备素养——确保新闻的真实性、客观性和报道价值，接着鼓励学生分享个人常用的社交平台与使用经历，通过三个案例引发学生讨论。在此过程中学生充分陈述事件、表达想法、自主探究，发现了在社交平台发布和传播信息时可能存在的问题，思考如何甄别纷繁复杂的信息。在最后的创意活动里，学生通过 THINK 首字母填空迁移并夯实了语言知识，加深了对媒介素养的理解，形成了个性化的媒体发布准则，媒介素养通过语言学习润入学生心田，切实发挥了英语学科的育人价值。

这一系列的英语课堂实践为关键语种的教师带来了启迪与共鸣。虽然关键语种的新教材还未正式使用，但在现有教材的使用过程中，关键语种教师们也积极构建单元主题意义、挖掘育人内涵，力求加强外语课程的育人功能。例如，曹杨二中德语教研组组长宋洋老师在学生和德国外教共同参与的种植水稻劳动周活动后，结合德语 dass 从句的教学开设了"稻种心田"的劳育语言实践课。她以总结归纳 dass 从句规则、用德语词汇描述水稻种植过程、团队交流心得、总结劳育实践活动收获等任务群为实施载体，为学生提供框架性支持材料并创设模拟采访等情境。当时正值袁隆平院士逝世,学生也有在课堂中交流感受的需求,所以在研讨时建议增加篇章输入的环节,使学生了解中国成为稻产第一大国和袁隆平团队为此付出的努力,激励学生通过了解中国农学家团队为战胜世界饥荒所做出的伟大贡献,感受中华民族璀璨的农耕文明,能用德语向世界人民讲述我国当代农业科技的卓越成就,增强制度自信和文化自信。此外,甘泉外国语中学结合当下的全球新冠疫情录制了《仁至"疫"尽》的日语、德语、法语和西班牙语的健康保健系列微课,帮助学生通过学习简单的关键语种日常问候语,养成良好的生活习惯,提升尊重生命、保护环境、敬畏自然的意识,树立正确的健康观,并能在实际生活中运用所学,传递爱心和正能量。

在运用教材的过程中,外语教师都能围绕社会主义核心价值观、中华优秀传统文化、理想信念、生态文明和健康身心等内容找准切入点,挖掘文本内涵,使学生从跨文化视角观察和认识世界,对事物做出正确的价值判断。

3. 倡导优化评价,强化育人导向

通览各语种的课程标准,关于评价都作出了详尽的建议和要求。课程的评价应强化育人导向,着重评价学生的学科核心素养发展状况,采用科学、合理的评价方式和方法,对学习效果进行适时检测。教学评价要体现在教学实践的各个环节,既包括多途径收集信息的过程,也包括针对教学实践的各类反馈信息。《普通高中西班牙语课程标准》中还特别提到了教师对学生的面对面评价,以及将学生参与课堂教学的积极程度、与教师和同学的互动情况和对语言知识的灵活运用能力等纳入考核范围。《普通高中法语课程标准》建议阶段性评价可采用多种形式进行,例如评语设计、随堂测验(包括口头测验)、个人或小组报告、学习日志或项目日志、学生自评和互评等,这些都可以作为关键语种教学评价方面参考借鉴的方法。

为此,教研室在开展外语教研工作时,特别注重优化评价,倡导关注学生的学习过程、学习态度和学习情感,开展形成性评价。例如,建议教师将平时课后制作的海报、思维导图、视频拍摄等作业展示纳入评价,重视评价结果对于学习的激励作用;设计形式多样的评价活动,如演讲、展示、讨论等非纸笔测试活动。由于一些关键语种教学是作为二外及非高考科目教学的,他们有更多的空间和时间去完成形成性评价或过程性评价,并取得了较明显的成效。比如:曹阳二中德语课程引

入以"用德语说好中国故事"为主题的口语评价,学生们用德语介绍中国传统文化艺术形式——相声、昆曲和茶文化等。再如,甘泉外国语中学日语高一零起点学生的寒假作业是"疫情下传统春节方式改变的调查与分析",学生通过观察、调研,列举出传统春节方式的改变,撰写新闻稿并用视频播报的形式呈现作业成果。借助关键语种共同开发的量规,陈晓静老师对于其中的一份学生作业从"综合多元资料、建立联系与推断""文本叙述"和"口头表达"三个方面作出以下评价:"非常高兴能够在规定时限内收到你的作业。1. 你在作业里能够通过多个信息来源调查近年来过春节方式的一些改变,并且能够根据上述总结设计出相应的较为有效的解决方案,已达到"合格级"。若能在调查时附上权威性高的来源就能成为"进阶级"了。2. 在叙述时你能够有逻辑地组织段落或章节以支持文本的主要主张和观点,已达到"进阶级"。3. 在新闻播报时,你基本能做到使用适当的眼神交流,适当的音量,清晰的发音和适当的身体姿势,已达"基本级",如果始终保持适当的眼神交流,再提高些音量,以听众为对象,大胆阐述就能再晋一级!"初中学段的日语课程还设计了制作并介绍寿司的作业评价活动,将劳动素养纳入评价,从而体现"五育并举"的育人理念。

此外,教研室还倡导在终结性评价中升级纸笔考试的内容,基于课程标准,增强中华文化浸润,在双向细目表中体现"教考一致"。英语和关键语种考试曾涉及主题:"中国传统节日""尊老伦理"以及"中国对世界文化的贡献"等,引导增强"四个自信""加强积极沟通""传播善举""赞扬母爱""网络礼仪"等,倡导建立和谐人际关系;重视思维品质培养,如:解决"垃圾分类"中的问题,撰写"应对冰川融化的倡议",引导关注"全球变暖"和"生物多样性减少"等人类面对的共同问题,并要求学生结合自身提出解决方案。这都旨在语言考查中融入人文知识介绍,体现语言人文性与工具性的统一,强化外语教学的育人导向。

4. 搭设展示平台,辐射育人效应

不管是新教材出版前的试用试教、空中课堂单元教学的实施还是"双新"推进中的"一月一研"主旨发言或教学实践,在市教研室的统筹安排下,区教研室以项目驱动,为高中英语一线教师搭建展示平台。区内有多位骨干教师登上市级讲坛,向全市的英语教师展现普陀风采,辐射学科的育人效应。

和英语教研一样,对于关键语种教师的专业发展,区教研室也努力

创建市、区级教学展示平台,开展跨语种的教研活动,互鉴研修成果。近两年我区与市教研室共同举办或承办多次以"中学关键语种学科德育的课堂实践探索"为主题的交流展示课,旨在体现和鼓励多语种教师在学科德育方面作出的努力和尝试。在 2020 年 10 月举行的多语种综合教研活动中,曹杨二中德语老师金怡以"云游上海,发现上海"为主题,已建立"云"上海馆等主题群为实施载体,创设与德国青少年网络交流的真实情境,为学生提供语言支架,鼓励学生将所学的语言知识与主题内容相结合完成上海形象宣传片的配音任务,进而激励学生创造性使用德语,推动多元文化交流,在国际舞台上讲好上海故事。甘泉外国语中学的西班牙语老师时洁慧带着学生围绕上海的环保活动展开讨论,学生在一系列的任务中发现环保问题、分析原因并提出看法,树立了人与自然和谐相处的环保观。法语老师邓若诚的授课主题是《骑行》,设置的情境是请学生通过类比巴黎的"自由骑"向法国友人介绍上海的"共享单车",最终完成一个法语版的使用说明,体现了学以致用、学以助人的育人价值。日语老师沈洋则选择"入学面试"的场景,引导学生关注中日文化中的"鞠躬"礼仪,让学生思考鞠躬礼仪的规范性以及所包含的文化要素,结合甘泉校训,鼓励学生在日常生活中更重视自己的礼仪规范。

　　除了课堂教学的展示,我们也在区域层面为多语种教师提供教学论文案例以及课题的交流展示机会,就各学段、各语种共同感兴趣的话题和教学中的问题,集体研讨,取长补短,共同进步。例如,德语老师陈航飞交流的课题研究《基于德语学科核心素养"文化意识"的中学德语选修课实践和研究——"模拟联合国以'塑料垃圾问题'为议题"的课例研究》,介绍了如何创设多元文化的不良结构情境,激发学生从不同文化背景的视角参与环保话题的讨论、提升学生语言综合能力和合作能力、增强文化自信并且形成环保意识和构建人类命运共同体的责任意识。

三、教研感悟

　　普陀区高中英语教师有 151 人,而全区在职的关键语种教师 74 人,虽然高学历的占比高于英语教师,但高级职称占比低。可见,多语种教师很需要有区域教研这样的平台,加强团队建设,实现个人专业发展。

　　目前,区教研室组建关键语种中心组,依托"关键语种人才早期培养行动研究"项目,借鉴英语教研的丰富经验,通过教研课程,专业发展团队以及见习教师规范化培训等多个有效途径,对关键语种教师在职业认知、课标研读、课堂实践、评价实施等方面进行研训,致力于整体推进外语教师的专业发展,努力构建集教育、教学、研究、学习为一体的全员、全过程、全方位的研修体系,为我区教育"国际化"做好人才保障。

结语

随着国家对于关键语种国际人才的需求日益增大,外语基础教育将受到更多的关注与认可。在区域层面总结借鉴英语学科教研的成功经验,有品质、有成效地联动开展关键语种学科教研,助推区域教育国际化,致力为落实普陀"运合教育"新理念提供专业支持将成为我们区教研的重点工作。

参考文献

[1] 中华人民共和国教育部. 普通高中英语课程标准(2017 年版)[M]. 北京:人民教育出版社,2018.

[2] 中华人民共和国教育部. 普通高中法语课程标准(2017 年版)[M]. 北京:人民教育出版社,2018.

[3] 中华人民共和国教育部. 普通高中日语课程标准(2017 年版)[M]. 北京:人民教育出版社,2018.

[4] 中华人民共和国教育部. 普通高中西班牙语课程标准(2017 年版)[M]. 北京:人民教育出版社,2018.

[5] 中华人民共和国教育部. 普通高中德语课程标准(2017 年版)[M]. 北京:人民教育出版社,2018.

[6] 梅德明,王蔷. 改什么? 如何教? 怎样考?:高中英语新课标解析[M]. 北京:外语教学与研究出版社,2017.

[7] 汤青,赵尚华. 培养跨文化交际能力——中小学英语学科育人价值概述[J]. 现代教育,2013,(7/8).

[8] 束定芳. 发展多语基础教育,培养学生多语能力[J]. 英语教育与教学研究,2021.

[9] 徐锦芬,潘晨茜. 多语语言意识视角下我国多语基础教育的战略思考[J]. 英语教育与教学研究,2021.

[活动点评]

人无德不立,国无德不兴。外语学科教学中如何彰显学科德育功能、如何传递德育内涵,是长期以来一直横跨在外语教师面前的一道坎。自 2018 年 1 月《普通高中英语课程标准》颁布以来,作为区英语及关键语种教研员,沈怡老师带领她的团队,致力于学科德育的实践与研究,践行外语育人使命,助推区域教育国际化,寻找多种途径,落实学科核心素养。针对我区关键语种发展的现状,以"坚持文化自信,践行育人使命"为教研主题,沈怡老师参与并策划了多次大型的、影响力较大的教研活动,以英语学科先行先试,辐射引领关键语种教研,凸显外语学科特征,促进各语种教师把握新课标的精髓。

本文所列举的教研案例真实有效,通过以英语教研为引领,以"学科德育"为导向,开展了一系列有关"课标研读""教材研究""语篇分析""评价优化"等主题教研,并搭建多种平台促进关键语种的教研和管理。这几年,区内涌现出了一大批优秀的教师,他们在教学中关注单元目标中的核心知识、能力要求以及育人价值,积极构建单元主题意义,挖掘育人内涵,力求加强外语课程的育人功能。其中,宜川中学英语孙老师在学校法国文化节期间,开设了主题为"探究世界各地美食(A Bite of the World)"的活动课、曹杨二中德语宋老师开设的"稻种心田"的语言实践课,都是很好的案例,值得推荐与分享。总之,在沈怡老师的带领下,通过主题教研,我区的外语课堂教学方式不断转型,团队建设得到了加强,教师个人专业发展的能力也得到了很大的提升。

(点评人:上海市普陀区教育学院　沈伟刚)

作者简介

沈怡,上海市普陀区教育学院高中英语教研员,兼职关键语种教研员,中学高级教师。近年来,开发并执教《语言学习领域读写技能教学培训》《基于标准与素养的英语教学问题与对策》《学科本体性知识及作业命题能力培训》等区域师训课程。曾获"上海市基础教育教研员案例点评奖""事业单位记功""区园丁"等荣誉。

积聚多样化教研资源，提升教师"双新"教学品质

——以高中英语教研案例为例

上海市静安区教育学院 汤 华

一、教研理念与经历

1. 教研理念

作为一名教研工作者，每当审视自己的工作理念或工作特色时，笔者时常困惑：什么是教研？教研的目的是什么？而笔者的教研追求又是什么？根据通常的定义，教研是指：教学研究，是在现代教育思想指导下，以教学理论为依据，用教育科学方法对学科教学领域的实践和理论进行有意识的探索活动。由此可见，教学实践催生了教研，教师是教研的第一服务对象，教研活动应教师需求而开展，有效的教研能解决教师在教学过程中所遇到的难题和产生的困惑，教研工作与教师教学是息息相关、不可分割的共同体，通过不断的积淀和磨砺、改进和优化，最终达成教师专业发展、自我教研意识和教学质量的提升，并推动教学理论的应用和发展。

教研活动以教师在教学实践和教学研究中产生的困惑和遇到亟待解决的问题为切入口，其核心是为教师服务，为教学服务，解教师的燃眉之急，解决教学中的实际问题。这一宗旨决定着学科教研应以课程标准为指导，以开展教学研究为主线，以推进教师专业发展为辅线，通过多层次、多维度、多主题的研究，不断提升学科教学的质量，着力提升教师的课程执行力，最终提升学生英语运用能力，培养学生跨文化交际意识与辨别力，培养"全面发展"的自然人，提高学生的学科素养。

而多样化的教研资源则是保障教研活动有序开展和高效产出的显性和隐性保障。此处所涉教研资源既包含教研场所、流程资源、资料素

材等物质投入，更包括教研土壤、理论支撑、教研意识、人员投入、教研智慧资源、教研成果固化和传播渠道等一系列隐性要素。从广义教研视角考虑，这些隐性元素在很大程度上决定了教研活动最终能达成怎样的正向产出，在多大程度上推动教师的教研所得，并转化为学生的学习所得。只有培植善于发现问题、研究问题、解决问题的教研氛围，在教研全程实现足够的理论输入，积极调动所有教师参与教学研究的积极性，并在教研活动全程积极鼓励多层次的教研思考，教研智慧的碰撞，并建构有效的分享路径来巩固教研成果，才能真正积聚这些有效教研资源，提升教师"双新"品质。

2. 教研经历

反思笔者近年的教研活动，课堂教学有效性一直是活动的重要研究主题，无论是组织教学公开课的观摩、教学论坛的开展，还是不同教学课例的研究都聚焦课堂教学有效性。在这一主题下，各个视角、各个维度、各个层面的一系列活动能为教师所接受，真正为教师释疑解惑，雪中送炭，切实解决课堂教学中的问题和难点，满足了教师的教学需求。

当然，在前期笔者组织的教研活动如公开课展示、教学主题研讨、集体备课等教学活动的设计主要关注单一活动，力求充分发挥每次活动的积极效应和影响，对于教研活动的一体化和系列化的意识和思考不足。随着研究的不断深入，笔者意识到在大的教研框架下，带着明确的总教研目标的系列教研活动的意义和价值。教研延续化、系列化更有助于积聚教研资源，利用充裕的时间和空间优势，更全面、更深入地研究一个教研主题，使每一阶段的教研实施成为下一阶段的教研资源，并形成系列化的教研成果，扩大教研效益。

同时，在教研活动中，笔者也意识到积极积累有效有益的各类教研案例和教研成果资源的重要性，通过系列的资源和案例分享，有助于帮助教师明确教研成果对于现实教学的积极作用，教研成果更直观，更具说服力，也更能引起教师共鸣，同时，积累的相关教育教学资源也为教师教学提供有益的材料支撑，提升教学效果。

二、教研活动设计与实施

1. 教研背景

目前，上海市"双新"教师培训正如火如荼地开展，高中英语上外版和上教版新教材在高中广泛使用,也成为广大教师开展新教材学习和研究的良好契机。教师们已能明确课程应以立德树人为基本任务,发展学生英语学科核心素养,构建高中英语共同基础,满足学生个性发展需求,实现英语学习活动观,着力提高学生学用能力,完善英语课程评价体系,促进核心素养有效形成,同时,重视现代信息技术运用,丰富英语课程学习资源等一系列新课程理念。各备课组教师也积极开展了一系列的组内备课交流活动,努力探索课程标准背景下新教材的教学实施路径。

同时,区域也组织了部分的"双新"教研培训活动,以教学实践课的观课评课,传播教学经验的讲座互动等一系列活动形式,引导教师认知"双新"理念,探索新教材教学模式,优化新教材课堂教学实施体验,提高新教材教学效果和效率。

此时,区域也迫切需求以"双新"研究为主题的系列活动,来拓展双新研究外延,分享已得研究经验,拓宽双新研究话题,扩大教研参与群体,拓宽研究成果和影响,并总结和收集优秀的教学活动范例,积累有意义、有内涵、有成效的教学活动,形成可总结、可模仿、可传播的新教材教学案例,达成高效的新教材教学效果,提升学生综合语言能力,并惠及更多区域教师。

2. 教研主题及范围

本次教研活动主题为高中英语"双新"教学有效性的研究暨区域中青年教师课堂教学评比系列活动。活动面向全区全体教研组和备课组,旨在提高本区高中英语教师理解和实施课程的能力,在"双新"背景下,丰富教师学科教学知识,优化教学基本环节;提高教学的针对性,为教学走向个性化积累实证案例,为个性化教学积累经验案例;给各校英语教师提供展示才华的舞台,促进青年教师快速成长,并以区域青年教师教学评优活动为抓手,以评促研,以评促学,以评推优。

3. 教研内容与形式

本次活动在全市及区域英语教研"双新"背景下,落实上海市课程新教材,把握基于单元视角的教学设计。以系列教研活动为抓手,引导教师认真研读、把握课程标准的要求,丰富学生学习经历、关注语言交流意义、促进学生学会学习,并把教学重点与学生的学习困难点相结合,研究针对性的教学案例。

同时,以教研活动为抓手,积极推广、组织、引导区域各校教师开展教育理论学习和教学方法研讨交流活动，加强中青年英语教师的理论培训，并通过活动有效推进校本研修活动的开展，加强对高中英语课程核心素养的研究，体现教学的针对性和有效性，并在此过程中结合学校教研组研究项目开展好案例积累等工作。

最后，以"双新"培训为契机，结合市"一月一研"的培训工作，推进学科建设，建立一支对学科教学有研究、对课堂教学有方法的骨干教师队伍，把此次活动作为锻炼骨干教师队伍的一个阵地，优训优培。

本次活动时间跨度为 2020 年 11 月—2021 年 4 月，主要面向区域中青年教师，活动分为三个阶段，流程如下：

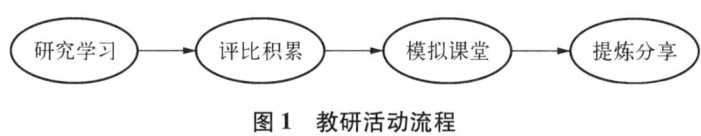

图 1　教研活动流程

整个教研系列活动，体现了从集体→个体→集体的循环，先从区域各教研组入手，开展新教材教学有效性的研究。然后，在各校研究基础上，推荐中青年教师，以区域评比形式，开展指定材料教案撰写。优选案例撰写优秀的教师开展一课时教学研究，模拟上课。最后，将整个过程中的一系列案例和经验成果在区域研究分享，辐射发展。力求体现从面到点，再从点到面的循环模式。

4. 教研活动设计与实施步骤

本次活动以《普通高中英语课程标准》（2017 年版 2020 年修订）为理论依据和支撑，活动研究教学材料为《高中英语》上外版和上教版新教材。活动共分为 4 个阶段：

（1）动员宣传，教学研究（2020 年 11 月—2020 年 12 月）

教研员利用区域相关教研通知及教研活动的时机，广泛宣传本系列活动的目的、意义和预期结果，引导各教研组以新教材为素材，广泛开展相关听说读写看的教学研究，聚焦教学设计、学习过程、教法策略、实施评价等维度，形成初步研究成果。同时，鼓励各校中青年教师，基于前期的研究结果，积极报名参与后续的书面案例分享。

（2）书面案例集中撰写暨区域中青年教师教学评比初赛（2021 年1 月 4 日）

组织前期报名的所有中青年教师（共 52 人）至教育学院，对统一的一篇阅读材料,根据新课程理念,撰写一课时阅读教学设计,重点关注在教学中如何落实核心素养的培养,落实双新教学要求的评价标准,通过此活动,收集一系列阅读教学案例。

（3）模拟课堂展示暨区域中青年教师教学评比决赛（2021 年 3 月 15 日）

在前期书面案例的收集梳理下,经过区域学科带头人团队审慎评判,选出 6 位中青年教师,就新教材指定章节开展二轮研究,设计相关教学过程,集中进行模拟课堂展示并接受相关专家答辩。本轮展示聚焦以下评价标准:

教学理念先进:了解"发展英语学科核心素养,落实立德树人根本任务""构建高中英语共同基础,满足学生个性发展需求","实践英语学习活动观,着力提高学生学用能力""完善英语课程评价体系,促进核心素养有效形成""重视现代信息技术应用,丰富英语课程学习资源"等新课程理念,并能在教学中较好地运用。

教学目标科学:体现新课标的要求,注重培养学生核心素养,符合学生的实际。所制定的目标具体、可行。能根据课标的要求,适当把握教学的重点和难点,教学效果好。

教学过程科学:教师指导学生主动获取和运用所学知识,符合学生认知规律,联系学生的生活实际,让学生亲身体验学习过程。

教学方法恰当:能够根据实际情况将多种基本教学方法进行优化组合,善于引导学生进行研究性学习,具有教学应变能力。

教学环节合理:教学气氛活跃、和谐,学生完全掌握所授知识和基本技能,关注提升学生社会主义核心价值观意识。

教师素养好:仪表端庄、教态自然大方、语言流畅,富有感染力,板书规范、工整。教学基本功扎实。课堂教学组织能力强,具有较高的教学智慧。

（4）提炼分享（2021 年 4 月至 6 月）

引导教师在前期活动的基础上,分析反思,学习相关教学案例,提炼单元教学要素,调整部分日常教学策略和细节,推广交流优秀方法模式,扩大学习影响,并结合后续的市调研准备活动,提炼各校学科优势特征,形成相关文字材料。

5. 教研活动成效

本次活动基本达成了预设的教研目标,引导区域广大教师,以个人研究,教研组研究分享,区域研究分享的形式,传播新课程新教材教学理念,引导教师认清以单元视角开展教学设计的重要意义,明确学科教学承载完整的课程内容六要素,承载学科核心素养培养的具体而有所侧重的目标任务。同时,认真研习新教材,分析单元教学内容,梳理并概括与主题相关的语言知识、文化知识、语言技能和学习策略,并根据学生的实际水平和学习需求,整合单元教学内容,提炼核心素养要素,设计学习活动任务,在教学活动过程中达成单元学习目标。

引导大量中青年教师聚焦阅读教学,重点引导教师在语篇教学中培养和发展学生的思维品质,通过引导学生观察语言与文化现象,分析和比较异同,归纳语言及语篇的特点,辨识语言表达的形式和语篇结构的功能,分析和评价语篇所承载的观点、态度、情感和意图等英语学习活动和实践运用途径,帮助学生学会观察、比较、分析、归纳、建构、辨识、评价、创新等思维方式,增强阅读思维的逻辑性、批判性和创新性,形成新型的阅读教学模式。

通过系列活动,培育和发掘优秀教师,并为他们提供发展和展示的平台,丰富培训资源和手段,为中青年教师提供丰沛的教育教学土壤,助其快速成长,全面发展,早日成为区域教研建设的中坚力量。并形成系列研究案例成果和积累,以供后阶段交流分享。

三、教研感悟

教研活动的实施具有系统性和系列性特征。经过分析,教师的教学问题常具有共性,集中在某几个方面,许多教学问题不可能仅通过一两次活动就可以解决。因此,教研活动往往可采取系列化的模式,针对某一方面的问题,充分研究,通过相关的理论学习确定问题的解决路径,通过典型案例分析研究问题的本质,评估、确立、检验解决方案,通过系列教研活动开展专题深度研究,攻克教学难题。在现实中,一个学期能够解决一个较大的问题已属较为成功的教研范例。

其次,多样化的教研活动形式更有利于明确研究方向,集聚研究资源,指引研究路径,从不同视角达成研究目标。更有利于调动个体教师,各校教研组团队以不同形式参与活动,发挥各自的特点,探索、提炼、总结、深化统一专题的理念、教学原则、教学设计方法和分享可用教学资源。教研主题活动结合教学评比活动也往往能更好地调动教师参与的积极性,提高教研活动的成效。

最后,教研活动本身是一项创造性劳动。因此,在教研活动中,应鼓励教师不囿于传统的研究模式,不拘泥于传统经验,大胆开拓,勇于创新。将主动性交给教师个体,同时,发挥教研组的作用,广泛开展教学研究,引导教师转变教学理念,促使英语教学不断规范化、科学化,最终取得实效。

四、结语

教研的主体离不开教师,教研的主题基于教师在教学中发现的困惑和实际问题。因此,教研的实施全过程都应聚焦于教师,主动回应教师关切,激发教师思考,激励教师积极投入,才能真正保障教研活动的成果和长期效应。

附:部分教学案例

部分教师分享照片:

部分教学案例分享

一、单元教学内容

单元话题语境及文本解读

本单元的语境:人与自我,人与社会

本单元的主题:Beauty

Reading and interaction 板块的阅读语篇内容为一篇议论文,作者由例子引出主题,进而运用大量事实和对比,阐述了人们对美的标准的界定会因时代、地域、历史、文化的差异而存在不同,总结原因,给出结论:我们每个人都有自己独特的美。最终引导我们恰当应对审美标准,形成欣赏、包容和尊重多样的美的意识。

Listening and speaking 板块中的听力输入型文本是关于如何在拥挤、快节奏的城市变得更适应都市环境,利用听力技巧抓取重要信息,补充表格内空缺部分。听后的口语活动,要求学生通过问卷调查相互了解日常出行的方式,并给出观点和建议。

Cultural focus 板块的阅读语篇是一篇介绍民族服饰和文化内在联系的说明文,层层递进,论述了传统民族服饰的社会象征意义,作者指出其对群体文化延续和传承的重要性,引导我们形成尊重、包容、保护不同文化遗产的意识。Video 部分介绍了一家将废弃物做成新衣物的店,除了获取事实信息,视听后学生被要求设计一款服饰,并在班中呈现。

Grammar activity 板块介绍了动物外形和生存之间的紧密联系,不同于人类试图改变外形以达到更美的追求,动物善于隐蔽的外形,决定了生与死的区别。文章内容生动,结构严谨,帮助学生在具体的语境中识别不定式,理解其作定语时的意义和功能,并能在语境中恰当使用动词不定式作句子中的定语。

Writing 部分的内容要求是回复来信,通过学习回信样本,掌握书信格式和语言表达特征,进而按照书信格式展开写作,并做修改。

二、设定单元目标

1. 能辨识并分析议论文的文体特征,从语篇中获取主要信息和观点,把握语篇要义。解读各种对于美的理解和追求美的行为的社会文化属性;

2. 能在语篇中识别不定式结构,理解其用作定语时的意义和修饰功能,并能掌握不定式作定语的用法。

3. 能抓住所听语篇大意,获取与在"社会丛林"中生活的技能的信息和观点,分析其影响因素,口头表达对同伴的评论并举例说明原因;

4. 学会按照书信的格式和语言特征展开写作,写一封建议信,提出建设性的意见,发表自己对外在美的看法,使意见具有说服力;

5. 了解苗族服饰的特征,分析和理解少数民族服饰蕴含的文化价值;

6. 能借助视频中的多模态资源,获取伦敦精品服装店的信息,理解语篇的意义,并基于所看内容进行推断、比较、分析和概括,用恰当的词描述精品服装店相关的事实,表达对于时尚服饰的看法。

7. 帮助学生缓解外貌焦虑,树立对外在美的正确认识,保持健康自信的生活态度。

三、确定课时目标

在梳理单元内容,确定单元目标后,规划单元课时,本单元共 8 课时,具体安排如下:

板　　块	内　　容	课时分配
Reading and interaction	Ideal beauty	2.5 课时
Grammar activity	The to-infinitive for modification	1 课时
Cultural focus + Video	Clothing and jewellery of the Miao people	2 课时
Listening and speaking	How streetwise are they?	1.5 课时
Writing	A letter of reply	1 课时

语篇分析:

该篇精读课文出自《高中英语(上教版)》高一年级第三册第三单元 Reading 部分,作者分析了不同的关于美的观点,提出了自己的结论。文本结构清晰,第一段作者讲述了尼日利亚青少年以胖为美的追求,又进而指出其与主流媒体上展现的模特形象存在着矛盾之处,引起了读者的阅读兴趣,在段末提出了一个疑问,引发读者思考理想美是否存在。第二、三段阐述了人们对于美的看法会随时间和历史改变,也会因地域和文化的不同而产生差异,充分论证了对美的定义的不唯一性。最后一段指出人们想要追求美的心从未改变,会因形形色色的原因去追求美,追求外貌美的方式也很多样,通过化妆或接受整容手术。作者提出没有唯一标准的美,也就是说,其实每个人都很美,各美其美。

单元主题为 The way we are,因此本课学习重点在于引导学生关注不同时代不同文化背景下人们追求美的现象,引发学生思考,重新理解美,树立对外在美的正确认识,缓解外貌焦虑,接纳并欣赏自己的美,包容理解别人的美,从而更自信而健康地生活,更多追求内在美的提升。是谓"各美其美,美人之美,美美与共,天下大同"。

本课时(课时1)内容六要素如下图所示:

主题语境	人与自我,人与社会
语篇类型	议论性文章
语言知识	词汇知识(bombard, complexion, plump, pale-skinned, tattoo, pierce, stretch, identity),语用知识(用对比的论证方法支持观点)
文化知识	人们对于美的看法受历史和文化的影响
语言技能	读、说
学习策略	认知策略(速读梳理结构,扫读获取信息,通过信号词判断逻辑关系)

学情分析:

本次授课对象为高一(2)班学生,能够在教师的适当引导下较快较好地理解文本。学生对文中提到的一些地名比较陌生,教师可以通过一些图示来帮助学生理解。高中阶段的学生群体中确实有人存在对外貌的焦虑,因此可以引导学生在理解文本的基础上,结合自身和当前社会对于美的取向,进行深入思考,提升个人对于自我和社会的认识。该班大多数学生比较内敛,语言表达能力不突出,在学生进行输出任务前,教师可以通过梳理文中表达,为学生的产出做好准备,在学生评价活动时,教师也应给予必要的语言支架。

教学目标:

By the end of the lesson, the students are expected to

1) learn about the writer's argument and supporting details about what beauty is;

2) improve their reading skills (skimming, scanning);

3) interpret the concept of ideal beauty in the context of today's society;

4) know how to understand ideal beauty and appreciate the beauty of themselves.

教学重点:

To guide students to recognize the writer's argument and attitude, and grasp detailed information about different views of physical beauty.

教学难点:

To fully discuss about the complex concept of beauty from their own perspective by using expressions showing contrast and compound words related to appearance.

教学资源:

Multi-media facilities (PowerPoint), students' worksheets

四、教学过程

Stages	Learning Activities	Purposes
Lead-in	1. Ask Ss to raise their hands if they are satisfied with their physical appearance. 2. Survey Ss' standards of physical beauty.	• To activate Ss' prior knowledge of the topic. • To present useful vocabulary before reading a challenging article.
Pre-reading	1. Ask whether there is such a concept as ideal beauty.	• To elicit the topic of ideal beauty.
While-reading	1. Skim the text, and divide the passage into several parts. 2. Read Para 1 and summarize the main idea. 3. Read Para 2 and point out the topic sentence. Complete the map of beauty norms. Complete the chart. 4. Read Para 3 and add a topic sentence. Tell how the writer supports the main point by analyzing the characteristic of the language. Find out the signal words showing contrast. 5. Read Para 4 and point out the reasons that people alter their bodies and the argument of the writer.	• To enable Ss to grasp the structure of the passage and the main ideas of each paragraph. • To find out detailed information. • To practice Ss' reading skill, such as getting a general idea of the text by fast reading and locating information with the aid of signal words.

续　表

Stages	Learning Activities	Purposes
Post-reading	1. **Group discussion + Report** Guided questions： • In Chinese society，what are the general standards of beauty for both sexes? • As high school students，what does beauty mean to you? • To relieve anxiety about physical appearance，what can we do? 2. **Peer evaluation** Ask Ss to comment on the performance of the reporters based on the criteria.	• To apply what has been learned from the text to the context of our society and Ss themselves，and try to propose advice. • To cultivate Ss' ability of coordination and speech.
Homework	Interview your parents and grandparents and write a report. The following points should be included. • What the general standards of physical beauty were then • How people's views of beauty have changed with time • What beauty is from your perspective	• To consolidate what has been learnt in class. • To motivate Ss to think critically about the trends in life and their impacts.

参考文献

[1] 中华人民共和国教育部. 普通高中英语课程标准(2017 年版 2020 年修订) [M]. 北京：人民教育出版社,2020.
[2] 梅德明,王蔷. 普通高中英语课程标准(2017 年版)解读[M]. 北京：高等教育出版社,2018.

[活动点评]

该教研案例聚焦高中英语学科教师的普遍教学困惑，以区域过往教研经验作为设置研究路径的主要依托，以系列活动为教研主线和平台，依据层次性，阶段性特点，分解教研总目标，以阶段时间步步推进，一步步达成教研分目标。同时，以教研活动融合区域相关评比活动，调动中青年教师的参与积极性，着力拓宽教研活动反馈，激励更多教师积极参与。

该案例以"双新"研究为背景，运用多种教研策略，依托各校教研组，积极引导教师开展新教材教学研究，进行相关教学行为比较、对比、反思，并通过实践探索，实现教学改善的策略和措施，并能明确教学行为的相关理论资源，以理论引领实践，以实践印证理论。

该案例通过一系列的研究、实践、撰写、评价、展示、分享等手段，积聚了大量的教学案例，记录了教师研究的轨迹，为后续的分享提升和深入研究提供了大量的实证和资源支持，同时，在活动中发掘了优秀的教师，为广大教师提供多样化的展示平台，为多层次教师提供专业化发展资源，并最终提升区域教研质量和品质。为全面提升区域学生学科核心素养提供助力，是可借鉴的教研资源。

（点评人：上海市静安区教育学院　朱萍）

作者简介

汤华，静安区教育学院高中英语教研员，教育硕士。上海市第三期名校长名师高中英语何亚男培训基地学员。2013 年加州影子教师项目成员。区新长征突击手，区教育系统优秀共产党员，区园丁奖。领衔"国培课程现代信息支撑多样化高中英语教学"系列培训课程。领衔《上海市英语教育教学研究基地高中英语资源库建设》《多媒体资源在英语教学中的应用研究》项目研究。曾发表《浅谈高中英语教学中的"过程与方法"目标》《高中学生英语听说能力培养初探》《高中英语词汇解题之我见》《服务、积淀、提升——我的英语教研思路和追求》《美国加州 Duarte 学区中学学生评价制度考察报告》《基于教学实例反思，探索词汇教学策略》等论文。

下篇：校本研修

聚焦单元设计，关注主题语境，探索"阅读+"教学

上海市七宝中学　马霄燕　张　依

引言

　　"单元是承载主题意义的基本单位"（中华人民共和国教育部，2020：56）。现行的英语教材按照主题组织单元，每个单元都有特定的主题，单元内各板块内容都体现相关主题，单元中基于主题意义的知识分散在各个课时中。《普通高中英语课程标准（2017 年版 2020 年修订）》（以下简称《新课标》）指出，"在以主题意义引领的课堂上，基于对主题意义的探究，以解决问题为目的，整合语言知识和语言技能的学习与发展，将特定主题与学生的生活建立密切关系，鼓励学生学习和运用语言。"《新课标》同时指出，"在语言运用过程中，各种语言技能往往不是单独使用，理解性技能与表达性技能可能同时使用。"因此在设计听、说、读、看、写等教学活动时，教师既要关注具体技能的训练，也要关注技能的综合运用。阅读作为整个单元的重点板块，文本既明确了单元主题，也为其他板块提供了基础，如为词汇学习提供了主题情境，为语法学习示范了如何做到准确、达意和得体，为听说板块提供了围绕主题的不同观点和态度，为写作板块铺垫了文本结构和写作技巧等。每个板块围绕主题语境，以阅读文本输入为基础，你中有我，我中有你，层层递进，最终实现单元教学目标。

一、教研理念与经历

1. 教研理念

七宝中学英语教研组在"双新"推进过程中,积极探索"双新"背景下的课堂教学新模式,在"实"和"研"上下功夫。通过邀请专家进行专题讲座,解读单元设计;开设各类公开课邀请专家点评,进行课堂研讨;帮助青年教师准备市区级英语教学比赛,加速形成个人教学风格等方式,希望能培养一批优秀青年骨干教师,在教书育人的舞台上展现自己的特色。

2. 教学现状分析

《新课标》明确指出,要"重视以学科大概念为核心,使课程内容结构化,以主题为引领,使课程内容情境化,促进学科核心素养的落实"。显然,对单元主题意义的探究通过单一的课时教学是无法实现的,单元的教学过程应是教师引导学生进行主题探究的过程,也是帮助学生围绕主题不断深化和拓展认知的过程。但是在日常课堂教学中,反映出了以下几个问题:

(1)课堂教学忽视了单元设计的整体性。教师只关注单元中的阅读文本,同时把它们作为传授语言知识的一种形式,并非以语篇的理解为主线,而是学生自己预习,理解文本大意,认为课堂中不需要在语篇内容上"浪费"时间。第一课时中即以词汇、语法为主线,将完整而有意义的语篇分解成若干个零散的语言知识点传授给学生,教师讲解,学生记录。其次关注语法板块,主要是教师讲解,学生进行做题操练,然后再进行讲解。对单元中的听说、写作、思辨、探索板块等因为课时紧张,简单处理或完全忽视。

(2)课堂教学忽视了主题语境。阅读、词汇和语法学习以语言知识学习为主,忽视单元主题内容探索的意义所在,教师随意地割裂文本,讲解语言知识等,随意地创设情境,进行机械的语法训练,不利于学生品味语言,汲取主题语境所创设的真正内涵。

(3)课堂教学忽视了以学生为主体的评价。课堂教学仍然围绕考什么就教什么,怎么考就怎么教的模式展开。在这种模式中,没有提出挖掘文本或主题内涵的问题或对相关主题的质疑,师生之间和生生之间没有关于文本主题的深入探讨,只是浅尝辄止,教师主导着课堂的进程,学生被动接受。在这样的课堂中，学生的产出仍然基于原先的基础和水准，无法对所学知识进行迁移和创新，不利于学生对自己的学习和发展状况进行判断与评估，不利于学生自我认识、自我激励、主动发展。

为了改善教学现状，积极探索"双新"背景下的课堂教学新模式，在 2020 学年七宝中学英语教研组开展了一系列教研活动。

二、教研活动设计与实施

1. 教研活动主题的思考与确定

由于课时的限制，对考试成绩提升等的需求，在课堂教学中往往存在以下几方面问题：阅读教学只关注知识点教学；语法教学只借助于机械化操练；词汇教学"满堂灌"；写作教学学生写，教师评，不注重过程。通过系列教研活动，希望以讲座、公开课和教学研讨等方式，提升教师对文本解读、单元设计以及课堂评价的认识，在自己的课堂教学中开展围绕单元主题的各个板块教学。

2. 教研活动预期目标

（1）对文本解读的再次认识

《新课标》提出了英语学科核心素养的概念，主要包括语言能力、文化意识、思维品质和学习能力四个要素。同时《新课标》也指出，英语课程应该把对主题意义的探究视为教与学的核心任务，并以此整合学习内容，引领学生语言能力、文化意识、思维品质和学习能力的融合发展。在文本解读时，需要以主题探究为明线，以语言知识学习为暗线开展教学设计，情境化增加语言学习的真实性，问题化有利于启发学生的思维，活动化则能让学生在活动中有效习得语言。同时围绕主题开展的阅读教学也为其他板块的教学提供良好的基础。

（2）对单元设计的再次认识

如果说传统的章节知识点教学是分散的一个个点，那么单元设计则将散落在各处的零碎的点结为网络（尤小平，2017）。每一个网络由一个主题引领，围绕这个主题，进行听、说、读、写、思辨等课型的设计。网络与网络之间，即单元与单元之间也互相补充或延伸。无论是在单元内还是在单元间，你中有我，我中有你。

（3）对课堂评价的再次认识

课堂是学生学习和成长的主要阵地，课堂的生态水平决定了学生成长的高度和质量。这在客观上要求教师在核心素养目标之下,重新定位教学和评价理念,实现几个方面的转变。其中有一个转变就是从重甄别性评价转变为重发展性评价。评价的目的不是为了给学生排队,不是一味地为了划分等级,而是要促进学生的自我发展(梅德明,王蔷,2018)。如果教师在课堂上充分重视学生自主学习能力的培养,善于引导学生运用学习策略,及时提出改进建议,就有利于核心素养的形成。在课堂反馈中,教师不再包揽一切,而是鼓励学生思考、梳理、评论,发挥学生作为学习和评价主体作用,这也有利于深度学习。

3. 整体规划

如表1所示,2020年11月至2021年6月,七宝中学英语教研组设计了"阅读+"系列教研活动。

表1 "阅读+"系列教研活动设计

序号	活动内容与要点	邀请专家	活动层级	活动时间和地点
1	• 专题讲座: 通过理论结合实际的方式详细介绍了内容与语言融合式教学法(CLIL)、内容依托式教学法(CBI),话题词汇语义网及物性分析和信息组织等5种课堂转型的教学方法,更新了教师们的教学理念,改变了传统的教学方式。	徐继田	闵行区英语骨干教师基地	2020年11月10日 七宝中学
2	• 阅读教学: The Natural Garden 通过一篇寓言故事,教师引导学生合理把握文本特征,不断运用设问引导学生归纳思考,注重对学生的思维品质的培养。 • 互动研讨	金怡	区级教研	2020年11月24日 七宝中学附属鑫都实验中学

续　表

序号	活动内容与要点	邀请专家	活动层级	活动时间和地点
3	• 阅读教学： Life with a Robot Dog 结合思辨板块，引导学生重新审视和思考文中细节，理解和推测文中作者态度变化的原因，有效地培养与提升学生深度阅读能力。 • 互动研讨+单元设计专题讲座	汤青	区级教研	2021 年 3 月 30 日 七宝中学
4	• 阅读教学+词汇教学： Healthy Lifestyle 阅读教学：通过文本的三次阅读，梳理文本结构、整合文本信息、思考文中细节，引导学生对文本内容和健康生活方式进行思考和拓展。 词汇教学：以第一课时学生所掌握的文本结构为基础，通过对文本中的词组进行逐渐加深难度的三次操练，让学生在对新词组基本掌握的状态下再次回到文本，对第一课时留下的作业进行更深入的延伸。 • 互动研讨	金怡 应晓球	区级教研	2021 年 4 月 27 日 七宝中学
5	• 以读促写教学试讲： How to write a narrative • 磨课修改	汤青 孟莎 孙毅 汤溶 马燕婷	校本教研	2021 年 5 月 18 日 七宝中学

序号	活动内容与要点	邀请专家	活动层级	活动时间和地点
6	• 以读促写公开展示活动: How to write a narrative 写作教学:从阅读课课文入手,以读促写,引导学生关注、提炼、理解写作技巧;而后通过采访、小组合作等方式共同修改一篇学生的记叙文习作,迁移落实所学的写作技巧。 • 互动点评 • 讲座一: 有效梳理 持续积累 自主建构 讲座二:学术性阅读理解的核心语言能力	各区教研员	市级教研	2021 年 6 月 2 日 七宝中学

本案例介绍的是 2020 学年系列教研活动的最后一次活动,即以读促写的写作研讨课。授课对象来自七宝中学高一(5)班,学生有着较强的学习能力和表达欲望。教师充分利用了上一节阅读课中学生读到的温馨感人的故事,体会文中生动的语言,提炼写作技巧,引导学生进行迁移运用。

4. 主题活动准备

(1)公开教学准备

本单元是《高中英语》(上外版)选择性必修第二册第三单元,主题是 Charity。本单元是教材出版前的试用单元,在试用过程中七宝中学英语教研组成立了单元设计项目组,由组内九位青年教师组成,本写作课是项目试用的成果之一。通过项目组头脑风暴,教师自主备课,借班试讲,集体磨课,专家修改,历时一个月时间,本堂写作课最终打磨完成,并完成了教案撰写和学生习作的收集。

(2)基本流程

本次主题教研活动的基本流程如表 2 所示。

表 2 以读促写主题教研活动

时 间	课题/发言内容	执教/发言
13:00—13:10	开场	朱越(上海市七宝中学校长)
13:10—13:50	《高中英语(上外版)》选择性必修第二册 Unit 3 Charity Writing：writing a narrative to share your experience of helping others	张依(上海市七宝中学)
13:55—14:10	有效梳理 持续积累 自主建构	孟莎(上海市徐汇区教育学院)
14:10—15:00	学术性阅读理解的核心语言能力	秦文娟(复旦大学外文学院)

（3）展示研讨

本次展示活动的写作课由七宝中学的青年教师张依执教，以下是对这堂课的解读：

第一 基于理解，迁移应用

在日常教学中，教师往往更关注"怎么教"和"教什么"，却忽略了学生"怎么学"。英语课堂往往以灌输碎片知识和机械重复为主，尤其在写作教学中，教师只提供写作模板，好词好句，学生背诵以及仿写。在本次教学研讨中，教师探索和实践了以学生为主体的深度学习，带领学生理解文本，迁移运用。授课教师通过 Reading B 的教学，引导学生体会作者情感态度的变化，关注文章中常见的记叙文写作技巧，如 simile, personification, verbs indicating emotions, specific adjectives 等，在进一步尝试对这些技巧进行情境化的运用。

通过第一步的理解学习，学生已经对学习情境有了深入理解，此时教师借由"同伴互助"的方式，要求学生通过小组讨论的方式，修改同伴习作。为了帮助学生更好地理解原作者的情感态度，教师又创设了"采访原作者"的环节，学生通过询问原作者在整个事件中的情感变化，进一步巩固和加深其对于记叙文写作的理解，而原作者通过回答这些问题，也更加清晰了自己原先忽略的情感变化。最后，以表达原作者的情感态度为最终目标，顺利地把 Reading B 中的写作技巧迁移应用到对同伴习作的修改中。在最终的小组展现中,学生除了提出修改方案,还列出了修改理由,给出的理由都涉及了原作者的情感态度等细节。

第二 学生为主,开展评价

课堂是学生学习和成长的主要阵地,课堂的生态水平决定了学生成长的高度和质量。这在客观上要求教师在核心素养目标之下,重新定位教学和评价理念,实现几个方面的转变。其中的一个转变就是从重甄别性评价转变为重发展性评价(梅德明,王蔷,2018)。关注过程的评价,即形成性评价。可是很多教师都会感到困惑,到底应该关注哪些表现呢?学生如何进行评价呢?本堂课中,教师从教学目标出发,根据学生的实际情况,结合学生具体要完成的任务和要解决的问题,通过小组活动和互评等方式鼓励学生进行评价。

本堂课的最终目标是让学生能够通过小组讨论修改同伴习作,迁移运用所学的写作技巧来表达情感。教师主要关注的是学生在修改过程中,能否始终以表达情感作为目标,并尝试运用一些写作技巧将其表达出来。因此,在最终的小组展现中,即使有些小组修改的作品存在语法错误,语言表达并不优美或不恰当,教师先忽视这些问题,因为虽然语言有待改进,但是学生已经能够把情感表达作为修改目标,并且有意识地使用写作技巧。在之后的评价同伴作品的过程,也是一个回顾和巩固自己学习目标的过程,评价质量的高低,直接反映了学生自己对所学知识掌握程度的优劣。同时,这种评价方式激发了学生的学习动力,与教师评价不同,来源于同伴的评价更容易让人接受,也更能够引起共鸣。在课堂评价中,学生成了主角。

第三 教师引导,转换角色

在传统的课堂中,往往是教师主导,学生跟从。但是在本堂课中,教师打破了这一传统的授课模式,实现了学生和教师之间的角色转换。学生成了课堂的主体,而教师只是一名引导者或者说是"主持人"。

本堂课中,教师带领学生完成了对写作技巧的提炼之后,把课堂充分交还给了学生。在"采访"环节,传统课堂中的"教师问,学生答"转变成了"学生问,学生答",教师起到的仅仅是协调和组织的作用。学生在提问和回答过程中,主动地参与学习,不断明确自己的写作目标。在小组讨论修改之后的评价环节,教师采取的主要评价方式是同伴互评,而教师则主要负责互评之后的过渡和总结。在课堂评价中,教师不再是主角。

三、教研感悟

1. 回归阅读文本，"教教材"转变为"用教材"

在《单元教学设计指南》(2018)一书中提到了教学现状的一些问题：教师在能力培养和应试教育中挣扎，陈旧理念还未根本转变，表现为课堂教学重信息，轻思维；重流程，轻内涵；重结果，轻过程。因此难以引导学生用英语思考，难以帮助学生整合知识，形成能力，难以培养学生形成学习策略。在本堂写作课中，教师首先引领学生再次回归文本 Pay it forward，该故事讲述了一个冬日下午的快餐窗口处，一位热心的女士为下一位顾客买了热饮，随后来往的人们继续传递这份善意的故事。通过提问、梳理、概括语篇内容之间的内在逻辑关系，找出语篇中碎片化知识的关联，并进行信息重组，共同提炼文本语言特色与写作技巧，如使用描述细节的形容词，描述情感的动词，比喻和拟人等手法，为后续写作活动做准备。同样在单元的其他课型中，如思辨课中，教师也可以先回顾每个单元所提供的文本，进行总结、分析和提炼，在此过程中，教师实现了从"教教材"到"用教材"的转变。

2. 围绕单元主题，"教授知识"转变为"学以致用"

每个单元都围绕一个主题分板块编排，板块与板块之间内容意义相连，层层递进，有机融合在这个主题语境中。教材编排的这一特点，为教师基于主题语境梳理并整合单元内容，丰富、建构并完善对主题的深层认知提供了支持。从阅读到词汇、语法、写作、思辨以及探索等板块，学生实践了知识的迁移与创新。迁移是指学习者能够机智高效地、独立地从知识库中提取需要的经验，再加以运用，应对新的问题。对学生而言，这些任务不能仅通过死记硬背来完成，教师在课堂中就像一名运动教练，创设出真实的临场环境，为未来的比赛做好充分的准备。在该堂写作课中，学生将在阅读文本中体会到的生动语言和写作技巧应用到需要修改的习作中，围绕慈善助人的主题，通过小组合作，使之更有感染力。同样在该单元的探究课中，教师可以回顾阅读和听说板块文本所介绍的关于中西方人们做慈善的理念，结合东方文化传统，进行分析和讲解，学习从课堂内延伸到课堂外，再回归到课堂内，真正实现学以致用。

3. 关注学习过程，"教师评"转变为"学生评"

围绕语篇主题意义探究，基于英语学习活动观的英语教学，有别于传统的以词语和句法为核心的外语教学，可以使教师引导学生在探究语篇主题意义的各种语言活动中学习和尝试使用语篇主题情境中的语言，做到纲举目张，也可以激发学生的学习兴趣和对深层、广阔相关意义的探究，有助于学生协同发展英语学科的核心素养，是学生全人发展所必需的（梅德明，王蔷，2018）。例如在该堂写作课中，教师放手让学生修改习作，引发学生讨论、质疑并进行互相评价，而不是用教师自己的评价或打分来代替学生的理解。课堂中，把评价权给予学生，给学生多一点活动空间和表现机会，就能让学生多一些成功的体验，多释放一些个性的潜能。

4. 完善与推进

（1）围绕主题语境的单元设计，阅读、词汇和写作教学在系列教研活动中都以区级以上的公开教学进行展示，取得了良好的效果。在未来的教研活动中，希望尝试更多的围绕主题语境的"阅读+"课型，也使更多的青年教师脱颖而出。

（2）在系列教研活动公开展示准备期间，青年教师组成团队，互相听课、磨课，对每个课型都有了自己的思考和反思。希望能够将每个课型都撰写成课例，及时记录在备课和上课过程中引发的点滴思考。

（3）为了进一步推进和深入围绕主题语境的单元设计，需要设计听课观察表，为提升各类课型的课堂教学积累实证。

结语

以英语阅读为基础，结合阅读文本所提供的主题、情境、词汇、语法、文本特色等为听说读写看等板块教学做充分的准备，"阅读+"的教研活动在七宝中学还将继续。

参考文献

［1］中华人民共和国教育部. 普通高中英语课程标准（2017 年版 2020 年修订）［M］.北京：人民教育出版社，2020.

［2］梅德明，王蔷.改什么？如何教？怎样考?：高中英语新课标解读［M］.北京：

外语教学与研究出版社,2018.

[3] 上海市教育委员会教学研究室.高中英语单元教学设计指南[M].北京：人民教育出版社,2018.

[4] 尤小平.学历案与深度学习[M].上海：华东师范大学出版社,2017.

[活动点评]

本案例旨在依托单元整体设计为总体框架,通过关注主题语境为导向,探索阅读教学效益的最大化,实现"阅读+"的阅读教学溢出效应。"双新"以来,"单元整体教学设计"得到空前重视。这一教学理念旨在让学生把教学情景作为一个整体来感知,同时教师也把教学情景作为整体来呈现。在整体中呈现出的主题语境有助于学生对语言的感悟,有助于培养学生的学习动机和积极性。本教研案例为系列活动,活动设计中兼顾了理论学习和课堂教学实践。理论学习和专家讲座等充实了教师的理论素养,为后续的课堂教学研讨奠定了扎实的基础。案例研究中提出了"对文本解读的再次认识""对单元设计的再次认识"和"对课堂评价的再次认识",是对过往教学的总结,也是对教学中存在问题的有效梳理,为教研明确了研究的内容和方向。通过这次教研,教师们更明晰教学整体设计的价值,重新审视了阅读教学的作用,在"阅读+"的教学观念引导下将阅读教学与词汇、语法、听说、写作等有机结合,较好地探索了阅读教学最优化的路径和方法。建议在探索"阅读+"的过程中更多地积累可供复制的经验和做法。同时把"阅读+"教学研究常态化,动员更多的教师在前期研究的基础上实践和完善已有的"阅读+"教学模式。

（点评人：上海市闵行区教育学院　汤溶）

作者简介

马霄燕,上海市七宝中学英语教研组长,中学英语高级教师,闵行区学科带头人,闵行区和上海市高中英语学科中心组成员。曾获得首届全国中小学外语教师名师和教学能手称号,闵行区园丁奖,闵行区"记功",上海市中小学中青年教师教学评选活动一等奖,上海市中小学优秀作业,试卷案例征集高中英语学科二等奖等奖项和荣誉。发表多篇论文和课例，主持区级课题，上海市青年教师课题《元认知策略运用与提高优秀生英语阅读能力相关性研究》荣获课题成果鉴定三等奖。

张依，上海市七宝中学英语教师，毕业于华东师范大学，闵行区第四届英语骨干基地成员。2020年荣获闵行区中青年教师教学评选二等奖，多次参与区级课题和项目组，进行教学活动设计和课例研究。

优化校本教研活动,打造"主动·有效"课堂

——"激活—展示—运用—整合"阅读教学模式的探讨与实践

上海市崇明中学　沈　柳

引言

　　校本教研指的是以教学为研究中心,以课程实施中教师所面对的具体教学问题为研究对象的教研活动,其中心目标是教学效果的优化和教学质量的提升。《普通高中英语课程标准(2017 年版 2020 年修订)》指出,学科教研组要构建新型的教师学习共同体,在教学中不断总结和提炼发展学生核心素养的有效途径、方法、策略,共同探讨和解决教学中遇到的问题,形成教师之间相互支持、相互学习和共同进步的专业发展机制(教育部,2018)。课标既提出了学科教研组发展的目标,也指明了实现目标所依托的校本教研的内容。本案例以崇明中学英语教研组 2018 学年第二学期的系列教研活动为例,研究并总结校本教研的新模式及其对英语阅读教学模式探讨和实施的指导意义。

一、教研理念与经历

1. 教研理念

　　在新课程改革背景下,崇明中学英语教研组以高昂的热情,积极探索新型的校本教研模式,解决学科教学中的关键问题,从而使教研活动真正体现指导教学、改进教学、服务教学的目标。我们贯彻"以理论为依据、以问题为导向、以项目为抓手、以课堂为阵地"的教研理念,确保教研活动的有效性和持续性。通过分析并梳理教学实践中的典型

问题,然后将其转化为教研主题,同时形成主题化、系列化的教研内容,从而突破校本教研在内容、模式、管理等方面的瓶颈,使其真正成为优化师资队伍,提升教学效果,深化课程改革,落实新课标的重要途径和方式。

2. 教研经历

笔者担任崇明中学英语教研组长已有十余年,一路走来可谓喜忧参半。崇明中学英语教研组是一支蓬勃向上、积极进取、不断开拓、勇挑重担的队伍;又是一个勤奋团结、充满活力、互帮互学、求实创新的集体。多年以来,英语组的老师通力合作,取得了较为令人满意的成绩。我们全员参与每学期的主题教研活动;我们利用"走出去,请进来"的形式,协调校内外资源,多渠道提升教研质量;我们以骨干教师示范教学活动为契机,认真开展课堂教学有效性的研究,展示骨干教师优秀的教学素养,发挥名师、学科带头人和教学标兵等的引领辐射作用,进一步推进英语组师资队伍的建设。

然而,教无止境,在"双新"推进的过程中,我校的校本教研也面临着前所未有的挑战。审视目前中学英语教研情况,不难发现还存在着"活动内容泛化、活动形式单一、活动深度不够、教师被动参与"等现实隐忧,导致教研活动效果不佳。因此作为最基层的教研团队,学科教研组长必须结合本校的实际情况,发挥教研团队和教师个体的优势,营造良好的教研氛围,理性地剖析和反思学科教学各个环节中所存在的问题,以便寻求更好的解决办法,从而切实提高课堂教学的有效性,全面提升教学质量。

下面笔者就以 2018 年度第二学期我们英语组的教研活动为例,谈谈我们是如何在校本教研中体现并实践我们的教研理念,从而优化学科教研效果。

二、教研活动设计与实施

1. 教研背景

为全面贯彻《国家中长期教育改革和发展规划纲要(2010—2020年)》精神,扎实推进课程改革,切实优化教学策略,转变教学方式,提高课堂教学效益,全面提高教学质量,从 2010 年 5 月开始,崇明区教育局以区域课堂教学和教师的发展状态为主要依据,启动"主动·有效"

课堂达标与提升工程。在前两轮实践的基础上，2018 年 12 月启动了第三轮"主动·有效"课堂实验项目。崇明中学是第三轮"主动·有效"课堂实验项目基地学校，为此我们英语教研组也组建了一个以中青年骨干教师为主的"主动·有效"课堂实验项目团队，团队的主要任务是探究一个行之有效，可以在全区推广的阅读教学模式。2019 年 4 月，市教研室举办"建设教师理解的课程——中学英语单元教学设计与实施"教研活动，我们参赛的授课材料为《高中英语（上教版）》Unit 3 Creativity 主阅读"The stories behind the names"，这个材料对我们所有教师而言无疑是个全新的挑战。虽然阅读课的教学设计在高中英语公开课教学中是一个常见课型，但是如何把这次参赛的阅读课堂教学设计和项目组阅读模式探究的任务无缝衔接，是摆在我们教研组面前的一项艰巨而又光荣的任务。在教研组长的带领下，项目组成员以高昂的热情、刻苦的精神、砥砺前行的姿态展开了本学期一系列的教学研讨活动。

2. 教研主题及范围

基于以上两个任务，我们确定了本学期的教研主题"探讨阅读教学模式，打造'主动·有效'课堂"。我们以《高中英语（上教版）》Unit 3 Creativity 主阅读"The stories behind the names"为例探讨阅读教学模式，并积极备战 2019 年上海市高中英语教学展示活动。我们围绕这一主题开展了一系列的教研活动，如：关于阅读模式的理论学习、践行阅读模式的课堂研究、分享经验的区级展示活动等（见表 1）。我们全体教师齐心协力，克服了时间紧、任务重、要求高的各种困难，在有限的时间内出色地完成了阅读模式的探究、新教材课例研讨活动，使校本教研真正助力教师和学生综合素养的提升。

表 1　系列教研活动

序号	活动内容与要点	活动层级	活动地点	主讲教师	活动时间
1	崇明区新教材调研优秀课例评比活动（4 位"主动·有效"课堂实验项目团队成员参赛）	区级	崇明中学	梅瑛 施冰清 金明月 王璐	2019 年 3 月 14 日

序号	活动内容与要点	活动层级	活动地点	主讲教师	活动时间
2	微型讲座 "激活—展示—运用—整合"的阅读教学模式的理论及运用	校级	崇明中学	沈柳	2019 年 3 月21 日
3	课堂磨课研讨活动一 内容：Unit 3 Creativity 主阅读 "The stories behind the names" 目的：课堂整体框架的确定+阅读模式的初步实践	校级	崇明中学	梅瑛	2019 年 3 月28 日
4	课堂磨课研讨活动二 内容：Unit 3 Creativity 主阅读 "The stories behind the names" 目的：完善阅读模式，关注课堂细节	校级	崇明中学	梅瑛	2019 年 4 月4 日
5	参加 2019 年上海市高中英语教学展示活动 （比赛结果：获上海市一等奖）	市级	复兴高级中学	梅瑛	2019 年 4 月10 日
6	阅读教学中践行英语活动观——崇明区第三轮"主动·有效"高中英语阅读课教学模式探究展示活动 （详见案例）	区级	崇明中学	梅瑛 施冰清 沈柳 沈宇丹	2019 年 4 月25 日
7	阅读教学课堂研讨 内容：《高中英语（牛津版）》Unit 5　Live in harmony　Reading：Green Orchids 目的：践行阅读教学模式，打造"主动·有效"课堂	区级	崇明中学	李响	2019 年 5 月30 日

新课程　新教材　新教研

3. 教研内容与形式

从表1可以看出，本学期我们的教研活动始终围绕阅读教学这一主题展开。从内容上来看，立足课堂，围绕阅读教学模式的实践和提炼进行了系列研讨。从空间上来看，融合了不同层级的教研，把区域教研和校本教研深度融合。从形式上来看，则采用了"集体备课—反复研磨—个人展示—共同反思"的研修模式。

4. 教研活动设计与实施步骤

本案例介绍的主题教研活动是这一系列活动的第6次活动，也是本学期我们英语组"主动·有效"项目组的一次区级展示研讨活动，来自全区50多位教师参与了此次教研活动。

（1）教研目标

通过本次主题教研活动，把项目团队的研究成果，即"激活—展示—运用—整合"的阅读教学模式在区级范围加以辐射、推广，从而引发兄弟学校教师对阅读教学深层次的思考，激励他们深入学习新课标，尝试研究新教材，扎扎实实开展课堂教学研讨活动，使培养学生核心素养的理念真正落地生根。

（2）活动内容

本次活动的主题为阅读教学中践行英语活动观——崇明区第三轮"主动·有效"高中英语阅读课教学模式探究展示活动，活动于2019年4月25日在崇明中学举办，本次活动的形式主要以课例展示、同伴解读、执教教师课后反思、评课研讨和微型讲座为主。

（3）实施过程

① 准备阶段

A. 教学展示课的准备

为了更好凸显主题，我们教研团队精心打磨教学展示课，执教教师把备课磨课中的主要问题、对策选择、教学调整原因等教学背后的思考整理为说课的材料，以备在互动研讨阶段交流分享。

B. 第三轮"主动·有效"课堂教学设计表的研制

基于本次活动的主题和教研的关注点，为了使教师们对我们的阅读教学模式有一个更清晰的了解，我们研制了一张课堂教学设计表，上面有关于本节展示课以及阅读模式的详细介绍。

C. 基本流程的设计

本次主题教研活动的基本流程如表2所示。

表 2 "阅读教学中践行英语活动观"主题教研活动流程

时　间	活 动 内 容	执教/发言	设 计 说 明
13:00—13:15	活动说明与观课分工	沈宇丹	利用活动前 15 分钟,教研员介绍本次活动的设计初衷,并明确各校观课评课的分工任务。
13:15—13:55	集体观课 Unit 3 Creativity 主阅读"The stories behind the names"	梅瑛	各校根据分工,从不同的角度进行观课记录并依照课堂观察表进行评价。
14:00—14:10	同伴解读	施冰清	由执教老师备课组团队中的一个同伴对本节展示课的设计思路、问题对策、当堂教学效果等方面进行解读。
14:10—14:20	执教教师课后反思	梅瑛	执教教师对自己当天的上课感受、学生的课堂表现、教学目标的达成度等方面进行即时的反思。
14:20—14:50	各校教师代表评课研讨	各校教师代表	围绕教研活动主题开展研讨活动,进行现场互动交流、反思分享。
14:50—15:10	微型讲座 主题:探讨阅读教学模式,打造"主动·有效"课堂	沈柳	由项目学校的教研组长做关于本次活动的主题报告。
15:10—15:30	教研员主旨发言	沈宇丹	对崇明区第三轮"主动·有效"高中英语阅读课教学模式的探究和展示作阶段性总结。

② 展示研讨

A. 观摩阅读展示课

本次主题教研的展示课是由获得 2019 年上海市高中英语教学展示活动教学展示一等奖的梅瑛老师执教,旨在将我们项目组探究的"激活—展示—运用—整合"的阅读教学模式在区域范围内做进一步的推广,下面是该阅读模式在本节课中的体现:

a. 激活知识、引发兴趣:教师布置课前交流,鼓励学生分享常见的艺术形式和对两位艺术家的了解,激发学生对艺术的兴趣;学生关注身边的艺术,从而萌生对两位艺术家的兴趣。

b. 展示内容、梳理信息:教师展示语篇内容,指导学生分组阅读,获取信息,把握结构,理解文本;学生阅读文本,抓住主线,合作交流,概括要点,提升语言能力。

c. 应用信息、进行比照:教师布置任务,设置引导性问题,促进学生用英语交流,在阅读中获取两位艺术家的信息;学生分享讨论,记录结果,进一步应用这些信息分析,比照两位艺术家的人生之路和艺术之旅。

d. 整合文本、表达观点:教师为学生搭建实践运用的新平台,以此提高学生信息整合和交流表达的能力;学生对信息进行分析和筛选,充分整合文本信息与应用环节中分析讨论的成果,表达观点。

B. 同伴解读

施冰清老师与执教者梅瑛老师同属一个备课组,她作为梅瑛老师的同伴,经历了这节课诞生的全过程。她在解读这节课例时,介绍了这节课主要经历的四个阶段,并认为这节课主要解决了三个问题,涵盖了三类学习活动。

首先,这节课在准备过程中主要经历了四个阶段:

a. 理论学习后,梅老师以学生为中心,构建课堂,谋划设计。

b. 研读教材后,梅老师以问题为导向,找准方向,坚定思路。

c. 同伴互助后,梅老师以"激活—展示—运用—整合"为模式,设计活动,促进理解。

d. 专家引领后,梅老师以有效反思为手段,提出困惑,改进课堂。

其次,试讲之后,在专家的指导下,梅老师反思自己的教学过程,并着重解决了三个问题:

a. 如何在一节课有限的时间内既能完成基本信息的获取和梳理,又能进行适当的深度阅读?

b. 如何建立课前、课中和课后的联系,提升学习效果?

c. 如何体现英语学习活动观,促进学生核心素养的有效形成?

最后,从教学思路而言,读中、读后活动的设计由浅入深,涵盖了三类学习活动,指向不同核心素养的培养。

C. 执教教师反思

执教本节课的梅瑛老师在课后的即时反思中认为,本次课堂呈现的效果比较好,主要原因是在深入语篇解读的基础上,采用了恰当的方式,引导学生开展了基于语篇、深入语篇和超越语篇的学习活动。

a. 在语篇信息输入分享阶段,设计了两大活动,解决语篇术语多、篇幅长的问题。利用任务单建立了 Word Bank,帮助学生扫清阅读障碍;采用互补式的阅读方式(Jigsaw Reading),通过阅读和倾听实现了信息的输入。

b. 在语篇信息分析归纳阶段,通过问题,引导学生比较与分析两位艺术家的相同点和不同的人生结局。通过小组讨论,班级分享,教师总结,引发学生的思辨。

c. 在语篇信息整合迁移阶段,通过预先创设的情境引导每个小组进一步梳理新学内容,并选取一个印象最深刻的角度复述,陈述理由,并思考可能对自己生活的影响。利用 Checklist 进行同伴互评时,做到认真倾听,积极反思。

D. 微型讲座

崇明中学英语教研组长沈柳老师以微型讲座的形式简单回顾并总结了项目组的研究成果,并用课例说明践行英语活动观对打造主动有效课堂的深远意义。

首先,沈老师对"主动·有效"项目组所推行的"激活—展示—运用—整合"阅读模式进行了简要的说明,包括该模式的理论依据、基本框架、环节说明、研究过程与效果等,使教师们对该阅读模式有了更深入的了解,为今后的阅读课堂教学设计提供了坚实的保障。

接着,沈老师结合 2019 年上海市高中英语教学展示活动中的优秀课堂教学设计,以市三女中徐迪老师的一节阅读教学设计(第一课时)为例,与教师们一起探讨如何将课程的六要素有效融合在学习理解、应用实践和迁移创新这三类相互关联的学习活动中,打造真正体现新课标精神的主动有效课堂。通过对案例的教学目标和主要教学活动设计的剖析和解读,强调阅读教学中践行英语学习活动观的重要性和必要性,并要求全体教师从活动观的角度重新审视自己的课堂教学设计,整合课程内容,优化教学方式,为学生设计有情境、有层次、有实效的英语学习活动,使学生核心素养的培养落地、生根。

5. 教研活动成效

本次区本和校本联合举办的主题教研活动取得了预期的效果。在展示课上,梅老师把"主动·有效"课堂"激活—展示—运用—整合"的教学模式特点展现得淋漓尽致,从"激活知识、引发兴趣",到"展示内容、梳理信息",再到"运用文本、比较异同",最后到"整合文本、表达观点",层层递进式引导学生主动探究文本内容,是一堂可复制性强的优质示范课。梅老师的课堂教学特色鲜明、亮点频现。首先,通过拼图式阅读教学策略,巧妙地解决了阅读篇幅和课堂时长之间的矛盾,也激发了学生的阅读兴趣与交流热情。其次,教师引导学生通过信息获取、比对、概括等一系列阅读活动,将文本的主线和框架清晰地呈现出来。在阅读教学过程中,教师对课堂的掌控张弛有度,既给予学生明确的指示,也适时地松开束缚,给足学生自由表达的时间与空间,由此彰显了"以学生为主"的教学理念。通过层次清晰的课堂教学活动,学生既对文本内容进行了纵向立体的剖析,提升了文本立意,又横向比较了人物的差异,丰富了文本内涵。这样的课堂教学模式不仅帮助学生透彻地理解了文本,更能引导他们树立正确的人生观。

本次课堂教学实践与教学研讨活动的有效开展,受益于整个团队的齐心协力,为活动开展提供了坚实保障。教研员的精心指导与组织、任课老师的倾情投入、同伴老师的深入解读以及"主动·有效"课堂实验项目组团队成员的积极参与,让整个活动顺利进行。另一方面,全新的教材和创新的设计理念,在激发学生学习热情的同时,也开拓了教师的视野,提升了教学理念。很多评课教师对以下几个方面印象深刻:一是导入部分很巧妙,有效激发了学生的学习动机;二是比较人物差异时,对"nature & nurture"的提炼及对"Work to live"or"Live to work"的发问,有效激发了学生的内在学习动力,既挖掘了文本的深层内涵,又激活了学生的创新能力和思维能力,真正践行了"为主动学而教"的课堂教学理念。教研组长的微型报告则利用这次新教材试教调研课例研讨活动中的最新案例,从英语学习活动观的角度重新分析、审视阅读课堂教学设计的合理性和有效性,鼓励教师整合课程内容,优化教学方式,为学生设计有情境、有层次、有实效的英语学习活动。这次微型讲座也为本学期的最后一次主题教研活动做了理论上的铺垫和支撑,真正做到了实践技能与理论知识双提升。

这次区、校联动的主题教研活动把本学期我校系列校本教研活动推向了高潮。教师们纷纷表示这是一次真正意义上能够引发思考的教研活动,对今后的教学有积极的指导意义。

三、教研感悟

(一) 收获与共识

本次主题教研活动,以课例展示、同伴解读、评课研讨、课后反思、微型讲座为主要活动形式,充分展示了我组"以理论为依据、以问题为导向、以项目为抓手、以课堂为阵地"的教研理念。回顾整个主题教研活动的设计和开展,收获良多,并在以下几个方面达成了共识。

1. 以理论为依据,转变教学观念,打造高效课堂

要探究一个真正体现"主动·有效"课堂的阅读教学模式,理论学习是根本保障。因此在项目启动之初,我们围绕阅读教学模式的探究组织了多种形式的理论学习,有主题讲座、小组讨论交流、个体自行研修等,旨在让教师们转变传统的教学观念,并深入了解本模式的理论依据,以确保研究的科学性和可行性。本模式的主要理论依据是建构主义理论。建构主义认为,知识不是通过教师传授得到,而是学习者在一定的情境下,借助其他人(包括教师和学习伙伴)的帮助,利用必要的学习资料,通过意义建构的方式而获得。"情境""协作""会话"和"意义建构"是学习环境中的四大要素。在这种模式下,教师是为学生主动学而教,"学"是教学的出发点和落脚点,教学围绕"学"来组织、设计、展开。这种理论和我们的"主动·有效"课堂高度吻合,我们的理念就是把课堂还给学生,高度激发、调动学生的主观能动性,并实现学习上的高效果、高效率、高效益。

2. 以问题为导向,确定教研主题,优化教研效果

教研主题是教研活动的方向,如果主题缺乏或不合理就会导致教研活动目标不明确、教研活动浅表化等问题。教研主题的确定可以使教研活动更具针对性、实效性,是教研活动有效开展的保障。本次教研活动主题的确定源自我们对阅读教学中存在问题的思考和分析,我们

通过阅读教学的常规调研、师生的问卷调查、阅读测试的分析等发现，学生在阅读上花了大量的时间和精力，教师们也进行了各种阅读技巧的训练和指导，但是收效甚微。因此我们团队一致认为，探讨一个高效的阅读教学模式，解决阅读教学低效问题是当务之急，由此确定了我们本学期的教研主题。然后我们结合市、区的各项活动，精心策划、安排、组织、反思、总结我们的校本教研活动，形成校本教研"目标明确化、内容具体化、过程高效化、成果丰富化、教研团队化"的"五化"特色，真正把教研活动做真、做实、做精、做优。

3. 以项目为抓手，研究阅读模式，分享教学经验

"主动·有效"课堂实验项目给我们的校本教研带来了任务驱动，使我们能通过完成一个项目不断总结修正，积累经验，完善做法，以点到面推广可行之道。"激活—展示—运用—整合"阅读教学模式的诞生不是一蹴而就的，而是项目团队成员共同努力、潜心研究、反复尝试的结果。通过区、校联动的经验分享展示活动体现了"让内容充满思想和学术，让过程充满魅力和愉悦，让结果充满智慧和启迪"的追求和效果。

4. 以课堂为阵地，改善教学设计，提升学科素养

要提升教师的教学能力，就必须关注课堂，因此以"课"为核心，组织教师开展活动成了我们教研的常态。我们要求教师深入研究教材、教法、教学对象，领会先进的教学理念，在课堂中互相学习、全面反思、共同提高。本次主题教研活动的核心就是一堂体现阅读教学模式的展示课，这堂课的诞生经历了多次的课堂研磨，反复修改教学环节的设计，通过试讲、反思、磨课、修改、再试讲，我们参与磨课的教师跟着一起紧张，一起高兴，这是共同学习和提高的过程，也是帮助青年教师加速成长、提升学科素养、展示教学能力的舞台。

5. 以教研为途径，践行实践成果，扩大教研影响

作为本次教研活动的延续，我们后续还跟进了一次阅读课堂教学研讨。2019年5月30日，在教研员的精心组织和指导下，区高二年级的研训一体活动在我们学校举行。本次活动的主题为"英语学习活动观在阅读教学中的实践"，由李响老师在高二(7)班执教牛津教材高二第二学期 Unit 5　Live in harmony Reading：Green Orchids，该课例后

来还参与了 2019 年"一师一优课,一课一名师"的评选,并被评为市级和部级优课。该单元教学设计围绕人与自然中环保这个主题语境展开,每个课时的教学目标指向学科核心素养发展,教学活动设计充分体现了上次教研活动微型报告的理念。本次活动不仅为我校构建"主动·有效"课堂的系列主题教研活动画上了一个圆满的句号,而且在区域内产生了积极深远的影响。

(二)反思与改进

虽然本次教研活动顺利完成,达到了我们预期的教研目标并收获了教师们积极的反馈,但有些方面还有待进一步思考和改进。

首先,关于主题教研活动的评价。本活动虽然使用了课堂观察表,但没有针对项目提倡的课堂教学模式设计专门的课堂观察表,而且对活动本身也没有评价工具,缺乏具体的评价指标,因此需要思考如何设计教研评价表,有效利用工具为教学研讨积累证据,为优化教研提供方向。

其次,关于阅读教学模式的推广。从课堂教学的主动有效性来看,本模式能激发学生的学习热情,抓住语篇的核心,找准英语课程的任务,并积极开发和合理利用各种资源。但是这种模式对于不同体裁的阅读文本可能存在局限性,而且对于教师的文本解读、教学设计、课堂教学和教学研究能力等方面都提出了更高的要求,因此需要教师能根据具体的教学内容进行灵活调整,从而优化并完善该模式。另外,要鼓励教师们养成终身学习的习惯,积极投身新课改,及时总结新经验,不断提升综合教学素养,为新课标的落实奠定扎实的基础。

结语

校本教研无疑是教师成长和专业素养提升的重要推手之一。作为教师,我们应该在教学实践中发现问题,通过思考、计划、实践和评价,寻求解决问题的办法,最终改进教学和自我发展。记得梅瑛老师教授给学生:绘画是凝固的音乐,音乐是流动的绘画。这一句将阅读文本内容中提到的两种艺术巧妙的结合,同时也让我豁然开朗:设计是凝固的课堂,课堂是流动的设计。通过校本教研,我们不仅探索出了阅读教学设计的基本模式,而且在教学中不断地将之完善、优化,因为教学和教研本来就是相互依赖、相互促进、密不可分的两个方面。我们本次介绍的案例总结下来就是十六字校本研训模式"集体备课—反复研磨—个人展示—共同反思"，但笔者相信还有很多研训模式等着我们去尝试，只要我们共同努力、不断创新、智慧共享，就一定能打造具有"时代特色、学科特色、校本特色"的教研文化。

参考文献

［1］中华人民共和国教育部.普通高中英语课程标准（2017年版2020年修订）［M］.北京：人民教育出版社，2020.
［2］梅德明，王蔷.改什么？如何教？怎样考？：高中英语新课标解读［M］.北京：外语教学与研究出版社，2018.

[活动点评]

该教研案例是崇明中学英语教研组申报的崇明区第三轮"主动·有效"课堂实验项目的一部分，是围绕项目开展的一系列主题教研活动。以项目为抓手，主要亮点如下：

首先，项目组成员的配备为项目的顺利推进创设了条件。该项目由教研组长、区学科带头人沈柳老师领衔，其他骨干教师，如特级教师、瀛洲名师沈春泉老师引领，中青年教师作为项目组重要成员，集聚了教研组的中坚力量，还有教研员参与和指导，这些都确保了项目的顺利推进。

其次，项目主题的确定兼顾了理论和教学中的实际问题。根据区第三轮"主动·有效"课堂实验项目的要求，要进行课堂教学模式的探索，因此，项目组成员在学习理论后，以建构主义理论和新课标提出的英语学习活动观为基础，结合学科特点和日常教学中的常见问题，提出了"激活—展示—应用—整合"的高中英语阅读教学模式，为后续的项目研究确定了方向，也确保了主题的科学性和可行性。

此外，校、区、市三级教研联动，为教研成果的辐射提供了平台。项目组的研究成果不仅与市级课堂教学评比进行了融合，还通过区级教研平台进行了展示，推动了教研成果的辐射。这一以项目为抓手的系列主题教研活动不仅促进了项目组成员的教学研究能力的提升，也助推了区域层面的教研，是行之有效、可以复制的教研模式。

当然，如果能为主题教研设计专门的教研工具，会更有助于教师理解和践行其倡导的教学理念。

（点评人：上海市崇明区教育学院　沈宇丹）

作者简介

　　沈柳，上海市崇明中学英语教研组组长，中学高级教师，上海市普教系统"双名工程"第三期中学英语一组学员，第四期攻关计划学员，高中英语学科带头人。以讲究艺术、激发兴趣、追求卓越为教学特色，教学成绩优秀，几十位学生在市级以上的竞赛中获奖。参与撰写了《高中英语课堂教学设计丛书》系列之词汇和写作设计；参与了市级课题《中学"六要素整合"的学习评价工具的开发和运用》的研究；参与了市级《高中英语单元教学中主题词汇的教学策略探究》的项目研究。报送的课例被评为"一师一优课、一课一名师"部级和市级优课。曾获上海市"金爱心教师"称号，上海市教育系统"三八红旗手"称号，上海市优秀作业试卷设计三等奖，"崇明区园丁奖"，崇明区教育局记大功奖，崇明区中小学"十佳教学之星"提名奖称号。

基于核心素养的"问题引领式"高中英语阅读教学活动探究

上海师范大学第二附属中学　戴　燕

引言

　　英语学科核心素养是英语学科育人价值的集中体现。我校课堂教学围绕落实学生核心素养为目标,以"落实新理念,用好新教材"为重点,以单元整体教学设计与实施为抓手,有序、有重点推进"问题引领式"课堂教学改革。围绕"问题引领式"的课堂教学范式,我们英语教研组开展了一系列的研究和实践。《普通高中英语课程标准(2017年版2020年修订)》(以下简称"新课标")在课程实施建议中指出"有效的英语课堂是在教师的引导下,以问题为导向,师生共同对主题意义开展的研究"。为此,我们教研组通过本次主题教研活动,理论结合教学实践,探索如何在阅读教学中,基于问题引领,即通过从理解到应用、从分析到评价等有层次的课堂提问,引导学生深入研读语篇,探究文本主题意义,在学习理解、应用实践、迁移创新的活动中,提升学生的思维品质,培养学生的英语学科核心素养。

一、教研理念和经历

　　课堂提问是学生学习语言的重要途径,也是启迪学生积极思考的驱动力。它可以及时检查学情,开拓学生的学习思路,启发学生的思维,调整教学进程,活跃课堂气氛,促进课堂教学的和谐发展。它也是教师输出信息,传递信息和获得教学反馈的重要渠道。众所周知,高中英语阅读课上,教师无论是激活学生已有的背景知识,引发学生的阅读兴趣,还是检测学生对所阅读文本的理解及帮助学生深层次地理解文本的内涵,再或是培养学生的阅读技巧和策略,或者是更高层次地激活学生的思维,从而引发学生学习英语的兴趣,最常用和有效的手段就是使用提问这一方法。因此,高中英语教师必须重视阅读课上的提问策略,提高自己的提问水平,尽可能提出有效问题,以培养学生良好的阅读技巧和习惯,从而提高学生英语阅读的能力,促进学生英语整体水平的提高。

在阅读教学过程中,教师要围绕主题意义,设计一系列紧密相连、由浅入深的引领性问题来引导学生对文本内容进行梳理和理解,领会作者通过语言所表达的思想或意图。因此,"问题"作为一项可操作、演示、评价的课堂教学技能,贯穿整个教学过程,直接影响阅读教学质量,对学生批判性思维能力的培养起着至关重要的作用。

二、教研活动设计与实施

1. 教研背景

我校英语教研组紧紧围绕新课程新教材的要求,结合学校特色高中创建,从本校学情实际情况出发,定期开展了系列主题化、序列化的校本教研活动,形成了教研组的教研特色。本学期,教研组积极探索"高中英语'问题引领式'阅读教学环节设计与实施"的课堂范式,并在实践中不断完善和优化。

《新课标》提出了指向学科核心素养发展的英语学习活动观,并把英语学习活动分为三类,即学习理解类、应用实践类和迁移创新类。按照布鲁姆的认知目标分类法(Bloom, et al. 1956),将阅读教学中设计的问题分为展示型、参阅型和评估型三类。我们通过系列主题教研活动,探究如何结合阅读教学中的读前、读中、读后三个环节,设计不同类型、不同层次的问题,切实提高阅读教学的时效性,将培养学生核心素养的任务落到实处。

2. 教研活动预期目标

(1)通过此次教研活动,形成"高中英语'问题引领式'阅读教学环节设计与实施"的范式。形成可达成、可操作、可检测的"问题引领"下的高中英语阅读教学设计和操作。

(2)提高阅读活动中问题设计的含金量,指导学生整体把握语篇内容和结构,加深主题意义的理解,引导学生的思维由"低阶"向"高阶"逐步提升,促进学生英语学科核心素养的发展。

（3）每位教师重视阅读课上的提问策略,提高自己的提问水平,尽可能提出有效问题,以培养学生良好的阅读技巧和习惯,从而提高学生英语阅读的能力,提升学生的思维品质。

3. 整体规划

（1）系列教研活动设计

如表1所示,2021年2月至2021年6月,上师大二附中英语教研组设计了"问题引领式"系列教研活动。

表1 "问题引领式"系列教研活动

时　间	教　研　主　题
2021.2.24	"问题引领式"课堂内涵及实施策略研究
2021.3.3	"问题引领式"课堂与生态科技教育融合路径探究
2021.3.17	"问题引领式"课堂教学课例的研训
2021.4.6	"问题引领式"课堂教学范式的研究
2021.4.13	基于核心素养的"问题引领式"高中英语阅读教学活动探究（一）
2021.4.27	基于核心素养的"问题引领式"高中英语阅读教学活动探究（二）
2021.5.12	基于核心素养的"问题引领式"高中英语听说教学活动探究（一）
2021.5.26	基于核心素养的"问题引领式"高中英语听说教学活动探究（二）

（2）具体教研活动案例

本案例介绍的是基于核心素养的"问题引领式"高中英语阅读教研活动,也是我校迎接上海市"课程与教学"调研活动中,现场展示的一次主题教研活动。上海市教研员汤青老师和区教研员,还有英语组全体教师参与了此次教研活动。

4. 实施过程

（1）准备阶段:

① 每位教师研读课标,阅读有关理论书籍,如《普通高中英语课

程标准(2017年版2020年修订)解读：理论与实践》《落实学科核心素养在课堂：高中英语阅读教学》《英语教学中的问题设计》等系列丛书。

② 认真学习我校提出的"问题引领式"课堂教学范式的有关文件。

③ 各备课组开展基于问题引领的英语阅读课堂教学实践,并组内开展课例研训。

（2）研讨阶段：

① 教研组长综述本次主题教研活动的背景和意图。

《新课标》提出了指向学科核心素养发展的英语学习活动观,并把英语学习活动分为三类,即学习理解类、应用实践类和迁移创新类。结合阅读教学中的读前、读中、读后三个环节,设计不同类型、层次的问题,切实提高阅读教学的时效性,将培养学生核心素养的任务落到实处。阅读教学三个环节中三类活动的特征和常见形式见下表2。

表2 阅读教学中三类活动的特征和常见形式

阅读教学环节	问题类型	活动类型	目 的	形 式	与语篇关系
读前（Pre-reading）	理解性问题（展示型问题）	学习理解类	了解所涉及的语篇的主题、概念、核心语言以及文本与学习者的经验和生活的联结。	运用图式理论（Schema Theory）；KWL图表、信息分类、梳理脉络、提取主旨等。	基于语篇（Read the lines）
读中（While-reading）	应用性问题（参阅型问题）	应用实践类	了解更多文本细节,深入理解文本信息点之间的联系,解读作者意图和隐含意义以及赏析文本表达方式。	整理思维导图、解读隐喻、复述与转述、概要写作、评价内容、互动质疑等。	深入语篇（Read between the lines）

阅读教学环节	问题类型	活动类型	目 的	形 式	与语篇关系
读后（Post-reading）	拓展性问题（评估型问题）	迁移创新类	形成观点、输出预压、发展思维、表达思想、促进学生	评论观点、辩论、续说与续写、表演、报告及海报制作等。	超越语篇（Read beyond the lines）

② 各备课组长主题发言交流。

a. 高一交流主题："双新"背景下,如何结合新教材的实施,基于问题引领,设计有效的阅读活动(即有效的读前、读中、读后活动)?

> 杨老师:
>
> 新教材为我们提供了更丰富的、更与时俱进的话题语料,教学参考资料也为教师的教学提供了更详细的流程设计和辅助材料,包括很多实用性的、引导性的问题。
>
> 一、关于读前问题设计:读前活动以激发学生的阅读兴趣为原则,设计贴近学生生活的问题,激活学生已有的背景知识,让学生为阅读做好心理和知识准备,常用的是预测法提问,比如标题预测法、图片预测法或是回答问题预测法。
>
> 二、关于读中问题设计:读中是整个阅读过程的重点,以提高学生分析和解决问题的能力为原则,采取略读、寻读和细读的方法使学生快速获取文章大意、快速查找具体信息、仔细寻找细节信息,并对这些信息进行加工处理。各个环节设计的问题应该相互关联、层层深入。
>
> 三、关于读后问题设计:读后活动以培养学生综合运用语言能力为原则,采用拓展创新的方法。问题设计重点避免大而空,要选准切入点,小而实在,有针对性,这样学生会思考得更严密,语言表达更精准。

b. 高二主题交流:阅读过程中,如何通过问题引领,引导学生深度阅读,促进学生的思维发展?

高老师：

为引导学生深度阅读，我们在设计问题时，需要把重点放在应用性问题和拓展性问题。

一、在应用性问题中，教师引导学生对某些容易被忽视但十分有价值的重要细节进行深挖，以问题为向导激发学生的探究能力，培养他们捕捉关键信息的洞察能力。

二、在拓展性问题中，教师设计问题引导学生对文本话题、内容、作者观点进行进一步的深入思考，使学生能够思辨地看待文本内容或者作者观点，形成并完善思考和解决问题的方法和态度，成为一个有判断力的读者。

三、其次，教师所设计的问题要有整体意识和主线意识，还要有层次和梯度。Fashion 这一节课的主问题即 What is fashion? 和 Is fashion important to us? 在教学过程中教师可以将这两个大问题分解为几个小问题进行层层推进。在设计问题的过程中也要注意层次和梯度，问题要照顾到不同层次的学生，同时也要顾及学生的不同思维层次。教师在引导学生深度阅读时，不仅仅把内容局限于教材本身，也可以结合一些教材外的资料，可以找一些课外的文章与教材相结合，拔高难度。

c. 高三主题交流：高三阅读习题评讲课，如何通过问题引导，促进学生的阅读理解力，提高试卷讲评的有效性？

许老师：

高三年级英语课习题讲评占据多数时间，习题讲评的有效性取决于对学生思考积极性的调动，而最好的调动方法就在于老师合理、有效的提问。针对这些问题，习题讲评课上需要我们教授并训练学生使用英语阅读技巧，提高阅读解题能力。

首先，引导学生关注文本特征。先弄清文章是典型的记叙文、议论文、说明文或是其他应用文体如信件、广告等。

高三的阅读练习题讲解均着重不停地归纳总结类似知识点，类型相似的阅读语篇也可以总结出一些有效的提问方法，有助于帮助学生理解同类文章。

③ 组员互动讨论——有关本次教研主题的一些困惑和思考。

Q1. 在阅读课教学中,对于如何设计系列问题,理解和梳理文本,你有什么感悟和困惑?

T1:问题设计过难,没有考虑到学生的认知规律,或者过难的问题提早出现,学生还没有透彻理解文章的行文脉络、写作意图和内涵意义,无法回答思维要求更高的问题。

T2:我们老师在设计问题时要使用脚手架,设计的每个问题层层递进,让学生可以沿着脚手架一步步完成任务,尽可能在学生不知不觉中把文本内容和思想深度都渗透进去。

T3:有些主旨问题可以留到阅读理解完文本后再提问,这样学生可以从已学的文本中获取信息,思考思辨。或者把这样的问题转化为教学目标,放在课堂开头展示给学生。

T4:有时问题太开放,缺乏指向性。比如经常会提问"What do you know about the story?""What have you learned from this passage?"。学生一般很难快速、准确地理解这类过于开放的问题的意图和表达指向。他们在摸不清状况的前提下,容易随便作答。

T5:建议这样的问题切换为具体的小问题,使学生有具体目标,不要问 What can you learn from the story? 而是问 If you were . . . what would you do to . . . ? 或是问 Do you have any suggestions to solve the problem? 此类问题。学生可以从自身考虑,更有话讲。

Q2:如何根据学生实际情况或各班学情,提高阅读课上问题的有效性和层次性? 如何通过问题调动学生的学习积极性和参与度?

T6:我任教的两个班级是美术班和物理班。美术班的学生语言基础薄弱,更需要加强对文本的理解。而物理班的学生基础较好,因此我在设计问题的时候是因班而异的。美术班我更偏向于设计对文本的识记和理解的问题,就文本中的字词句、细节信息或篇章结构进行提问。而物理班我设计的问题更偏向于深度阅读,注重层次和梯度,且会经常使用课外辅助材料,让学生能够思辨地看待文本内容和作者观点,培养学生的判断力,培养核心素养。而且我设计的问题也会与学生的生活息息相关,调动学生的积极性和主动性。

T7：我所教授的两个班级分别为文科班和化学班,文科班比起理科班,学习语言较为死板,需要花更多时间深入理解文本。所以我上课侧重于应用性问题,并通过把大问题分割成小问题层层推进,引导学生进行深度理解课文,为读后活动的语言输出搭好脚手架。

化学班学生的英语基础整体较好,学生理解力和思维能力较强,更能较好完成课堂上的拓展型活动,所以在读后活动中会花大量时间给学生自主讨论。

T8：文科班,英语基础薄弱,思维不活跃,女生善于背诵,男生不喜欢背诵。对英语程度不太好的学生,提问一些针对文本的理解性问题,让学生细读文本,并有获得感。基于语篇,梳理文本框架的问题一般先对女生提问,然后让男生提出不同意见,进行讨论。应用性问题,一般组织小组讨论,男女生合理搭配,分享,整合。拓展性问题,思辨性问题,一般在课前提出,让学生有思考和查阅资料的时间。

Q3：阅读习题讲评课,如何通过问题的设计和引领,提高阅读讲评的有效性,提升学生的阅读综合能力?

T9：高三年级平时阅读语篇数量比较多,确实做不到对每一个语篇从题材、体裁、写作特点、语篇内涵和作者意图等方方面面细细解读,因此我发现我们学生即使做了大量练习,他们的文本解读能力,阅读水平并未有效提高。这里我有个困惑:我们在习题讲评课中,要提高习题讲评有效性,提升学生的能力,是根据文本来设计问题,还是根据题目中的问题去研究文本呢?

T10：无论是根据文本设计问题还是根据问题去研究文本,都应该让学生先抓住文章的主旨大意,文章主旨大意弄清楚了,其他问题也就迎刃而解了。否则,稀里糊涂,解题质量大打折扣。

T11：把握文章的主旨大意对于任何体裁的文章都是必须的,以不变应万变,其实对于解答高三试卷中的各种题型都是有帮助的。我们也有必要在平时给学生一些技巧性的指导,培养阅读策略,以此来提高学生的答题信心。我以阅读 C 篇为例,常见的题型有主旨大意题、内容细节题、词义猜测题等,我们也可以借鉴空中课堂老师的一些做法。

T12:先通过问题引导学生关注语篇的结构和文章主旨,再仔细研究题目,优先考虑培养学生对文本的整体把握。从文章后的问题出发,分类讲解优先考虑应试的策略。不管后面的题目是否涉及文章的篇章结构和主旨大意,都要培养学生的整体语篇理解的意识,整体上把握文章结构,对于细节的定位就会更准确,把握了主旨,对于作者的看法和立场的题目也能更加准确。看似多花了时间完成了解主旨大意的任务,但却是事半功倍的。同时,教会学生怎么样快速地从课后问题出发推断文章内容,完成各类问题的策略也是必不可少的。

Q4. 问题设计是教师在备课过程中对课堂教学活动的预设。如何更好地处理预设和生成的关系?针对三类问题的设问方式如何有效追问,促进有意义、有内容的生成?

T13:作为一名新教师,我经常有这方面的困惑。以阅读课为例,读前的导入环节,因为没有固定数量的预设答案,往往上课时能比较完整地完成这个环节,从而进入理解性问题的讨论。而理解性环节中的问题,教学节奏就会渐渐变得不流畅,尤其体现在一些需要启动思维的问题上。

应用性问题同样因学生思维较不活跃而进行得不顺利,比如"Could you describe an experience of your own about one kind of chain store?"如果教师给了例子,就会限制学生的思维。如果教师没有做出示范,学生又会无从下手,鲜有观点。

以上两个环节都会压缩最后拓展性问题的讨论,更别说发散性思维。怎样才能促进有意义且有内容的回答的生成呢?

T14:提问基于学生的基础,问题的层次要清晰,如果是展示课,为了达到预想的效果,可以帮助学生对文本作透彻的预习(但注意不要重复提问);日常课中,不追求一定达到预设,如果学生在某个不擅长的环节有卡顿,给学生足够思考和表达的时间,多运用讨论的形式,思维碰撞,多运用网络资源,提高思辨能力。

T15:展示课上受各种因素影响,教师把握教学程序、步骤,引导学生向预设的问题进行追问,积极鼓励学生大胆回答。日常课多倾听、观察学生回答,鼓励学生开放思维,转换思路,学会倾听并在和学生的问答中开启新的问题。

④ 英语组分管领导袁书记作点评和工作指导

首先,他肯定教师们的做法:真学、真做、真悟、真有效果(成绩)。

其次,提炼教研组的亮点:系列主题化、序列化的校本教研活动,形成了教研组的教研特色。

最后,提出建议,需要提升英语教师的核心素养和专业的自信度;做亮学科的亮点;提炼"问题引领式课堂教学"范式,同时彰显教师个性,教学形式多样性;体现英语学科的育人价值。

⑤ 市教研员汤青老师现场指导点评

上师大二附中教研活动围绕"基于核心素养的'问题引领式'高中英语阅读教学探究"主题,教研活动有效支持课堂教学水平的提升,有教研价值。

教研活动围绕课程标准要求,以及教材使用策略与效果,形成系列化、持续性的研究。教研组关注核心素养、语篇语境和活动设计,以阅读为突破口,以问题设计为抓手,逐步推进,深入探讨,重现对学生思维的培养。

高一、高二、高三备课组在教研组的整体研究规划下各有研究侧重,高一重点研究新教材,从读前、读中、读后环节进行设计,有预测、略读、寻读和细读,便于语言模仿和创造、话题拓宽和文化理解;高二用新课标理念变革老教材的使用,深入话题内涵和外延,分步递进,引导问题解决;高三突破阅读练习讲评,以问题设计入手,引导自主阅读,学生通过独立研读,获得兴趣、经验和成功体验,从而提高讲评课的有效性。

教研活动是真学、真研、真做、有效。真的在做中学,学中研;实践有目标,讲效果。每个教师都能在教研活动的发言中讲出自己的观点。教研组的活动非常实在,探索出"双新"推进中有效的教师自我培训的路径,而且这一路径有示范和引领的作用,形成了一系列教学设计案例,教学实施资源,教研活动主题,总结出基于核心素养的课堂教学的抓手。

（3）整理阶段：

① 做好主题教研活动记录,整理每位教师的发言稿。

② 整理校领导、教研员、督导专家的发言,并进行文字记录。

③ 整理"问题引领式"课堂教学研讨课的教案、教学设计和PPT。

④ 初步形成基于"问题引领"的高中英语阅读教学设计的基本范式。

⑤ 撰写教学案例或论文。

三、教研感悟

我们英语组的教研活动采取以"专家引领+同伴互助+自我反思"的基本模式,在注重专家的指导、同事间的合作以及教师自我反思的同时,也重视教师在实践中学习和发展。

以教师为主体的校本教研不是"象牙塔式"的理论研究,而是"问题解决式"的行动研究。我们的校本教研紧紧围绕学校的特色发展和课堂教学改革,从学生的实际情况出发,分析问题,解决问题,使教研活动不但常态化、制度化、科学化,而且更有实效性、针对性。

通过此次教研活动,我们初步形成了《高中英语"问题引领式"阅读教学环节设计与实施》的范式;形成了可达成、可操作、可检测的"问题引领"下的高中英语阅读教学设计和操作。并且,在课堂教学实践中,教师们注意提高阅读活动中问题设计的含金量,指导学生整体把握语篇内容和结构,加深主题意义的理解,引导学生的思维由"低阶"向"高阶"逐步提升,促进学生英语学科核心素养的发展。

结语

总之,我们将不断地探索有效教研的路径和方法,把想传达的教学理念和教学观具体化、可操作化。根据学校教学实践的需要确定研究的"主题",反思教学的观念、行为和效果,解决教学实践中的问题;不断地通过组内的分享合作,自觉探索适合自身特点的教学思路、教学模式和教学方法,最终达成学生核心素养的养成。

参考文献

[1] 中华人民共和国教育部.普通高中英语课程标准(2017 年版 2020 年修订)
[M].北京：人民教育出版社,2020.

[2] 梅德明,王蔷.改什么？如何教？怎样考?：高中英语新课标解读[M].北京：
外语教学与研究出版社,2018.

[3] 何亚男,应晓球.落实学科核心素养在课堂：高中英语阅读教学[M].上海：
上海教育出版社,2021.

[4] 葛炳芳.英语阅读教学中的问题设计：评判性阅读视角[M].杭州：浙江大
学出版社,2014.

[活动点评]

教研主题明确,路径清晰。上师大二附中英语教研组围绕"基于核心素养的'问题引领式'高中英语阅读教学探究"的主题,从学校的实际情况出发,基于学情,以"双新"推进为重点,以在课堂上落实英语学科核心素养为核心,围绕英语教育教学的实际问题与现象开展教研活动。整个活动过程安排有序,步骤清晰。

发言点面结合,针对性强。有教研组长对教研主题和"问题引领式"教学范式的解读和分析;有三个年级备课组长结合高一、高二、高三的实际情况,针对"如何基于问题引领,设计有效的阅读活动,促进学生的思维发展"的主题发言;也有组内成员的交流互动。几乎每位教师都围绕主题作了有准备、有针对性的发言,研讨氛围浓厚,发言面广,表达充分。部分教师的发言非常具有启发性,能对其他组员的观点进行回应和探讨,有真实的互动交流。

总之,本次教研活动非常扎实、有效、接地气,开展"问题解决式"的行动研究,初步形成了"高中英语'问题引领式'阅读教学"的课堂教学范式,探索出"双新"推进中,英语教研活动的有效路径和模式,具有一定的示范和引领作用,值得区内其他学校借鉴。

本次教研活动的讨论环节还可以更充分深入,建议再进行分项的专题研究探讨;课堂是检验教研成果的唯一标准,对于教学实践中出现的问题,要及时反思总结并改进。

（点评人：上海市金山区教育学院　俞连）

作者简介

　　戴燕,上海师范大学第二附属中学英语教研组长,高级教师,金山区高中英语中心组成员。从教17年,始终坚守在教育教学的第一线,课堂教学与时俱进,风格鲜明。具有11年任教高三毕业班英语教学的经验,教学效果明显,成绩突出。曾获得金山区"百名优秀青年教师"、金山区"明天的导师"工程骨干教师、师德标兵等荣誉称号。担任英语教研组长期间,带领组员,紧紧围绕"双新"的要求,结合学校创建特色高中,从校本学情实际情况出发,定期开展系列主题化、序列化的校本教研活动,形成了教研组的教研特色,并取得了丰硕的校本教研成果。

主题引领、序列推进、深度研讨
——高中英语阅读语篇整体教学研究

上海市青浦区第一中学　蔡　璐

一、教研理念与经历

1. 教研理念

　　主题式教研是基于现实问题解决、促进理论和实践相结合、收效最为直接和显著的教研方式,其实质是教师的反思性实践,基本操作流程为"聚焦课堂教学瓶颈问题→嵌入理论学习→典型课例的循环优化"(石培军,2018)。

　　为了达到深度研讨,主题式研讨序列化成为关键。教研主题围绕教学瓶颈问题,在课例循环优化的过程中,通过积极评价与反思,总结教研收获、梳理教学困惑,在困惑中围绕主题细化并确定下阶段教研主题,步步深入,达成教研主题循环优化,形成序列,从而实现深度研讨。

　　语篇整体教学认为阅读的过程是读者已有经验与语篇文字相互交流的过程,阅读不是识别词并获取词的意义,而是在从语篇整体理解开始到整体理解结束这一过程中构建意义。

2. 教研经历

　　青浦一中校本主题教研始于 2005 年,形成标准化教研模式,即确立主题、理论学习、课堂实践、评价反思、积累成果。

　　2006 年 9 月到 2021 年 2 月,笔者担任青浦一中高中英语组教研组长,策划并主持历年的校本主题序列教研工作。教研主题形成课型系列、教学工具系列、教学方法系列和阅读教学系列。

　　从 2017 年开始,教研主题聚焦基于文本解读的高中英语阅读教学,研究内容包括文本解读层次、系统语篇分析、主题整合与探究。

二、教研活动设计与实施

1. 教研主题的思考与确定

《〈普通高中英语课程标准(2017 年版)〉解读:理论与实践》一书中提到,"对主题意义的探究作为教与学的核心任务将是新一轮课程改革的难点。在探究主题意义的过程中,教师要整合学习内容,引领学生在语言能力、文化意识、思维品质和学习能力上融合发展"。由此可见,围绕主题,依托语篇,整合学科核心素养将是落实"双新"过程中面临的一大挑战。

英语教学存在的问题是教学内容趋于碎片化,语言知识多以逐条罗列的形式呈现,缺乏围绕主题语境的整合设计,不利于学生提高语言技能与思维品质,更缺乏探究文化内涵与迁移创新,无法有效推进深度学习。

同时,以往的教研主题聚焦阅读教学方法与教学工具,属于教学微技能领域,忽视了主题整合与探究下的阅读整体教学研究,并没有解决教学中显现的突出问题。以往教研主题序列见下表 1。

表 1　以往教研主题序列

时　间	主　题	研　究　内　容	研　究　成　果
2016.9—2017.6	基于文本解读的高中英语阅读教学研究 I—Paraphrasing	1. 什么样的内容需要 paraphrasing?如何合理分类? 2. 学生在 paraphrasing 时遇到哪些困难?如何合理分类? 3. 进行 paraphrasing 时教师如何做到有效指导?	1. paraphrasing 的教学内容主要聚焦在:文本逻辑主干信息,长难句,无法理解的专有名词、隐含在上下文语境中的信息以及新句法、语法现象等方面 2. 方法有词汇替换法,专有名词诠释法,句子成分变更法(句式变化法),长句拆分法,修辞通俗法等 3. 宗旨是:用浅显易懂或已学习过的语言知识解释难点。

时 间	主 题	研 究 内 容	研 究 成 果
2017.9—2018.6	基于文本解读的高中英语阅读教学研究 II—Paraphrasing 2	1. paraphrasing 与文本解读之间的关系如何？ 2. 针对长难句的 paraphrasing 中句式分析起到什么作用？	paraphrasing 更关注语篇上下文，而句式分析涉及运用语法知识辅助理解，两者都是用来帮助理解的工具，句式分析为 paraphrasing 打基础。

2. 教研主题及范围

结合已有教研成果与新课标、新教材，确定高中英语阅读教学教研主题为"高中英语阅读语篇整体教学研究"，由教研组长策划，高中英语组全体教师参与。

3. 教研内容与形式

（1）预期目标

① 学习阅读语篇整体教学以及实施的步骤；

② 探索单元主题引领下阅读教学整合与探究的路径；

③ 形成课例和研讨的过程性文本、视频资料。

（2）时间跨度

第一阶段：2018 年 9 月至 2019 年 6 月，第二阶段：2020 年 9 月至 2021 年 6 月，为期两个学年，见表 2。

表 2 整体规划表

时 间	主 题	研 究 内 容
2018.9—2019.6	高中英语阅读语篇整体教学研究 I—文本解读的层次	1. 文本解读需要哪些层次？ 2. 文本解读层次之间的关系如何？
2020.9—2021.6	高中英语阅读语篇整体教学研究 II—基于单元主题的整合与探究	1. 如何围绕单元主题整合信息？ 2. 如何基于整合信息探究主题意义？

（3）活动议程

表 3　活动议程

序号	活 动 内 容	活动层级	活动时间
1-1	理论学习： 《文本解读的四个层次》	校级	2018.9.19
1-2	阅读教学 S3A U7 The poetry of nature 教师通过问题链借助学习单逐步完成诗歌内容、诗歌主旨、诗歌修辞的理解与鉴赏。学生体验语言美与自然美。	市级	2018.9.28
1-3	评价反思 1. 用核心问题引导学生梳理诗歌框架； 2. 用问题链引导学生鉴赏诗歌意境； 3. 用作业设计提供学生创作诗歌平台 一堂课是否能够完成文本解读的四个层次？如何取舍？	校级	2018.10.10
1-4	理论学习 《高中英语教学中的文本深层次解读》	校级	2019.3.20
1-5	阅读教学 S1B U4 Friend or Enemy 教师利用表格和核心问题引导学生梳理文本结构、理解文本内容、探讨文本主旨	区级	2019.5.8
1-6	评价反思 1. 用表格梳理文本内容简单易行，仍显碎片化； 2. 用核心问题能够整合文本内容，引发主旨讨论，但缺乏有效的语言"脚手架"。 一堂课能够完成文本解读的四个层次，但是文本主旨探讨如果设计不当很容易出现脱离文本学习的现象，如何指导学生有效输出？	校级	2019.5.15
2-1	理论学习 《语篇研读：以"A Trip on 'The True North'一文为例"》（摘自《普通高中英语课程标准（2017年版）》）	校级	2020.9.23

新课程　新教材　新教研

序号	活　动　内　容	活动层级	活动时间
2－2	阅读教学 必修一 U3 Reading B：Travel young，travel far 教师将探究主题意义贯穿始终,运用问题链驱动,并使用动画和图表设计整合文本内容和结构;输出环节鼓励学生评价旅行与生活和成功的意义,并发表自己的感想与体会,达成深度学习。	区校际联动	2020. 10. 14
2－3	评价反思 1. 用核心问题指导学生梳理文本内容与结构; 2. 用动画的形式展示主题意义; 3. 创设真实语境,指导学生探究主题意义。 当学生的输出并没有按照文本的顺序进行时,教师如何灵活应对,即尊重学生即时生成又有条不紊地呈现文本结构?	校级	2020. 10. 21
2－4	理论学习 《以文本特征为抓手的单元整体设计》 《主题语境发挥学科育德　必修三　U1、U2》(市"一月一研")	校级 市级	2021. 3. 17 2021. 4. 7
2－5	阅读教学 必修三　U1 Reading A：Stay hungry，Stay foolish 教师围绕主题意义,通过问题链引导学生梳理文本结构,通过绘制人生轨迹图引导学生整合文本内容,输出环节鼓励学生向同伴推荐文本内容、解释推荐理由并分享对主题意义的理解。	校级	2021. 5. 12
2－6	评价反思 1. 鉴于文本结构清晰,可直接指导学生完成梳理文本结构的任务; 2. 借用图示呈现与整合文本内容,提炼主题意义; 3. 输出环节给予学生一定的语言"脚手架",提高教学效率。 　　主题意义的探究环节是不是一定要设计一个完整的任务语境?能不能在教学时空有限的情况下,为深度学习"减负"——设计直指主题意义的核心问题,鼓励学生思考、论证、质疑?	校级	2021. 5. 26

4. 教研活动设计与实施步骤

（1）主题活动的准备

本次主题教研在理论学习第一阶段选取关于语篇整体教学相关的文献作为学习资料,组织教师学习交流,明确教研内容;第二阶段聚焦优秀课例学习,旨在借鉴已有教学经验,提高课堂教学实效。

听课之前教师借助听课观察表明确观察点;听课时依托听课观察表做到围绕教研主题的即时评价,见表4。

表4 听课观察表

《高中英语阅读整体教学实践》听课观察表

观课人姓名：_____ 执教人姓名：_____ 时间：_____ 执教年级：_____
教学内容：_____ 单元主题：_____

课堂观察表：		
观 察 点	评价（请打勾）	说明/例举
1. 文本解读教学是否循序渐进：文本原意,理解与拓展、反思	□是　　□否	
2. 文本基本结构教学是否清晰	□是　　□否	
3. 文本关键词句、隐含意义教学是否高效	□是　　□否	
4. 文本反思性教学是否切题	□是　　□否	

评价反思之后完成主题教研任务书,并撰写教研论文,梳理教研成果。任务书包括三大板块：初步设疑,同课异构,听课反思。初步设疑是针对教研主题鼓励教师提出问题,梳理表述清晰的核心问题作为教研内容,从而达成问题驱动;同课异构是收集以备课组为单位的教师轮流试教同一教学内容的教案和教学反思,确保研讨课执教教师呈现的是集体智慧;听课反思记录听课实录、教师评价和教研组研讨纪要。

执教教师课前提供教案、学案、课件、语篇文本,课后提交教学反思。教案使用区统一模式。

（2）主题阐释

新课标指出探究主题意义"应该是学生学习语言的最重要内容"，"英语课程应该把对主题意义的探究视为教与学的核心任务，并以此整合学习内容，引领学生语言能力、文化意识、思维品质和学习能力的融合发展"。"在以主题意义为引领的课堂上，教师要通过创设与主题意义密切相关的语境"，"基于对主题意义的探究，以解决问题为目的，整合语言知识和语言技能的学习与发展"，因此探究主题意义是语篇整体教学的灯塔。

"语篇承载语言知识和文化知识，传递文化内涵、价值取向和思维方式"，是语言学习的载体，而语篇中存在的大量信息是结构化的，只有通过整合信息，才能帮助学生深入理解与认识该主题，建构新概念，因此语篇是实现探究主题意义的平台。

（3）展示研讨

教学设计说明从单元分析与语篇分析两个维度阐明围绕主题意义的教学设计。单元分析首先明确属于哪一种主题语境与主题群，再以单元为视角整合语言知识、文化知识、语言技能和学习策略。学情分析从学生对于主题意义的已知和应知出发，从以上四方面梳理差距，整合并制定教学目标与重难点。教学环节设计第一阶段依据文本解读层次的理论学习成果，呈现层层递进、目标清晰的阅读语篇整体教学模式；第二阶段突显单元主题在语篇整合与主题探究中的核心地位，以动画与图表为呈现形式，生动清晰。每堂课精心设计板书，展示语篇结构。

作业设计环节，以主题意义为语境，结合学生的生活实际，以解决问题为目的，运用所学的语篇信息结构，完成任务。

区校级研讨线上 RTX 平台与线下教研组会议、主题教研展示活动等相结合，分享典型课例资源，接受来自专家、同事、团队各层面的经验与建议。

（4）整理存档

教学实践课相关资料即时上传校 FTP 高中英语公开课文件夹中存档，包括课堂视频、教案、学案、课件、执教教师教学反思等。

市级区级活动后，所有与会教师使用 RTX 平台评课交流，教学资料打包分享，即时交流的文本资料下载存档。

以学期为单位，教师依托任务书，梳理总结教研过程性资料，学期末上传校 FTP 高中英语任务书文件夹中存档。45 周岁以下教师完成教研主题小论文，开学初上传校教科室 FTP 文件夹存档。

5. 教研活动成效

（1）收获与共识

① 聚焦教学瓶颈问题，确立主题持之以恒

校本教研基于学校实情，是由教师群体自主进行的教学改进行动。校本教研要通过课堂观察与诊断，聚焦关键要素，精准描述教师教学实践中共性的瓶颈问题，才能最大程度实现校本教研的价值，也才能够最大程度激发教师自主参与的积极性。主题一经确立，就需要相当长的一段时间（至少一个学年）集中教研组力量，在学习、实践、反思的循环中，将理论应用到实践中，直至解决瓶颈问题，最终实现改进教学行为这一目标。

② 学习理论开发工具，助力深度教研思考

要解决瓶颈问题，仅仅依靠教师现有的教学经验力不从心，这时就需要主题式理论学习，开拓教师的教学眼界，学习已有的科学经验，提高主题教研质量。为了能够了解阅读语篇整体教学，第一阶段选择了期刊登载的关于阅读语篇整体教学的文献：《文本解读的四个层次》和《高中英语教学中的文本深层次解读》。第一篇是介绍语文学科对文本解读层次的阐述，为我们提供了清晰的语篇整体教学路径。第二篇聚焦英语教学中文本深层次解读，为教学实践提供具有学科特征的教学方法，层层深入。

为了确保教研活动的科学性，开展基于证据的教研互动，避免泛泛而谈，开发教研工具。如听课观察表，在判断是否的基础上，举例说明，量化与质化相结合。通过理论与工具双管齐下，实现理论与实践相结合，推进深度教研思考。

③ 梳理评价反思得失，形成序列不断优化

主题教研注重评价与反思，梳理教研中的收获与困惑。收获为解决问题提供答案与方向，而困惑为推进教研深度发展指引方向，是形成教研序列化的问题驱动。

例如，在第一阶段评价反思中我们的困惑是：语篇主旨探讨如果设计不当很容易出现脱离单元主题的现象，而语篇学习应该在单元主题的引领下进行。由此，第二阶段的教研主题就确定为"基于单元主题的整合与探究"，教研目标为：解决语篇主旨探讨脱离单元主题这一问题。教研活动系列化，不断优化。

（2）问题与分析

虽然教研活动顺利完成，但活动进程中也出现了些许不足和需要改进的地方。

① 探讨单元主题意义深度和广度的把握不准确

以必修三 U1 课例为例,区校际联动研讨环节中提出的建议发人深省:该单元主题意义可以进一步探讨人生的意义,而不仅仅停留在旅行的意义上。这一观点在教研组内引起了很大的争议:本单元主题意义是旅行与人生,可以引导学生探讨人生吗? 会不会脱离单元主题意义? 如果不探讨人生,本文的语篇结构——问题解决模式——确实可以密切联系到人生这个大概念上,局限于旅游会不会深度不够? 这反映出我们对于单元主题设计的理解还不够,还需要进一步的理论学习和课例实践。

② 教研工具设计的科学性与可操作性有待改进

教研工具设计过于笼统,要求不够明确,教师填写时比较随意,影响了数据的科学性。例如课堂观察表中教师普遍不知道如何科学清晰地举例说明,研讨时只能通过大家回忆,相互补充来完成交流,可操作性需要进一步提高。

(3) 完善与推进

结合"双新"单元主题教学设计,通过更多的理论学习与各级教研活动观摩,进一步提高教师理论素养与教学设计能力,将整体教学研究不仅仅局限在阅读教学中,可以进行写作等系列教研主题,未来可以尝试拓展到单元整体教学研究领域。

三、教研感悟

教研的本质是思考、行动、再思考、再行动,教研的收获需要传承。系列化主题校本教研能够增强教师的教研成就感与归属感,汇集能量,聚焦难点,努力突破,实现提升。

参考文献

[1] 石培军.主题式教研如何研出深度[J].中小学管理,2018,(12):45 - 47.
[2] 徐淀芳.实践、实证、实效:上海教研实践的范式特征与应用[J].中小学管理,2019,(01):17 - 20.
[3] 束定芳,汤青.《普通高中英语课程标准(2017 年版)》解读:理论与实践[M].上海:上海外语教育出版社,2020.

［4］中华人民共和国教育部.普通高中英语课程标准(2017年版)［M］.北京：人民教育出版社,2018.

［活动点评］

　　青浦一中校本教研有着良好的教研传统,以主题式序列化教研为特色,本教研充分体现这一特点。校本教研路径清晰：理论学习、典型课例、评价反思,具有在区域教研中的示范辐射价值。该教研主题立足校本,来自教学过程中存在的瓶颈问题——阅读语篇整体教学,并能够聚焦"双新"的单元主题式教学设计这一核心问题,以问题驱动教研行为,并始终围绕主题,攻克难点,有效推进深度教研。建议教研组对主题序列式教研成果细化规格,统一范式,梳理归类,会更科学有效。

（点评人：上海市青浦区教育学院　　郝民）

作者简介

　　蔡璐,上海市青浦区第一中学英语教师,2006年9月至2021年2月,担任高中英语教研组长,现任"第四期汤青老师英语攻关计划"学员,"青浦区郝民老师种子计划"学员,青浦区第五届示范教师,青浦高中英语学科中心组成员。2001年毕业于吉林大学,2012年获华东师范大学英语系教育硕士。曾荣获上海市中小学中青年教师教学评选活动二等奖,上海市中小学优秀作业、试卷案例征集高中英语组三等奖。

范式引领 授人以渔

——基于语篇分析的高中英语主题教研实践

上海师范大学第四附属中学　刘艳娜

引言

2017 年笔者担任校英语教研组长,恰逢上海市英语高考改革第一年及《普通高中英语课程标准(2017 年版)》落地,始终有个问题在脑中浮现——如何通过教学研究及教研活动在普通高中提升课堂教学质效。新高考题量大、难度高,普高学生只见单词不见语篇的现象比比皆是,几年来进行了诸多尝试与探索,现将近两年的思考和收获记录分享。

一、教研理念与经历

1. 教研理念

在新课程新教材引领下,如何通过主题教研活动推动教师深度教学,培养学生核心素养成为重中之重。反观高中英语实际课堂教学,发现教师的语篇阅读教学设计仍然是以"语言主体式"的知识教学为核心,以"记忆型"为主要教学路径以及应用"略读"(skimming)和"跳读"(scanning)策略的"信息标注"式单一教学模态。语篇阅读教学停留在浅层,指向英语学科核心素养发展的深度教学没有得到落实。2020 学年笔者在学习了市区专家的语篇分析理论系列讲座后,认为这是一个很好的系列主题教研活动切入点,不但可以提升师生的语篇分析能力,先看到森林再看到树木;同时,不同类型的文本分析可以帮助学生总结规律和共性,提升文本分析和处理能力,即迁移能力,而这也正是核心素养的关键所在。

2. 教研经历

学科教研组是学校同一学科教师为基础形成的最基本的学科教学研究单位。我校教研组建设主要围绕学科课程建设、学科教学研究、学科资源和信息、学科教师培养等四大方面开展。教研组活动是学科建设的最重要途径,教研活动主要聚焦课程建设、教学创新项目中主要问题,创造性地开展主题式教研活动。

近年来,我校教研组活动形式主要有两种: ① 聚焦问题的教学研究活动,如教育教学理论学习、教学实践经验分享、教学研究经验分享等。② 聚焦问题的主题式课堂教学研究,如开展聚焦课程标准、基于单元教学设计、提升学科素养的课堂教学实践研究活动。

二、教研活动设计与实施

1. 教研背景

2020 学年第二学期,我校正式签约奉贤中学正高级教师张育青为我校特聘专家。组内教师参加张育青特级教师工作室活动,并学习了宝山区教育学院徐继田老师的以"语篇分析与深度教学"为主题的系列讲座,深入地学习了语篇分析的相关知识,培养了语篇分析的思维意识,这对于习惯将语法和词汇作为语言知识的教师而言是一个挑战。这些讲座着重介绍了语篇分析和语用分析的功能,使教师认识语篇教学的深度和广度,进一步思考如何在阅读教学中应用语篇分析理论。

组内李美华和刘艳娜两位老师先后以《语篇分析理论应用于高三复习课》和 *Take Charge of Your Health* 为题执教区公开课。在张老师的指导下,我校英语教研组以区公开课磨课为契机,开展了多次基于语篇分析的系列主题教研活动。本文主要以"语篇分析理论应用于高三复习课"主题教研活动为例。

2. 教研活动设计

- ◆ 教研主题:如何应用语篇分析理论提升高三英语复习课质效
- ◆ 活动时间:2021 年 3 月—4 月
- ◆ 研讨方式:理论学习+听、评课
- ◆ 课例执教:李美华
- ◆ 活动成员:高中英语教研组全体成员
- ◆ 活动目标:

① 组织教师学习语篇分析理论相关知识。

② 培养学生将语篇分析应用于阅读理解的能力,具体为:了解文章的体裁、中心句和主旨大意;找到段与段之间的过渡词并推断段与段的关系;通过分析段与段关系归纳文章结构。

③ 优化课堂教学,提高教学质效。

④ 提高教研组成员的互助能力,实现教师专业成长。

3. 实施步骤

（1）上课准备：

指定执教教师以"语篇分析理论应用于高三教学"为主题,提前两周通过集体备课形式完成教学设计,提前一周在其他班试讲,不断对教案进行完善。

（2）活动程序：

① 授课与评课　② 主题研讨

（3）教材分析：

授课材料为 2021 届徐汇一模卷词汇和完形填空两篇文章,词汇语篇是关于中国生态保护,完形填空语篇是气候变化引起的阿拉斯加旅游的变化。从各区模卷和高考题目来看,词汇题对于我校学生来说是难度较大的题目。如表 1 所示,这次词汇题语篇难度较大,契合我校学生对该类题目普遍感到难度较大的情况。如表 2 所示,完形填空由于篇幅较长,词汇量很大,学生普遍有畏难情绪,此题大多考查在理解文章大意的基础上对于文章语境的把握,需要较强的解题思路和技巧,而学生却未能完全掌握。

（4）研讨过程：

表 1　词汇教学研讨内容

	第 一 次 上 课	第 二 次 上 课
问题	1. 导入部分由习近平的"绿水青山就是金山银山"导入并对部分词汇的用法进行了拓展,导致导入部分时间较长,花费 5 分钟; 2. 长难句中,学生找谓语及谓语间、句间连接词困难;	1. 虽然布置过二次阅读,但学生总结段落大意仍较困难;

	第 一 次 上 课	第 二 次 上 课
问题	3. 长段落中,学生找主题句及总结段落大意困难较大; 4. 讲解题目时,未向学生充分讲授解题方法,有些题目直接提供答案,如 put sth under_____ regulations 中直接告诉学生答案是 environmental(置于环保法之下),未向学生讲授为什么不是 ecological; 5. 板书太简单,只有每段段落大意的总结,未形成文章框架结构。	2. 文章的框架结构在黑板上有了雏形,但只是来自老师的生搬硬套,学生不能理解,语篇分析未在课堂上得到真正落实。
建议	1. 讲题时不应该就题讲题,应该教会学生解题方法; 2. 加入思维导图,体现文章结构; 3. 鉴于题目较难,文章较长,学生应课下做好二次阅读。	1. 针对问题1,应该提供支架帮助学生做二次阅读,为学生设计 checklist,让学生明确二次阅读具体做些什么; 2. 教师要首先吃透文本,理清楚段落之间的关系并思考怎么引导学生进行语篇分析。
修改	1. 要求学生课下做好二次阅读,找出段落主题句及表明段间关系的过渡词并总结段落大意; 2. 导入部分去掉习语及对词汇的拓展,改为词性归类,直入主题,节约时间; 3. 讲授题目时,注重题目的归类比较,帮助学生总结归纳掌握答题技巧; 4. 加入思维导图,明晰文章结构。	1. 设计学生二次阅读的 checklist; 2. 在讲解题目前,先让学生说出每段段落大意及段间过渡词,拉出文章的框架结构,让学生先见森林再见树木。
反思	1. 对于问题2和问题3,平时未训练学生养成这样的做题习惯; 2. 学生词汇量太欠缺,理解长难句及长段落费时低效。	1. 布置二次阅读作业时要具体,切忌笼统; 2. 对语篇的分析要建立在教师首先吃透文本的基础上,理清段落之间的关系才能够思考出怎么引导学生进行语篇分析。

表 2　完形填空教学研讨内容

		第 一 次 上 课	第 二 次 上 课
	问题	1. 完形填空的答题技巧都是老师说,学生缺少独立思考; 2. 纯粹总结段落大意,对说明文这一类的文章框架类型缺少总结,未形成文章框架结构; 3. 纯粹讲题目,缺少答题技巧的引导总结。	1. 学生对于老师提出的问题回答很慢或者回答不出; 2. 语篇框架结构总结出来了,但没有板书每段大意的关键词; 3. 对答题技巧的总结只说运用语境,太过笼统。
	建议	1. 在讲题目的过程中注意引导学生总结答题技巧; 2. 以此篇文章——说明文为基础,总结此类文章的框架结构; 3. 学生课前做好二次阅读。	1. 制定供学生课下做二次阅读的checklist,使学生明确具体需要做的内容; 2. 语篇框架结构总结出来后,板书每段段落大意的关键词; 3. 答题技巧在语境的基础上可以再细分类。
	修改	1. 在讲题目的过程中注意引导学生总结答题技巧; 2. 以此篇文章——说明文为基础,总结此类文章的框架结构; 3. 布置学生课前做好二次阅读。	1. 制定供学生课下做二次阅读的checklist,使学生明确具体需要做的内容; 2. 语篇框架结构总结出来后,板书每段段落大意的关键词; 3. 答题技巧在语境的基础上再细分类,如语境上文/下文。
	反思	1. 不要以告知答案为目的,只讲题目,要注重完形填空答题技巧的传授; 2. 注重总结说明文的文章结构,不要只关注段落大意而忽视这类文章框架结构的总结迁移应用。	1. 布置二次阅读的作业要细化具体; 2. 注重引导学生总结答题技巧; 3. 以此篇说明文为基础,引导学生分析此类文章的框架结构。

（5）组内成员研讨想法汇总：

课前：让学生课前根据词汇和完形填空的 checklist 做好二次阅读,提升学习能力。

课中词汇题：

① 带学生把 box 里面的词按照 n/v/adj/adv 归类,便于学生做题目时进行选择;

② 了解文章的体裁,让学生首先知道这是一篇说明文,为下面的文本分析做准备;

③ 使学生了解文章大意;

④ 第一段的处理:

询问学生第一段的大意,因为第一段的第 1 个句子特别长,课前布置学生划出句子成分,带领学生通过分析句子成分判断空格部分单词的词性,通过带入同词性的词,再进行翻译,体会是否符合句意,从而推出符合句意的答案。第 2 个句子虽然也很长,带领学生找出句子的主要成分,告诉学生去掉状语和宾语,把长句变短,抓中心意思,通过判断词性和翻译推出答案。再一次总结完善段落大意。这个环节主要是让学生巩固答题技巧——通过分析句子结构来判断词性,带入推敲填出符合句意的词,知道第一段是主题段及其段落大意;

⑤ 第一段处理完之后,会让学生总结每段大意,并找出段与段之间的过渡词,让学生了解文章的整体框架及段与段之间的关系;

⑥ 逐段解题,通过句子翻译、长难句分析(如让学生学会把宾语变短、主语变短、找出主句等方法)来判断词性、带入同词性的词进行翻译、感知是否符合句意等方式提高学生的答题能力。

课中完形填空题:

① 先理解体裁、文章大意及第一段段落大意,让学生了解到第一段通常是主题段;

② 找出每段段落大意,让学生形成对文章的框架感;

③ 在解题的过程中,总结段落大意,并同时让学生总结每道题的答题技巧;

④ 最后总结归纳完形填空用到的答题技巧并告诉学生:技巧的运用一定是在掌握词汇、句子结构分析和语篇结构分析的基础上才能够运用;

⑤ 带领学生再次梳理文章结构,对文章框架有一个更深入的理解;

⑥ 最后是本课的总结(主要围绕英语学科核心素养):学生通过分析篇章结构类型来提高阅读和写作能力;通过阅读积累素材,提高思辨能力;积累语言,提升语言能力;通过 checklist(详见附件),提高学习能力。

课后:根据 checklist,再完成一篇词汇和完形填空,把学习到的方法学以致用。通过 checklist,让学生逐步形成良好的做题习惯,提高学习能力。

（6）执教教师自我反思：

① 巧设问题，引导学生回答。在第一次和第二次上课的过程中，强调的是讲题的过程，更多聚焦于如何帮助学生得出答案，未凸显对语篇结构的分析。在不断的试讲过程中，我开始思考如何在具体的教学过程中进行语篇教学。比如，词汇题中开始关注段与段之间的过渡词，如 and 表示段间关系是并列关系。在试讲的过程中，我发现在让学生总结完两段段落大意之后，要求学生找出两段之间的过渡词，如 and，further 等，并将过渡词写在黑板上，学生能够很清楚地判断并说出段与段之间是并列关系，而不是从教师的嘴中说出。思考如何巧妙设计问题引导学生说出答案是课堂教学中很重要的技能。

② 注意长难句分析。长难句是模卷和高考卷中很常见的。学生看到长句子往往不知如何下手，通常是句子只看前半句就匆忙作答或者根本看不懂。我开始引导学生有意识地进行长难句分析。在高一、高二时，对长难句分析有过专门的训练，但是到了高三，长难句变得更难更长，往往一句话或者两句话组成一个段落，所以引导学生进行长难句分析很有必要。在试讲的过程中，我从注重就题目讲题目到注重方法的引领，带领学生将主语或宾语变短、去掉状语、去掉从句找主句等方法让学生抓出长难句的主干部分，快速理解长难句的大意。

4. 具体做法提炼

在此次系列教研活动中，我们努力扭转之前高三英语复习课教师以讲题目为主的常态，力图寻找一个更加深入、高效、可复制的复习课范式。以授课文本 2021 年徐汇区一模卷词汇和完形填空为例，要求学生按照 checklist 能够说出文章的体裁、大意、结构、每段大意、段与段之间连接词、段与段逻辑关系，并将文章结构以思维地图（thinking maps）的方式写在黑板上。还要求学生知道所给词的词性、词义、搭配，并在完成题目后让学生根据文章思维地图写出 summary，整理相关话题词汇语义网及从文中获得的 ideas。这其中最紧要的三步是找出段与段之间的连接词及逻辑关系，将文章结构以思维地图的方式写下来，以及整理相关话题词汇语义网及获得的 ideas。根据语篇模式的不同，还可使用文字、思维导图（mind maps）、概念图（concept maps）和认知地图（cognitive maps）等多种思维可视化工具提高思维可视化程度，思维可视化程度越高，越有利于学生更好地理解语篇，更有助于培养和锻炼学生的思维能力。

5. 教研活动成效

本学期开展了语篇分析理论应用于教学的系列教研活动之后,教师们对于语篇分析理论从陌生到熟悉,再逐渐应用到阅读教学中,纷纷表示阅读教学更有章法,教学效果更好,学生在考试中的阅读理解成绩有所提高。这不应该是偶尔为之的尝试,而要成为推而广之的教学方法。我校特聘专家张育青老师也提议,我们可以将平时的阅读理解文章按照题材和体裁分类,在高一、高二进行教材相关话题学习时,补充练习同题材不同体裁的阅读篇章,扩大学生话题词汇语义网的同时提升文本处理能力。话题词汇语义网或词汇链是词汇集聚概念,它是一种词语间语义关系连贯性的实现方式,与语篇的结构和话题均有意义对应关系。词汇链构造了一个易于理解的上下文语境,有助于确定多义词在文本中的具体含义;词汇链能为文本结构以及文本一致性提供线索,有助于理解文本的大意。其优点是有助于引导学生把握语篇表达的主题意义,同时也有利于学生对词汇的内化、巩固和记忆(徐继田、张惠英,2020)。整理相关话题词汇及获得的 ideas,不但能提高学生处理相似题材文章的能力和准确性,还对写作大有裨益。

上完本次课以后,执教教师让试教过的几个班级学生记录自己上课后的感受,学生普遍感到基于语篇的分析能够让他们对文章理解得更透彻,对文章的印象也更深刻。因此,我们组内教师达成共识,在以后的教学中,可以对文章体裁进行归类,如说明文的文章结构是怎样的,句与句之间是如何推进,段落内容是如何展开的。而高三学生在最后冲刺阶段更要精选精练,通过语篇分析寻找阅读规律与方法,快速提高阅读水平。

三、教研感悟

1. 理论指导实践,实践提升理论

本学年,我们先组织组内教师通过系列讲座学习语篇分析理论相关知识,再以区公开课的反复磨课为契机,开展系列教研活动应用语篇分析理论指导教学,深化教师对语篇分析应用于教学的认识和实践。教学模式的改进让学生能够先看到森林再看到树木,从对文本整体主旨的把握到段落间的展开方式,再到句子间的衔接方法,提升语篇理解能力和语言应用能力,改变了平时只注重读懂文本或就题讲题,忽视对文章结构的分析,学生对文章的整体没有把握的现状。最后再组织教

师撰写教学案例、课例等,进一步提升对理论的理解。

2. 教、学、研一体化

　　教师应用语篇分析理论指导学生分析语篇体裁、结构,不但能提升阅读理解能力,还可迁移到作文写作中,同时,对于 summary 的写作也大有裨益,可谓一石三鸟。教学研究及教研活动应抓住学生学习的难点,找到突破点,利用课堂教学这个主阵地解决。

结语

　　举办以语篇分析理论应用于教学为主题的系列研讨活动,可以培养教师运用语篇分析的思维处理文本的能力,使他们形成语篇分析问题化、问题思维化、思维可视化的设计境界,帮助教师完善教学设计,提升有效教学,从而促进学生深度学习。

参考文献

[1] 徐继田,张惠英. 基于语篇分析的思维可视化英语教学策略行动研究[J]. 基础外语教育,2020,(4):33.

附件:

词汇 & 完形填空　二次阅读 checklist

Reread Vocabulary according to the checklist below.

1. What's the genre(体裁) of the passage?

_____

2. What's the general idea of the passage?

_____

3. Can you find the connectives between paragraphs?

_____

4. What's the structure of the passage?

_____

5. What's the general idea of each paragraph?

_____

6. Do you know the part of speech(词性) and meaning of the words

in the box? _____

7. Can you analyze the sentence and figure out part of speech of the blanks? _____

8. Can you find the correct word by context and collocation from the same part of speech? _____

9. Can you summarize the reasons for your errors?

_____

10. Can you write a summary of the passage?

_____

11. What ideas did you get from the passage?

_____

12. Can you find the useful expressions in the passage?

_____

Reread Cloze according to the checklist below.
1. What's the genre(体裁) of the passage?

_____

2. What's the general idea of the passage?

_____

3. Can you find the connectives between paragraphs?

_____

4. What's the structure of the passage?

_____

5. What's the general idea of each paragraph?

_____

6. Do you know the words in the choices?

_____

7. Can you summarize the skills for each blank?

_____

8. Can you summarize the reasons for your errors?

_____

9. What ideas did you get from the passage?

_____

10. Can you find the useful expressions in the passage?

_____

[教研员点评]

　　英语教学重在阅读,阅读教学要有方法,文章何其多,讲是讲不完的。如何通过一篇或几篇文章让学生掌握一类文章的阅读分析技巧,此次的系列主题教研活动可以称得上是"范式引领"。在高一、高二的阅读教学中,在高三的复习课上,我们都可以应用语篇分析理论对文章进行深度剖析,提升师生的语篇分析能力,同时,不同类型的文本分析可以帮助学生总结规律和共性,提升文本分析和处理能力,即迁移能力,切实做到了有章可循、授人以渔,促进了高中英语阅读教学从"语言主体式"教学转向"内容依托式"教学,这不仅是推动"深度教学""有效教学"的一个有力抓手,同时对课堂教学转型和教师专业化发展都有较大的促进作用。

（点评人：上海市奉贤区教育学院　钟爱群）

作者简介

　　刘艳娜,女,华东师范大学硕士,2017 年起担任校英语教研组长。带领组员于 2019 年完成合格教研组验收工作并获 2018—2019 年度奉贤区师德建设"五表率"先进班组,2019—2020 年度上海师范大学巾帼文明岗。个人曾获 2018 学年奉贤区高中英语教学评选二等奖;参与 2020 学年奉贤区高中英语一模卷命题;2020 年 6 月 10 日执教区公开课《高三六选四专题课堂教学研讨》;2021 年 5 月 26 日开设区公开课 *Take Charge of Your Health*;区级课题《高中英语第二课堂的创建研究》于 2020 年 4 月结题;《新课标下基于核心素养的高中英语单元设计实践探究》发表于《奉贤教育科研》2019 年 6 月刊;《近三年高考模卷翻译分析及对教学的指导》发表于《奉贤教育科研》2019 年 12 月刊;有多篇论文获奖。

语块理论指导下的高中英语听说教学主题教研实践与思考

上海市建青实验学校　金文磊

引言

　　教研活动是一种群体性的教学研究,也是推动教师专业发展的重要途径和保障教育质量的有效机制。在时代发展与教育改革的大背景下,教师需要更贴合教学实际,开展更能有效引领教学的研究活动。基于上述背景,上海市建青实验学校高中英语教研组从多年听说教学实践中发现问题,尝试结合语块理论,探索提升听说教学效果的方法,进行了一系列语块理论指导下的高中英语听说教学主题教研实践活动,积累了丰富的案例,形成了"听说课模",教学活动成效也证明了该方法具有较好的应用和推广价值。

一、教研理念与经历

(一) 教研理念

　　上海市建青实验学校地处古北社区,学生有较多接触外籍人士的机会,与外国友人交流首先需要具备良好的听说能力。于是,在"实验性、创新型、国际化"的办学目标指引下,我校高中英语教研组以校本教材开发与校、区级课题为推动,积极探索能够有效提升学生听说能力的教学模式。多年来,坚持学用结合,通过听说教学理论学习,选择合适的听力材料,开设听说教学公开课,进行课堂研讨,反思并提炼听说教学经验等,形成了"特色引领、互研共学"的教研理念。

（二）教研经历

我校高中英语教研组自 2004 年开展针对听说教学的校本课题研究，形成了听说校本教材，2015 年我校完成了听说标准化教室建设。基于学校在听说教学硬件及软件上的双重优势，2016 年我校被指定为长宁区探索高考英语听说考试改革试点校，进行了一次系统的英语听说测试尝试。

同时在上海市英语教研室的推动下，我校教师有了更多机会参加市级线上与线下的教研活动。市级活动有明确的主题，通过教学展示、专家讲座、微型论坛、主题发言等丰富的活动向我们传达了英语教学的前沿理念和各学校的宝贵经验。在这些活动中，我们逐渐接触到了"语块"这一概念。

我区高中英语教研员张珏恩老师多次走访学校，深入课堂，参与教研，在了解大家在听说教学中遇到的困惑后，提出我们可以尝试从"语块"角度入手进行听说教学研究，并具体指导了我组两项听说课题的生成与实施。2018 年，滕芳梅与任含华两位老师申报的"语块理论指导下的高中英语听说教学应用研究"课题被立项为区级重点课题，以此为主题的听说教学研究在我组如火如荼地展开。随着课题的推进，组内每位教师在教研活动中集体学习《普通高中英语课程标准（2017年版）》与语块理论知识，将语块运用于听说课堂，集体备课、磨课、上课、评课和反思，形成了一系列教学案例。在该课题研究的基础上，2019 年潘自意老师也成功申报了区级重点课题"英语学习活动观指导下的高中英语听说教学策略研究"，两项课题有效支撑了我组"听说课模"的形成。

综上所述，在市、区、校三级教研联动下，通过教师们共同研讨，相互学习，深入思考，不断改进自身的教学行为，我组教研活动焕发了蓬勃生机。

二、教研活动设计与实施

近年，随着听说考试结果计入上海高考英语总分，引导了英语教学更注重听说能力的培养。而能力的培养无法一蹴而就，它需要明确的目标构想与合理的策略跟进。为验证语块理论与听说教学的有效结合，我们开展的教研活动设计与实施总体框架如图 1 所示。

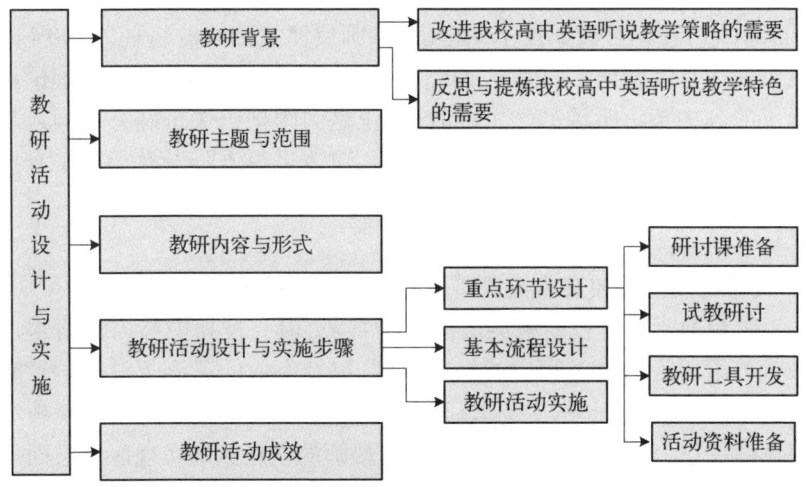

图1　教研活动设计与实施总体框架

（一）教研背景

1. 改进我校高中英语听说教学策略的需要

（1）听说材料需更新

随着时代的发展,知识更新速度的加快,2004 年编写的校本教材内容已逐渐远离社会热点。我们使用的《牛津英语》(上海版)教材中的听说部分内容并不总与单元主题相关,且教材部分内容难免老旧,与时代脱节。因此,需要对教材中的听说部分进行挑选、整合,适当补充既有意义又贴近学生生活经验的听说材料。

（2）听说教法需改进

我们在日常听说课中发现,教师重孤立的单词而轻词汇固定搭配的教学,因而造成学生在实际交际中,脑海中出现的往往是不相关联的单词与语法。毕业班的老师们为了追求效率,往往采用做模考卷的方式进行听力教学,重视解题技巧,忽略对学生听力能力的全面培养。学生在听的过程中,由于听力内容的瞬时性,容易焦虑;由于缺乏语块的积累,频繁错误领会句子的意义;由于缺乏跨文化知识造成了理解的失误。而学生在说的过程中,往往比较紧张,一时想不到合适的表达方法,张口结舌,或频现中式英语。因此,尽快找到行之有效的教学方法来帮助学生摆脱英语听说学习的困境迫在眉睫。

《普通高中英语课程标准(2017 年版 2020 年修订)》(以下简称《新课标》)在词汇教学提示中指出"教师要注意词块的呈现"。90%的英语表达是借助词汇的固定搭配即语块来完成。我们进行语块理论指导下的高中英语听说教学主题教研,正是力图把语块正确有效输入与自然得体输出在听说教学中得以实践,对改进英语听说教学策略有指导价值。

2. 反思与提炼我校高中英语听说教学特色的需要

听说教学是我校高中英语的教学特色,但我校高中英语教研组还未就英语听说教学过程中的经验教训,以及有效的英语听说教学策略进行系统归纳,因此本主题教研活动能够推动对我组多年来听说教学特色的反思、总结与提炼,希望将我组教师的物化成果实现区域层面的分享辐射。

(二)教研主题与范围

我校高中英语教研组在区重点课题的引领和区教研员的指导下,开展了语块理论与高中英语听说教学相结合的专题研究,计划通过三年多的时间,使组内教师获得听说教学实践体验,积累实施案例,找到相对有效的英语听说教学策略,切实提高学生的听说能力。

(三)教研内容与形式

参与本主题教研系列活动策划、组织与实施的团队成员主要由建青实验学校高中英语教研组全体教师、区高中英语教研员、校特聘英语专家、长宁区第六轮学科带头人项目制导师等组成。围绕本主题,团队成员于 2017 至 2020 年,策划并开展了一系列相关教研活动,详见表 1。

表 1　开展的系列教研活动

序号	活动内容与要点	活动层级	时　间
1	• 主题教研选题研讨: 通过集中讨论听说教学中发现的问题,结合专家指导,决定尝试将语块理论融入听说教学,并进行相关教学实践研究。	校本教研	2017 年 10 月全月

序号	活动内容与要点	活动层级	时　间
2	• 高二 Listening & Speaking—Is Tutoring Necessary 教学研究课实施： 将教材听力部分替换为更符合单元主题的听力材料(Is Tutoring Necessary?)，通过相关话题的语块教学，引导学生表达对补课的看法。 • 互动研讨	校本教研	2017 年 12 月 6 日
3	•《牛津英语》(上海版)高一上 Unit 5 Listening & Speaking — A Telephone Reservation 教学研究课实施： 通过教材听力部分打电话进行餐馆订座，引导学生学习礼貌提出请求的半固定语块，并且更换不同场景帮助学生操练并掌握提出请求的话语技巧。 • 互动研讨	校本教研	2017 年 12 月 7 日
4	•《牛津英语》(上海版)高二上 Unit 6 Listening & Speaking Possibilities and Certainty 教学研究课实施： 通过结合教材听力与电影 The Martian 片段，输入表示不同可能性的语块，设计场景帮助学生操练语块用法，引导学生在交际中更为严谨地陈述事件，表达看法。 • 互动研讨	校本教研	2017 年 12 月 8 日
5	•《牛津英语》(上海版)高二下 Unit 3 Listening & Speaking — Colour Idioms 教学研究课实施： 通过资料查询，删减了教材听力部分与颜色相关的低频习语，增加了与主课文提及的颜色相关的高频习语，帮助学生通过语境理解习语的特殊含义，了解习语的历史，文化特征，学会使用习语来进行恰当表达。 • 互动研讨	区级教研	2018 年 4 月 4 日
6	• 主题教研阶段性总结，初步形成听说课模： 通过对前阶段语块理论指导下的听说教学实践的经验总结，形成了"听前呈现必要语块，听中突出语块语用，听后提升语块运用"的听说课模。	校本教研	2018 年 12 月 下旬

新课程　新教材　新教研

序号	活动内容与要点	活动层级	时　间
7	• 高三 Listening & Speaking — Money Matters 教学研究课实施： 选择贴近学生生活的社会热点问题"信用贷"的相关材料进行改编,聚焦于学习理解与应用实践活动的展开,帮助学生运用课上所学语块、框架、逻辑表达自己的观点,提出言之有理的论据,树立正确的消费观。 • 互动研讨	区级教研	2019 年 1 月 9 日
8	• 高二 Listening & Speaking — A Short Nomination Speech 教学研究课实施： 结合校推选"年度人物"活动,将德育融入英语课堂。通过一篇提名演讲,分析其主要语言特征,提取关键语块,鼓励学生在进行提名演讲中运用恰当语块结构,正确表达意思,体现意义的逻辑关联性。 • 互动研讨	区级教研	2019 年 10 月 9 日
9	•《高中英语》(上教版)必修第二册 Unit 1 Viewing — Extreme Sports in Queenstown 教学研究课实施： 通过介绍新西兰皇后镇及其极限运动,运用思维导图带领学生梳理关键语块,在情景式的采访活动中鼓励学生运用关键语块进行表达。 • 互动研讨	区级教研	2020 年 12 月 16 日
10	• 主题教研活动总结和反思,完善听说课模： 结合即将进行的区级课题结题活动,对三年来语块理论指导下的听说教学实践进行梳理与经验总结,形成了较为完善的听说课模,即"听前激活背景知识—引出话题—听说中互动输入关键语块—运用听力教学策略理解材料—语境下正确理解关键语块—半开放式口语任务运用语块—开放式口语活动输出语块"。	校本教研	2020 年 12 月 下旬

本案例重点介绍的是该主题教研系列活动的第七次活动,即在高三年级开设的一节题为"Money Matters"的听说研讨课。随着我校基

于语块理论的听说课模初步形成,我们仍需在实践中进一步打磨课模。本次活动不仅体现了语块理论在听说课堂的运用,而且在英语学习活动观的指导下,对听说教学的策略有了进一步的研究,是完善听说课模的一个不可或缺的环节,期待通过课堂实践与课后研讨,促进上课及观课教师对听说教学的思考。华东师范大学舒运祥教授,长宁区高中英语教研员张珏恩老师,长宁区高二、高三年段全体英语教师参与了本次活动。

(四) 教研活动设计与实施步骤

本次教研活动既是我校高中英语教研组"语块理论指导下的高中英语听说教学主题教研实践"的一次区域展示与研讨,也是长宁区"英语学科核心素养视角下的高中英语听说教学实践"主题教研系列活动的一个组成部分。本次主题教研经历的过程如图 2 所示。

图 2 "Money Matters"听说研讨课设计流程

1. 重点环节设计

(1)研讨课准备

为了更好地凸显活动主题,在语块理论指导下的高中英语听说教学前期经验的阶段性总结的基础上,考虑到在高三开设听说课,教师们认真研读了《上海市高中英语学科教学基本要求》与《2018 普通高等学校招生全国统一考试上海卷考试手册》中与听说相关的部分,结合历年高考听力试题,分析了题型与考核要求。组内最终选定由青年骨干潘自意老师执教本节听说课。我们跳出教材框架,寻找合适的补充材料,选择贴近学生生活的社会热点"信用贷"为话题,合作进行了材料的改编,与潘自意老师一起备课,在教学设计时突出听说教学策略的运用,听说技能的培养以及育人价值的体现。

(2)试教研讨

我组进行了多次集体磨课,并且得到了我校特聘英语专家,上海市特级教师宋凤老师、长宁区高中英语教研员张珏恩老师的悉心指导与帮助。在试教过程中专家重点指导授课教师从文本信息难度,听力题型的呈现方式与同伴互评表的设计等方面进行调整。

（3）教研工具开发

基于主题教研活动的关注点,确定如下观察点:第一,观察教学活动设计,包括语境的适切性,听力活动之间、听力活动与口语活动之间的关联性,活动对教学目标的指向性。第二,观察学生参与程度,包括学生的语言,学生的思维。观课教师可以选择不同的维度观课,并在统一的观课记录表中记录所看所想。在互动研讨环节,教师基于观课时获得的信息开展评课交流。

（4）活动资料准备

本次主题教研活动为观课教师提供了教学研讨课的听力文本材料、教案、配套的学案以及观课记录表。

2. 基本流程设计

提前设计完成教研活动的基本流程,并在活动前通过邀请函的方式提前告知前来参加活动的教师,活动流程详见下表2。

表2 活动流程

序号	活 动 流 程	活 动 内 容	设 计 说 明
1	发放活动资料	观课教师领取听力文本材料、教案、学案及观课记录表	教师借助教学资料与观课表,开展观课活动
2	课堂教学展示	潘自意老师在图书馆录播教室执教"Money Matters",其余教师集体观课	
3	执教教师说课	潘自意老师从整体思路,教学步骤等方面进行说课	呈现教研组的主题研修特色工作,备课团队的过程性思考,突出重点教学环节的设计意图,便于参与教师理解研讨主题与重点,激发思想碰撞,对本节课进行多方位的思考与评价
4	同伴互助	金文磊老师介绍备课过程的同伴互助	
5	主题研讨	滕芳梅老师介绍教研组主题研修活动的开展情况,观课人员进行评课交流	

序号	活动流程	活　动　内　容	设　计　说　明
6	专家点评	长宁区高中英语教研员张珏恩老师与华东师范大学舒运祥教授对本节听说研讨课进行点评	借助专家的站位,帮助参与教师对本节课的优势与不足产生更深刻的体会
7	活动总结	任含华老师对本次活动进行总结	回顾整场教研活动,强化活动感受

3. 教研活动实施

（1）主题阐释

解读本次活动的主题,主要从以下三个方面入手:

第一,关注语块理论对听说课的指导。语块有助于减轻学习者大脑的记忆负担,提高英语听力理解的效果。语块也可以有效减少母语负迁移,在英语口语表达时,可以增强学习者用词的准确性。本节听说课正是以语块教学为手段,提高学生的语块意识与敏感度,通过强化语块输入及输出训练,提升语言学习成效。

第二,关注英语学习活动观对听说课的指导。本节课的听力材料是一篇有关"信用贷"的议论文,聚焦于学习理解与应用实践活动的展开。学习理解的重点在于捕捉说话者的论点以及论据;应用实践的重点在于能够运用所学的语块、框架、逻辑表达自己对这一话题的观点,并提出言之有理的论据。

第三,关注英语学科核心素养的培养。本节听说课突出了英语学科核心素养中"语言能力"与"文化意识"培养。语言能力主要表现在处理听说关系,及运用课上所学语块进行恰当表达。我们将社会热点与理智的消费观结合,帮助即将步入大学的学生们树立正确的消费观,提升文化意识。

据此,本次教研主题可阐释为:以语块教学为手段,通过整合学习理解、实践应用等一系列语言学习活动,帮助学生运用语言去理解与表达意义,形成正确的消费观。

（2）展示研讨

本节课的课堂亮点包括以下四个方面:

第一,语块选择有依据。教师选择重点教学的语块与主题高度相关,兼顾表达所需。而且听力文本难度适切,语言经过简化,去书面化,减轻了学生的理解负担。

第二,听说训练有梯度。帮助学生从把握主旨到理解文本内容,体现了从整体到局部的设计。训练从单词填空到记笔记,并完成表格中的语块填写,能力要求逐步提高,同时表格也清晰展示了文本结构,为说的环节搭建了输出框架。

第三,听说任务关联强。听力部分带领学生逐一了解信用卡的使用现状、趋势,专家对信用卡的使用建议,逻辑分明。说的部分要求学生谈谈对于信用贷款消费的看法,并说明理由。从听到说的任务设计环环相扣,水到渠成。

第四,学生互评有抓手。在口语输出中,为了让表达更有条理,互评表的设计采用自上而下的模式,既明确需有观点表达,也对语块运用提出了要求,提高了生生互动的质量。

课后研讨过程中,专家给予本节课高度评价。长宁区高中英语教研员张珏恩老师认为这节课所选语料真实,符合听力语料的特点。语块教学在具体语境中进行,有多样的、互动式的语言操练,呈现效果好。

华东师范大学舒运祥教授认为这节课教学设计考虑周到,教学活动从易到难,从粗到细,从听到说,遵循了人脑学习语言的特点。语言材料选择适当,语篇连贯,避免了考试听力材料碎片化的缺陷。问题设置到位,形式多样。

(3)证据积累

针对本次活动,我组设计了以下课堂教学评价指标,引导观课教师开展与教研主题相关的观课分析与评价,课堂教学评价指标详见表3。

表3 课堂教学评价表

学校:	评价者:	日期:
评 价 指 标		评分(1—5分)
1. 教学目标设定清晰明确,目标达成效果好		
2. 教学内容合理,符合学生的认知水平		
3. 教学活动中的语境呈现适切		

评　价　指　标	评分(1—5分)
4. 课堂提问有效,能够激发学生思考	
5. 听、说活动任务设计有坡度,关联性强	
6. 重视课堂对话,给予学生充分的表达机会与时间	
7. 学生能够运用所学语块发表自己的观点	

参加活动的我组教师与区高二、高三年级的教师对此次活动发表了观课评价,此处提炼了部分评价关键语句,梳理分类如图3所示。

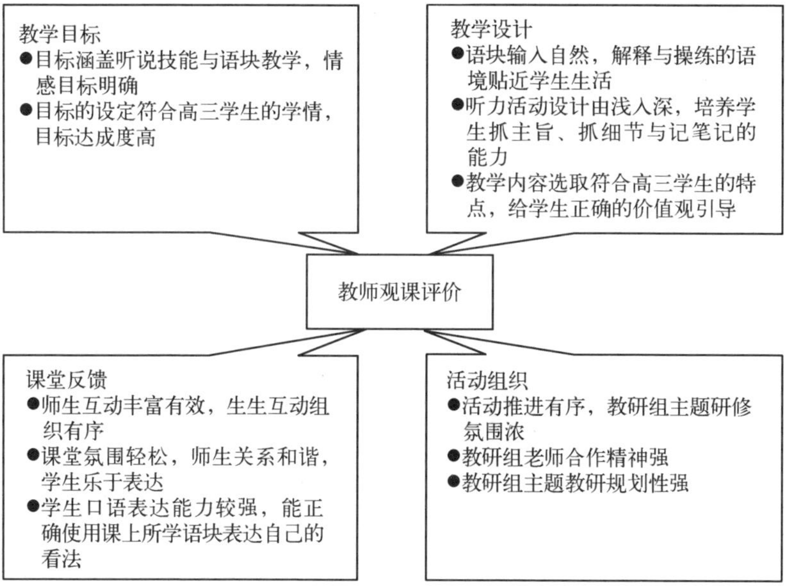

教学目标
● 目标涵盖听说技能与语块教学,情感目标明确
● 目标的设定符合高三学生的学情,目标达成度高

教学设计
● 语块输入自然,解释与操练的语境贴近学生生活
● 听力活动设计由浅入深,培养学生抓主旨、抓细节与记笔记的能力
● 教学内容选取符合高三学生的特点,给学生正确的价值观引导

教师观课评价

课堂反馈
● 师生互动丰富有效,生生互动组织有序
● 课堂氛围轻松,师生关系和谐,学生乐于表达
● 学生口语表达能力较强,能正确使用课上所学语块表达自己的看法

活动组织
● 活动推进有序,教研组主题研修氛围浓
● 教研组老师合作精神强
● 教研组主题教研规划性强

图3　观课评价

本次教研活动为我组教师创设了一个展示自我、锻炼提高、辐射听说教学经验的机会,也为区内其他学校的教师创设了一个互动交流与学习的机会,获得了校内外教师与专家的一致好评,这既是对我们前期工作的肯定,也鼓励我们继续深入研究听说教学,不断创新。

(五) 教研活动成效

为期三年多的语块理论与高中英语听说教学相结合的专题研究积

累了不少听说课的实施案例,使组内教师从听说教学实践体验中找到相对有效的英语听说教学策略,验证了语块在听说教学中能够提升学生对听力语篇的理解能力,增加学生在说的环节用词的准确性与流利性,可以说切实提高了学生的听说能力。这一系列主题教研活动让我们总结了听说教学中的一些经验:

1. 听说教学须依托主题语境

《新课标》指出,语言学习活动都应该在一定的主题语境下进行。听说课的选材可以在教材大主题语境下,结合社会热点,选取符合学生认知水平,激发学生兴趣,给予学生正确价值观引导,体现育人价值的素材,作为对教材的有益补充。"Is Tutoring Necessary"这课所选的听力材料与单元主题关系密切,帮助学生从大单元的角度积累了相关语块。"A Short Nomination Speech"这课所选材料包括了与个人优秀品质相关的语块,体现明显的德育价值引导。

听说课中语块教学离不开主题语境,主题语境为语块理解提供意义支撑,同时也为语块运用提供语用载体,学生在主题语境中学习、理解与运用语块的过程是感知和体验真实使用语言的过程。

2. 听说教学须重视语块教学

语篇具有特定的语言特征,分析语篇的语言特征有助于学生加深理解主题意义,提高表达技巧(王蔷等,2020)。为了实现其特定的交际目的,听力文本会涉及特定的语块,教师在备课时需要充分把握主题意义,科学合理地确定目标语块,并以此为依据进行教学,鼓励学生有意识地根据交际需要,运用所学语块,连贯地表达意义,并迁移至新的情境用于创造性的意义表达。"A Telephone Reservation"这课中与"预订"有关的礼貌地提出请求的半固定语块可以在相关场景中举一反三地运用。"Colour Idioms"这课中与文化紧密相关的习语学习能够帮助学生在交际中运用习语进行更地道地表达。

三、教研感悟与问题分析

(一) 感悟与收获

1. 领导重视,精心组织

高中英语教研组的主题教研系列活动得以顺利开展离不开学校领

导的支持。一次又一次的展示研讨活动的背后需要场地、教学管理、后勤保障等支持。学校为我们专门聘请了英语特级教师宋凤老师,在整个主题教研系列活动中给予跟踪指导。

我们的教研活动有明确的目标,活动符合教学实际,从学生的实际需求出发。教研组对每一个活动都认真对待,精心组织。备课、上课、观课、评价等每个环节都有具体的活动流程,确保了活动的顺利举行。

2. 科学研究,教学相长

教研组在组织教师开展教研活动时,以科研的思路重新审视教学过程、发现问题,在磨课、研课的过程中,思考问题,形成解决问题的策略,并通过教学实践使其得到验证与完善。过程中一方面丰富了教师的实践经验,提升了教师的专业素养,另一方面,促进了学生听说能力的提高,做到"教学相长",体现了英语教研的实效性。

3. 教师互助,共享智慧

发挥集体力量,搞好教学研究是提高教学质量和整体教学水平的重要途径(梁思华,2019)。本教研系列活动主题的确立离不开组内教师在日常教学实践中对遇到的问题开展的多次集中讨论,也离不开教研组先前经验的引领与专家、教研员、组内教师集体智慧的碰撞。教研组秉承着"拧成一股绳"的精神,组内任何一位教师开课,其他教师必鼎力相助,正是这种团结互助的精神让我们能办事,办好事。

4. 借力平台,辐射成果

通过一系列教研活动可以看出,我组教研辐射范围逐渐扩大。这正是区教研员深入走访,有的放矢地对我组的主题教研工作进行指导的结果。区教研员为我们搭建平台,使我们能够站在更高的平台上进行教学展示,宣传我校的听说教学模式,供其他学校根据学情借鉴并完善,也让我们有机会听取专家及兄弟学校教师们的意见与建议,使我们不断进步。这样的教研活动增加了区级层面互研互学的教研氛围。

(二)问题与分析

在主题教研系列活动中,我们发现在参与人数较多的区级层面活动中,由于流程安排紧凑,留给参加活动的教师们现场互动时间有限,且观课评价表回收也有一定难度。在信息化时代,后续可以借助问卷填写类的软件设计课堂教学评价表,观课教师能够即时在手机上进行评价,扩大教师的参与度,让我们更多了解每位观课教师的想法与建议,也有助于会后教研资料的收集与再次提炼。

结语

基于对"语块理论指导下的高中英语听说教学"为期三年多的主题教研实践活动的总结,并结合相关区级课题的研究成果,本文对这一系列的主题教研活动进行了总结与反思。后续拟在整合先前经验与教训的基础上,继续寻找新的切入点,深化关于听说教学的相关研究,开展新一轮的主题教研活动,切实提升教师的教学能力,让更多学生获益。

参考文献

[1] 梁思华.适切教研视角下提高中学英语教研时效性的策略[J].英语教师,2019,(7):74－76.
[2] 上海市教育委员会教学研究室.案例锚定主题(中学卷)[M].上海教育出版社,2020.
[3] 上海市教育委员会教学研究室.主题导航教研[M].上海教育出版社,2020.
[4] 邵华.预制语块与中学英语词汇教学[J].基础英语教育,2009,(4):30－34.
[5] 王蔷,周密,蒋京丽,闫赤兵.基于大观念的英语学科教学设计探析[J].课程·教材·教法,2020,(11):99－108.
[6] 中华人民共和国教育部.普通高中英语课程标准(2017年版2020年修订)[M].人民教育出版社,2020.

[活动点评]
本教研案例缘起总结教研组听说教学特色之想,根植于教研组的教育教学课题研究,是教科研引领教研组研修活动的生动写照,具有科学性、连续性和实效性的特点。它以点见面,对主题教研活动的设计和实施以及教研组内中青年教师的培养都有一定的借鉴意义。

首先,科学性。因为有教科研课题的引领,该组的教研活动有明确的目标,教研方向是正确的、教研任务是经过统筹规划的、教研过程是经过精心设计的、教研结果是经过科学求证的。其次,连续性。因为是有规划的组室研修活动,三年来教研组聚焦《语块理论指导下的高中英语听说教学应用研究》课题开展系列研修活动,伴随着新课标的实施还衍生出了新课题《英语学习活动观指导下的高中英语听说教学策略研究》,两个课题各有侧重但相互承接,使组室研修围绕听说教学的有效性研究不断深入。第三,实效性。两个迭代更新的教研组课题在实施的过程中,通过文本研修和教学实践不仅使教研组积累了一批有质量的听说教学案例,也对组内每一位教师的专业成长产生了深远的影响,而且借助区级教研活动的平台,对区域内的教师都起到了一定的促进作用。

当然,该教研活动案例在观课教师评价工具开发的科学性、教研活动的互动性和生成性、教研活动资料的规整和提炼等方面还存在一定的上升空间。

（点评人：上海市长宁区教育学院　张珏恩）

作者简介

金文磊,中学高级教师,2004 年毕业于上海师范大学,获学士学位,2012 年 7 月至 8 月赴澳大利亚昆士兰大学参加"TESOL 培训",2013 年获上海外国语大学英语语言文学硕士学位。在上海市建青实验学校从事高中英语教学工作 17 年,参与区级重点课题三项,发表或交流学术论文五篇,并获市、区级奖项。是上海市第四期双名工程"种子计划"（长宁区）高中英语基地培养对象,长宁区教育系统高中英语创新团队成员。执教的"Colour Idioms"获 2018 年度"一师一优课　一课一名师"市级"优课"。自 2019 年度担任高中英语教研组长以来,带领团队围绕"双新",多次开展校、区级研讨课活动,鼓励组内教师积极参与教科研,2020 年度组内四位老师的五篇论文获市、区级奖项,教研组获评校优势学科。

高中英语校本课程项目式教研模式初探

——基于新课标探索词汇课教学的教研实践

华师大附属枫泾中学　曹　宇

引言

"科研兴校""科研兴学""科研兴教"和"教师即研究者",这些教育理念时刻提醒我们新课程改革背景下中小学教师要转变传统的知识传授者的职业角色,成为直接的教育教学研究者。而教研活动的本质就是为教师提供平台,从而实现教师创造性实践过程。我校高中英语教研组秉持以研促教、教研相长的理念,坚持定时间、定主题、定地点的原则,围绕词汇课教学中的问题,开展项目式教研模式。以教师为主体,解决教学真实问题为驱动,形成教研产品为成果,有利于切实提高教学质量,促进教师专业化成长。

一、教研理念与经历

1. 教研理念

项目化教研模式是借鉴了项目化学习(Project-Based Learning),即围绕、组织和推进活动的真实问题和形成问题的解决方案或产品这两个核心内容。苏辉在《高中英语学科"项目式"教研模式初探》中提出项目式教研模式(如图1)是一种以教师教研产品开发为目标的学习型教研方式,驱动教师主动发现问题,并协作确定解决问题方案的学习型教研模式(苏辉,2020)。高敏在《提高教研活动有效性的探讨》中也提出教研活动是以教师的教育教学问题为研究对象、以教师为主体、以专业研究人员为合作伙伴的实践性研究活动。由此可见,项目化教研可以通过教学实践中的真实问题来驱动教师主动参与教研活动,并在专家的指导和教师间的协同互动中寻找解决方法并形成教研成果,更能凸显教师的主体性。

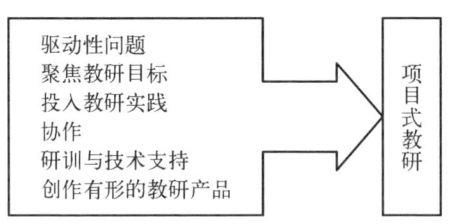

图1　项目式教研模式(苏辉,2020)

2. 教研经历

笔者从 2019 年开始担任华师大附属枫泾中学英语教研组长,工作任务从学科教学扩展到了如何围绕我校 3+2+1 英语课程改革推进学科教研活动,实现教学和科研的同步发展。在词汇课这一校本课程开发和实施的过程中,笔者借鉴了项目化教研的模式,坚持校本教研的工作应该面向教师的专业发展的理念,关注"双新"背景下校本课程在实践中出现的各种真实的教学问题,明确教研目标的同时鼓励教师积极参与教学实践、课题研究和教学研讨活动,最终助力教师的专业成长。

二、教研活动设计与实施

1. 教研背景

华师大附属枫泾中学与华东师范大学英语系邹为诚教授带领的研究生团队联手,基于"双新"课程改革的推进,结合枫泾中学的英语教学实际,对英语课程进行了整体的课程改革,为枫泾中学学生的英语学习量身定制了精读课、词汇课、视频课和小说阅读课,作为 3+2+1 的课程改革新方案。围绕词汇课这一校本课程在落地、实施、推进的不同时间节点中出现的实际问题,笔者借鉴了苏辉(2020)《高中英语学科"项目式"教研模式初探》的项目式教研设计要素,并做了调整和修改,使之成为我校英语学科项目式教研设计六要素(如图2),包括驱动性问题、教研目标、教研实践、协作、研训和教研产品。

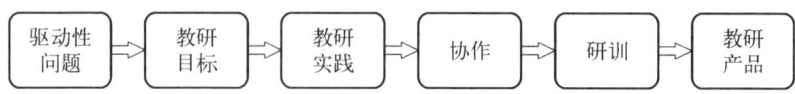

图2 项目式教研设计六要素

2. 整体规划

如表1所示,2020年1月至2020年6月,枫泾中学英语教研组设计了围绕词汇课教学的系列教研活动。教研活动都是基于教学实践过程中出现的真实问题作为驱动性问题,以解决问题作为教研活动的目标,在教研内容和形式上则采用不同的实践方式,如主题讲座、听课、评课、互动研讨等,教师通过多样的协作方式,各自习得和收获了多种教研成果。不同的教研活动分别侧重于项目式教研的不同要素。

表1 系列教研活动设计

序号	活动主题	活动内容与要点	邀请专家
1	基于双新课改,枫泾中学英语3+2+1新实践之词汇课校本课程论证	*专题讲座: 枫泾中学英语课程改革总体实施方案解读(陆旭东) 新学期英语课程安排计划(曹宇) *互动研讨	邹为诚
2	如何有效开展词汇课备课、授课	*专题讲座: 词汇课教学与传统英语课程的差异(邹为诚) *互动研讨	邹为诚
3	基于词汇课的"同课异构"	*词汇教学:Jobs(祝馨怡、郭利莹) *听课评课	邹为诚
4	词汇课中期阶段性经验总结分享	*经验总结分享(高一年级组) *互动研讨	邹为诚

续　表

序号	活 动 主 题	活动内容与要点	邀请专家
5	词汇课学期末总结及新学期课程推进	＊总结与反思(祝馨怡、郭利莹) ＊辅导教师观课评价(王长友、刘荣艳) ＊专题讲座：新课程　新教材新方法(邹为诚) ＊互动研讨 新学期如何更好地提高词汇课教学	邹为诚 韩二君 俞　连

3. 教研主题及范围

为了进一步落实"双新"的深入实践,深化我校英语课程教学改革,助力英语课程审美化实施,提高学生英语学习的兴趣和效果,我校自 2018 年秋季学期开始连续进行了多轮的英语课程改革的实践与探索。2020 学年第二学期在高二年级全面推行了词汇和视频课。一个学期执行下来,师生都收获良多。基于如何传承词汇课一学期的教学经验和新学期如何更好地继续提高词汇课教学的问题,由我校校长室牵头,高中英语教研组承办,召开了 2020 学年第二学期课程改革学期末总结及新学期课程筹备的教研活动。教研的目标设定为通过教师间、学校与教研组间、专家与教师间回顾教学实践,开展智慧的碰撞,运用协作互研的方式,形成阶段性教研成果。活动由副校长林芸主持,华师大英语系教授邹为诚、区教研员韩二君、俞连和本校全体英语教师参加了此次活动。

4. 教研内容与形式

活动首先由两位词汇课授课教师祝馨怡、郭利莹对一个学期的授课进行总结和反思汇报;两位资深辅导教师王长友、刘荣艳分别对授课教师一个学期的备课、课件、授课等方面进行指导性评价。邹为诚教授作为全程参与本校课程改革的见证者,从专家的视角对我校英语课程改革作了主题讲座。一方面再次重申了课程改革的重要性和必要性,另一方面也对于我校"3+2+1"的课程改革给出了新的实施建议,肯定成绩的同时也提出了新学期改革的意见。最后,与会教师围绕着"新学期如何更好地提高词汇课教学"展开了热烈的互动研讨,从课外材料的选择、编辑目录到授课形式、评价方式等各个方面达成了初步的共识,为新学期课程的开展打下了良好的基础。参会校级领导也肯定了外语教研组活动的实效性、系统性、规范性和科学性,同时也表达了对外语教学工作的大力支持。

5. 教研活动的具体实施步骤

（1）教研活动准备

教研组长与校长室、课改小组确定本次教研活动的主题、拟解决的问题,从而预设教研目标、形式和教研成果产出;授课教师祝馨怡、郭利莹对本学期已完成的词汇课教学材料、课件、学案进行汇总并撰写学期教学总结、反思;两位资深辅导教师准备学期观课总结发言,围绕授课教师的备课、授课、学期综合评价等方面给出意见和建议;预告本次教研活动"围绕新学期如何更好地提高词汇课教学"的讨论主题,供参会全体教师提前思考;发布教研活动通知。

（2）基本流程设计

本次主题教研活动的基本流程如表2所示。

表2　词汇课学期经验总结及新学期课程推进主题教研活动

时　间	课题/发言内容	执教/发言
13:00—13:10	开场	林芸（副校长）
13:10—13:50	授课教师做学期末教学总结 辅导教师谈观课感受	祝馨怡、郭利莹（枫泾中学） 王长友、刘荣艳（辅导教师）
13:55—14:30	主旨发言: 新课程　新教材　新方法	邹为诚（华师大外语系教授,上教版教材主编）
14:30—15:00	互动研讨: 新学期如何更好地提高词汇课教学	

（3）教研活动具体内容

2021年6月29日,由校长室牵头,高中英语教研组承办,开展了华师大附属枫泾中学2020学年第二学期课程改革学期末总结及新学期课程安排筹备推进主题教研活动。此次会议由枫泾中学副校长林芸主持,会议邀请到了华东师范大学邹为诚教授,金山区高中英语教研员韩二君、俞连老师。枫泾中学书记陆旭东以及高中英语全体教师共同参与了本次会议。

首先,授课教师祝馨怡、郭利莹对本学期的视频课、词汇课的教学进行了总结,两位老师从授课内容、备课情况、上课流程、课后测试以及教学反思等多方面对本学期的整体教学工作进行了总结性汇报,并与大家分享了自己的教学心得和体会。王长友教师和刘荣艳教师作为辅导教师,对两位年轻教师的教学给予了高度评价,王长友教师反馈两位教师的课堂内容多样、拓展充分,学生们能充分享受听课过程,在轻松愉悦的课堂氛围中学习到实用的英语单词和搭配。刘荣艳教师在评价中指出,两位教师对于视频课的教学设计充分考虑了学生的认知水平,教学环节设计层层递进,既考验了学生对于视频内容的整体把握,也锻炼了学生对于细节的把控。

枫泾中学英语教研组长曹宇教师在会议上和大家分享了英语课程改革的落地流程,道出了其中需要经历的重重"困难",曹老师总结我校的英语课改"实际""实在""实干",坚持一切改革落到实处,一切改革为了学生。校党支部书记陆旭东从课改的背景出发,声情并茂地和大家分享了我校实施英语课改的原因,陆书记指出课程改革首先是要改变管理者的理念,再对整个课程系统进行重新架构,包括改变课时安排,重新整合教学资源等。陆书记特别感谢了邹为诚教授对我校课改的大力支持。

邹为诚教授在随后的主旨发言中提出"开放式教学"的重要性,邹教授团队通过对课堂语言的转写分析以及学生的课外反馈分析,指出新学期我校教师仍要不断深化"开放式教学"的理念,在教学设计中要以学生的需求为导向,尽力营造活泼生动的学习氛围,同时配合有效的英语课外阅读,充分激发学生的英语学习热情。邹教授还为我校无偿捐赠了一系列配套小说课的英语原版书籍,为我校学子提供了宝贵的阅读资源。

最后,参会教师"围绕新学期如何更好地提高词汇课教学"的主题进行讨论,各抒己见。提出在前人经验的积累上,更科学地选择校本课程的材料;进一步优化课堂授课模式,发挥学生的主导作用;在检测和评价方式上再多多探索,使之更符合学科、学生的学习需求。

通过此次对英语课改的总结以及对新学期课程安排的主题教研活

动,我校英语课程教学改革的成果得到了展示,随着英语课改的深入实施,相信这项能让任课教师、全体教师、全体学生三方受益的课程改革能在枫中这块肥沃的土壤上结出更甜美的果实!

三、教研活动感悟

本次教研活动秉持项目式教研理念,坚持主题系列教研的连贯性原则,由教研组长牵头设计,授课教师主讲,全体组员讨论,专家、教研员提供理论指导,学校领导提供教学支持、给出意见和建议。回顾本学期围绕"词汇课校本课程的教学实践"开展的一系列的教研活动,从词汇课校本课程的落地到实施,从前期的尝试到中期的反思再到学期末的经验总结,既有对前期的教学工作做梳理和总结,又有对新学期词汇课教学的展望和思考,同时也对下学期词汇课的继续开展提出了具体的计划和要求,且对本次教研活动后续的任务也进行了布置。通过教研活动,一方面,组内教师对校本课程词汇课的完整过程有了充分的了解,从思想上更重视我校英语课程改革的推进进程;另一方面,通过对本学期词汇课教学资料的梳理和多次教学活动的学习,接下来的授课教师可以总结经验,为新学期的词汇课教学做好前期的准备工作,打下坚实的基础。这些也是我校教研活动从词汇课的教学实际出发,解决词汇课教学的实际问题,从而更好地为词汇课教学服务的三位一体的教研实效性的体现。教师们也在教研中通过智慧火花的碰撞,实现了教学的创新型实践,年轻教师也在教研活动中收获了成长和进步。

结语

一个学校教学活动的实施必须拥有一支高素质的教师队伍,而教师素质的提高离不开各种形式的培训学习和教研活动,尤其离不开立足本校教学实际的校本教研活动。赵才欣老师在《有效教研》一书中对有效教研基本思路进行了概括:"一项工作的有效与否,是针对原来设定的目标而言。教研活动也是如此,它只有指向预定的目标并且达成,才是有效的。"有效教研的目标是推进课程改革,提升整个区域的学科教学质量,其关键是要服务于教,服务于教师的需要,服务于教师的成长。本着以问题驱动教研、教师专业发展为本的教研理念,笔者作为教研组长正尝试着在枫泾中学搭建英语学科的项目化教研平台。通过设计一系列立足于枫泾中学英语教学实践的教研活动,从教学现象出发,问题引领教研核心目标,通过教研实践、专家团队的理论指导和教师团队的智慧碰撞来解决教学中的实际问题,形成有效的教研成果。同时,我校的教研活动践行着以研促教、教研相长的教研理念,致力于推进本校的英语课程改革的大目标,促进青年教师的专业化成长。我们目前仅仅对项目式教研模式进行了初步的探索与实践,前路漫长任重而道远。只有通过不断的理论学习,在实践中探索最适合我校教研的匹配模式,才能更好地实现以研促教、教研相长。

参考文献

[1] 苏辉.高中英语学科"项目式"教研模式初探[J].中小学教学研究,2020,(06):92-96.

[2] 赵才欣.有效教研:基础教育教研工作导论[M].上海教育出版社,2008.

[3] 高敏.提高教研活动有效性的探讨[J].全球教育展望,2013,(08):53.

[4] 中华人民共和国教育部.普通高中英语课程标准(2017年版2020年修订)[M].北京:人民教育出版社,2020.

[活动点评]

- 借助专家外力,尝试课程整体改革

华师大附属枫泾中学与华师大英语系邹为诚教授带领的研究生团队携手合作,基于"双新"课程改革的推进,结合学校的英语教学实际,为枫泾中学学生的英语学习量身定制多种课程。英语教研组在校长室等部门的大力支持下,下"破釜沉舟"之决心,创新了中学与高校合作的教研新形式,并初步显示良好成效。

- 立足真实需求,制定系列主题教研

枫泾中学英语教研坚持从学生真实需求出发,基于问题导向,注重过程,注重学生主体地位。聚焦了词汇教学等专题,系列活动始终围绕英语教育教学的实际问题与现象开展。研讨主题具有切口小、实用性强的特点,教师们感兴趣、有共鸣,在需求导向、问题导向指引下,真正做到以研促教。

- 注重协同发展,促进师生共同成长

教研活动参与面广。组内全体英语教师参与教研活动,紧扣主题,主题交流和自由发言相结合,几乎做到人人参与交流发言,能畅谈对近阶段主题实践课的理解、或提出再实践时的建议、或提出在迁移借鉴中的困惑等。本次活动还邀请了即将入职的新教师参会,从另一个角度看到枫泾中学教研活动组织的全局性以及团结共进的教研氛围。

本次教研活动若能在互动性上加以完善,活动的效能或可进一步提升。如在活动的第四环节互动研讨时,可以进一步加强交流的针对性和充分性,围绕"新学期如何更好地提高词汇课教学"主题各抒己见。可以预先设计几个核心问题,使讨论更有聚焦点,避免泛泛而谈,并且为新学期的系列教研开拓思路。

(点评人:上海市金山区教育学院 俞连)

作者简介

曹宇,中学高级教师,金山区教育学会英语专业委员会成员、骨干教师。从事高中一线教学 19 年,任教高三毕业班七届,目前担任华东师范大学附属枫泾中学英语教研组长。多篇论文发表于《金山教育》《教育学》《中学教师》等区、市级学术期刊。多次进行区级公开课展示,以及区级教研主题发言。

用好新教材，构建新范式，打造新课堂

——"指向学科核心素养的'视听说'一体化教学活动设计"校本研修活动

上海市青浦区第二中学　陈鹃鹃

引言

在"双新"背景下，高中英语新课程教学改革正面临着前所未有的挑战和任务：需要培养学生的核心素养，落实立德树人根本任务；需要立足单元视角，整合教学内容，转变课堂教学模式。这些新要求给我们一线教师的日常教学和教研工作带来了很大的挑战。面对挑战，更需要探讨如何为教师提供更具针对性和持续性的专业支持。

一、教研理念与经历

1. 教研理念

校本研修是推进新课标落地，提高教育教学质量，促进教师专业发展的必由之路。青浦二中英语组在"双新"推进的过程中，本着求真务实，切实解决突破实际教学难点和困惑的原则，开展了一系列校本研修活动。其中，"加强教师对新课程新教材的深度理解，打造指向学科核心素养的典型系列化示范课"是我们的研修重点内容。

2. 教研经历

笔者从 2011 年开始担任我校英语组教研组长，带领教研组全体成员，在教学质量管理、教学研究、教师专业发展等方面进行了积极有益的探索并取得了显著成效，成为全校规模较大且教学实力强，并在区内业界有着良好口碑的教研组。

教研组以课堂为阵地,开展主题式的规范的教研活动,营造教研活动氛围。组织成员们持续在组内开展实践课、展示课等,以"教学反思、教学论文、教学案例"的撰写为抓手,促进全组教师的教研水平提升;以课题为载体,积极推进教研课题研究,在组内营造人人参与课题研究的教研氛围。

在"双新"背景下,"加强教师对新课程新教材的深度理解,打造指向学科核心素养的典型系列化示范课"是我们的研修重点内容,需要吸纳多方资源,专家、教师等角色共研、共创、共享;聚焦教学关键问题,开展系统深入的学习研讨;利用信息技术,线上线下融合,汇聚优质资源。我们正站在新的起点,仰望星空,脚踏实地,努力传承行之有效的教研经验,持续提升对课程教学的认识,转变教研和教学方式,助力"双新"落地。

二、教研活动的设计与实施

1. 教研活动的背景与目标

《高中英语》(上外版)新教材单元板块的设置很有新意,例如:视听说实践、思辨训练、文化链接以及项目探究。对照分析我校学生英语学习的学情,我们发现,视听说板块是教学上的一个难点。而对于此类课型,适合于我校学生学情的可借鉴的教学策略和活动设计简直是凤毛麟角。但这同时又是在实施新教材、落实双新的过程中不可回避的一个内容,是学生学科核心素养发展的具体体现之一。这让教研组的教师们感觉颇为棘手,亟待突破解决。

基于以上情况的综合分析,我校英语教研组就以"指向学科核心素养的'视听说'一体化教学活动设计"为主题,开展了序列化的校本研修活动。该研修活动旨在通过理论学习和教学实践,帮助教研组教师们理解该板块的功能、定位、目标,探索相应的教学方法和策略,逐步实现单元教学统领下的"视听说"一体化教学活动设计。

2. 教研活动的内容与成效

对于研修活动我们做了有序的推进计划,研修主要活动详见表1。

表1　研修主要活动

序号	时 间	内 容	执教教师及课题/培训人	研修形式	主持人	参加对象	学时	学分
1	2020.9	《高中英语单元教学指南》解读讲座	陈鹃鹃	线下以及线上会议	陈鹃鹃	全体英语教师	4	0.4
2	2020.11—2020.12	《大学英语视听说教程》，支架式教学理论学习和导读	钱海珍种子团队核心成员	讲座	陈鹃鹃	全体英语教师	4	0.4
3	2021.01—2021.02	撰写交流学习体会和读书笔记		线上以及线下会议	陈鹃鹃	全体英语教师	4	0.4
4	2021.03—2021.06	"视听说"一体化教学活动设计（高一课例研究）	全体高一备课组教师轮流执教	观课评课	於雪妹	高一英语教师	3	0.3
5	2021.03—2021.06	"视听说"一体化教学活动设计（高二课例研究）	全体高二备课组教师轮流执教	观课评课	夏新华	高二英语教师	3	0.3
6	2021.03—2021.06	"视听说"一体化教学活动设计（高三课例研究）	全体高三备课组教师轮流执教	观课评课	张顺燕	高三英语教师	3	0.3
7	2021.05	"视听说"一体化教学活动设计校级研讨活动	於雪妹等执教	观课评课	陈鹃鹃	全体英语教师	3	0.3
8	2021.6—2021.9	课例、论文及观课体会撰写		文案撰写	陈鹃鹃	全体英语教师	3	0.3

序号	时　间	内　容	执教教师及课题/培训人	研修形式	主持人	参加对象	学时	学分
9	2021.06—	继续梳理对于相关主题的教学困惑,并进一步探索研究		课堂实践	陈鹃鹃	全体英语教师	3	0.3

（1）理论学习

我们深知,有效的教学应当有强大的理论支撑,这样可以避免走弯路,因此,我们首先以英语学科备课组为单位,在学校的大力支持下,集体购买并学习相关的理论书籍,如《大学英语视听说教程》和《高中英语单元教学指南》等等。查阅学习网络资源:支架式教学、克拉申的语言输入理论等,同时钻研教材,不断提高自己的教学能力和业务水平。

在个人泛读的基础上,组织教研活动,集体精读某些章节,分享读书体会、教学心得以及困惑。同时,要求全组教师分组学习市级层面组织的"新教材一月一研活动"网络培训,参加区级层面教研员组织的专家教材解析活动,并结合区学科带头人钱海珍老师领衔的种子团队项目《基于语言输入理论的视听说教学提升高中生英语听说能力的实践研究》,参与相关主题讲座。努力引领本校教研组教师进一步理解专业书籍中的教学思想,更新教学观念,加深理论修养。

（2）课例研修

组织全组教师在前期理论学习和研究新教材的基础上,分备课组确定课例研修的重点,并在备课组内展开集体二次备课,相互听评课。各备课组经过阶段性研修,推选出开课教师开设校级研讨课,呈现各备课组的阶段性研修成果。开课教师做好开课准备,全组教师群策群力。开课教师将上课资料传到群里共享,大家交流、学习,组内教师对即将开课教师的教学设计提出改进意见及建议,开课教师不断修改落实,准备课例。教研组教师们集体参加观课和评课活动,研讨环节要求开课教师进行简要说课,其余教师聚焦研修重点,积极参与评课。

教研组钱海珍老师也是区英语学科带头人,指导团队成员在我校高三年级开设了一节视听说专题研讨课,全体教研组教师全程听课、评课。在本节课中,授课教师带领高三学生读图,小组讨论并做简单汇报导入，使学生自己观察图片，尽快熟悉听力文本的主要内容，并做出合理预测。接着，通过听力语篇了解旅行前需要做的准备和旅行中可能遇到的各类场景，理解并抓住听力材料的主要信息。在视频部分，通过默看方式，展开预测，将学生带入旅行场景。学生通过看视频捕捉信息，体会视频传达的旅行的意义。通过小组讨论结合图片给出的辅助信息，激发学生结合自身的旅行体验，展开讨论并表达旅行对于他们的意义。

如图 1 所示，图 1 是这节研讨课所制定的教学目标。

学习目标 Learning Objectives:

At the end of the lesson, you will be able to ...

1. 抓住听力材料和视频的主要信息，并能借助图片和思维导图复述内容
catch the main ideas and key facts in the listening and viewing activities
and retell them with the help of the pictures and the mind map;

2. 分享和比较旅行不同阶段的经历；
share and compare travelling experiences in different stages;

3. 了解旅行的重要意义，并结合自身的经验加深对其意义的理解。
recognize the importance of travelling and deepen your understanding in
connection with your own experiences.

图 1　视听课教学目标

我们发现，视听板块的首要目标是在视听过程中，引导学生根据视听任务，关注多模态语篇协同建构意义的方式，并运用适当策略，培养学生获取和加工语篇所传递的相关信息的能力。其次，视听语篇还起到滚动和升级单元话题，丰富单元主题语境，增加内容和语言输入，以及建构话题知识的目的。

然而，我们在集体研讨时，教师们也提出了一些问题和疑惑：例如，我们在观课过程中发现，这种课型的活动设计容易走向一些误区，比如过于强调单一的视听理解技巧，如预测、推断、记笔记等，弱化或者剥夺了语篇内容的输入；又如，对于语篇内容有所分析和解读，但语言输入量远远不足以支撑学生后续语言输出活动；再有，根据我们学生的学习能力，一节课 40 分钟，要将看、听、说三个环节全部有机整合，可分配到的时间极为有限。

因此我们又将这两点作为后期系列研讨活动的主要内容，反复推

敕,积极探索。

　　在暂时的"沉寂",实际上应当是"沉淀"之后,作为高一备课组长的於雪妹教师又结合理论学习以及前期教师们的实践经验,在我校高一年级开设了一节题为"A classical concert"的视听说活动设计一体化的专题课。本节课的主要教学材料来自《高中英语》(上外版)必修第三册 Unit 2 Art and Artists。重点在于帮助学生学习听取细节的策略;以听力中获取的信息为基础,运用主题词汇,表达对艺术作品和艺术修养的观点。

　　本节课围绕两个听力素材,安排了三个主要的教学活动。

　　活动一:听一段和音乐会相关的材料。先通过图片让学生预测所听材料可能涉及的主题。然后再播放听力材料,进行求证。在活动之前通过师生对话,可以扫除一些词汇障碍。

　　活动二:再次收听有关音乐会的听力材料,训练听取细节的听力策略。听第二遍之前,教师给予学生听取细节的策略指导,并在核对答案时和相关策略进行简要联系。然后要求学生运用听取的信息,判断答案并说明理由。

　　很值得一提的是,在这一环节的处理上,与我们之前的听说活动存在极大不同。我们看到,在提取分析答案之后,教师通过追问的方式,继续启发学生,在参与音乐会以及其他艺术展览活动时,除了听力文本中所提及的信息外,还有哪些需要注意的文明礼貌细节。这一做法,不仅体现了教师充分利用文本,进行二次加工和补充语料,为学生顺利输出做好铺垫,同时,还体现了高中英语课程的育人功能,在关注语言能力提升的同时,还帮助学生发展健康的审美情趣,提升他们的人文修

新
课
程

新
教
材

新
教
研

Listen to the passage on the tips for enjoying a classical concert and complete the DOs with the information you have just heard.

Dos

Wear something neither (1)_____ nor too formal.

Arrive before the start of the concert to allow yourself (2)_____ to find your assigned seat.

Keep（3）_____ while the concert is going on.

If you have to bring your items with alarm, switch them off or set them to _____ before the concert.

Follow most of the audience for proper applause time.

图 2　听力细节获取题 1

Listen again and complete the Don'ts

Don'ts

Don't wear hats to avoid _____.

Don't stand up, wander about or leave before the end of the concert.

Don't _____ during
the concert so as not to distract others.

Don't bring items to the concert.

_____

图3　听力细节获取题2

养,落实立德树人的根本任务。

　　活动三：教师设计了一个与学生日常生活联系非常紧密的活动。学生集体参加梵高的画展,期间,看到了一些不文明的举止,要求学生进行合理的主题输出。我们欣喜地看到,学生们不约而同、顺理成章地运用了之前听力活动中习得的语言,助力自己的课堂输出。同学们深度参与课堂活动,整体效果良好。

Supposing you have just visited the Van Gogh Museum with your good friend. You noticed some young guys whose behaviors were not proper in the museum. Make a short conversation with your friend. You may start like this:

A: What do you think of Van Gogh's paintings?

B: Amazing! Everything is perfect, but I saw some young guys ...

图4　视听说课输出活动

　　而后,观课和参与研讨的教师和专家们围绕课堂教学进行了研讨,无论是执教教师的教学反思,还是观课教师对建议的回应,都是直击要害的,足见"学习使人进步",此言不虚。

　　正如大家所说,针对过去实践中尚存在的一些问题我们做了以下的整改：

　　从"题海"走向"精选"。我们努力做到不是机械地"教教材"而是灵活地"用教材"来教。我们根据学情和教学素材的难度,将视听说课型分解成"听说,视说,视听说"等课型,创造性地使用教材,整合教学资源。今天这节课就根据教学目标的设定,合理筛选并整合了课本和练习册的内容。本着"断舍离"的原则,着力解决过去想要面面俱到,反而适得其反的问题。

从"课时"走向"单元"。逐步在改变过去碎片化的教学。本单元的主题是"艺术",其中一条单元目标是掌握听取细节的视听策略,积累相关主题词汇以及语言素材。而我们正是在单元目标的统领下,才分解到今天的听说课时目标。在活动当中充分利用文本,进行二次加工和语料补充,为学生顺利输出做好铺垫。

从"育知"走向"育人"。新课标强调高中英语课程具有重要的育人功能。旨在发展学生的语言能力、文化意识、思维品质和学习能力等学科核心素养,落实立德树人根本任务。今天这节课的听说教学活动设计,在关注语言能力提升的同时,还帮助学生发展健康的审美情趣,提升他们的人文修养。

从"检测"走向"指导"。最初的"视听说"课例,教师们偏重于"检测",而常常轻视了"指导",现在,我们的授课教师努力搭建脚手架,不仅关注听前和听中的策略技能指导,同时对于听力文本的二次加工运用,为学生最后的口头产出输入了很多新鲜语料。教师们进行了基于语篇的基础互动和深入视听语篇的拓展互动设计,进而形成视听说一体化设计。

同时,我们也在不断实践中,解决老问题和发现新问题,比如,针对视听说课型,我们该设计怎样的作业,才是更加有效的? 才能便于检测和反馈呢? 带着这些问题,又形成了我们教研组该主题下的后续专题校本研修活动。

(3)活动成效

通过不懈的努力和探索,我校英语教研组开展的主题系列校本研修活动取得了丰硕的成果:教研组教师积极进行教科研实践活动,在自己的课堂中陆续将取得的研究成果加以实践,不断改善教学。总结研修经验和成果并反思教学,认真撰写教学案例和教学论文等,梳理该课型相应的教学方法和策略,逐步实现单元教学统领下的,指向学科核心素养的"视听说"一体化教学活动设计。多位教师撰写的相关主题文章发表于区级层面的杂志,如《青浦教育》《青浦实验》等,将成果和经验进一步推广辐射。

笔者作为教研组长,代表青浦二中英语教研组参与了区内"双新"推进现场交流会,交流了题为"双新"背景下指向学科核心素养培育的校本教研实践与思考,受到与会专家和同行们的高度肯定和赞扬。

在"双新"背景下，需要培养学生的核心素养，落实立德树人根本任务，需要立足单元视角，整合教学内容，转变课堂教学模式。而我们整个英语教研组更是在这样的大背景之下，不畏艰难，群策群力，充当了教改的"探路先锋"，为进一步的教育教学探索积累丰富的经验和素材。

三、教研感悟

序列化的校本研修活动，唤醒了教师的研修主体意识。教师们进行相互合作和切磋交流，形成了良好的教研氛围。在共存和谐的教研氛围中进一步强化团队合作意识，以备课组和教研组为单位，使不同个体的知识与能力在探讨、冲撞、分享等行为之中得到了提升，相得益彰。

通过这次活动，笔者更深刻地体会到以下几点：

1. 求真务实，聚焦突破实际教学难点和困惑

脱离实践的纯理论学习很难使教学得到更大的提高，要通过组织分析本校教研组教学现状和教师面临的实际问题，解决大多数教师有疑惑的问题，以此来提升教师们参加校本研修活动的热情。本次校本研修活动就是基于新教材新课程的"双新"大背景下，教研组教师们面临的新挑战，即：针对我校学生视听说能力整体比较薄弱，而适合于我校学生学情的可借鉴的视听说有效教学策略和活动设计凤毛麟角，如何找出行之有效的针对性解决措施，帮助教研组教师们理解该板块的功能、定位、目标，探索梳理其相应教学方法和策略，逐步实现单元教学统领下的"视听说"一体化教学活动设计。

2. 精心规划，有序实施校本研修工作

校本研修切忌零散无序，要制定缜密的研修计划，研修活动前要做好充分的预案，如：确定主题，围绕主题开展理论学习、主题发言、教学实践、评课研讨、案例撰写等系列活动。在本次校本研修活动中，我们就进行了个人和集体的理论学习和交流，指定组内名优教师进行研讨课和展示课，教研组集体参与评课等活动，上课教师撰写课例论文，听课教师撰写听课记录表以及观课体会等系列活动取得了非常好的成效。

3. 整合资源,充分借助校内外专家团队的力量

研修中注意运用学校内部资源,增强教师团体协作的意识,加强骨干教师、名师的辐射作用和示范作用,还要积极主动地争取校外专业研究人员的支持与指导,举行有主题、有针对性的观摩课、评课和讲座等活动。而最终目的则是以点带面,充分调动全组教师参与的积极性,最大限度地推广和辐射研究成果。在本次研修活动中,在理论学习过程中,依托项目和课题组的力量,整合优质资源,组织教师们参与区级层面"种子计划"团队的主题讲座,聆听专家的解读和指导;在教学实践过程中,我们教研组的区名优教师,就先后承担了公开教学的任务,并且在磨课过程中邀请了教研员郝民老师等全程参与指导,很好地整合了校内外优质资源。

结语

我校英语校本研修尚处于探索阶段,理论和实践还没有完全成熟,但我们一直在路上。在推进校本研修的活动中,作为教研组长,笔者也得到了锻炼和成长,我们应以活动为依托,切实关注教师自身的专业发展,充分调动教师参与校本研修活动的积极性,措施落实、服务到位,校本研修才能取得显著的成效,最大限度地推广和辐射研究成果。

参考文献

[1] 中华人民共和国教育部. 普通高中英语课程标准(2017年版2020年修订) [M]. 北京:人民教育出版社,2020.
[2] 梅德明,王蔷. 改什么? 如何教? 怎样考? 高中英语新课标解读[M]. 北京:外语教学与研究出版社,2018.
[3] 上海市教育委员会教学研究室. 高中英语单元教学设计指南[M]. 北京:人民教育出版社,2018.
[4] 李陆桂. 中学英语教研活动的精准设计与创新[J]. 基础教育研究,2017,(9):5-10.

[活动点评]

从该校本研修活动案例中,我们看到陈鹃鹃老师带领教研组通过对教研活动的序列化设计,形成了研训一体化的校本教研模式,较好地

实现了校本教研与课堂教学、微课题研究、校本培训工作的有机统一，规范了组内集体教研活动，提升了教研活动质量，同时具有实效性、序进性、全员性的特点。

1. 实效性　教师参加教研活动的目的就是要解决教学中遇到的问题与困惑，所以教研活动一定要讲求实效，否则就会流于形式。要提高教研活动的实效性，关键要注意教研活动的主题有针对性，做到有的放矢。该校本研修活动，就是针对新教材新课程的"双新"大背景下，教研组教师们面临的新挑战，即：如何理解新教材视听说板块的功能、定位、目标，探索梳理其相应的教学方法和策略，逐步实现单元教学统领下的"视听说"一体化教学活动设计。设计规划校本教研活动来解决大多数教师有疑惑的问题，以此来提高教师们参加校本研修活动的热情。

2. 序进性　校本研修切忌零散无序，要制定缜密的研修计划，研修活动前做好充分的预案，如：确定主题、围绕主题开展的理论学习、主题发言、教学实践、评课研讨、案例撰写等系列活动。在活动推进过程当中，又要灵活处理一些"生成性"问题，针对实际情况进行微调和二次活动设计。在该校本研修活动中，笔者所在团队就进行了前期理论学习和交流，一线课堂的实践探索，教后反思评课与梳理等，有层次有计划的系列活动，取得了良好的成效。

3. 全员性　教研活动的策划应让教研组内的所有教师都参与到活动中来，让组内的每一位教师都贡献自己的智慧，成为研究者、思考者、实践者。此外还应该在不同层次教师的参与点及参与方式的设计上下工夫，并为参与者提供及时交流的机会。在该校本研修活动中，全员进行理论学习集体泛读和个别精读相结合，发动备课组全员参与教学设计和实践课教学，指定组内名优教师进行研讨课和展示课，教研组集体参与评课等活动，上课教师撰写课例论文，听课教师撰写听课记录表以及观课体会等，绝无一个旁观者。

该教研活动设计具有比较强的可操作性和借鉴性，建议在实施过程中，对于活动中产生的一些"生成性"的问题，还可以尝试做一些更为细致的推进计划和解决方案。

（点评人：上海市青浦区教育学院　郝民）

作者简介

陈鹃鹃,青浦区第二中学英语教研组长,区英语学科带头人。曾受上海团市委委派参加上海青年志愿者赴老挝服务队,担任英语培训教师;后又受国家汉办委派赴美国休斯敦担任国际汉语志愿者教师;多次荣获区和市中青年教学评比一、二等奖;先后三次获教育部"一师一优课,一课一名师"活动部级优课。善于学习和研究,坚持参与教科研活动,先后参与多个市区级课题和项目研究,并独立承担区级立项课题《适切的帮助性介入,促进普通高中学生写作能力的实践与研究》。作为教研组长,带领团队不断开拓进取,在区"双新"推进现场会议中代表区高中英语教学团队分享经验,受到与会者一致好评,所在教研组荣获 2021 年"青浦区优秀教研组"荣誉称号。

注重过程引领，提升高中英语写作教学有效性

上海大学附属嘉定高级中学　谢文波

引言

长期以来，写作教学实践主要存在以下问题：一是教学观念片面化，认为只要掌握一定的词汇和语法知识，就能进行写作；二是教学重点片面化，重结果轻过程，将写作重点放在最终的成品上，忽视了写作过程的监控和对写作者个性化差异的关注；三是教学过程机械化，无视写作者的个性体验，把教学过程视为教师给予刺激、学生做出反应的机械过程，课堂充斥着语言知识点、篇章结构或写作技巧等的讲解，学生主动性不够，缺乏写作实践；四是教学评价单一化，过分依赖终结性评价，基本以作文成绩作为判断学生写作水平的标准，教师过分注重分数，忽视了对学生写作能力和写作策略的开发与培养。这些造成了教师辛苦施教、学生收效甚微的局面。该如何破解写作教学这一困境，提高高中英语写作课堂的有效性？如何培养学生的写作兴趣和良好写作习惯呢？上大嘉附英语教研组教师们展开了校本教研实践。

一、教研理念与经历

1. 教研理念

上大嘉附英语教研组一直努力通过设计精准、务实高效的教研活动解决组内教师课堂教学中费时低效的教学行为，促进全体教师的专业成长。在实施教研活动时，我们注重做好以下几个方面，保证教研实践活动的实效。一是开展学生学情诊断和教师教学现状调研，发现组

内教学共性问题;二是组内共同开展学习研讨,尽快找到解决问题的方法;三是在协商一致的基础上设计教研实践系列活动,期望通过活动的步步展开,实现组内教师的共同进步;四是在系列活动的开展过程中及时总结反思,以形成理论指导教学实践并考察其效果;五是在确定新的教学理念方法有效的前提下开展主题展示活动,分享有效做法并广泛听取建议;六是进行总结提升,为进一步研究奠定基础。设计精准的教研活动,贴近教师的教研需求,为教研活动注入无穷的活力,促使组内教师以更加饱满的热情、积极的态度投入到教学研的实践中。

2. 教研经历

上大嘉附英语教研组在提升英语写作教学有效性的过程中,积极探索"写作过程教学法"的课堂教学新模式。具体活动主要包括通过学生英语写作"问题现场诊断"调研活动,了解学生英语写作学习中遇到的困难,并思考这些困难与教师教学之间的关系;通过组内教师英语写作教学理论学习集体分享,探索英语写作教学的新思路;通过英语写作过程教学法专家指导讲座,深入了解过程教学法的操作要领;通过英语写作过程教学法教学案例设计、各类公开课活动以及邀请专家点评,进行课堂研讨;通过区级赛教课经验分享、区级展示课与经验交流,对该校本教研实践活动进行总结提升。系列教研活动既促进了组内教师写作教学研水平的提升,又形成了教研组"注重过程引领,加强反馈评价"的写作教学特色和团队教研成果。

二、教研活动设计与实施

1. 教研背景

(1)学生英语写作学习学情

经调研和诊断我们发现,学生目前英语写作学习的主要困难存在于以下几个方面:

① 学生知识面窄,写作时对话题内容常感到无话可说,没有思路。

② 学生害怕写作,担心自己的作文受到教师的批评或因得分低而被其他同学嘲笑。

③ 学生不适应英语语篇思维模式。英语的语篇思维模式呈"直线型",即先陈述中心思想,再做分点说明,而汉语段落组织的遵循方式

呈"螺旋形"发展，在语篇展开过程中不直接切入主题，而从各个角度间接说明问题。

④ 学生基础知识不扎实，缺乏写作技巧。首先，由于词汇匮乏，许多同学无法用准确的词语进行表达；其次，语法知识运用不熟练影响学生写作水平的发挥；再者，许多同学在写作前不做任何准备，很少提前审题、构思作文框架等，导致段落层次不分明。

⑤ 学生写作完成后很少进行修改和完善。写作过程中很多同学会出现单词拼写错误，词语遗漏，时态误用等问题，一定程度上影响了学生写作水平的真实发挥。

（2）组内教师英语写作教学现状

经过对组内英语写作教学现状的梳理和反思，我们有如下发现：

① 组内教师写作教学素质整体不高，自身写作理论知识和技能不够理想。教研组教师们很少进行关于写作理论知识的学习或获得专家写作训练的指导。高一高二期间英语学习的重点放在词汇语法和阅读方面的训练，高三期间为迎合高考英语考试的要求，开始花费时间和精力进行写作指导，短时的突击训练并不能真正提高学生的写作水平。

② 写作教学没有得到应有的重视。高中课程时间紧任务重，用于写作教学的课时有限，组内教师们安排写作课时较少，学生写作学习蜻蜓点水、训练不充分，进而影响其写作能力的提高，有些关于写作部分的教学环节经常被教师忽略或一带而过。

③ 写作教学方法机械单一，对学生写作能力重视不够。在写作教学中，由于没有关注学生写作技能的培养，学生只能一直采用自己固有的写作思维进行创作，难以有效培养学生的写作习惯。写作活动和练习形式单一，针对性和实效性不强。

④ 教师和学生缺乏有效的交流互动，讲评方式陈旧。写作过程中师生互动性不强，缺少对写作目的、内容、结构框架的交流沟通。写作过程以教师为中心，师生之间、生生之间没有讨论，学生在整个写作过程中独立完成，进行写作的欲望和兴趣不能真正地被激发出来。在实际写作教学中大多数教师采取一次性终端评价，把精力放在评判学生语法是否正确，词汇是否恰当，有无拼写错误，要点是否全面上，没有太多关注学生在写作过程中遇到的问题及困难并给予有效的指导。

2. 教研主题及范围

经过组内反思与探索，教研组认为"写作过程教学法"是解决组内写作教学困境,进一步提升写作教学有效性的方向,并将此确立为组内学年教研活动主题,在实践中共同研究其设计思路并验证其有效性,争取实现区内展示和分享。

（1）写作过程教学法的定义

写作过程教学法是把写作教学重点放在写作过程,关注学习者语言技能训练的一种教学方法,该方法把写作过程视为心理认知过程、思维过程和社会交流过程,将学习者视为中心主角的同时,教师扮演着指导者和监控者的角色,通过师生交流互动、生生讨论合作来提高学习者的写作能力,获得良好写作成品的过程。

（2）写作过程教学法的特点

其基本特征表现在：尽可能展示知识发生、发展的过程和情境,让学生在这种情境中产生认知的冲动,激发求知探索的内在动机;适度地再现人类的认知过程,渗透与知识有关的思想方法;注重暴露和研究学生的思维过程;适当推迟呈现问题的结论。

（3）写作过程教学法教研活动预期目标

促进教师对写作过程中教师角色的再认识。写作过程教学法以学生为中心,教师角色转变为指导者、监督者和参与者。课堂中,教师要对学生写作过程中出现的问题及时反馈,指导学生修改完善,监督学生的写作活动,并且还要积极参与到学生们的讨论合作中,共同努力发现问题、分析和解决问题,最后教师以评分者的角色对学生的写作给出客观积极的评价,帮助学生纠正写作中出现的错误,创作作品。

促进教师对写作过程中评价、交流方式的再认识。写作过程教学法注重同伴商讨分析,生生互评反馈。同时,教师在兼顾写作的内容与结构和纠正语言知识点的同时,对写作的内容是否突出明确,结构框架是否清晰也给予意见和指导。此外,过程教学法中师生、生生之间互动交流加强,师生之间的交流利于学生与教师之间的关系更加亲密,降低学生的写作焦虑,增进师生情感。小组讨论合作也使学生之间能够互相了解、互帮互助、共同进步,学习氛围也更加轻松和谐,学生的写作积极性能够最大限度地发挥出来。

促进教师对写作前准备工作的再认识。传统教学几乎没有让学生做好写作前的准备,而这一部分却是过程写作的重要组成部分。学生可进行小组讨论,头脑风暴,搜索采集信息素材,积极拓展思路来构思写作,为之后的写作活动打好基础。

3. 教研内容与形式

经过探索与思考,设计了"注重过程引领,加强反馈评价"的主题校本写作教研实践,其实施时间为2020学年度。参与活动组织和实施的成员主要有外区专家、嘉定区英语教研员以及学校全体英语教师。围绕教研主题,共规划开展了9次校本教研活动和1次区级展示活动。

表1 2020学年教研活动

序号	活动内容与形式	活动层级	活动地点	活动时间
1	学生英语写作"问题现场诊断"调研活动结果反馈	校级教研	本校	2020 - 09 - 08
2	英语写作教学个人理论学习集体分享	校级教研	本校	2020 - 09 - 15
3	英语写作过程教学法专家指导讲座	校级教研	本校	2020 - 09 - 22
4	英语写作过程教学法教学案例设计与专家点评	校级教研	本校	2020 - 10 - 14
5	英语写作过程教学法区级赛教课经验分享	校级教研	本校	2020 - 11 - 18
6	英语写作过程教学法"细化教学管理"措施研讨	校级教研	本校	2021 - 03 - 09
7	英语写作过程教学法"分工评课制"与互听课安排	校级教研	本校	2021 - 04 - 09
8	英语写作过程教学法区级展示课磨课	校级教研	本校	2021 - 04 - 28
9	英语写作过程教学法区级展示课与经验交流	区级教研	本校	2021 - 05 - 11
10	英语写作过程教学法校本教研实践活动小结	校级教研	本校	2021 - 06 - 15

4. 教研活动设计与实施步骤

主题展示活动是这一系列活动中的第9次活动,即英语写作过程教学法区级展示课。本次展示课凸显"过程引领""反馈评价"等关键词,参加本次活动的教师共约 40 人。

（1）重点环节设计

① 教学实践课准备

为了更好地凸显教研主题,教研组确定了一节高考作文课作为本次活动的教学实践课。除了打磨教学实践课,执教教师把备课磨课中的设计思路、主要困难、对策选择、教学调整原因等教学背后的思考整理为说课材料,以备在互动研讨阶段交流分享。

② 课堂观察工具开发

基于主题教研活动的关注点,教研组采用《中学英语课堂教学观察量表》(见表 2 至表 7),通过分工,教师选择不同维度观课,并在统一的观察记录表中记录所看所想。在互动研讨环节,教师基于观课时获得的信息开展评课交流。

表 2 《中学英语课堂教学观察量表》对教学目标的观察

	A	B	C	D
1	不同层次的学生能分层次和要求掌握概念、原理或技能,并把它们有效地运用到新的语言实践之中			
2	通过学习和实践生成一种熟练而系统的语言综合能力,有新的体验和获得感			
3	根据不同的语言情景进行适当的调整,创造性地运用所学知识,发展语言技能			

表 3 《中学英语课堂教学观察量表》对教师课堂教学行为的观察

	A	B	C	D
1	有具体的教学活动的指向性			
2	教学内容无学科性错误,教师表述清晰			
3	教学活动设计精准,符合学生心理年龄特征,并能考虑学生原有的知识水平,输入内容是可以理解的			
4	核心教学活动突出,教学活动易操作,教学活动充实			

续 表

	A	B	C	D
5	教学活动时间把控好,且由浅入深,符合语言学习规律			
6	学生语言操练活动有足够的语言支持,脚手架搭建顺利			
7	课堂活动不同层次的学生参与度高			
8	教学活动能引起学生深层次的思考			
9	课堂提问具有层次性、逻辑性和多样性			
10	课堂中有有效的师生互动和生生互动			
11	有融学习活动、愿望、兴趣和需求为一体的体验学习过程			
12	有语言结构与语言意义结合的活动			
13	教学活动具有多样性和指导性			
14	教学活动之间的过渡与衔接合理自然			
15	创设合作学习与探究学习的语用机会			
16	使用有意义的表扬、鼓励,令学生保持学习的良好情绪和学习积极性			
17	教学目标达成度高			

表 4 《中学英语课堂教学观察量表》教师对学生错误的反应

教师对学生错误的反应		典型行为记录	频　次
教师的处理方法	1. 鼓励		
	2. 引导		
	3. 换其他学生回答		
	4. 教师自己指正(合理)		
	5. 进行解释和说明		
	6. 由学生评价		
	7. 由同伴补充完善		

	教师对学生错误的反应	典型行为记录	频　次
教师的 处理 方法	8. 最终明确正确解答		
	9. 忽视或视而不见		

表 5　《中学英语课堂教学观察量表》学生学习行为与表现

一、学生参与活动的态度
1. 对问题情境予以关注,参与活动积极主动
2. 充分发挥优秀生的语言能力示范作用,大部分学生能按要求正确操作
3. 能够倾听、协作、分享,课堂上活性因子多,形成"知识流""思想流"
二、学生参与活动的广度和深度
1. 不同层次的学生参与学习活动的人数较多,效果显著
2. 参与学习活动的方式多样,主要活动方式有效
3. 参与学习活动,尤其是主打活动的时间充分
4. 学生能提出有意义的问题或能发表个人见解

表 6　《中学英语课堂教学观察量表》对师生互动效果的观察

	A	B	C	D
1	课堂中师生互动要保证一定的量并具有形式的多样化			
2	课堂中师生互动要保证一定的质量(如活动的内容以及成功率)			
3	课堂中的师生互动和生生互动要考虑思维互动、语言互动、情感互动以及信息互动			
4	有课堂中的师生互动和生生互动失败的补救措施			

表 7　《中学英语课堂教学观察量表》对课堂氛围的观察

一、课堂氛围的宽松程度
1. 学生的人格受到尊重,教师关注英语学困生
2. 学生的讨论、对问题的回答、质疑问难等得到鼓励
3. 学习进程张弛有度,学习节奏控制得当
二、课堂气氛的融洽程度
1. 课堂气氛活跃、灵动、有序

2. 师生、生生交流平等、积极 3. 学生体验到学习和成功的愉悦 4. 学生有进一步学习的愿望

③ 教研资料准备

本次主题教研活动为教师提供了该教学实践课的教案、学案以及观课记录表等资料。

（2）基本流程设计

本系列主题教研活动的教学实践研讨活动基本流程如表 8：

表 8　活动基本流程

活动流程设计	设　计　说　明
活动说明与观课分工	利用活动前十五分钟,教研员介绍活动设计初衷,本组教师明确各小组的课堂观察维度;其他教师可根据自己的兴趣点有侧重地观课。
集体观课	教师们根据分工,基于观察工具进行观课记录。
互动研讨	本组教师交流分享"英语写作过程教学法"理念和实施路径,其他教师分享看法和体会,提出建议。

（3）信息技术支持

在高考作文指导课中，通常情况下学生有大量的语言产出。本次活动中，主要采用了白板技术，利用投屏、圈画等功能，使思维可视化，助力学生语言能力、写作技巧和思维品质的发展。

（4）证据积累

本次主题教研活动的目标达成度高。观课前的设计解读，观课中的课堂观察、多维度课堂记录，观课后的互动研讨等，帮助教师们更好地理解和领会活动希望传达的"过程指导""评价反馈"等写作教学设计与实施的关键词，引导教师们更好地设计写作学习活动，统筹考虑活动与目标、活动与活动之间的关系。

（5）展示研讨

本课执教教师设计了如下高考模拟作文题（图 1），让学生通过识图分析中学生身体健康变化状况、原因并提出改进措施。教学设计和

假设你是明启中学学生李华，最近参与了一项调研，课题为"某高中2017年与2020年学生健康状况调查"，结果如图所示，请根据图表写一份调查报告，在报告中，你必须：

1. 根据图表数据描述学生健康的变化情况；
2. 分析可能导致这一结果的原因；
3. 提出相应的改进措施。

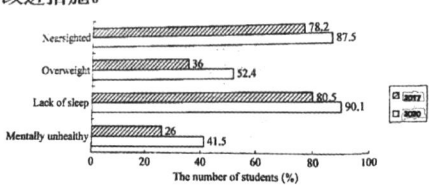

图1　展示课作文题

实施亮点主要包括：

① 写作材料贴近学生的实际生活，让学生通过身边的所见所闻进行表达，在交流中获得共鸣，激发学习的兴趣。

② 在写前阶段用头脑风暴使学生努力搜寻自身掌握的信息；快速回忆尽可能多的相关内容，使学生的积极性主动增强。教师以指导者的身份鼓励学生说出自己的答案，不论是否正确，只要能够给予合理的解释就行，进一步减轻了学生写作的心理压力，增强写作的自信心。

③ 学生在小组合作中互相发现他人作文的优缺点，既满足了学生的成就感，也激励学生努力写出更好的作文。

④ 教师评价反馈如同伴同评一样，积极地影响学生的写作。教师结合评价标准从不同方面给予反馈，同时让学生敢于向教师提出问题，寻求帮助，形成和谐民主的师生关系，进而使学生写作能力在良好的学习气氛中最大限度地得到发展。

本次校本教研践行了过程教学法在高中英语写作阶段的训练模式，通过在写作过程中信息的输入、输出和不断交流，增强了学生写作活动的主体意识和参与合作意识。通过不断激活学生思维，引导学生修改和反思，提高了学生的写作兴趣，训练了学生的写作思维和写作习惯，从而提高了学生的英语写作水平。

5. 教研活动成效

首先，经过近一个学年的探究，教研组内形成了"写作过程教学法"的基本教学思路。"写作过程教学法"可分为六阶段，即写前阶段、起草阶段、修改互评阶段、写二稿阶段、教师反馈阶段和定稿阶段。

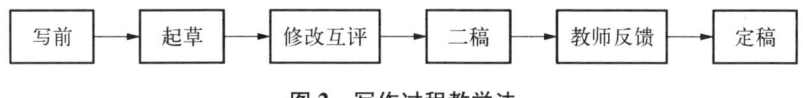

图2　写作过程教学法

① 写前阶段

教师通过导入、头脑风暴等活动引导学生理解作文题目，对学生不明白的地方可适当地进行解释补充，帮助学生明确主题。学生在理解题目要点之后进行独立思考，并将自己所想到的观点记录下来。鉴于学生理解能力有限，教师会提供一些与作文题目相关的阅读材料，拓展学生的视野，使其产生更多的想法。最后，学生以小组合作的形式进行交流讨论，听取并记录他人的不同见解，有选择地整理所需的资料信息。

② 起草阶段

通过写前阶段的准备，学生已基本明确写作的内容和结构框架，记录所需要的资料，进入正式起草阶段。该阶段学生无需过多关注词汇是否准确，语法是否有误，句型是否妥当等基础语言知识问题，而应将注意力更多地集中在写作内容上，能否有效全面地表达自己所陈述的观点想法上。

③ 修改互评阶段

学生在教师指导下以小组为单位，依照教师给予的评价标准细则评价同伴的作文，学生的评价重点不仅在语言知识运用是否正确，还要更多关注作文内容的表达。

④ 写二稿阶段

经过小组或同伴的评改之后，学生分析整理，适当进行修改，二稿修改时学生不仅要关注语言内容的表达运用是否准确，还要注意对单词、语法句式、用词等语言知识方面进行修改。

⑤ 教师反馈阶段

教师对学生的二稿进行修改评价。根据作文题材特点，教师可把写作训练要点放在一个方面或多个方面，如：主题观点是否突出明确，语言结构是否具有条理，语言内容是否全面、深刻等等。同时教师反馈可采用口头或书面形式，口头交流以教师与个别学生进行为最佳，书面形式较系统便捷，但二者都要求教师以鼓励学生为主，重点发现学生的优点长处，激发写作的积极性，增强英语写作的信心。

⑥ 定稿阶段

经过小组同伴和教师的再次反馈,学生把获得的信息重新梳理,最终修改并完成自己的写作成品。

其次,教师们也意识到过程教学法能够在高中英语写作课堂中发挥重要作用,在写作教学理念上有了如下变化:

① 教师应以学生为中心,以过程教学法为引领,进行写作教学活动。过程教学法重视培养学生掌握运用各种写作策略的能力,关注学生以及学生的写作过程。教师致力于帮助学生进行交流评改,了解分析自己的写作过程,学生的写作成品质量会相对较高,也更有利于提高学生的写作水平。

② 教师应重视写前准备活动和形成性评价,并提高评价反馈的科学性。教师在写前阶段中围绕写作主题组织头脑风暴、小组分享等活动,能有效减轻学生的写作压力,激发学生的写作动机。在学习过程中对学生不断进行反馈和评价有利于教师了解学生存在的问题与不足,给学生及时提供帮助,更好地促进学生的发展。同时,在反馈评价时教师不仅应关注学生的作品质量,更要注重学生在写作过程中能否更好地运用各种写作策略,学生的情感因素是否得到积极的培养,从而使英语写作教学的评价体系更加科学、合理和有效。

③ 教师应充分发挥小组合作中同伴互评的积极作用。教师应使小组成员之间相互了解,彼此相互信任,形成小组的团体合作意识,使小组合作在长时间的学习训练中发挥更好的作用。将同伴互评加入写作过程,让学生之间进行评价修改是一个不错的反馈手段,不仅可以减轻老师写作教学的负担,还有利于培养学生的读者意识,增强学生分析作文的能力,培养有意识、有目的阅读能力,加强学生认真写作、认真评价他人作品的责任感。

三、教研感悟

(1) 收获与共识

① 注重写前准备活动,发挥学生的主体地位,激发写作兴趣。

学生在教师设计的写前活动中能获得大量明确有效的信息,发挥自身能动性进行写作,成为写作活动真正的主人。写作过程中让学生成为写作活动的中心角色,教师则成为指导者和帮助者,学生积极参与到写作过程中,进行师生之间、生生之间的交流互动。

② 教师要发挥组织交流、示范、反馈和评价的重要作用。

在写作过程中，教师既要设计好写作任务和活动，让学生感到有话可说，有内容可写，又要鼓励和启发学生，消除他们对写作的恐惧感。同时，教师在给予学生反馈时，注意保护学生的自信心和积极性，教师应注意发现学生习作的闪光点，对学生的进步给予充分的肯定。这样，学生才会有信心有动力不断修改和完善自己的作品，并最终交出令人满意的定稿。

③ 教师要利用电子白板等多媒体技术助推动态生成。

信息技术的合理使用，促成了精彩的课堂动态生成。在"写作过程教学法"的教学实践中，组内教师常利用电子白板的板书、圈画、投影、拖拽等功能，凸显重点、指引思路、激发学生兴趣，根据学生的即时产出在板书中呈现学生思路。在评价环节，组内教师常利用电子白板的投屏功能，显示学生课堂语言表现，并通过圈画、批注等功能评讲作文，将互动批改的状态可视化，更有效地丰富了学生过程性思维的体验，有助于学习策略和学习能力的养成。

（2）问题与分析

虽然本次教研实践顺利完成，并得到了很好的反馈，但还有待进一步思考和改进的地方。首先，教研实践的总体评价缺少工具。主题展示活动中，组内借鉴并设计了展示课的观察记录表，但对整个活动本身没有评价工具，缺乏具体的评价指标。因此，所获得的评价和反馈并不全面，需要思考如何设计和利用工具积累评价依据。其次，关于互动研讨未能深入有效。由于现场活动时间和空间受制，互动研讨意犹未尽。需要进一步思考如何借助多种平台，拓展时空，增加后续交流，尤其是其他教研组实践后的交流。

（3）完善与推进

① 优化基于证据的评价。完善观课记录表、设计教研实践评价表，有效利用工具，为优化教研提供方向。

② 坚持后续"互动研讨"。经过实践和思考的东西，更容易内化成自身的认识，需要进一步拓展教研网络平台，发挥其作用。

③ 进一步引导组内教师在自身教学中的移植、实践和反思，并勤于整理素材。

结语

在本教研组一个学年的教研实践中，"注重过程引领，加强反馈评价"的教学方法在提高写作教学有效性中的价值和作用得到了检验。它不仅能转变学生对英语写作的态度,还能让学生更好地了解英语写作过程、掌握英语写作技能,进而促进写作能力的提高。在后续教研中,本组将进一步实践和发挥其作用,在具体运用时根据教学实际情况不断改进,使过程教学法在高中英语写作教学中发挥更加积极的作用。

新
课
程

新
教
材

新
教
研

参考文献

[1] 陈大伟. 有效观课议课[M]. 北京:中国少年儿童音像电子出版社,2010.
[2] 陈丽菊. 写前阶段策略培训及写作能力的构建[J]. 齐齐哈尔大学学报,2011,(3):152 - 155.
[3] 陈诗. 人本主义理论与外语教学[J]. 北京石油管理干部学院学报,2005,(1):68 - 71.
[4] 陈子典. 写作大要新编[M]. 广州:中山大学出版社,2004.
[5] 程晓堂,郑敏. 英语学习策略[M]. 北京:外语教学与研究出版社,2002.
[6] 方琰,方艳华. 以语类为基础的应用文写作教学模式[J]. 外语与外语教学,2002,(1):33 - 36.
[7] 房彦丽. 过程教学法在高中英语写作教学中的应用[J]. 学周刊(教育科学),2014,(1):86.
[8] 顾馥婷. 过程写作法在初中英语写作教学中的行动研究[D]. 南京师范大学,2013.

[活动点评]

该系列化写作教研活动体现了上大嘉附英语教研组务实的教研精神和团队凝聚力。作为一所新学校的教研组,上大嘉附英语组以写作教学为教研突破点,系统地分析了本校学生在写作学习方面的现状,并结合组内教师在写作教学法方面存在的问题展开研究,有针对性地制定了教研主题,即"写作过程教学法",旨在通过该主题引领全组教师共同开展写作教学的探究和实践。通过理论学习、专家讲座、教师赛课、听课研讨、公开展示、经验交流等多种形式,上大嘉附英语组在写作教学上达成了理念共识、开发了典型样课、制定了观察量表、总结了经验素材。该系列活动的开展切实地提高了上大嘉附学生的写作能力,改变了组内教师对写作教学的认识,提升了教研组的研究兴趣和研究能力。

总体而言，本次教研活动的设计体现了整体规划、全员参与、工具使用等特点，是一次成功的教研尝试，具有学习和推广的价值。该系列活动还可以继续展开，进一步研读理论著作、进行合理分工、完善活动设计，在"写作过程教学法"的基础上，拓展更多教学案例，将写作教学素材结构化、板块化，形成可更新迭代的校本资源。

（点评人：上海市嘉定区教育学院　孙饴）

作者简介

谢文波，上海大学附属嘉定高级中学教研组长，中级教师，区骨干教师，"上海市普教系统名校长名师培养工程种子计划"入选。曾获教育部"一师一优课、一课一名师"活动省级优课，合肥市英语学科课例评比活动二等奖，上海市嘉定区"停课不停学"在线教学优质视频资源评比二等奖，上海市2020年嘉定区中青年教师教学评选三等奖。

基于主题语境，探索单元项目探究课的有效实施

上海市宜川中学　孙　琪

引言

2020 年开始使用的《高中英语》（上外版）新教材，教材中的单元项目探究板块基于单元的主题语境，促使学生在主题意义的引领下，以不同的形式开展单元项目探究，在活动中通过合作学习，分析和解决问题，来促进自身的语言知识学习，语言技能发展，文化内涵理解，多元思维发展，正确的价值取向判断和适切的学习策略运用。这种集综合性、关联性和实践性特点于一体的单元英语学习活动的设计和实施较好地体现了普通高中英语课程的育人目标——培养学生的学科核心素养，即语言能力、文化意识、思维品质和学习能力。

一、教研理念与经历

1. 教研理念

自国家新课程标准发布并实施以来，我校的教学工作一直是在学习《普通高中育人方式改革的指导意见》《普通高中课程方案（2017 年版）》和《普通高中英语课程标准（2017 年版）》的基础上，围绕国家新课标要求和学科核心素养的落实，深入探索"教什么，怎么教，怎么评"，以"单元整体教学设计"为主题，推进课堂改革，促进教学质量的稳步提升。打造"灵动"课堂，教师要围绕新课程理念，深入理解在课堂教学中学生"从被动到能动到会动"，教师"从传授到对话到引领"的真正内涵及意义，探索落实学科核心素养、实现学生主体与探究的路径和策略，通过聚焦教学方式的转型和策略细化，有效践行"灵动课堂"教学。

　　我校英语教研组的教学研究紧扣学校的整体教研方向，近年来也一直在研究如何改变"为考而教""重分数，轻能力""重信息，轻思维""重局部，轻全局"的应试教学模式，积极开展各种教研活动。我校英语教师通过自我学习、小组研讨、外出观摩、公开教学展示、专家引导等方式学习新课标理念，学习如何进行"基于主题语境的单元整体教学设计"，在课堂中践行新课标精神，尝试新的课型和新的教学模式，深化自我对于新课标的理解，对教学内涵的认识，不断提升教师的个人专业素养和团队整体能力。

2. 教研经历

　　师资是立教之基、兴教之本、强教之源，教师是促进学生全面而有个性发展的关键。我校英语教研组以我校"生命之舟、宜航之川"办学理念为引领，立足我校师资队伍建设发展现状，基于对当前教研现状的总结与反思，以进一步提升教师的教育境界和专业能力为重点，以有针对性地解决教学中的问题与困惑为突破口，把新理念、新课程、新标准转化为具体的教育教学行为，努力打造一支师德高尚、业务精湛、高素质、专业化的教师队伍。

　　但是长期以来，在高考指挥棒的作用下，我们的日常教学中不可避免地存在着一些问题，部分教师在能力培养和应试教育中挣扎，尤其是长期任教高三的一些教师，到了高一高二后对于单元教学的开展有些不知所措；老的教学观念需要更新，在课堂教学中仍然存在重信息、轻思维，重流程、轻内涵，重结果、轻过程，教师满堂灌的问题，忽略了"教学评一体"的重要性。在教学备课的过程中，针对教学目标的设定，教师们仍需转变思路，学习如何在主题语境的引领下，基于单元整体目标来进行分课时的单元层级目标的规划，备课时要有单元概念而不是仅仅关注单课时设计，关注课时教学内容围绕主题的分步推进，环环相扣；在教学活动的设计上应关注新课标六要素的整合，关注三类不同活动的合理安排，层层递进，有效产出。

　　基于以上问题，课改以来我组的教研实行多元互补的校本研修方式，通过专家引领和同伴互助结合，个人自修与团队研修结合，线上研修和线下研修结合，校内教师专题讲座，公开课展示等学习研讨和校外观摩培训结合，通识培训和个性培养结合，学校推荐资源和自主聘请专家结合等多种方式，拓宽教学研究的渠道，促进教师的主动发展、个性发展和卓越发展。

二、教研活动设计与实施

1. 教研背景

为了进一步落实高中教育综合改革,加强新课程新教材实践研究,提升课程领导力项目的研修品质,我校于 2021 年 4 月 7—8 日进行了市第三轮课程领导力项目 2021 年度项目研修展示汇报活动,本次展示的项目主题是《"双新"视域下素养导向的单元教学设计与实施研究》,每个教研组围绕该主题需进行教研成果展示。

2. 教研主题及范围

延续了近年来在课堂教学变革上的探索,我们英语教研组这次以"基于主题语境,探索单元项目活动课的有效实施"为主题,在 4 月 7 日下午由教研组长孙琪老师开设了一堂《高中英语》(上外版)必修二第三单元"饮食与文化"一课中的学生项目探究成果展示课。活动由区教研员、特级教师沈伟刚老师主持,请上外版副主编,同济大学副教授王蓓蕾参与点评,区内使用上外版的学校的高一教师和我校全体英语教师参加观摩和评课活动,同时该活动实时同步线上直播,全市教师可以通过网络平台一起参与教研观摩活动。

3. 教研内容与形式

本次的教研展示活动是以"基于主题语境,探索单元项目活动课的有效实施"为主题,从上外版教材必修二第三单元"饮食与文化"单元着手,探索如何开展学生的项目探究课。学生参与该探究活动的时间为 10 天,4 月 7 日下午的公开教学展示实际是学生项目活动的成果展示。展示结束后,孙琪老师对于整个活动的设计理念和流程做了一个详细的说明,其后由专家点评,观摩教师发表个人感想。

表 1 基于主题语境,探索单元项目活动课实施主题教研活动

时　间	课题/发言内容	执教/发言
13:05—13:45	上外版必修第二册 Unit Three　Food Further exploration:Introducing food traditions of a particular culture	孙琪(上海市宜川中学)

时　　间	课题/发言内容	执教/发言
13:55—14:10	基于主题语境的单元项目活动课实施初探	孙琪
14:10—14:30	观摩教师点评	观摩教师
14:30—15:00	专家点评	王蓓蕾
15:00—15:15	主持人点评	沈伟刚

4. 教研活动设计与实施步骤

结合学校的课程领导力的项目研究方向，本学期英语教研组的一个重点教研内容就是研究如何基于主题语境，有效开展单元项目活动课。围绕该主题的教研活动总共分为三个阶段。

阶段一：研究单元项目探究课的课型特点以及确定教学方式和活动评价方案

通过市级新教材的培训和学科单元教学设计指南丛书中的《高中英语单元教学设计指南》的学习研究，我们先了解了新教材中的新课型——单元项目探究课的课型特点，并根据其特点确定相应的教学方式。

1）探究课型设定的依据和特点

该课型的依据是指向核心素养发展的英语学习活动观，学生在主题意义的引领下，通过学习理解、应用实践、迁移创新等一系列体现综合性、关联性和实践性特点的英语学习活动，使学生基于已有的知识，在分析和解决问题的过程中，促进自身语言知识学习，语言技能发展，文化内涵理解，多元思维发展，价值取向判断和学习策略运用。

设计特点是以项目为主线，教师为引导，学生为主体；项目活动是综合性、实践性和教学目标指向的多重性的结合。教师要设计真实的，能促进学生专业知识深度学习的任务，项目拓展活动的组织以真实的项目情境为出发点，在源于生活的交际任务中解决特定问题。其次，教师要借助贯穿始终的评价量表，教师及同伴评价体系对学生进行过程性指导，引导学生不断修正项目实施策略。学生在基于单元主题的多模态、阶段式活动中逐步建构主题相关知识网,在反思调整中进一步提升知识迁移能力。

2）探究课型的教学方式

项目探究课的教学组织通常包括以下环节：项目准备、项目探索、项目建构和学习评估。以达成课型设计目标、课标精神为出发点,在准备该板块前先考虑准备什么内容才符合真实交际原则,如何开展探索活动来为学生搭建综合的、实践的平台;如何评价来体现过程性的指导。单元探究的整个活动时间通常为两周,分为三个阶段进行：

首先,教师带领学生明确任务总目标,以项目前信息收集,项目话题讨论,单元信息补充输入等方式引领学生对于项目开展的成果进行预设。学生在第一阶段应能明确阶段要求,完成素材积累。

其次,学生依据活动主题,在前一阶段的素材积累的基础上,就时间、对象、形式等方面制定探究计划,在教师引导下明确学生们的分工。

最后,通过教师评价、同伴评价、自我评价等方式帮助学生分析活动进程中的得失,同时给予学生一定的时间和空间进行成果展示。展示形式可以是课堂报告,班级年级宣传,也可以是网络交流,可根据具体情况来定。

3）指导学生活动的评价方案

项目探究课鼓励学生分工合作,收集并整合信息,然后以小组口头展示项目成果。对于学生活动的评价可以从两方面着手,一是关注团队成员是否能合理分工,有效协作,确保团队每一位成员都能积极投入到该探究任务中。二是评价项目成果展示的成效,评价的设计应能引导学生在观摩其他小组或个人表现时从不同的角度进行评价,培养学生的批判性思维能力。在具体各小组展示的过程中,可以让学生们开展自评和互评,从展示的内容、语言和表现三个方面进行评价。

阶段二：单元项目活动具体实施方案制定和跟进

在这一阶段,首先,高一备课组针对必修二第三单元进行了单元整体的课时目标设计,明晰单元的整体教学目标和单课时教学目标之间的从整体到局部的承接,课时与课时之间的关系,前6课时的教学内容需为最后的学生项目开展做好铺垫和准备。

表 2　必修二第三单元 Food 单元整体教学目标

内容	学科素养	单元目标	课 时 目 标
饮食文化	1.语言能力 2.文化意识 3.思维品质 4.学习能力	1. 能通过阅读 A,B 两篇课文和学习听力和视听语篇,辨识博客类记叙文文体特征、识别播客文体的语篇成分,并能通过语篇构建的词汇语义网和语法现象描述一些国家的常见食物和饮食习俗;深入理解饮食文化在跨文化交际中的作用。(素养 1,2,3) 2. 能根据 Critical Thinking 所提供的表格整合本单元语篇所传递的相关信息,并在此基础上按照"饮食文化"的类别将信息分类。(素养 3) 3. 能通过视听实践(Listening and Viewing)和综合运用(Moving Forward)板块,学习并运用三个策略:识别视听材料中的例子,口头表达时有效运用身势语言,按照主题顺序写作。(素养 1,4) 4. 通过 Further Exploration 板块,开展研究性合作学习,运用英语介绍某一国家或地区的传统饮食文化。(素养 1,2,3,4)	课时 1 目标: 能通过略读和跳读,把握语篇大意,以及博客文的结构,能通过深入阅读文本,掌握文本细节,发现并了解一些法国和美国的饮食习俗,理解饮食文化所带来的文化冲击,把握文化冲击的概念。思考对待文化冲击的态度,最终形成尊重和包容多样文化的意识。(对应单元目标1) 课时 2 目标: 能通过基于课文的问答活动,梳理语篇的相关词汇,丰富对语篇主题的理解和主题语汇的认知。(对应单元目标1) 课时 3 目标: 能通过在语境中区分定语从句做定语和-ing/-ed 做定语,理解-ing/-ed 形式动词做定语的语义和功能。(对应单元目标1) 课时 4 目标: 能通过听力练习,对各个国家的饮食习俗差异有所了解;能借助公开课视频中的多模态资源,理解语篇的意义,并基于所看内容,进行推断、比较、分析和概括。(对应单元目标3) 课时 5 目标: 能和同学就"外国人在中国就餐时可能遇到的文化冲击"这一主题展开讨论,并在口语交际中有效运用非语言形式,如身体语言。(对应单元目标3)

内容	学科素养	单元目标	课　时　目　标
			课时6目标： 通过说明文阅读,概括食物和文化在三个层面上的联系,深化对食物和文化内在联系的理解。(对应单元目标1,2)
			课时7目标： 能运用在本单元中前6个课时所学到的知识,通过开展研究性学习了解并介绍某一国家或地区的传统饮食文化。 1.　能分工合作,有效收集和组织信息,围绕主题撰写演讲稿。 2.　能制作合适的展示辅助课件,并用恰当的口头表达策略来做展示。 3.　能理解和尊重多样的饮食文化,培养文化意识。(对应单元目标4)

其次,基于上述的单元规划和对于探究课型的分析,结合了班级学生的具体学情,教师制定了如下的具体的项目实施计划：

表3　单元项目活动课实施计划

课题		单元活动课——世界饮食文化大探索
活动目标	单元	上外版 1BU3 Food—Introducing food traditions of a particular culture"主题"单元　人与社会——历史,社会与文化
	教学目标	能通过开展研究性学习了解并介绍某一国家或地区的传统饮食文化： 1.　能分工合作,有效收集和组织信息,围绕主题撰写演讲稿； 2.　能制作合适的展示辅助课件,并用恰当的口头表达策略来做展示； 3.　能理解和尊重多样的饮食文化,培养文化意识。

续　表

课题	单元活动课——世界饮食文化大探索	
活动目标	活动形式	分工合作,收集信息,撰写稿件,制作课件,演练,口头展示
	活动辅助	PPT 课件等

活动形式	小组活动(每组6人　共8组)	
活动内容和要求	主题:介绍某一国家或地区的传统饮食文化(传统食物:家常+节日和饮食礼仪) 自由组队,根据自己的特长承担相应任务 1. 收集资料,分类组织整合信息 2. 撰写演讲稿 3. 制作相应的 PPT 4. 上台展示,展示时间5—8分钟每组	
语言内容和要求	利用教材,网络等资源收集到与食物和就餐礼仪相关的词汇	
活动时间跨度	10 天	
课堂活动时间	80 分钟(2 课时展示)	
时间节点	学　生　任　务	教　师　任　务
第一阶段(Day 1)组队,分工,定研究对象和演示呈现形式	1. 学生自由组队,并具体分工,确定每位成员在此次单元项目探究任务中需承担的责任,每位成员都必须参加,均分任务。 2. 确定介绍的主题对象,和展示呈现形式,并上报给教师。	教师审核每个小组的研究对象及小组分工,给出调整建议
第二阶段(Day 2—Day 5)信息搜集,整合,撰写演示文稿和制作课件	1. 收集信息,整合信息,撰写演讲稿。 2. 完善演讲稿,并制作课件。	教师就演讲稿给出意见
第三阶段(Day 6—Day 9)演练并完善	小组内部进行演练,完善演示文稿和演示效果。	如有需要,教师可给建议

时间节点	学 生 任 务	教 师 任 务
第四阶段(day 10)课堂展示	在英语课上分小组展示。	教师点评,学生互评

同时,如前文所述,项目探究活动中,教师要借助贯穿始终的评价量表,利用教师及同伴评价体系对学生进行过程性指导,引导学生不断修正项目实施策略。评价时既要关注学生团队中的有效协作,又要引导学生在观摩他人展示时如何有效评价。所以,教师设计了相应的评价方案,整个活动过程中共有六张评价量表,从不同维度考量学生的活动效果。评价主要分为两个阶段,课堂演示前和课堂演示,在演示前的学生活动准备过程中,督促学生分工合作,并制定活动进度安排,自查活动准备成效,以及如何从不同的维度去对他人的演示进行恰当地评价。

阶段三:单元项目活动成果展示

学生在教师的指导下在为期10天的过程中合作完成了从选材、分工、撰稿、修改、制作课件、排练等系列活动,最后在4月7日的课堂上分组展示他们的成果,教师在该课时中做针对性点评,并引导学生开展互评。课后,教师对于整个活动流程做了详细的介绍,并由专家点评,以及观课教师发表看法。

5. 教研活动成效

专家和观摩课堂的教师们认为本次单元项目探究活动课的开展充分体现了体验式学习的特点,学生组成了学习共同体,在具体的任务情境中锤炼英语能力,促进英语核心素养的发展。课堂主题设定明确,体现了课堂评价的实效性,教师在教学前期设计了明确的学习主题,在此基础上呈现了教学评的一致性;在课前和课中能以不同的评价表贯穿活动始终,体现了对学生指导的针对性和评价的及时性。本次单元活动的整体设计和开展有效探索了落实英语学科核心素养的教学模式、学习范式和评价形式,不仅促进了教师的专业成长,也提升了学生的英语综合学习的能力。

通过这样的教研活动,教研组的教师们对于单元整体设计和单元项目互动的实施有了更深的了解,明确了在进行单元整体设计时需关注的方面：1）教师在备课时应横向分析单元内部学习内容的分布与关联，纵向分析学期间学习内容的循环与承接；2）教师在研读课标、分析教材和学情的基础上，对应学科核心素养的各个维度先确定单元教学目标，而后再根据课时在单元中的定位与作用，将单元教学目标有机拆解，设定课时教学目标；3）教师在设计单元项目活动时，须设置合理的情境，选择适切的活动形式，并制定相应的评价标准，借助不同的评价量表，利用评价体系对学生进行过程性指导，引导学生不断修正项目实施策略；4）教师在设计单元学习活动时，活动的合理性、关联性、情境化和可操作性是需要始终关注的要素，在开展小组集体性的活动时，要保证学生广泛的参与度，以及整个单元活动流程的按步推进，提前进行方案设计，严密的跟踪和指导是保证单元活动顺利进行的要素。

三、教研感悟

自新课标颁布以来，我校英语教研组的主要教学工作就是围绕深入学习高中英语教学新课标，探索如何根据新课标的要求，结合本校学生实际情况开展教学；着眼于单元教学整体化设计的深入研究，进一步推进课程建设与课堂改革，稳步提升学生核心素养、发展教师核心能力和提高学校核心竞争力。2020年新教材从高一开始实施以来，我们开展了多次基于主题语境，开展单元教学设计的教研活动，如小组学习研讨交流、校内公开展示、外出观摩他校公开课展示和听讲座、请专家走入课堂、深入指导、骨干教师参加名师工作室、假期完成单元整体设计作业等等，积极探索如何在新课标的指导下，依托新教材，进行课堂转型，实现教学升级。笔者相信，通过各种主题式的单元教学设计实践教研活动，我校教师的单元设计整体站位必将大大提升，给学生提供更好的课堂，更优质的学习体验和更满意的学习成效。

参考文献

［1］中华人民共和国教育部.普通高中英语课程标准(2017年版)［M］.北京：人民教育出版社,2018.

［2］梅德明,王蔷.改什么？如何教？怎样考？高中英语新课标解读［M］.北京：外语教学与研究出版社,2018.

［3］上海市教育委员会教学研究室.高中英语单元教学设计指南［M］.北京：人民教育出版社,2018.

［活动点评］

自 2017 年高考改革以来,宜川中学英语组在探究高考新题型的教学与解题策略方面,取得了很大的成绩。去年新教材全面实施以来,教研组开展以培养学生自主学习、探究学习,打造高效课堂的教学研究活动。2021 年 4 月 7 日,宜川中学英语组举行了全市教学研讨展示活动,取得了圆满成功。学生在新课标倡导的主题意义的引领下,开展单元项目探究活动,了解并介绍某一国家或地区的传统饮食文化。在教学活动中,学生分工合作,有效收集和组织信息,围绕主题撰写讲演稿;学生制作合适的、用于展示的辅助课件,并选用合适的口头表达策略进行展示。学生理解和尊重多样的饮食文化,培养了文化意识、探究与合作的精神,给参加研讨活动的专家和教师们留下了非常深刻的印象。

从孙老师执教的这一节课来看,学生把学习当作一种乐趣和积极情感体验的活动,不断建构新的意义,充分激发学生的思维和创造力。高效课堂的生命性、生成性、全体性和全面性得到了很好的体现。可贵的是,教师能放手让学生自主制定学习目标,并加以指导,不断完善。当学生在学习评价中得到肯定时,自主学习的能力也得到提高,同时进一步激发了学生自主学习与合作探究的积极性。长此以往,学生通过大量的探究和综合性语言实践活动,发展语言技能,为真实语言交际打下扎实的基础。

（点评人：上海市普陀区教育学院　沈伟刚）

作者简介

孙琪,从教 21 年,担任备课组长十几年,副教研组长 4 年,教研组长 1 年多。负责学校的英语资优生培养工作,学生在市区各类比赛中斩获不少奖项,长期任教实验班,成绩显著,工作成效受同仁好评。基本每学期荣获校教学奖,所带备课组团队获优秀备课组;获得区教学新秀,教学能手(两次),"普陀区园丁奖";近两年参加了沈伟刚特级教师工作室,学习新理念如何在新教材中有效实施,尝试新的教学方法,获益良多。

自我反思，同伴互助，项目引领

——"双新"背景下文化意识培养的主题教研实践

上海市第五十四中学　商函玉

引言

在教育教学实践中，特别是面对新课程、新教材，教师们经常会遇到以下一些问题：

如何运用多种策略培养学生的听说技能？

如何在语法教学中通过语篇语境发展学生的语用能力？

如何利用深层阅读任务培养学生的思辨能力？

如何整合教材资源，培养学生的文化意识？

......

面对这些来自教学实践中的难题，许多教师会感到困惑。那么，这些难题到底该如何解决呢？寻找答案的过程就是不断研究，把教育教学研究看作生活的一部分，让自己成为一名"研究型"教师。

开展教学研究不仅需要教师个人的自觉学习，更需要团队的交流协作和专业教研人员的指导。通过一系列教研经历，我们充分认识到：自我反思是基础，同伴互助是关键，项目研究是引领。

一、教研理念与经历

1. 教研理念

为了不断深化教学研究，打造高效课堂，加强学校内涵发展，上海市第五十四中学高中英语教研组把英语教育教学研究基地教材示范校项目与学校"进阶工作坊"活动相结合，以"促进教育理念更新、深化教学改革、加强有效课堂研究"为目标，教研组团队建立"教、研、训"的研究共同体,依托教研项目,促进教师专业发展。

2. 教研经历

教研组是教师专业成长的基本组织。通过教师间相互研讨、交流协作、资源共享,实现智慧共生,促成教师专业发展。在这个组织里,教研组长是校本教研的组织者,是教学实践的引导者,还是教师专业学习与成长的促进者。我们每学期确定教研主题,围绕主题开展系列活动,例如本学年我们围绕文化意识培养进行了一系列的校本教研活动。

二、教研活动设计与实施

1. 教研背景

《普通高中英语课程标准(2017年版)》把"文化意识"列为英语学科四大核心素养之一。文化意识的内涵不仅是文化知识、文化理解、跨文化意识和能力,还包括通过文化意识的培养,坚定文化自信,形成正确的价值观和道德情感,促进必备品格的形成和发展。文化意识的培养不仅是课标的要求,更是学生实际生活必备的素养。当今社会经济日益发展、全球化合作日益密切,语言所具有的文化属性更为突显。高中英语教学中文化内容的失衡会导致学生缺乏对文化知识的认知,文化意识渗透的缺失也会制约学生在跨文化交际中的语言表达,阻碍了学生文化品格的形成。因此,文化意识的培养成为高中英语教学亟待完成的课题。

2. 教研主题

本次教研主题为"基于上外版高中英语教材培养学生文化意识的实践研究"。教材在英语学习中具有至关重要的作用,学生文化意识的提升须依托于教材文化知识内容。《高中英语》(上外版)教材的编写高度重视学生文化意识的培养,为了让学生获取更多的中外优秀文化知识,挖掘其承载的文化价值,提升跨文化交际意识和交流能力,教材中听、说、读、写、看以及文化链接板块都提供了丰富的显性或隐性的文化资源。教师如何在教学设计中充分整合和利用这些资源,把丰富的多模态语篇所含的文化知识的学习和应用相关联,最终实现文化意识的培养是我们研究的主题。

3. 教研形式

高中英语组全体教师参与理论学习与教学设计，再由六位教师在高一年级进行教学实践与展示，区教研员孟莎老师进行指导与点评，最后通过论文与案例撰写，总结、提炼切实可行的文化意识培养的教学方法。研究框架如表1。

表1 2021学年教研活动

时　间	内　容	预　期　成　果
准备阶段 2021年1—2月	1）确定研究方向，搜集和整理文化意识培养的相关文献和理论资料并集中学习。 2）专题讲座：单元设计与文化意识培养	1）科研项目研究方案 2）体现文化意识培养的单元整体设计
实施阶段 2021年3—6月	1）围绕本学期各单元进行文化意识分析。 2）进行侧重文化意识培养的教学实践。	1）分课时教学设计 2）教学展示
总结阶段 2021年7—8月	1）课题材料总结 2）撰写教学案例 3）撰写论文	1）结题报告 2）教学案例 3）教学论文

4. 教研过程

1）自我反思——理论学习阶段

全组教师集中学习了《普通高中英语课程标准（2017年版）》《高中英语文化意识教育实践路径》《新版课程标准解析与教学指导高中英语》等理论书籍。从文化意识教育的基本概念、基本方法、中外文化理解能力和传播能力发展方法以及评价等方面深入研究文化意识培养的理论知识，为后期的教学实践提供理论指导。

2）同伴互助——教学实践阶段

随着新课程、新教材的全面启动，教师们虽然意识到自己的教育行为要适应发展需要，也希望提升课堂教学的科学性、有效性，但单个教师受认识水平与教育实践能力所限，很难取得大的突破。因此，建立研究共同体将为教师的专业发展提供有利条件。本学期我校实施了"进阶工作坊"的教研模式,让教师在分享交流中提升教育教学智慧。英语教研组依托该模式,深化了文化意识培养的教学研究。

"工作坊(workshop)"一词最早出现在教育与心理学研究领域之中。20世纪60年代美国的劳伦斯·哈普林(Lawrence Harplin)将"工作坊"的概念引用到都市计划之中,成为可以提供各种不同立场、族群的人们思考、探讨、相互交流的一种方式,甚至成了一种鼓励参与、创新,以及找出解决对策的手法。因此,借鉴"工作坊"的形式,以教研组为基本单位,开展"工作坊"式的自培活动,让教师参与行动研究,并请专家指导、创建一个教师成长的共同体。我们以发现问题为导向、反思研讨为中介,把教师培训融入基于课堂、问题导向的教学实践研究中,推动教师的专业成长和学校教育教学质量不断提升。

我校进阶式工作坊由多个教师共同参与,参与者在教学过程中能够相互对话沟通、共同思考、进行调查与分析、提出教学设计,撰写教案,讨论各环节实施步骤,最终落实到课堂教学的组织形式。"工作坊"集"教、学、研"于一体,以分析学情、揭示问题为基础,以有效促进学生的核心素养发展为目标,强调教师通过"资源共享(集体备课)、教学实践(上课与观课)、研讨分享(评课)、反思交流(论坛)"的基本模式提升教学能力。

在这种模式下,教师们首先将自己所持有的课堂教学的资源信息、研究成果互相分享、共同讨论、交换意见、达成共识进而凝聚意识,接着分为执教与观课两类,实施课堂教学和课堂观察(预设观察点),并做好全程录像。在此基础上,教师们就课堂教学情况展开讨论、分享收获、寻找不足、交换意见、激荡脑力、共同创造,并写出参加"工作坊"的反思与体会,在教研组内互相交流、讨论,共同思考出教研组最适合的努力方向,延伸到后续的教学活动上。

"工作坊"的主要流程,具体如图1所示。

如图所示,在"进阶工作坊"活动中,教研组选派6名教师分成A、B两个备课组。两组选择同一教学内容,我们选定的是《高中英语》(上外版)必修第二册第四单元。先由A1、B1教师进行同课异构,经备课组集体备课形成A、B两个教案,两组进行第一轮的课堂教学实践;经反思研讨和专家点评后,在第一轮的基础上两组分别集体修改教案,由第二轮授课教师执笔撰写详案,实现从第一轮到第二轮的同课再构;由A2、B2教师进行第二轮的同课异构的课堂教学实践⋯⋯同理再进行第三轮的教学活动。

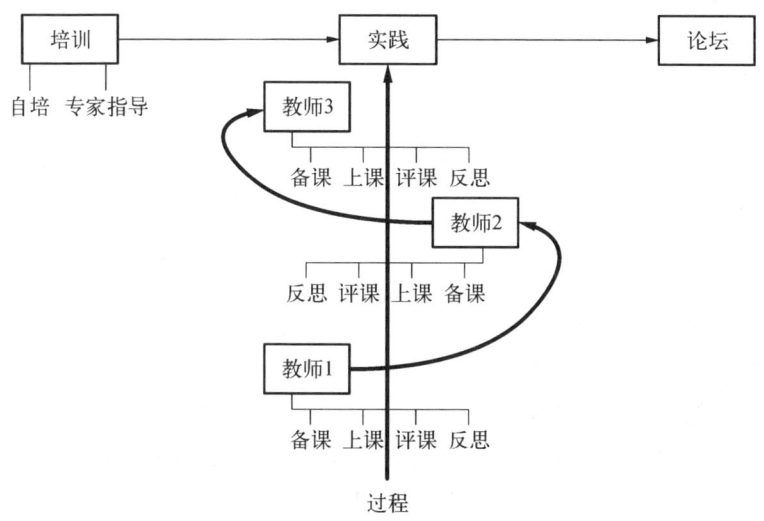

图1 "进阶工作坊"流程示意图

参与"进阶工作坊"的每一位教师都经历"集体备课—专家指导修改教案—课堂教学实践—反思研讨与专家点评"这一过程，教研组内其他老师都积极参与到备课、观课、评课活动中；然后进行新一轮的教学实践，由此呈现出循环式的螺旋上升，在最后一轮课堂教学实践中邀请教研员现场点评，使大家都受益匪浅，对课堂教学行为改变有了深切的认识和体会。

本次进阶工作坊活动中，教师们围绕着文化意识的培养进行教学实践与展示。这一教研模式促进了教师的观念转变和专业发展。六位执教教师在备课、上课的过程中，思路、思想、观念不断地更新。大到对教材的解读、对教学环节的设计、对教学内容的加工与处理，小到课件的制作、问题的设计甚至是每一句评价语的运用，无不仔细推敲，反复演练，力求精益求精。课后教师们进行反思，认真对比、分析教学设计前后有哪些变化，为什么要进行这样的改变？继而回顾课堂设计改变前后，学生的变化在哪里？通过反思，教师能够深刻领悟，为什么要改变？应该怎样改变？

3）项目引领——总结反思阶段

开展项目研究首先能促进教师的理论学习，以更先进的理念指导教学实践。通过上海市英语教育教学研究基地的教材示范校项目，我们得到了教研员和教材编写专家的多次指导，让我们站在更高处思考教学,形成成果,应用于今后的教学中。

5. 教研成效

此次教研我们以《高中英语》(上外版)必修第二册 Sports 单元为起点,"进阶工作坊"模式为载体,英语学习活动观为指引,进行文化意识培养的实践研究,提炼出文化意识培养的三种教学活动设计方法:

1) 学习理解类活动,从感知到内化。

本单元主题是"体育运动",所属的主题语境为"人与自我"和"人与社会",主题群为"生活"与"体育"。阅读语篇 A 是一封书信,是美国著名篮球运动员迈克尔·乔丹在退役前写给挚爱的篮球运动的一封信。语篇以时间为轴线,回溯了乔丹 28 年的篮球生涯。通过主要事件的串联,描述了乔丹与篮球结缘的经历和不同阶段的情感体会。语言上运用了拟人、排比等修辞方式,词汇上运用大量表示心理活动的词语,生动地表达了乔丹对篮球的热爱。语篇的主题意义在于引发学生思考,一位篮球巨星是如何在一项体育运动的陪伴下成长,以及帮助学生认识到持之以恒和不畏失败的体育精神有助于人们的成长和进步。

基于以上文本特征,我们把教学目标设定为:能运用"概括"策略,按照时间顺序列出语篇的主要事件,并归纳作者情感的变化,通过这些变化理解篮球这项运动带给参与者的影响。

围绕目标,我们设计的教学活动有:通读全文,完成时间轴的填写,概括出文章主要事件及乔丹的情感变化;结合这些变化,教师追问:从乔丹身上我们感受到了哪些体育精神? 学生基本可以说出:坚持不懈、相信自己、不畏惧失败等。学生归纳得比较准确、完整,但我们并未止步于此,而是继续追问:有没有哪个体育项目给你带来了影响或改变? 由此把这些体育精神迁移到学生身上,学生通过思考自己的体育经历,感悟体育精神对个人成长和进步的影响。

2) 应用实践类活动,从内化到运用。

在文化教学环节,为了使文化知识教学更加直观,教师要让学生处在一种相对真实的环境下认知并理解文化知识。教师可以选择适合的话题,通过不同场景的设置,让学生更直观、更形象地感知文化内容。

在之前语篇 A 的学习中学生已经初步感悟到体育对人们成长和

发展的影响,具备了一定的语言基础。在 Speaking 板块教师设置一个访谈的情境。学校体育俱乐部招募新成员,新成员要接受访谈。学生与同伴交替扮演采访者与受访者,根据提示卡提问并记录同伴的回答。活动要求是能和同学就参与体育运动的经历、体会和态度模拟开展访谈,能借助重音、语调、节奏等的变化表达兴趣、意义、意图和态度等。能根据交际场合和交际对象选择恰当的语言进行采访或交谈,陈述个人的经历、感想与观点。能运用得体的语言回应对方的观点或表达的意象,进行插话、打断或结束交谈。能准确使用时间表示词,按照时间顺序清楚地叙述事件的过程。

在访谈之前,可以通过头脑风暴引导学生思考影响访谈的因素有哪些? 如:恰当的话题、简短明确的问题、真诚切题的回答、轻松的访谈环境。教师可以先对一个学生进行采访作为演示,或者指导两个学生做一个演示,以便其他学生可以模仿。学生操练后可以选取一到两组进行展示并评价他们的表现,也可以鼓励学生进行同伴评价,引导他们思考什么是一场有效的访谈。

这一活动的设计可以巩固新学的知识结构,促进语言运用的自动化,助力学生将知识转化为能力。

3) 迁移创新类活动,从创造到传播。

迁移创新类活动加深对主题意义的理解,通过合作探究的学习方式,综合运用语言技能,实现深度学习,促进能力向素养的转化。教师可以根据教材中特定文化主题设计迁移创新类活动,尤其在传播中华优秀文化时,创设情境,让学生从认知走向实践,从实践走向创新应用,在活动中树立文化自信。

在 Listening 和 Culture Link 板块中,教材提供了丰富的中华传统体育项目的资源,如武术、射箭、太极拳、赛龙舟等。教师在教学活动中创设情境,假设你是中华文化宣传大使,要向外国友人介绍中国体育文化,你会选择哪个体育项目,以及从哪些方面介绍该项目。也可以在学校体育节期间,以中国传统体育项目为主题,让学生设计海报,并在校内展示。通过海报制作,学生可以进一步了解传统体育项目起源、价值与特性,增强传播中华优秀传统文化的意识。

三、教研感悟

任何一种教研活动要有效果、有价值,关键在教师们的真实参与,没有教师们真实参与的过程,教研活动便失去了应有的活力。在校本教研的实践中,最常见最普通的形式就是交流。有言道,如果只是一个苹果,两人分享便是一人半个苹果;一份思想,两人分享,便会产生两份不同的思想。教师的观点交流既是研究的过程,又是研究成果的推广。我们以教研组长、备课组长为活动的组织者,以教研项目为驱动,以交流共享、教学实践为基本模式,鼓励全员参与、有效参与,激发教师思考和研究的主动性和积极性。充分依托校本教研,促进教师专业发展。

开展校本教研活动可以采取多种多样的方式,但归根到底都离不开教师个体学习思考、教研团队协作互助以及科研项目专业引领三大要素。当教师个体在教学中遇到困惑,通过与同伴交流,明确共性问题,教研组以此为契机,确立目标,开展项目研究。这一教研模式既可消除教师个人的专业困惑,又能促进教研团队的专业发展,从而实现教育教学质量的同步提升。

结语

当我们对自己的教育教学实践进行思考,总结出成功或失败的教训,再与其他教师交流、分享,既促进大家共同成长,又可以解决自我反思中出现的迷惑。专业人员的指导则会进一步推动教研团队的专业发展,帮助每位教师在教研方面取得长足的进步。

参考文献

[1] 中华人民共和国教育部.普通高中英语课程标准(2017年版)[M].北京:人民教育出版社,2018.

[2] 鲁子问,陈晓云.高中英语文化意识教育实践路径[M].北京:外语教学与研究出版社,2019.

[3] 王蔷.新版课程标准解析与教学指导高中英语[M].北京:北京师范大学出版社,2019.

[4] 教育部师范教育司组织编写.教师专业化的理论与实践[M].北京:人民教育出版社,2002.

[5] 海伦·蒂姆勃雷.促进教师专业学习与发展的十条原则[J].教育研究,2009,(8):55-62.

[6] 佐藤学.学校的挑战——创建学习共同体[M].钟启泉译.上海:华东师范大

学出版社,2010.

[7] 胡安莲.课堂教学中对阅读工作坊实施的策略研究——如何引领孩子"真"地走进课外阅读[J].科教文汇(中旬刊),2009,(9)：32－33.

[8] 柯孔标.校本教研实践模式研究[M].浙江大学出版社,2008.

[9] 杨向谊.如何当好教研组长[M].中国轻工业出版社,2021.

[活动点评]

　　文化意识培养是党对教育提出的立德树人根本任务的重要内容。高中英语因其课程性质和特点蕴含着文化意识内容,是培养文化意识的重要载体和有效渠道。上海市第五十四中学以学科教研组为基本单位,依托"进阶工作坊"的教研模式,聚焦文化意识培养的关键问题,将教师培训融入教学实践研究中,有效推动了教师的专业成长和学校教育教学质量的提升。该教研活动体现了以下几个方面的亮点和特色：

1. 项目引领,解决关键问题

　　五十四中学教研组以问题为导向,依托英语教育教学研究基地的示范校项目,将项目研究与日常教研紧密结合,在项目实施过程中建立教学研究、实践、改进机制,以同课异构、同课再构的方式,深入开展课堂教学实践,全方位推动教师在解决问题的过程中不断改进提升的能力。

2. 团队协作,提升关键能力

　　教师关键能力提升是一个持续渐进的过程,既需要自主性的成长,也需要良好的研修环境与机制作为保障。进阶式工作坊的教研模式让教研组教师共同参与,形成团队成员互相支持、共同解决问题、持续改进的氛围。教师在研修过程中,各司其职、各展所长,不断学习吸收新经验,丰富研修资源,充分体现了在资源生成与迭代中关键能力的进阶。

（点评人：上海市徐汇区教育学院　孟莎）

作者简介

　　商函玉,中学英语一级教师,教龄19年。2014年起担任上海市第五十四中学高中英语教研组长,负责开展校内教研活动。2021 年作为项目负责人带领本校英语教师参加上海市英语教育教学研究基地教材示范校项目,以《基于上外版高中英语教材培养学生文化意识的实践研究》为题,进行项目研究。

聚焦单元主题　　激发思辨潜能

——《高中英语》(上外版)思辨融入课堂主题研讨活动

上海市浦东复旦附中分校　　周韧坚

引言

《普通高中英语课程标准(2017年版)》指出,普通高中英语课程强调对学生语言能力、文化意识、思维品质和学习能力的综合培养,具有工具性和人文性融合统一的特点。我校高一年级从2020年9月开始使用《高中英语》(上外版),无论任课教师还是听课学生对新教材都赞赏有加,并且充分利用和挖掘新教材的各项功能,以帮助日常教学质量进一步提升,使学生英语学习兴趣进一步激发。课程目标中指出,思维品质目标为:能辨析语言和文化中的具体现象,梳理、概括信息,建构新概念,分析、推断信息的逻辑关系,正确评判各种思想观点,创造性地表达自己的观点,具备多元思维的意识和创新思维的能力。我们的学生已具备基本的思维素养,我们希望通过各种不同课型全面激发学生的思辨潜能。

一、教研理念与经历

1. 立足课堂,站稳讲台

英语教研组年轻教师较多,帮助她们备好课,把控好课堂是教研的第一要务。因此,笔者坚持以听课评课这一方式为主体,以课堂为主阵地,进行备课组及教研组的研讨活动。每次研讨需重点针对某一环节进行反思和修改,力求研讨的有效性和实用性。

2. 邀请专家,拓展视野

定期邀请英语教学领域的专家来校开展讲座指导、听课磨课、论文研讨等主题活动,教师们共同学习理论知识、系统架构、全新理念,了解国内外不同的语言学习方式,取其精华运用于自身课堂。例如,在2019年度《高中英语》(上外版)教材调研项目和复旦附中主校区和分校区三校联合教研活动中邀请各方专家深入课堂指导,将理论和实践有效融合。

3. 开拓平台,提升品质

鼓励并支持教师们参加各种培训和教学比赛。年轻教师需要更广更高的平台去学习同行的经验和做法。培训不仅可以提升专业能力,还能使其浸润在良好的研讨氛围中,是专业素养提升的有效平台。各级各类比赛更是对照他人、展现自我难得的机会,也是团队合力的充分体现。

4. 钻研命题,以知促行

命题是组内重点研讨的主题,我们不仅探讨各种素材的命题科学性和有效性,更要求教师们原创命题,在命题中反馈教学。科学客观评价命题的信度和效度,以全面反馈学生和教师在教学中存在的优势和不足,进行更有针对性的调整和改善,形成良性循环。笔者曾于2019年3月参加上海市教育考试院及剑桥英语考评部组织的命题技术培训工作坊,提升了测试的能力,并将相关要点辐射到教研团队。

5. 分层研讨,因材施教

我校实施的是分层教学,每个层次的学生都有不同的特点和需求。因此,我们的组内研讨备课也以形成特色班级教学为目标,以分类作业和过程性评价为显性方式,探索适合不同层次学生的教学方法,争取不断提升教学效果。

二、教研背景

2020年9月开始,上海市高中学校开始使用英语新教材,有《高中英语》(上外版)和《高中英语》(上教版)两套教材可选择。我校与复旦附中本部和青浦分校保持一致,选择了《高中英语》(上外版),成为浦东新区唯一一所使用上外版教材的学校。我校英语组与上外版教材早已结下不解之缘,我校特聘顾问何幼平老师参与上外版教材编写并担任教学参考资料副主编;我校袁李瑶老师参加了部分教材与教学参考资料的编写;顾艺、袁李瑶、赵嘉颖、周韧坚老师在何幼平老师的引领下合作完成了《高中英语(上外版)同步测试 AB 卷 必修 3》的编写,我组还曾参与上外版新教材的试教试用,对此教材有一定程度的了解。

我校日常教研以分类主讲、主题探讨、听课评课为主,教师们经常分享一些教学中的困惑和心得,相互取长补短,也会交流分类作业、特色评价、激励方式等细节,探讨命题技巧及命题有效性,提升综合教学能力。当然,教学研讨活动更多采用听课评课的方式,组内教师互相学习,共同进步。新教材实施以来,我组的教研氛围越加浓厚,对新教材的好奇心和求知欲促使大家都成为高一年级英语课堂的常客,每次评课的氛围都开放而热烈,全组教师都对《高中英语》(上外版)持有浓厚的兴趣和进一步探索的强烈愿望。

在进行了一学期的教学和组内研讨之后,我们有了一定的方向和收获,但我校英语组人数不多,也偏年轻,还有很多需要学习和提升的空间。而校内的研讨毕竟是有限的,只有呈现自我、挑战自我、突破自我,才能在不断改善中获得更长足的进步。因此,我们决定依托浦东教研平台,以与本部联合教研为推动,由何幼平老师牵头,组织一次跨区跨教材的研讨活动,呈现我校新教材的实施情况,同时邀请专家进行指导,与同行一起探讨。

三、教研活动设计与实施

(一) 主题思考与确定

新课程标准提出了主题语境、语篇类型、语言知识、文化知识、语言技能和学习策略六要素构成的课程内容以及指向学科核心素养发展的英语学习活动观,要求教师在帮助学生发展语言能力的同时,促进他们的思维品质发展,引导学生树立正确的价值观。因此,我们考虑研讨活动在基于主题语境及单元整体设计的基础上,体现教师充分运用教材引领学生语言能力和思维品质两方面的发展。我校学生虽英语水平有所差异,但他们普遍参与度高,敢于表达、善于思考,教师们也不局限于语言教学本身,注重课堂内的能力培养及学科德育,以语言为载体促使学生深入思考、提升其思维品质和文化素养无疑是我们的英语课堂应该确立的目标,我们也在围绕这一目标实施教学。因此,我们希望通过不同课型的展示体现日常教学中已然融入的"师—生""生—生"思维碰撞。从课型而言，阅读课虽较为常见，但要体现特色和新意也并不简单，而视听课和写作课则是公认较难呈现效果的课型，但也恰恰是新教材突出的亮点所在，因为素材非常贴近生活又原汁原味。经过反复设想与讨论，最终确定展示并研讨阅读、视听、写作这三种课型，并将关键词定为"思辨"。

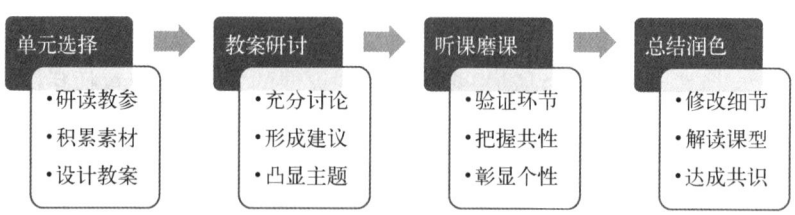

图1　活动前期准备流程

（二）活动前期准备

1. 以高一备课组为单位进行单元选择，根据单元内容、教参建议、组内研讨确定大致框架，展示课教师开始积累素材、设计教案。如何恰当地、有效地在课堂环节中体现思辨是教案设计的关键。

2. 组织全组教师听取并讨论教案设计，提出改善意见和建议，使新教材的话题、素材和教参资源得到充分展示，并在维持课型本身特点的基础上恰到好处地融入思辨。

3. 第一次试讲时检验教学各环节是否符合单元主题及课型，教学过程是否突出"思辨"这一主题词。与本部备课组进行沟通探讨，三种课型需在"激发思辨潜能"这一共同目标下各自呈现设计的独特性。第二次试讲时邀请杨浦区英语学科教研员基于杨浦区各校对《高中英语》（上外版）的实施情况进行听课评课，对各环节提出便于实施的改良建议，以期具有可参考性和推广性。

4. 上课教师综合各方建议对教案、PPT、学案进行最后修改；课型解读教师与上课教师确定设计意图、设计理念及预期效果。

（三）活动流程与实施过程

1. 活动流程

时间：2021 年 4 月 26 日（星期一）

地点：上海市浦东复旦附中分校

课型：阅读、视听、写作

授课内容：必修第三册第三单元（Healthy Lifestyle）

表1　活动流程

时　间	地　点	活　动	授课/发言教师
13:30—14:10	2号楼313（三阶）	阅读课	黄祎杰
	2号楼415（录播教室）	视听课	顾艺
14:20—15:00	2号楼313（三阶）	写作课	赵嘉颖
15:10—15:15		校领导致辞	虞晓贞
15:15—15:30		主题发言课型解读	耿鋆、符强、袁李瑶
15:30—16:15		专家点评	束定芳、汤青、王蓓蕾

2. 教学展示

　　黄祎杰老师、顾艺老师、赵嘉颖老师分别进行阅读、视听、写作三类课型的教学展示。三位老师的展示课立足于上外版新教材必修第三册第三单元 Healthy Lifestyle。

　　黄老师的阅读课以教材 Reading A 为载体,指导学生在梳理文本结构的基础上,提炼段落大意,探讨保持个人健康、培养良好生活方式的途径。黄老师从教材出发,启发学生思维,联系文本与学生生活实际,鼓励他们保持健康生活的态度。顾老师的视听课锻炼了学生看、听、分析、思辨等多种技能。学生通过不同类型的视频资源获得冲绳地区老人长寿的秘诀,结合课前对祖父母的访谈,基于所学,当堂生成了长寿秘诀的公式。赵老师的写作课以教材中写作部分的信件为抓手,借助自创的"FAR 原则",为学生构建了"问题—解决"的写作支架。学生在将支架迁移至解决考后焦虑情境中时,实践多维度分析问题、权衡建议合理性,同时也兼顾了语言的层次感和多样性。

3. 课型解读

耿銮、符强、袁李瑶三位老师分别进行了教学设计解读。耿銮老师重点解读了阅读教学中的三个层次，"structural reading，close reading，critical reading"，强调了 HOTS，即高阶思维在阅读教学中的重要性。此外，耿老师指出，教师设问应有更明确的指向，在核心素养背景下应探讨共情（empathy）问题的设计。符强老师在解读中总结了赵老师教学设计中的亮点：深度挖掘教材内容，要求学生更深刻更广泛地思考；强调技能迁移训练，在真实情境中运用语言；鼓励学生积极面对困难，实现学科德育目标。袁李瑶老师从教材中文化负载词含义的挖掘、教材板块内容的迁移、补充学习材料的运用以及针对所学，进行批判性思维四个角度就顾老师的视听课进行解读。

4. 专家点评与建议

在点评环节，束定芳、汤青、王蓓蕾三位专家均对开课教师的教学设计予以高度肯定，同时也对教材使用提出了更高的期望。

束定芳教授从超越语言、超越教材、超越课堂、超越学科四个角度评价了教师们的教学探索。束教授提出，阅读课也应兼顾具有英语语言特点的词汇和习语；单元视角下的教学要凸显课时之间的关联，对输入性阅读和输出性写作的共性要进行更合理的把握；同时，要鼓励教师和学生关注与主题语境相关的学科前沿发展，并能在教学设计中有所体现。此外，束教授还特别指出，观课中的评价标准应从目标、结构和效果三方面着手，教研要让教师发挥特长，教师要关注每个学生。最后，束教授就"英语课如何立德树人"这一主题，启发在场老师们进行深入思考和探究。

王蓓蕾老师结合束教授的点评，重点就视听课进行点评。王老师认为，顾老师教学设计中"长寿公式"的设计体现了打通不同单元壁垒的大教材观。另外，视听课堂中所呈现出的超越语言的文化探究意识及跨学科的课堂活动值得肯定。

汤青老师从市教研员的视角认可了我校组织的多校区联动教研，肯定三校已形成非常成熟的教研机制，用频度和强度去传递和谐的声音。汤老师对写作课中教材的充分运用以及随后的"迁移"练习活动表示肯定，并指出可适当拓宽写作课的技能迁移路径，尽量将学生的书面表达呈现在课堂中。对于听说课，汤老师表示顾艺老师非常关注课型的指向，注重教学过程中对学生的引导，能够很好地利用新技术，采用双屏模式,即兴书写的方式能有效地做出反馈。但在某些细节上,教师还可以进一步深入分析引导,以落实学科育人,培养学生核心素养,实现立德树人的总目标。

四、教研感悟

(一)不同课型中的"思辨"功能

1. 阅读课"思辨"为主体

在阅读课型的设计中,教师运用了阅读预习学案,类似翻转课堂,同学们在课前已根据学案自学了课文内容,梳理了文章结构,而在课堂上更多的是跟着教师的指引进行反馈、讨论和拓展。在"close reading"环节,同学们不仅有符合实际的可操作提议,还有各种有创意的想法,既基于文本,又拓宽思维。而在"critical thinking"环节,大家更是对健康的生活方式进行了激烈的讨论,充分体现了学生思维的辨证性和全面性。老师的追问、鼓励、引导是思辨过程有序而深入的保障。

2. 视听课"思辨"以拓展

常规概念中视听课就是以视听为主,似乎与"思辨"并无联系。但在本节视听课中,教师在充分运用教材中视听材料的基础上补充了相同话题的视听材料,进一步深挖话题背后的现象、原因,并引发学生思考。"冲绳的长寿秘诀虽好,能拿来用吗?""哪些是我们可以借鉴的,哪些是在中国文化中难以实践的? 该如何取舍?"这些都是学生从视频中获取信息后要思考的问题。本节课最后一个环节"基于对祖父母生活的了解,根据本节课所学,为他们量身定制长寿公式"则为学生基于所学,针对具体问题做出分析判断,给出个性化的解决方法提供了锻炼和展示的舞台。当然,该活动也对学生思维的逻辑性、批判性和创新性提出了更高的要求。同时,老师鼓励学生从祖父母的角度出发考虑问题也是更贴近生活,更情感化的方式。本节融入了思辨拓展的视听课,并不满足于视听环节的简单"输入",而是基于"输入"鼓励语言和思维的双重"输出",收效甚好。

3. 写作课"思辨"做铺垫

《普通高中英语课程标准(2017 年版 2020 年修订)》指出:语言能力是在特定的社会情境下,听说读看写的理解和表达,说和写都是表达性技能,写作承载着思维的输出,写作能力的提升包含文化意识,思维品质和学习能力的提升,在写作的过程中,学生不仅需要运用所学的语言知识传递信息,还需表达观点,甚至反驳他人。因而在写之前,"思"是重要的前提和准备。本节写作课就是以写作为目标,教师对构思内容,组织信息,选择语言,同伴评价,自觉调适等进行过程性指导。其中以激发学生思辨为主要的呈现方式,为写作做充分铺垫的同时培养学生语言能力、文化意识及思维品质。虽然从形式上看,"写"的过程体现得较少,但按实际情况,这是写好作文必不可少且值得花时间指导的环节,帮助学生更为充分全面地思考所要写的内容。过程中学生的思辨体现得很到位,也把通常隐性的思维过程用显性的方式进行了充分体现。

(二) 实践中的策略与收获

1. 横向、纵向深挖教材内容

三节展示课都对教材有全面的挖掘,不仅仅停留在文字表面,这也是新课标对英语教学提出的新要求。阅读课在帮助学生理解文章内容的基础上梳理文章总分模式,要求学生深入思考课文中提到的方法是否有利于改变自己的生活习惯;视听课深挖视频文本中"文化负载词"的含义,追问学生冲绳地区的长寿秘诀是否适用于所有人;写作课要求学生基于信件表面的内容思考背后的原因并"对症下药"。这些问题的探讨都传达给学生一种理念:透过现象看本质。而语言本身就是如此复杂而神奇,这也有助于激发学生学习英语的兴趣,同时更充分利用教材提高自己的语言及文化素养。

2. 基于教材,合理补充

因我校是分层教学,不同层次学生对于教材的接受度会有所不同。对于部分同学,有时教材内容不足以满足他们的好奇心和求知欲。因此,教师们会根据自己班级的情况进行教材的合理整合和拓展。本次展示课中阅读课增加了课后的 Additional Reading 作为课堂的巩固拓展;视听课增加了相同话题不同呈现方式的视听材料,帮助学生更好地了解相关话题,不同于教材中演讲的单一方式,补充视频以呈现冲绳老年人生活片段和真人采访为主,生动活泼的内容全面冲击学生的感官,增强了视听课的趣味性,同时也帮助学生从多角度理解冲绳的长寿秘诀;写作课在分析教材上的信件之后,教师根据学生日常生活原创了一封更符合学生实际情况的求助信件,不仅有助于他们学以致用地分析问题、解决问题,也使课堂变得多样而灵活。当然,这次呈现的是内容的补充,教师们也可以根据学生实际进行删减或整合,以提高课堂的针对性和有效性,但最基本的原则依然是充分利用好教材。

3. 摒弃"拿来主义",培养批判思维

本次活动确定的主题词为"思辨",前文也具体阐述了教师们在不同课型中如何运用"思辨"方式助力课堂。三种课型体现的共同特点是不盲目地、简单地、未经思考地完全接受,而是鼓励并引导学生对所读到的、学到的内容进行辨证思考和探讨,从不同角度考虑问题,也从不同的思维碰撞中获取更全面的观点。当然,这也并不是一味提倡批判,任何方式绝对或极端都是不可取的,我们要教会学生的是带着批判性思维学习语言,毕竟语言传递的是思想和文化,学生们要学会分辨和判断,去其糟粕、取其精华。

4. 课堂有效性高于形式多样性

这一点缘于视听课的磨课过程。最初视听课堂活动以"jigsaw viewing",即"拼图式视听教学"的形式展开。教师找到了教材视频 TED Talk 的完整版本,发现在教材所选片段后,还有对其他 blue zone areas 长寿秘诀的介绍。基于此,教师计划将学生分为 3 大组,让学生用平板电脑分别观看不同的视频,然后每组选出一位代表,就本组的视频内容与全班分享。教师的预期是通过观看不同视频所形成的"信息差"(information gap),为学生倾听其他组报告提供动力,并通过互相分享,拼接出完整的长寿秘诀。

然而,这个新颖的形式最终并未被采纳。团队深挖视频内容后发现,补充的两段视频虽聚焦 blue zone areas,但视角单一,且结构和内容与课本视频非常相似,甚至可以说是同一长寿秘诀在不同地区的复现,因而并不存在 information gap。考虑到课堂活动不能流于形式,而是要真正地激发学生的学习兴趣,提升学生思维的宽度和深度,jigsaw viewing 这一想法未能得以实施。

但是,通过信息差的交换,锻炼学生的倾听、理解、思维和表达能力的 jigsaw activity 值得深入挖掘。希望以后能够针对适当的语篇或者视听内容,适时开展相关活动,为学生带来另一种课堂学习体验。

结语

新教材的实施和使用对教师们的课堂教学提出了更高更全面的要求,教师们也面临着更高难度的挑战,但新课标也给日常教学指出了明确的方向,新教材的人文性、多样性和纯正性也激发了教师们充分有效利用教材以提升教学效果的信心和动力。本次教学研讨活动是我校英语组对新教材实施的部分思考和实践的呈现,也是得到专家指导,与同行探讨的良机,无论是开课教师还是团队其他成员,都在本次活动中有了收获和成长,也对新教材有了更深入的认识。本次活动为之后的教学研讨活动做了很好的示范和引领。借着新教材的契机,三校联合研讨的优势以及新教材培训的平台,我们将用更积极的态度、更饱满的热情、更严谨的态度进一步探索新教材的价值与意义,提升教学研讨活动的有效性和影响力。

参考文献

[1] 中华人民共和国教育部. 普通高中英语课程标准(2017 年版 2020 年修订)[M]. 北京:人民教育出版社,2020.

[2] 梅德明,王蔷. 改什么? 如何教? 怎样考? [M]. 北京:外语教学与研究出版社,2018.

[3] 上海市教育委员会教学研究室. 高中英语单元教学设计指南[M]. 北京:人民教育出版社,2018.

[4] 张宏丽. 有效校本教研开展的四个要素——以英语学科校本教研的开发为例[J]. 天津师范大学学报(基础教育版),2019.

[5] 李陆桂. 中学英语教研活动的精准设计与创新[J]. 基础教育研究,2017.

[6] 崔刚. 中国环境下的英语教学研究[M]. 北京:清华大学出版社,2014.

[活动点评]

● 立足单元,聚焦思辨

浦东复旦附中分校英语教研组长期以来扎扎实实进行校本教研,活动主题明确、形式多样、成效显著。

本次教研活动是课题《主题语境下高中生英语思辨能力培养的实践研究》的教学实践研讨活动,在"单元"视角下选择重点课型,体现教学设计整体性的同时,探寻落实英语学科核心素养,尤其是"思辨"能力的路径,对本校"双新"的推进具有重大意义。

- 行动研究,全员参与

　　教研组秉承一贯的教研风格,在教研活动全过程中,分工合作,人人参与。准备阶段经历了主题确认、任务明晰、独立设计、试讲磨课、调整设计、深入打磨等,在行动研究中不断提升教师的理念、细化设计;实施阶段,在听课观课、主题解析、专家点评等过程中,教师们积极思考,思维碰撞中获得了更多的感悟。以活动为抓手,不管是执教教师还是其他教师,教研组全员都有所得。

- 反思迁移,助力落实

　　教研之后教研组及时反思本次活动的准备和实施过程,提炼阅读、视听和写作三个课型中"思辨"能力培养的切入点,总结教学设计与实施的要点与策略,具有较大的推广价值,有助于教师在日后的教学和研究中迁移,进一步探索培养思辨能力的路径和方法,以提升教学有效性。

（点评人：上海市浦东教育发展研究院　沈冬梅）

作者简介

　　周韧坚,上海市浦东复旦附中英语教研组长,中学英语高级教师。曾获得 2018"黑布林英语阅读"全国优课大赛一等奖;浦东新区 2018 学年度高中英语命题竞赛一等奖;2021 年浦东新区教育系统优秀共产党员称号。曾领衔参与 2019 年度《高中英语》(上外版)教材调研项目;参与编写由上海外语教育出版社出版的《高中英语同步测试 AB 卷》必修第 3 册。

落实英语学科核心素养，培养学生思维品质
——青年教师课堂教学能力提升主题教研实践

闵行中学　韩海坤

引言

　　教研活动是学校教育工作的重要组成部分，对推进学校教育教学改革、提高教师队伍质量具有重要意义。在高中英语教学中，针对英语教学遇到的困难和问题，定期开展教研活动成为学校必要的教学工作。教师通过参加教研活动，共同探讨解决教学难点的策略，分享教学经验，及时更新教育理念，改进课堂教学，尤其对青年教师而言，教研活动为他们的专业发展铺路奠基。青年教师的培养关系到学校的可持续发展，提高青年教师的教育专业水平是学校工作的重要内容之一。大多数青年教师对工作充满热情，思维活跃，富有创新精神，但是由于从教时间短，对学科知识体系归纳不全，课堂教学的组织能力和应变能力比较弱。因此，需要通过教研活动为青年教师的专业发展保驾护航。在新课程标准实施背景下，学科核心素养培育和英语学习活动观等新教育教学理念的提出，为青年教师教育能力提升提供了良好的条件和环境。教研组充分利用这一契机，聚焦课堂教学基本能力，为青年教师专业发展搭建学习和实践平台，助力青年教师稳步成长。

一、教研理念与经历

（一）教研理念

　　《普通高中英语课程标准（2017 年版 2020 年修订）》（以下简称"新课标"）把课程定位为学科育人，提出了英语学科核心素养，包括语

言能力、文化品格、思维品质和学习能力。这四项要素是落实立德树人和学科育人的重要内容。英语教学目标从原来的重视培养综合语言运用能力转变为培养学生的学科核心素养为主。王蔷在中国教育学会外语教学专业委员会第十九次学术年会的主旨报告"从综合语言运用能力到英语学科核心素养"（2015－10－17）中提出，"学生以主题意义探究为目的，以语篇为载体，在理解和表达的语言实践活动中，融合知识学习和技能发展，通过感知、预测、获取、分析、概括、比较、评价、创新等思维活动，构建结构化知识，在分析问题和解决问题的过程中发展思维品质，形成文化理解，塑造学生正确的人生观和价值观，促进英语学科核心素养的形成和发展。"

在英语学科核心素养中，思维品质被明确提出来，强调英语教学对学生理解能力、分析和评价能力的培养。林崇德（2005）认为，"任何一种学科能力都要在学生的思维活动中获得发展，离开思维，无所谓学科能力而言。"就英语学科而言，思维品质应体现学生在听说读写看等学习活动中表现出来的思维的创造性、批判性、深刻性、灵活性和灵敏性。思维品质的培养有助于提升学生分析问题和解决问题的能力，帮助学生观察和认识世界并对事物做出正确的价值判断。当前要实现深化课程改革、促进学生全面发展，就必须在英语教学中落实学科核心素养，尤其关注思维品质的培养。

关于如何在英语教学中培养学生的思维品质，陈则航等人（2019）提出了教师首先要做好文本分析，分析文本的结构，概括文本的主要信息，提炼知识结构，对文本的文体、结构和语言形式进行梳理；教师在设计教学活动时，要通过引导学生在解决问题的过程中，体验比较与分类、分析与综合、抽象与概况、归纳与演绎等逻辑方法；设置任务情境，冲破思维定式，培养学生的创造性思维。葛炳芳等人（2018）提出了坚持以学习者为中心，尊重学生话语权，尊重学生思维成果，以创新为目标，关注思维层次，基于正确的文本解读来设计层层铺垫、环环相扣的问题链，以发展学生的逻辑性思维、批判性思维和创造性思维。这些方法为本次教研活动提供了方向。

英语教研组在学校办学理念的指引下，积极推进新课程、新课标、新教材的实施，以学生生涯教育为发展理念，大力推动学科育人，落实核心素养。课堂是学科核心素养落实的主阵地，青年教师是实施教育教学改革的主力军。要及时抓住落实新课标的机会，抓好青年教师的基本功，提高青年教师的课堂教学能力，打造培养学生思维品质、促进学生终身发展的课堂。

（二）教研经历

1. 初期：目标明确，查补问题

2014 年我开始担任教研组长，工作初期，秉承"教而时研之，研而时践之"的理念开展教研工作，工作重点放在备课组建设、学科资源整合和骨干教师队伍建设上，通过各备课组分主题集体备课，按模块进行校本资源整合和"领、帮、扶、推"助力骨干教师专业发展等方法和途径，成效显著。

2. 中期：按部就班，陡遇巨变

至 2017 年高考改革时期，教研组工作按部就班，备课组根据学情有序组织特色集体备课活动，英语学科资源库中的校本练习模块初步整合建库，英语组教师专业发展方向明确，以严萍、倪诗园为首的部分优秀教师在市区级教学、课例比赛中成绩喜人，骨干教师队伍初具规模。英语教学方面，通过听课、教学质量分析、学生反馈、教师访谈等途径发现教学中存在的一些问题，比如作业二次批改不及时、课堂听说教学有效性偏低、词汇教学缺少具体语境支撑等问题，教研组进行集体反思，通过研磨公开课、专题研讨等方法进行定点解决，取得了一些成效，课堂教学显著改进。2016 年后，随着上海市四所名校相继在闵行区开设分校，再加上扩招等因素，闵行中学生源质量受到很大影响。如何提高课堂教学有效性，保持原有的教学质量是教研组所面临的一个难题。同时，英语组又有多名青年教师入职，35 岁以下青年教师占教研组人数的四分之三，在专业发展方面还有非常大的进步空间。青年强则教研组强，教研组强当从普遍提高课堂教学有效性和助力青年教师提升课堂教学能力入手。

3. 现期：识水拨雾，追浪逐波

如何攻坚？经校课程部引领、专家点拨，教研组认真诊断、反思以往的教研形式，发现以往的教学研讨活动多属见招拆招，这些如《提高课堂听说教学有效性》《提高作业批改有效性》等教研主题活动虽有一定的目标性和实用性，但只是解决临时性教学问题，教研活动随机性强，系统性弱，缺乏长远规划。学情改变后、高考改革伴随"双新"推进，教研活动如果不与时俱进，整体教研工作依然缺少长时段的计划性、连贯性和持续性，就还有老问题复发的可能。因此，基于闵行中学的学情、英语教研组的教情以及学校课程教学部的工作计划指向，英语组需要制定行之有效的有计划性的、连续性的系列教研活动，逐步提高青年教师课堂教学有效性、助力青年教师专业发展、提升英语课堂教学质量。

二、教研活动设计与实施

1. 教研背景

（1）基于实施新课程标准的需要。高考改革和新课标提出了学科核心素养在英语教学中的目标，着力关注学生的语言能力、文化意识、思维品质和学习能力四方面的培养，倡导指向学科核心素养发展的英语学习活动观和自主学习、合作学习、探究学习等学习方式。教师必须建立课程标准意识，提高基于课程标准的专业教学能力，从而适应新时代发展对教师的要求。

（2）基于改革英语课堂教学、提高课堂教学效益的需要。科学技术迅猛发展带来的社会变革使得人们的生活方式和学习方式都发生了巨大的变化，课程改革如火如荼，而传统英语课堂重视基础知识和基本技能的训练，缺乏对教材文本、知识结构纵向的延伸解读和对学生语言学习活动中语境的创设、对学生思维品质的培养，教师对学生学习能力的指导方式和评价方法也急需改善，因此，提升教师课堂教学控制能力、全面落实对学生的英语学科核心素养的培养势在必行。

（3）基于青年英语教师专业发展的需要。特级教师李陆桂老师指出："在新课程改革的背景下，个体教师只有融入集体教研氛围当中，才能发挥自己最大的教学潜力。为了这一目的，中学英语教研活动需要精准设计和创新。"英语教研组中35岁以下青年教师占比达到四分之三，青年教师的专业发展直接影响教研组的长远发展。学校注重教师专业发展，基于对英语教研组的青年教师的教情和学生英语学习情况的研究和思考，整合教师专业发展和学生英语学习能力提升的需求，青年教师的四项能力水平亟待提升：基于新课程标准的专业理论水平、基于学生思维品质提升的教学设计能力、课堂教学能力、教学反思和创新能力。据此，教研组有的放矢，设计系列专题教研活动，有计划、有目标地助力青年教师提升教学能力。

2. 教研主题及范围

如何在课堂教学中落实学科核心素养,培养学生思维品质,是当前青年教师急需解决的问题。青年教师专业发展和教学能力水平的提高不能一蹴而就,教研组对此需要有明确的目标构想、合适的路径设计和合理的策略跟进,并循序落实。针对青年教师的四项能力发展需求,确立了主题为"基于学科核心素养落实,提升青年教师课堂教学能力"的系列教研活动。系列教研活动在闵教联盟学校范围内实施,全体英语教师参与,青年教师为核心主体,通过不同的模块载体,设计多种形式的学习和实践活动,搭建平台,在教学设计、上课、说课、案例反思、课题研究等方面,为他们答疑解惑,铺路实践,为青年教师专业发展燃灯领航。

3. 教研内容与形式

依托于学校、闵行中学教育集团、闵行区以及市教研室搭建的各级各类平台,制定三年英语教师课堂教学能力提升计划,通过教学论坛讲座、教学设计指导、课堂比赛练兵、课后座谈研讨,案例反思等形式,完成以下教研内容:

(1)通过组织骨干教师赴市、区各级培训平台,参加新课标的培训和学习活动,组织教学论坛讲座,请骨干教师再传达并解读核心概念知识和前沿教研理念,提升青年教师英语学科理论素养。

(2)通过骨干教师专题讲座指导、高级教师展示课示范,指导青年教师掌握教学设计和说课的要领,切实提升青年教师课堂教学专业技能。

(3)通过闵行中学教育联盟举办教学设计、课堂教学展示、命题、说课、案例反思等比赛,为青年教师搭建练兵平台,并组织专家教师评课议课,带领青年教师反思总结,提升基于学科核心素养的课堂教学能力,促进其专业发展。

4. 教研活动设计与实施步骤

闵行中学英语教研组制定 2018 年至 2021 年三年为一周期的青年教师课堂教学能力培养计划,以学科核心素养落实和学生思维品质培养为目标,从理论指导、教学设计、课堂实践、课后反思四个方面对青年教师进行专业发展助攻,促进其课堂教学改进。此次教研活动分五个阶段。

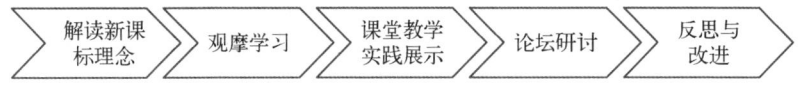

图1 教研活动流程

（1）解读新课标理念

围绕主题教研活动的策划和实施，教研组于2018年度上学期，在全体教师普遍认真学习新课标的基础上，规划和开展了六次骨干教师的主题论坛讲座。基于在市教研室组织的新课标学习活动中领会的精神和要义，金寅仪、倪诗园、钟晓芸、许琛四位骨干教师对新课标的核心要素进行了传达和解读，并请青年教师撰写《新课标》学习体会，为大家更好地理解和用新课标指导自己的教学行为，奠定了必要的理论基础。

表1 骨干教师论坛讲座

序号	论坛讲座主题	主讲教师	活动层级	时 间
1	英语学科核心素养和英语学学习活动观	金寅仪	片级	2018.9.11
2	高中英语学业质量标准解读	倪诗园	校级	2018.10.2
3	学业质量监测标准	钟晓芸	校级	2018.10.30
4	核心素养下的英语考试与测评	许 琛	校级	2018.11.6

（2）组织观摩学习

2019年3月，教研组扎实落实"师徒结对、互相听课"制度，开展课堂教学摸底反思，请教师们，尤其是青年教师找出自己课堂教学可改进点。并于4月开展了"高级教师课堂教学展示周"活动，严萍等5位高级教师精心打磨示范课，进行课堂教学展示，并要求青年教师带着任务听课：从教学目标的落实途径、课堂用语的特点、教师如何设问等几个方面进行观课、评课。青年教师通过观课学习、揣摩、反思，对照自己的课堂可改进点去学习、借鉴，收益很多。

在展示周后，通过访谈进一步了解到青年教师在如何进行教学设计、教案书写规范、单元教学设计的概念和如何实施这三方面困惑很多，针对这一情况,教研组于 5 月 18 日组织教研活动,开设了"高级教师教学论坛",在对高级教师展示课进行评课,然后由韩海坤、严萍两位教师分别以《教学设计要素和教案书写规范》和《单元教学设计》为题,开设了论坛讲座。两位教师以高级教师示范课中的案例为模板为大家讲解了教学设计要素、教案书写规范以及单元教学设计的意义和实施要点。

高级教师课堂教学展示周和高级教师教学论坛的开设为教研组全体教师,尤其是青年教师提供了课堂教学参考,并解决了教研组教学设计和教案书写规范问题,为下一步课堂教学演习,奠定了理论和技术基础。

表2 高级教师课堂教学展示

序号	课　题	课　型	主讲教师	时　间
1	What is Beauty?	阅读课	严萍	2019.4.5 第二节课
2	Fashion	阅读课	高一波	2019.4.5 第三节课
3	The Phantom of the Opera	阅读课	周跃文	2019.4.6 第三节课
4	Summary Writing	高三复习课	范凤梅	2019.4.6 第四节课
5	Starry Night	听说课	倪诗园	2019.4.6 第六节课

表3 高级教师教学论坛

1	《教学设计要素和教案书写规范》	韩海坤	片级	2018.11.20
2	《单元教学设计》	严萍	片级	2018.12.18

（3）课堂教学实践展示

在课堂教学实践阶段,依托闵行中学教育联盟平台,先后组织了闵行中学教育联盟青年教师教学设计比赛、说课比赛、课堂教学比赛,相继邀请了汤溶、马燕婷、施国华、王明华、马丽等教育教学专家担任评委，并于赛后进行同题专项研讨活动，针对比赛中发现的典型问题进行分析总结，并提出改进意见，为中青年教师搭建了练兵平台的同时，也给予他们技术指导。实践出真知，通过活动，青年教师获益良多。

表4　闵行中学教育联盟集团教师主题教学实践活动

时　　间	闵教联盟教学实践活动	参加成员（闵教联盟）
2017 学年度第二学期	闵行中学教育联盟课堂教学比赛	闵教联盟一级教师
2018 学年度第一学期	闵行中学教育联盟教学设计比赛	闵教联盟 35 岁以下青年教师
2018 学年度第二学期	闵行中学二级教师课堂教学展示周	闵行中学二级教师
2019 学年度第二学期	闵行中学教育联盟教师说课比赛	闵教联盟一级教师
2020 学年度第二学期	闵行中学教育联盟课堂教学比赛	闵教联盟 35 岁以下二级青年教师

本案例属于闵行中学教育联盟校联合教研活动，以"基于文本，多种方法提升学生思维品质"为主题开展青年教师课堂教学比赛，旨在落实新课标，落实英语学科核心素养，提升学生思维品质；提高闵行中学教育联盟校青年英语教师的课堂教学能力，促进青年教师专业发展；加强闵行中学教育联盟校校际间的交流，提升英语教研品质和内涵。

活动于 2021 年 3 月 29 日至 4 月 6 日进行，闵行中学、闵行三中、华东理工大学附属科技高中等联盟校 35 岁以下二级教师（共 10 名教师）参赛，赛课选用闵行中学高一年级 1 班—10 班，共 10 个班级，采取同课异构，借班上课的形式，所有参赛教师提前 2 天抽签决定教学内容及班级。教学比赛分两天进行，参赛教师对 *Fur" the Greater Good* 和 *Life in Plastic is Not So Fantastic* 两篇文本分别进行同课异构，从不同角度和思路进行了各具特色的课堂教学。两篇文本的主题语境是"人与自然"，篇幅长度 400 字左右。三位评委随堂听课，并根据《闵行中学教育联盟课堂教学比赛评价量表》为每节课评分。赛后，评委汇总

10节课的得分情况,并进行了评课、议课,评选出教师获奖等第,汇总教师赛中表现。评课活动由闵行中学教研组长韩海坤老师主持。

（4）开展论坛研讨

以"基于文本,多种方法提升学生思维品质"为教研论坛主题,闵行中学英语组区骨干教师赵佩华老师主持教学研讨活动。

① 主题阐述

赵老师对教研主题进行了阐述:《新课标》提出了语言能力、文化意识、思维品质和学习能力四大学科核心素养,他们之间互相影响、互相促进,其中思维品质是心智保障,它的发展有助于提升学生分析问题和解决问题的能力,促进学生的深度学习。思维品质促进文化意识的形成、语言能力的发展、学习能力的提高。基于文本的训练和提升学生英语思维品质的方法有质疑法、发散法、评判法、联想法、反思法、观察法、比较法、推断法等。

② 参赛教师代表说课反思

华理科高瞿燕娇老师对所上内容 *"Fur" the Greater Good* 进行说课,详细解读了标题内涵、文本内容、文本结构、作者态度,文章针对时装行业大量使用动物皮毛的社会问题,讨论环保组织和消费者的态度,引导学生树立环保的消费观念。教师重视词汇理解与再运用,通过完成情景化任务,培养学生的辩证思维和英语表达能力。

闵行中学王臻毅老师对所上课文 *Life in Plastic is Not So Fantastic* 进行说课,他巧妙构思,以一首主题英语歌曲导入,极大激发了学生的兴趣。设计了段落大意配对、回答问题、对比分析等活动引导学生理解文章内容,通过情境创设、转换角色、思维开拓,有效引导学生感受海洋动物的生存处境,最后开展小组活动模拟联合国大会演讲,鼓励学生充分运用所学语言和信息知识表达观点,学以致用。

③ 评委点评

闵行三中教研组长马丽老师和华理科高的李峰老师对青年教师教学比赛状况进行点评和总结。马丽老师肯定了青年教师教学基本功扎实,教学设计完整、教案规范、文本解析透彻、关注课堂生成等优点,指出教师在带领学生进行文本阅读时用了设问、追问,带领学生进行对比、推断等方法训练学生的思维,效果很好。希望青年教师继续打磨本次教学设计,虚心请教,认真钻研,精益求精。

李峰老师肯定了参赛教师的多媒体辅助教学技术娴熟,教学拓展资料有效补充文本的不足，让学生更加充分地理解文章主题。同时李老师指出教师在处理文本的时候应有层次感，词—句—段—章，可由点及面地让学生更加透彻地理解文本，促进学生思维品质的逐步提升。

④ 专家解惑

闵行区英语学科带头人、闵行区高中英语学科中心组成员、本次闵中教育联盟青教课堂比赛的组委会负责人韩海坤老师给参赛选手提供了一份教学比赛指南。她先给大家列出了一份三次联盟教学比赛的问题清单，针对问题详细说明课前、课中、课后的注意事项，结合案例，对教学设计和教学实施提出了具体的建议和指导，如：教学目标要阐明目标和相应的实现途径，教学活动与教学目标相匹配，语言输出活动与语言输入相对应，课堂教学注意教态亲和、反馈积极、指令清晰、灵活应变等，同时还运用案例，指出参赛老师们基于文本使用的多种开拓、训练学生思维的方法。具体直观地说明了培养学生思维品质的方法。参赛选手积累了更多的参赛经验，了解了更多训练学生思维的方法。

闵教论坛获奖教师闵行中学袁丹英老师围绕"说课要领"为青年教师开展一场微讲座，结合刚才说课教师的具体案例，介绍了如何从文本分析、学情分析、教学目标、教学活动、作业设计、课后反思等方面进行说课，强调说课要回答"设计什么活动""为什么这样设计""计划实施的路径""如何多角度多方法训练学生思维"等问题。

表5　闵行中学教育联盟青年教师教学实践活动问题反馈

项　　目	教学论坛主题	共　性　问　题
闵行中学教育联盟教学设计比赛	《教学设计中的环节有效性》	教材分析中缺少针对学情的预判
		教学重难点混淆
		生生互动少
		缺少板书设计
闵行中学教育联盟教师说课比赛	《如何说课》	混淆"说"课与"演"课、"讲"课的概念
		说课要点不明
		补充练习和教学材料的作用多未加以说明

项　　目	教学论坛主题	共　性　问　题
闵行中学教育联盟课堂教学比赛	《课堂教学的注意事项》	解读文本缺少由浅入深的层次感,练习设计针对性和实效性欠缺
		10 位参赛教师有 9 位超时,教师对学情把握需要加强,应变能力需要提升
		视频辅助课堂教学不贴切,出现无效环节
		教师的课堂语言使用规范,追问的有效性和启发性欠缺
		教案和 PPT 的文字部分还需严谨,PPT 的配色随意

　　本次教研活动为青年教师提供了教学实践和展示的平台,将其前期所习得的理论知识和教学技能学以致用,限时备课、赛课的方式能激发参赛教师的组织能力、备课能力和应变能力,让他们发现并开发自己的无限潜能,提升应对不同于自己常规的学情和教情的信心,为今后参加各类教学大赛积累了宝贵的经验。教研活动为青年教师提供了听取专家、前辈意见和互相学习的机会。同课异构的赛制、赛后经验的交流让他们了解到同一篇文本,不同的教学设计,不同的提升学生思维品质的方法以及说课的方法等,这些都开拓了教师的课堂教学思路,提高了他们的课堂教学能力,为今后的教学实践提供了可供参考的方向和方法。本次教研活动也增进了闵行中学教育联盟校际间的交流,大家切磋、互鉴,共同探讨基于落实英语学科核心素养的提升学生思维品质的方法、优化英语课堂教学、指导青年教师专业发展,为闵中教育联盟英语教学共同体的发展提供了案例和蓝本。

　　本次活动也有不足和仓促之处,活动中只有部分教师交流了教学设计思路,如果时间充裕,请每位参赛老师现场交流一下"基于文本,提升学生思维品质"的方法,或者赛后请每位选手写一篇"基于文本,提升学生思维品质"的教学案例,那么提升学生思维品质的方法和路径会更加清晰,活动反馈效果会更佳。

（5）活动反思与改进

经过教学设计比赛、说课比赛和课堂教学比赛等系列赛事的磨练，闵行中学及联盟校的青年教师迅速成长。教师在进行教学设计过程中，注重关注学生已有的知识基础、能力与思想水平，符合学校现有的实际条件，教学方案切合实际，更具有可操作性和实效性。教师研究学生，研究教材，合理设计教学活动，设计有针对性的课堂练习，根据教学过程的设计和教学的实际需要制作教学所必需的教具、课件、学具等。在课堂上，对学情考虑充分，设计应急方案和机动环节，确保课堂教学顺利进行。教师在课堂上精讲多练，及时反馈，反应迅速，有效启发、追问，培养学生思维品质，同时，教师教态自然大方，语言流畅，知识性、趣味性强，引导学生自主学习，打造高效课堂。

系列教研活动推进的同时，教研组加强案例研究、个案分析，注重对优秀教师经验的总结提炼和推广，强化教师的专业协作和教学反思，进一步提高教师的教学基本功和课堂控制力。教研组提出，在课堂教学中，要重"引"注"效"，强调授课教师的引导作用和教学环节有效性。"引"指教师可以采用多种方法引导学生研究探索，训练学生的思维能力，"效"即关注课堂教学环节的设计是否科学有效，科学有效的环节设计才能保障课堂教学的顺利及有效进行。

系列教研活动为青年教师在教学方面进行了号脉、诊断并提出了诊疗方案，教师们在日常教学和各类各级教学比赛中都能够学以致用。

5. 教研活动成效

（1）促进了青年教师对新课标理念的理解和内化

青年教师通过理论与实践相结合的学习、锻炼和积累，在备课中独立理解教材，领会新课标的精神，然后根据自己的教学能力、班级学生的基础，独立设计出符合自己教学水平、符合学生实际的教案。教师在进行教学设计过程中，分析课时与单元、教材之间的关系，重视单元教学目标和教学过程之间的联系，在进行教学活动设计的时候，落实英语学习活动观，在具体的语境中培养学生的英语学科核心素养。在2018年和2020年进行的闵行区"爱岗敬业"英语教师教学技能比赛中，需要教师进行单元教学设计并进行现场抽签课堂教学模拟，比赛难度很大，赵哲胭、杨丽君老师均获二等奖。

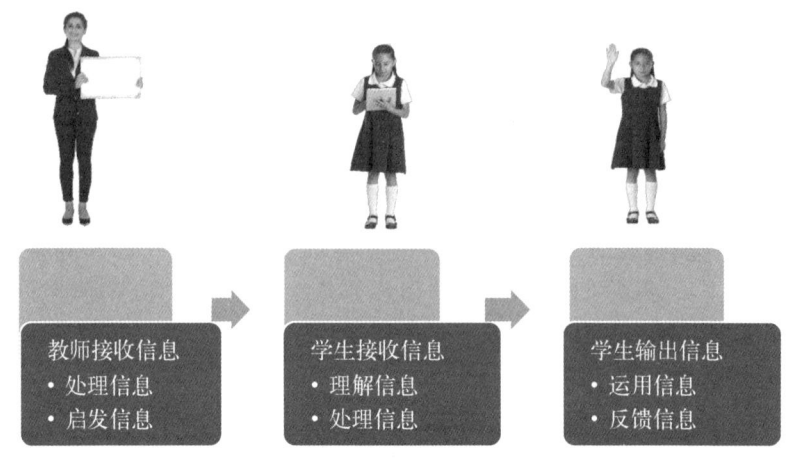（2）提升了青年教师指向思维品质培养的英语课堂教学能力

① 增强了课堂教学语言运用的科学性和启发性

课堂教学的主要任务之一，就是向学生传授系统的科学知识，因此课堂教学语言必须具有科学性，做到准确、精练。经过课堂教学比赛的磨练和反思，教师课堂教学语言较之以往，更具有科学性、启发性，尤其是追问环节，教师会有目的地根据学生的课堂生成，进行引导、启发、追问，引导学生积极思考，打开学生的思路，鼓励学生独立、主动地去获取知识，培养学生的思维能力。

② 应对学生生成性思维的课堂应变能力普遍提升

在课堂教学中，教师能够处理各种意外情况，随时掌握并处理学生接受知识的信息反馈，及时捕捉学生生成中稍纵即逝的有价值的信息，对这些信息及时反馈、追问和合理利用，尊重学生的思维成果，保护学生课堂参与的积极性。

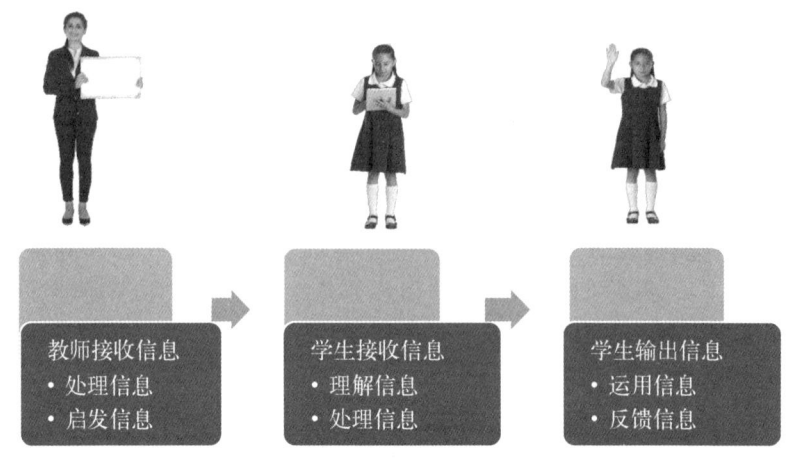

图2 课堂教学信息处理

③ 灵活运用多种方法组织教学活动的能力普遍提升

新课标指出，在进行英语学习活动设计时，教师要善于利用多种工具和手段，如思维导图或信息结构图，引导学生通过自主学习、合作学习的方式，完成信息的获取、梳理、概括与整合、内化与运用。通过三年的各种平台的历练，青年教师能够根据各种条件变化，充分利用网络和多媒体平台，灵活选用教学方法和教学手段，基于文本开展思维训练活动，引导学生在解决问题中运用比较、分类、分析、归纳等方法，提高学生的思维品质，提升教学效果。在2020年闵行区青年教师课堂教学评

比中，教龄只有四年的青年教师于禄、祝珊珊、刘晓光老师分获二、三等奖。

（3）提高了青年教师的教学研究能力，为教师专业的长远发展奠定基础

在借鉴中感悟，在交流与合作中提升，在课堂实践中探索。系列教研活动的开展为青年教师提供了大量的可供观摩研究的案例，论坛讨论和案例反思总结为青年教师独立思考、交流借鉴开源助流，在提升教师教学能力的同时，也使得教师的教科研能力上了一个台阶。教研组鼓励青年教师善于学习，多听课、多借鉴、多反思、多实践、多写作，鼓励青年教师既要向本校的教师学习，又要向其他学校的教师学习。三年来，青年教师积极撰写教学论文和案例分析，进行课题研究，多位教师在市、区级的论文和案例评比中获奖，黄佳妮老师在上海市青年课题评比中喜获三等奖，杨丽君、黄梦杰老师正在进行市级青年课题的研究，刘晓光、黄梦杰老师在闵教论坛征文中荣获一等奖，于禄、祝珊珊老师获得三等奖。

三、教研感悟

1. 教师成长，课堂教学技能的提高是重点

课堂教学技能是教师立足讲台的关键，作为一线教师，要善于在教育教学实践中发现问题、分析问题，总结经验以指导教育教学实践活动，使提高教育教学质量的方法和途径得到优化，切实提高课堂控制能力，打造"效率课堂"。教研组作为教师职业生长的"家"，要善于在教育教学实践中发现自己的家庭成员普遍存在的问题并分析问题、在科学理论指导下针对问题进行实验研究，解决问题，力争给予教师专业成长一片沃土。

2. 教研兴组，教师的专业发展是基石

开展教研活动是促进教师专业成长、提升教师专业生命的需要。教师发展是学校发展、学生发展的重要前提和关键保障，是促进教师专业成长的重要途径，是造就优秀教师群体的重要平台。教研组要发展，必须重视教师专业发展，并做好发展规划，有针对性地推进、实施，教师兴则教研组兴。

3. 因地制研,因才施研

教育不是万能的,教研也不是万能的,教研手段只能针对教育教学中相对普遍的问题进行研讨,提出课堂教学改进的解决策略。没有哪两个老师的问题是完全相同的,教师教育教学能力个体差异很大,因此教研活动还应"因才施研",才能达到更好的教研效果。

结语

这一段为期三年的系列教研活动聚焦课堂教学基本能力,为青年英语教师专业发展搭建了学习和实践平台,助力青年教师稳步成长,在促进青年教师专业发展方面取得了阶段性成果。今后,在聚焦英语课堂中落实英语学科核心素养方面,在学生的听、说、读、写各项语言技能的培养方面,还有更加细致的工作要做。英语教学研究工作唯其方向明确,有点有面,入微入致,教学质量才能有质的飞跃。

参考文献

[1]葛炳芳,洪莉.指向思维品质提升的英语阅读教学研究[J].课程教材教法,2018,(11):110-115.
[2]陈则航,王蔷,钱小芳.论英语学科核心素养中的思维品质及其发展途径[J].课程教材教法,2019,(1):91-97.
[3]何双赢,王蕾.英语学科核心素养在高中英语教学设计中的应用[J].鞍山师范学院学报.2021,23(3):63-67.
[4]林崇德.教育与发展——访林崇德教授[J].教育研究,2005(7):5.
[5]王黎.英语学科核心素养视域下的高中英语阅读教学策略研究[J].黑龙江教育学院学报,2019,(7):76-78.

[活动点评]

如何通过校本研修较快提升青年教师的教学素养和教学实绩一直是闵行中学外语组工作的重要着力点之一。本案例较好地展示了闵行中学通过主题研究提升青年教师教学能力取得的教研成果。

本案例有以下一些亮点:其一,教研的主题化有助于青年教师明确教研的内容和目标,在一定时间范围内成为教师研究的核心,统筹每位教师的研究方向和研究内容。同时,主题式教研以问题为导向,在研究的过程中解决教学中的真实问题，从而提升教研的有效性；其二，本案例中活动内容的多样性（如，专家讲座、专题研讨、校级交流等）有助于帮助教师从不同的角度审视研究的内容，能更全面地厘清问题的本质，寻找合理的解决方案；第三，本案例对青年教师的成长起到实质性的帮助作用，提升了青年教师指向思维品质培养的英语课堂教学能力，提高了青年教师的教学研究能力，为教师长远的专业发展奠定基础。

建议在开展类似的主题教研时需注意以下两点：一是在确定主题时更多地听取青年教师的心声，通过座谈交流、问卷等形式获取一手问题材料，确立更有指向性的主题研究目标；二是在展示成果的过程中除了课堂教学比赛等形式外应更多地关注青年教师对自身发展的过程性和纵向性评价。

（点评人：上海市闵行区教育学院　汤溶）

作者简介

韩海坤，中学高级英语教师，上海市闵行中学英语教研组长，闵行区高中英语学科带头人，闵行区高中英语学科中心组成员。曾获得闵行区行政记功、2019 年闵行区首届"四有好教师"、上海市园丁奖、第十二届"全国中小学信息技术创新与实践活动"教学实践评优赛项高中组一等奖、2017 年第十一届全国高中英语教师教学技能大奖赛优秀指导教师奖、闵行中学英语教研组被评为闵行区巾帼文明示范岗、上海市教育系统三八红旗集体。

研读经典文学语篇，把握教学核心内容

——"双新"背景下英语教研组序列化教研活动的实践探索

上海市华东师范大学第二附属中学　张　薇　王　丹

引言

经典文学是指在历史潮流中得以脱颖而出的文学精品，具有极大的阅读价值。"经典"的定义见仁见智，牛津词典将其定义为"accepted or deserving to be accepted as one of the best or most important of its kind"；英国作家蒂姆·洛特认为经典必须"讲出一些永恒的东西，不局限于这个时代"；阿诺德·本涅特认为经典著作就是那些能给对文学有持久而浓厚兴趣的少数人带来快乐的作品。经典文学激发学生在阅读过程中探索永恒的真理，带给学生愉悦的体验，契合《普通高中英语课程标准（2017 年版 2020 年修订）》（以下简称《新课标》）的理念：落实立德树人根本任务，促使高中英语教师反思如何在课堂教学，尤其是在经典文学语篇的阅读教学中实现对学生语言能力、文化意识、思维品质和学习能力的综合培养，体现课程的工具性和人文性融合统一的特点。

2018 年，《新课标》的全面实施激发华二英语教研组更新教研组课程建设理念，跟上时代的步伐；2020 年，上海市高中英语新教材闪亮登场。这一系列的新生事物将华东师范大学第二附属中学的英语教研组置于"双新"背景之下，即"新课程、新教材"，我校采用《高中英语》（上教版）教材，每个单元有一个核心主题，由五个板块 Reading and interaction，Grammar activity，Listening and speaking，Writing，Cultural focus 构成，各板块的教学均围绕核心主题展开，对教师的语篇解读能力和主题语境引领下的教学核心内容的把握能力提出了更高的要求和全新的挑战。

一、在"双新"背景下更新教研理念，提升教师的经典文学语篇研读能力

1. 教研组课程建设理念沿革

我校的英语教研组是一个求新求变的团体。1958 年建校以来，课程建设理念逐步更新。早在 20 世纪 80 年代，英语教研组就提出"听说引领"的教学理念。21 世纪初，学校建立了三级课程体系，在此基础上，英语教研组教师们开发了丰富的英语学科校本课程，出版了数本校本教材。近十年，随着学校英语课程体系建设工作的细化和丰富，不断有新的系列教研活动推出。例如，2016 年英语教研组集全组英语教师之力完成了英语学科个性化学程的设计，依据本校学生的学习需求和能力，为《英语》（上海牛津版）教材编制了导学案和单元作业；2017 年，学校组织了命题大赛，组内教师全员参与，实现了命题能力的稳步提升；2018 年，60 周年校庆之际，英语教研组在回顾和总结过去发展历程的基础上，进行了教研组建设理念的更新，提出聚焦主题语境和多模态语篇；同年，组队参加了上海市中小学优秀作业、试卷案例评选活动并获上海市二等奖，通过锻炼，参赛教师进一步加深了对教材文本的理解，提高了作业设计和命题能力；2019 年，教研组又投身上教版和上外版《高中英语》新教材试教工作；2020 年新教材全面实施，面对全新的挑战，英语教研组得到了外部助力，华东师范大学教师教育学院专家领衔的"新时代教师核心素养发展工程英语学科项目"启动，教研组的 10 位种子教师组成了"华东师范大学第二附属中学英语学科核心素养课题组"，率先投入新教材、新课标的研究学习活动中。

经过一个甲子的发展，我校最新的英语教研组建设理念为：依托三级课程平台和现代信息技术，围绕主题语境开展教学，通过多模态的语篇输入，促进多样化的语言输出，发展全体学生的英语学科核心素养。课程目标如下：① 培养学生高层次的语言运用能力；② 引导学生汲取世界优秀文化精髓；③ 增强学生思维的逻辑性、批判性和创新性；

④ 促成学生乐学善学，奠定终身学习的基础。

2. 依托教研组建设平台，促进自身专业发展

在学校和教研组课程建设理念不断更新的大背景下，英语教研组的每一位教师都经历着教育革新的冲击，也在努力适应新的形势并跟上教改的步伐。两位笔者中，张老师从 2014 年任英语教研组长至今，在学校的课程建设理念的指导下，个人尝试过不少教研路径。2012—2014 年聚焦"语块理论"在高中英语听说教学和词汇教学中的运用，2015 年开始侧重教研组课程建设和基于《英语》（上海牛津版）教材的个性化学程设计；2017 年参与了浦东新区和本校的试卷编制和题库建设的研究；2019 年开始参与上教版和上外版《高中英语》教材的试教和审读工作；2020 年，带领教研组老师重启基于上教版《高中英语》新教材的个性化学程编制工作。王丹老师作为青年教师一直秉持着对英语教学的热情，不断研究新课标理念，探索创新的教学方式，同时在各位前辈教师的带领下在英语教学方面取得了长足的进步。王老师在 2019 年基于英语阅读课活动的分层设计理念开设公开课；2020 年参与华师大与华师大二附中的校本教材研究合作项目；2021 年基于新旧教材文本开展比较性研究。近年来，虽然各自的研究课题不断变化，各类课题之间的相互关联看似不大，但笔者均发现，无论是研究语块，编制作业或试卷，还是试教或审读教材，都要基于英语教学的基础资源——语篇。只有当教师深入研读语篇后，才能把握教学的核心内容，即文本的主题、情境和内容，明晰其内在逻辑结构、文体特征和语言形式，挖掘其文化价值。总之，新教材文本解读既决定了教师的教学设计的高度和深度，又有助于编制出高质量的试题和作业。

3. 以经典文学为切入点，提升语篇研读意识

以《高中英语》（上教版）必修二第四单元为例，该单元主题为"Achievements"，整个单元的语篇围绕成功的意义和人类成就展开。接触新教材不久的英语教研组决定将本单元的 Reading and interaction 板块的文学经典语篇——海明威的中篇小说《老人与海》节选作为深入研读语篇的范例，展开一系列教研活动。

文本讲述了老渔夫与鲨鱼搏斗，最终杀死鲨鱼的片段。初步研读语篇的分析如表 1。

表 1　语篇研读

语　篇　名　称	主　题　语　境	语篇类型
An excerpt from *The Old Man and the Sea*	人与自我（积极的生活态度；正确的人生态度；生命的意义与价值）人与社会（小说）	小说

在进一步研读语篇，寻找课文内容与单元主题的关联时，教师们展开了激烈的讨论并提出以下问题：

（1）读前活动中的中心词 success 及相关谚语是否会误导学生将课文解读为"以成功告终的励志故事"？

（2）节选的语篇暗示有更多的鲨鱼即将到来，老人与鲨鱼的对抗并未结束，文本内容和单元主题 Achievements 有联系吗？

（3）读过整本小说的读者都知道鲨鱼最终分食了老渔夫千辛万苦捕获的马林鱼，这样的选篇能帮助学生领会成功的意义或体验成就带来的欣喜吗？

带着这些问题，教师们各自查询资料，试图发掘语篇之所以成为经典的原因所在，作者在创作这篇经典文学作品时的意图、情感态度或价值取向，单元主题"Achievements"、课文文本和单元主题语境的关联。随着研读的深入，我们对经典文学进入高中英语教材有了更深层次的认识。文学经典帮助学生认识世界，更加深刻地理解人与自我、人与社会、人与自然的关系，超越有限的生命周期，跨出逼仄的生活圈子，拓宽人生体验和国际视野。《老人与海》是虚构的小说，但故事灵感来自真实生活，是海明威在古巴生活期间观察当地的人生百态而积累的写作素材，但当时的海明威正值盛年，并未动笔创作；随着岁月的流逝，海明威由中年走向老年，经历了生活的磋磨，才将自己的心境投射在故事主人公老渔夫圣地亚哥的身上，创造出《老人与海》这部举世闻名的中篇小说，是作者多年沉思积淀的结晶。

教师们经过深入研读语篇，回答了三个基本问题：

（1）语篇的主题和内容是什么？老人和鲨鱼的搏斗。

（2）语篇的深层涵义是什么？老人对抗凶残的鲨鱼，克服内心恐惧时展现出的坚毅顽强，应和了单元主题 Achievements，描写生命中的挑战、如何应对挑战。

（3）语篇具有什么样的文体特征、内容结构和语言特点？《老人与海》是一篇中篇小说，情节紧凑，节选文本的叙事节奏愈来愈快，高潮迭起。海明威早年的记者生涯在他的创作风格上打上了明显的烙印，语言简洁有力，人物形象刻画鲜明，主题含蓄隐晦。

基于以上分析，教研组教师普遍认为，充分利用经典文学语篇可以落实到以下三个方面：英语基本功的训练，有启发意义的句段的分析理解，吸收人文知识并体验学习的乐趣。基于经典文学语篇的英语教学的目的体现了语言的工具性和人文性的统一。教师在研读文学经典时，不仅要关注并传授给学生文本中碎片化的语言点和知识点，即英语基本功的训练，还要在教学过程中通过引导学生分析有启发意义的句段来培育学生的人文素养，在传递人文关怀的过程中潜移默化地健全学生的人格。

二、通过序列化的教研活动进行教学实践创新，把握教学核心内容

2020年6月至2021年2月，华东师范大学第二附属中学英语教研组设计了"双新"背景下研读经典文学语篇，把握教学核心内容的序列化教研活动。（表2）

表2 研读经典文学语篇序列化教研活动

步　骤	时　　间	内　　容	预期成果
准备阶段	2020年6月	组建"双新项目工程"教研团队	项目组计划书
实施阶段	2020年9月	研读新教材语篇 经典文学阅读课教学设计	教学设计 教学展示
	2020年10月	经典文学阅读课教学展示 华师大专家解读新课标 教学反思	
	2020年11月	修改教学设计 经典文学阅读课教学展示 教学反思	

步 骤	时 间	内 容	预期成果
总结阶段	2020 年 12 月	教研组评课总结	教学案例 教学论文
	2021 年 1 月	撰写教学案例	
	2021 年 2 月	撰写教学论文	

1. 多方合力，组建"双新项目工程"教研团队

2020 年，学校启动"双新项目工程"，为每个教研组配备了华东师范大学教师教育学院的专家教授，在"新课程、新教材"的实施背景下，分学科指导高中课程的教学实践创新。同时，结合浦东新区的教研活动，我校英语教研组于 2020 年 9 月至 2021 年 2 月进行了为期一个学期的系列教研活动，研究教师如何在备课阶段深入研读语篇、把握核心内容，在教学中和学生共同赏析语篇、提升教学实效。新教材实施初期，教研组的教师们尚未适应新教材的编制体系，虽然我们尝试在新课标的理念指导下实施教学，但由于对新课标的认识层次因人而异，对如何把控新教材中大量语篇的教学深度、把握核心内容始终感到心有余而力不足。

带着上述困惑，我们在华师大专家的指导下，配合市区教研室的教研活动安排，组织教研组种子教师们开展了"新课程、新教材"实施背景下英语学科教学实践创新研讨活动。活动的参与者既包括浦东新区公开课教学展示活动中前来听课的高中英语教师，也有华东师范大学基础教育集团下属联盟学校英语教师，还包括华东师范大学外语学院实习期研究生。

2. 集思广益，研读文本，把握核心，精心设计教案

在教研组集体备课的过程中，王丹老师和教研组的同事们发现，《高中语文》教材也节选了《老人与海》类似片段。随之，教师们和语文组的教师进行了讨论，将英语和语文教材中《老人与海》的语篇分析方法进行比较。通过比较，教师们发现：语文教材侧重分析刻画人物形象的手法，及其对表现人物特点、揭示作品主题的作用。在教学过程中，语文教师会引导学生分析海明威的写作手法：对圣地亚哥的心理描写。例如,文中出现老人有关梦境的内心独白,揭示了内心的惶恐和畏惧,也是一次自我的抚慰,更是一次强烈的自我认同和肯定。语文课堂中师生对于人物心理的分析和主题的升华达到了较高深的层次。

但是,英语学科教师对于文本的处理显然不能照搬语文课堂。英语语篇的深层理解不能脱离文本的词汇、句法知识的学习、有启发意义的句段的赏析。例如,作者对圣地亚哥与鲨鱼搏斗时的一系列动作的描写,对争夺老人辛苦捕获猎物的鲨鱼的狰狞外貌的刻画,对海面激流翻滚、鲜血四溅的环境渲染,分别从词汇、句法和语篇层面给学生提供了大量的学习素材;此外,海明威运用反衬法来刻画圣地亚哥的性格。正如黑格尔所说,"人格的伟大和刚强的程度,只有借矛盾对立面的伟大和刚强的程度才能衡量出来"。小说多次描写鲨鱼的凶猛有力,用以衬托老人的坚毅顽强。作者竭力渲染鲨鱼的凶残和贪婪,年迈体衰的老人正是在同残暴敌人的搏斗中,焕发出"硬汉子"精神的夺目光辉。王丹老师基于上述理解,精心设计了教学活动。

3. 实施序列化的教研活动,促进教学能力的发展

"双新项目工程"教研团队的王丹老师在为期一学期的教研活动中勇挑重担,先后展示了两次公开课,均为《老人与海》的阅读课。为了有效促进教研机制的形成、教学能力的发展,团队老师精心做了以下筹备工作,包括主题选择、流程设计、时间规划、人事安排分工与沟通、收集资料、空间安排、辅助设备、主题发言、议题讨论活动总结以及议题延续。

首先,2020 年 10 月,在"新课程、新教材"实施背景下英语学科教学实践创新研讨活动中,王丹老师进行必修二 Unit 4 课文 An Excerpt from *The Old Man and the Sea* 的授课展示,并在教学展示结束后进行说课。然后,华东师范大学的专家教授以及华师大二附中英语教研组的教师们对两节公开课进行了分析与点评。华师大的专家俞红珍副教授以"《普通高中英语课程标准》实验版与 2017 年版对比分析"为题做主题报告,为"双新"背景下的课堂教学提供了宝贵的指导意见。此次教研活动紧紧围绕新课程和新教材对教学实践提出的新挑战,通过政策的解读和实例剖析,帮助教师更新教学理念,完善教学策略,形成对新课程、新教材的创造性见解,并运用到教学实践中。随后,在 2020 年11 月 30 日浦东新区教学公开课展示活动中,王丹老师受邀在浦东新区教发院进行了 An Excerpt from *The Old Man and the Sea* 这节课的说

课展示。

由于两次教学展示面对的是不同的目标群体，王丹老师对两节课中的教学环节进行了适当的调整。在华二展示课前，教师对学生的学情进行了调研，发现班级中约有三分之一的学生阅读过《老人与海》这部小说的中文版本或者是英文版本，另外，考虑到学生的英语水平，教师将教学目标制定为学生能够掌握情节的发展以及老人的心理活动、分析出老人的性格特点以及初步了解海明威的"冰山理论"写作手法。教学过程中，教师带领学生体会课文中扣人心弦的搏斗场景，分析海明威简约凝练的语言特点；通过跟随原著录音有感情朗读对老人心理的描写，感受老人不屈不挠的英雄主义精神；最后结合文章的语言描写和主题思想，由学生阐述对海明威的写作手法——冰山理论——的理解。在浦东新区教学展示活动中，面对不同层次的学生，任课教师在导入环节增加了一段介绍海明威的生平经历、成就以及语言特点的英文视频，通过多模态语篇输入，提高学生学习兴趣，提升专注度，在听与看的过程中获取语篇中词汇意义和内容等信息，对语篇产生直接或间接印象。此外，教学环节主要围绕小说的要素展开，教师带领学生感受海明威笔下老人与鲨鱼激烈厮杀的场景，在欣赏情节的同时感受作者的语言特点；同时教师注重"语言聚焦"策略在教学中的应用，比如教师和学生对小说中出现的"bloodthirsty"，"close in"，"rip off"等词语的巧妙运用进行了探讨，除单词短语外，教师也关注到学生对长难句的理解，比如海明威在描述老人刺杀鲨鱼时使用了这样的句子："He threw the fishing spear into the shark's head at a place **where** the line between his eyes crossed with the line **that** ran straight back from his nose."，教师先在黑板上呈现出一只鲨鱼的图片，然后让一名学生到屏幕前指出老人刺杀鲨鱼的部位，接着用两条线分别连接鲨鱼的两只眼睛以及鼻子连接头顶的位置，两条线的交叉点就是刺杀的部位，教师利用图片激励学生动脑和动手，并且引出定语从句这一语法现象，为本单元后续的学习埋下伏笔；之后，教师带领学生体会老人的心理活动及其品质特点，重点讨论由"A man can be destroyed but not defeated."这句话传递出的硬汉精神，再以文中的具体语句为例为学生讲解海明威的语言特点。相比较而言，在浦东新区教学展示活动中的这节课更加注重对故事情节的梳理、主题的把握以及对海明威语言特点的初步了解，而在华二的这节教研活动中，教师更注重对人物性格、心理、小说的主题、语言以及写作手法的分析。

三、活动感悟：高认知与高合作并进，以研促教求发展

在筹备本学期的教研活动时，项目团队的英语教师合作筹办一系列兼具高认知与高合作特点的教研活动。高认知是指内容对教师原有认知水平具有挑战性、研讨和分析过程具有聚焦性、生成的观点具有创新性、研讨的结论具有凝聚性；高合作主要表现为分工互补、交流互动、过程互利和促进互信。在知识分享的过程中，我们希望通过对新教材的创新教学提升教师教学技能、加强对新教材的解读、更新教学理念等。因此，本次教研活动包括两节公开展示课，两节课分别对上教版新教材中两个不同单元的不同板块内容进行单元教学设计，以此来实现此次教研活动的高认知。在展示课之后的教师研讨过程中，华师大的专家教授以及我校的一线教师对两节课的教学环节进行分析讨论并作出评价，在该过程中教师们交流互动，实现了高合作的设计理念。最后，由俞红珍教授作的主题报告为各位教师详细地解读了课标的整体框架以及英语学科核心素养，加强了教师对课程标准的解读，对一线教师在"双新"背景下深入研读文本，把握核心内容，进行合理的教学设计具有重大而深远的指导意义。

四、结语

为期一个学期的系列教研活动只是"双新"背景下的一次阶段性活动，活动有助于项目团队的教师提升语篇意识，在教学设计的过程中通过精准高效的语篇分析将学生带入三个维度的学习过程，同时发展全体学生的英语学科核心素养：英语基本功的训练，有启发意义的句段的分析理解，吸收人文知识并或体验学习的乐趣。但是，教师们也同时产生新的困惑：教师如何平衡课堂上英语基本功的训练和深层次的句段赏析以及主题升华？如何合理设置阅读任务，更高效地帮助学生梳理小说情节？如何从更上位的视角——单元主题——出发，推动主题语境下的整合性的教学，实现学生对课文文本的深度学习，从而无缝衔接单元主题？如何将教师深入研读文本后的感悟转化成学生进行课内课外阅读的内部驱动力？这些新问题的提出敦促教研组的教师们在新的学期踏上新的征程，通过创新性的教学实践，进一步提升语篇研读和把握教学核心内容的能力。

参考文献

[1] 中华人民共和国教育部.普通高中英语课程标准(2017年版2020年修订)[M].北京:人民教育出版社,2020.

[2] 梅德明,王蔷.改什么?如何教?怎样考?:高中英语新课标解读[M].北京:外语教学与研究出版社,2018.

[3] 孙胜忠.识读、理解与鉴赏——英语经典阅读教学的三个层次与人文素养培养[J].英语学习,2021,(6):4-8.

[活动点评]

探索"双新"、推进"双新",是当前我们英语教研的主要任务,而身为区教研员,我很欣慰地看到华二的英语教研组以新的课改理念为导向,从经典文学切入,提升教师的语篇研读意识,对经典文学进入高中英语教材有更深层次的认识,由此实现语言工具性和人文性的统一,培养学生的英语学科核心素养。结合浦东新区的教研活动,英语教研组从2020年9月至2021年2月进行了为期一个学期的系列教研活动,期间,团队的王丹老师先后展示了两次《老人与海》的阅读公开课。可以说,华二这支"双新项目工程"的教研队伍,如他们所言,进行了一次兼具"高认知"与"高合作"特点的教研活动。这也正是我们所要鼓励的教研——固本创新、凝心聚力。

所谓"固本创新",即能够加强学校的校本教研建设,同时对教师的原有认知提出挑战,通过聚焦、研讨某一课题,得出具有创新性和实践性的结论;所谓"凝心聚力",即在整个教研过程中,团队成员分工又互补、交流又互助、互动又互利。教研,是促进学校发展、教师发展、学生发展的必由之路,尤其在"双新"背景之下,有效的教研活动能帮助教师加深对新教材的解读,提升新课程的教学技能,促其专业成长。华师大二附中的英语教研不失为优秀的教研案例。

(点评人:上海市浦东教育发展研究院　谢忠平)

作者简介

张薇,中学英语高级教师,英语教研组组长,上海市浦东新区英语学科中心组成员,浦东新区英语学科带头人。曾获上海市英语学科教育教学论文评选一等奖,全国教学比赛一等奖,上海市青年教师牛津英语教学展评和上海市中青年教师教学评选奖项若干,上海市中小学优秀作业、试卷案例征集评选二等奖,北京大学中学生国际辩论邀请赛"优秀指导教师"。担任 21 世纪杯演讲比赛评委,华东师范大学基础教育学科教研联盟英语学科实践导师,华东师范大学孟宪承书院"三全育人"校外导师,华东师范大学外语学院外语教学研究中心理事、导师团成员。现参与市级课题《高考题库建设背景下的区本题库建设实践研究》,任子课题项目负责人,华东师范大学三八红旗手,浦东新区优秀园丁,担任《高中英语》(上外版)选择性必修第四册练习部分分册主编。

王丹,教育学硕士,华师大二附中晨晖计划培养教师。曾获浦东新区见习教师考核优秀,2019 年浦东新区命题大赛二等奖,浦东新区第二年教龄教师"教学基本功跟踪考评比赛"二等奖,华师大二附中中青年教师教学大赛教学新秀奖等荣誉;也曾指导学生获得上海市科普英语演讲比赛一等奖;在校开设选修课《从影视剧中学英国史》《时事英语听读》等。

立足单元整体，探索高中英语报刊阅读单元教学模式

上海市第三女子中学　丁燕婷

引言

随着《普通高中英语课程标准（2017 版）》（以下简称为《新课标》）在各个教研层面的深入解读，以及在此基础上开展的一系列教学实践和研讨活动，教师对其所倡导的"指向学科核心素养发展的英语学习活动观和自主学习、合作学习、探究学习等学习方式"都有了更进一步的理解和感悟，也进行了有益的教学实践和探究，在此过程中更深切地意识到"立足单元、整体规划"是实现课程目标的有效路径。

一、教研理念与经历

1. 教研理念

在当前"双新"背景下，为落实教研组中所有教师对《新课标》的理解，促成"单元整体教学设计"理念在教学中的落实，我们加强教研的频度和强度，教学和科研双管齐下：一方面借助市、区教研力量，敦促教师积极参与各级各类教研活动，如现场听课评课、区域教学研讨、网络教研等，学习他人之长，促进自身的教学素养的提高。将自己对于单元目标和课时目标的设置、学习任务的设计、信息技术的应用、学生思维品质的提升等方面的思考和理解运用到教学实践之中，勇于尝试，促进学生英语学科核心素养的发展；另一方面，依托校内外专家资源，鼓励组内教师参加各种教科研团队，参与课题的研究，把在教学实践中所沉淀下来的经验和反思提炼、深化，以提升自身的科研素养，成为一名研究型的教师，促进教师的专业化发展。在此过程中，无论是教研组团

队还是个人都得以成长和发展。

除了市、区级的教研组织，学校是完备的教研体系中必不可少的一环，每所学校的教研组是确保研究任务、教学理念得以落地的基层机构，如何使教研组的教研活动科学、规范、系统，"锚定主题"——开展"主题教研活动"无疑是有效的途径。

2. 教研经历

市三女中的外语教研组有着优良的教研传统和浓厚的教研氛围，始终秉持"传承与分享、发展与创新"这一教研理念不断砥砺前行。从20世纪80年代注重创设情景，激活思维，探索交际性的课堂教学；到90年代引进文化概念，将英语教学与学校的育人目标相结合；再到21世纪多次领跑市级教学研讨，如：2015年"课堂教学与教师发展——语言学习领域，听说读写技能教学"，2017年"基于单元整体设计的写作教学"的市级教学展示，2019年"基于核心素养培养的高中英语阅读教学实践研究"的市级教学展示，树立了良好的口碑。近年来，在校本拓展阅读教学"文化之旅""科技之旅"的开展过程中，逐渐形成了市三英语阅读教学特色，"学生批判性思维培养""记叙文写作单元教学设计的实践和研究"也为市三女中的英语教学改革注入了新的动力与源泉。

二、教研活动设计与实施

1. 教研活动主题的思考与确立

阅读对于语言学习的重要性毋庸置疑，而英语报刊阅读为高中生的英语学习提供了适切而又丰富的阅读资源，善加引导和利用能有效地促进学生英语学科核心素养的发展。但是，由于报刊具有时效性，很难复制和延续。日常教学中，报刊阅读教学也缺乏系统性，教师间往往各自为战，对阅读教学成效的检验也基本停留于完成阅读理解习题，无法达到提升英语学科核心素养的学科要求。基于此，我们在研修中初步形成了"立足单元，指向英语学科核心素养的英语报刊阅读教学模式探索"这一教研方向。

首先，根据《新课标》，英语学科核心素养包括语言能力、文化意识、学习能力和思维品质四方面。我们此次活动设计是以中学生英语报刊阅读为载体，旨在提升学生学习能力中语篇阅读的分析、解构能力，继而养成自主阅读的学习习惯以及提升思维品质中理解分析和创造性表达自己观点的能力。同时，基于单元整体设计理念，最终确立了主题为"基于高中生自主阅读能力培养的英语报刊阅读单元教学设计"的教研活动。

2. 教研活动预期目标

此次教研活动以英语报刊阅读为实施路径，以"培养学生的自主阅读能力"为单元目标，整体规划，按阶段有序推进，旨在帮助学生能借助所学阅读策略，梳理、分析语篇；能依托报刊语篇，在主题意义的引领下，创造性地表达个人态度；提升学生思维品质，培养学生自主阅读习惯。

3. 教研活动的整体规划

此次主题教研活动历时三个学期（2019.9—2021.1），每一学期为一个活动实施阶段。在实施过程中，以备课组为教研活动核心，在每周的备课中确定阅读语篇、分享教学设计、统一教学理念；在每月的教研组活动中，教师分享案例、总结得失、提出问题、征求改进建议，以指导下一阶段的实践。

表1　教研活动设计

阶段	活动时间	研修主题	研修内容	预期成果
准备阶段	2019.9—2019.10	研究方向和内容	学习《新课标》中学科要求和单元设计理念，研修相关课题和案例，确立研究方向和具体实施方式。	统一认识，确立主题，确定参与研究的年段和阶段。
实施阶段	1. 2019.10—2020.1	教师引导下的课内报刊阅读	研讨本阶段诸如略读、寻读、识别文章主题、解析文章结构等阅读策略的教授。	教学设计，教学展示。
	2. 2020.2—2020.6	学生半自主的课内外报刊阅读	讨论确定借鉴"literature circle"的做法，驱动学生合作完成阅读任务。	教学设计，学生小组阅读任务单收集。

阶段	活动时间	研修主题	研修内容	预期成果
实施阶段	3. 2020.9—2021.1	学生自主的课外报刊阅读	讨论探究通过"任务单"的驱动，学生自主完成阅读任务。	教学案例，学生个人阅读任务单集册。
总结阶段	2021.2—2021.3	经验和建议	提炼英语报刊教学单元教学模式经验，提出改进建议。	提炼有效实施模式，应用于日常报刊阅读教学。

4. 教研活动实施阶段的具体内容

（1）实施阶段 1：教师引导下的课内报刊阅读

我校订阅了《上海中学生英语报》作为学生课外拓展阅读材料，高一第一学期每周一节的报刊阅读课主要形式为教师引导、任务驱动下的阅读教学。报刊阅读属于泛读，以获取信息、把握结构和作者写作意图为主，因此，教师会从 content，connection 和 vocabulary 这三个维度，引导学生进行阅读。三维中的 content 包括对文本整体内容和结构的把握，也包括细节信息的获取，阅读过程中需要一定的阅读策略；connection 是指阅读过后将文本内容和个人实际相联系，表达个人观点、态度，有着思维品质和文化意识层面的要求；而 vocabulary 是指在具体语境中学习和积累新的生词和表达，以提升语言能力。其中，对于 content 的把握和 connection 的启发是本阶段的教学重点。

2019 年 10 月，教研团队的杨纯莉老师就 SSP 第 1304 期，一篇关于建筑大师贝聿铭的记叙文（如图 1 所示）进行了报刊阅读的教学设计和教学展示，组内其他老师观摩听课并进行了课后评课。

教学案例：

首先，教师要求学生运用 skimming 技巧，快速略读文章的标题、关键句和配图，回答这几个问题：你是否听说过贝聿铭？能不能列举出他的一些建筑作品？这篇文章的主要内容是什么？这一教学任务的目的是为了激活学生的背景知识，能够通过略读技能预测文本内容和文章的主旨大意。

第二步是 scanning 寻读，要求学生在特定时限内通过填空的形式概括出每一段的段落大意，目的是快速搜寻特定信息。

图 1　报刊文本

在明确了每段段意的基础上，学生需要根据理解对文章的层次结构进行划分，并通过图表加以呈现（如图 2 所示），锻炼了学生识别篇章结构的阅读能力。

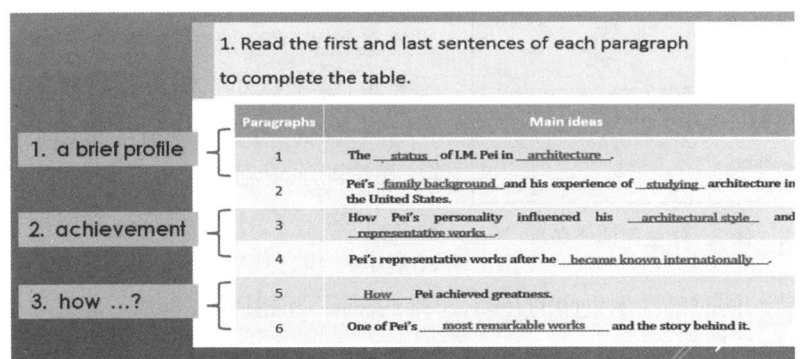

图 2　文本结构图示

把握了文章结构大意之后，学生开始细读文本。教师通过几个 wh-questions 来检测学生是否能够正确理解语篇，并从中准确提取关键信息，问题设计时需涵盖文章的每个层次。

读完文本，教师请学生们选择一位印象深刻的艺术家、画家或科学家,介绍他的成就及其成功背后的因素。由此可帮助学生在获得的文本信息和个人已有经验间建立联系,并鼓励他们在主题语境的引领下创造性地表达自己的观点。

通过这一阶段教师在 content 和 connection 两方面的重点引导,能够帮助学生理清文本思路,养成从整体入手,再逐步细化的语篇分析和解构习惯,并在此基础上创造性地表达个人观点,以提升学生的学习能力和思维品质。

课后点评:

在课后的教研活动中,组内教师们就这节课中教师通过"问题链"引导学生解构文本,由表及里,层层深入,并激发学生思维的教学设计予以了肯定。

(2)实施阶段2:学生半自主的课内外报刊阅读

这一阶段由教师指定篇目,学生课后进行自主阅读。借鉴 "literature circle" 的做法,将学生分成四人一组,一人一个角色。角色包括 graphic organizer, discussion leader, connector 和 vocabulary enricher,分别负责结构、细节、思维联系和词汇四个维度的任务(见图3)。组员根据自己的角色重点关注对应任务,合作完成任务单,课上以小组为单位进行组内和组间交流。每次阅读活动角色不固定,每位同学轮流担任不同角色,有机会充分体验每项任务过程。此阶段将自主学习和合作学习两种学习方式相结合,同时鼓励生生间的互动,思维的碰撞,互相启发,有利于促进学生思维品质的发展。

Title:		
Content (内容)	Structure (结构)	Main idea: Graphic:
	Details (细节)	Questions and answers: 1. 2. 3.
Connection (思维联系)	Food for thought:	
Vocabulary (词汇)	1. 2. 3.	

图3 学生阅读任务单

(3)实施阶段3:学生自主的课外报刊阅读

到了高二,进入第三阶段,经过以上两个阶段的学习和训练,本阶段的报刊阅读从课内延伸至课外,同时采用学生自主学习的活动方式,由教师每天布置一篇阅读语篇,学生在课外自主阅读并独立完成任务单上从三个维度出发的全部四项任务,课上进行汇报和组间交流学习。

由此，学生可充分利用报刊资源扩展阅读量。此外，任务单的使用能够让学生有章可循地进行自主阅读，使得阅读理解和分析过程可视化，并且便于教师及时检测、评价和反馈，保证了阅读的质量和有效性。

在本阶段教研活动的实操过程中，为了进一步帮助学生丰富文化理解，提升文化意识，经过教研组内教师们的建议，对"学生阅读任务单"做了一定的改动（见图4）。

Title:		
Content （内容）	Structure （结构）	Main idea: Graphic:
	Details （细节）	Questions and answers: 1. 2. 3.
Culture （文化背景）		
Connection （思维联系）	Food for thought:	
Vocabulary （词汇）	1. 2. 3. 4. 5.	

图4 改动后的学生阅读任务单

我们将原先设定的"literature circle"中 discussion leader 的角色调整为 culture introducer，负责引入语篇相关文化背景，由 graphic organizer 负责梳理语篇结构，并把握文本细节；connector 和 vocabulary enricher 的职责不变，依然负责将文本内容和个人实际相联系，以及积累新的生词和表达。

另一改动则是要求学生完成 graphic organizer 的梳理文章结构，获取细节信息的任务时尝试用"思维导图"的形式加以呈现，使之一目了然，这也有助于学生更好地理清文章脉络，体会作者写作意图。

如图5所示，以 SSP 第 2689 期，一篇介绍已故金斯伯格大法官的文章为例：

学生作业范例：

依托语篇，每位学生扮演着四个角色分别着眼于语篇内容、文化背

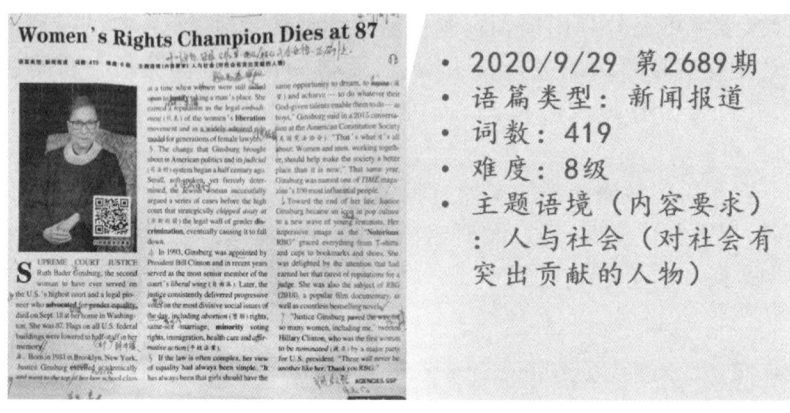

图5　报刊文本

景、思维联系和词汇积累四个维度,完成任务单(见图6,图7,图8,图9)。每个角色完成任务情况如下:

| Content
（内容） | Structure
（结构） | Main idea:
Ruth Bader Ginsburg, Supreme Court Justice, passed away. She paved the way for gender equality and became an icon in pop culture in a new wave of young feminists.

Graphic:

Women's Rights Champion Dies at 87
— 1 the news
— 2 life and Influence
  — Ginsburg's youth
  — Her contribution on eliminating gender discrimination
  — Her influence on the most divisive social issues
  — Her view on equality
  — Ginsburg, an icon in pop culture for feminists
— 3 comments |
| | Details
（细节） | Questions and answers:
1. How do people consider Ginsburg's position?
  She is the legal embodiment of the woman's liberation movement, a widely admired role model for generations of female layers as well as an icon in pop culture.

2. Why do people view Ginsburg as an icon for a judge?
  Because she was the subject of RBG, a popular film documentary as well as countless bestselling novels. |

图6　graphic organizer

Culture （文化背景）	• <u>Ruth Bader Ginsburg</u> was an associate justice of the Supreme Court of the United States from 1993 until her death on September 18, 2020. She was nominated by President Bill Clinton and at the time was generally viewed as a moderate consensus-builder. She eventually became part of the liberal wing of the Court as the Court shifted to the right over time. Ginsburg was the first Jewish woman and the second woman to serve on the Court. • <u>RBG</u> is a documentary exploring Ginsburg 's exceptional life and career.

图 7　culture introducer

Connection （思维联系）	**Food for thought:** 1. What aspect of Ginsburg has impressed you most? 2. Could you introduce any impressive woman to your partners and tell them why you think of her as impressive?

图 8　connector

Vocabulary （词汇）	1. advocate for gender equality　推广、号召性别平等 2. excel　　　　v. 超越；成功 3. justify　　　v. 为……辩护 4. role model　榜样 5. aspire　　　v. 渴望 6. pave the way for　　为……铺平道路

图 9　vocabulary enricher

5. 教研活动总结阶段

（1）利用二维码，丰富交流形式

整个活动历时三个学期，立足单元，分阶段推进英语报刊阅读。这一提升学生自主阅读能力的单元教学模式无疑是行之有效的，可应用到日常教学并加以坚持和落实。但教师在实施中发现，囿于课时有限，课堂分享交流不充分，覆盖面不广，该如何解决这一问题呢？在教研分享交流的过程中，我们想到了利用"二维码在线生成网站"上传阅读任务单，生成的二维码中包含了一篇英文报刊语篇和完成的任务单，学生们通过分享二维码，扫码就能看到其他同学的阅读文本和任务单，从而实现课上和课下相融合的分享交流方式。通过这样的方式，有效利用现代信息技术鼓励学生在课下分享阅读积累，同时记录阅读足迹。

如图 10 所示,扫描以下二维码,就会获得关于金斯伯格这篇文章这两部分的内容。

图 10 二维码 & 学生任务单

(2)"悦读乐评",综合展现

受到启发,我们又想到通过"悦读乐评"的活动,编辑电子期刊汇总,持续推进学生的报刊自主阅读。教师提供如下电子期刊板块,如:The world(世界新闻)、Voice of females(女性之声)、Campus life(校园生活)等板块供挑选,学生以小组为单位在以上板块中挑选一个主题,在已阅读的报纸中挑选 4 篇与主题相关的语篇汇编在一起,完成每篇文章的阅读任务单。语篇和对应的阅读任务单以二维码形式在海报上呈现。

然后,学生开展"乐评"(见图 11),即学生担任"Little commentator"(小小社评员),针对语篇相关主题撰写社评,发表自己对于该主题的认识与见解,促进学生对于相关话题的深层领悟,培养批判性思维,提升思维品质。

最终,每个班级中 6—7 个小组制作的海报集合汇编为班级阅读电子期刊,可逐渐形成报刊阅读的"班级电子书架"(见图 12),其中含有学生精选期刊汇编与社评,记录学生阅读的足迹与思维的火花。

Voice of females

Women's Rights Champion Dies at 87

Passage 2

Passage 3

Passage4

(Summary of each passage) In *Women's Rights Champion Dies at 87*, Ruth Bader Ginsburg, Supreme Court Justice, passed away. She paved the way for gender equality and became an icon in pop culture in a new wave of young feminists. Passag 2 mainly talks about _____

Passage 3 _____

Passage 4 _____

(Your comment on this topic) _____

图 11 "阅读乐评"小组活动单

图 12 "班级电子书架"

三、教研感悟

1. 收获与感悟

（1）依托主题，提升教研品质，促进学生核心素养的发展

"基于高中生自主阅读能力培养的英语报刊阅读单元教学设计"的主题教研活动，围绕同一主题，带动教研组全体教师参与其中。立足单元、整体规划，鼓励教师间的思维碰撞和互动，贡献智慧，不仅形成了报刊阅读单元教学的有效策略，使得报刊阅读教学更系统、更规范，而且教师践行了单元整体设计理念，形成合力，力使课程目标落地。在活动过程中，正如《主题导航教研》中所说，"教师在研修中带着问题来，带着方案走，带着行动的结果来，带着新的方案走"。依托主题教研，有力地提升了教师教研素养和团队教研品质，也更有效地促进学生核心素养的发展，让多方获益。

（2）立足单元，有序推进，注重多维融合

在规划实施此次教研过程中，始终立足单元、有序推进，并注重多维融合，如：学科核心素养的四维融合，合作学习和自主学习相融合的学习方式，课内阅读和课外阅读相融合的阅读方式，信息技术和传统课堂相融合的教学方式等。此教研活动以报刊阅读为"抓手"，意在达到对学生的"放手"，这"一抓一放"之间，是学生学习能力的提高，思维品质的提升，自主阅读习惯的养成。

2. 问题与分析

此次主题教研活动顺利告一段落，教研组教师都对于将报刊阅读进行单元整体设计表示赞同，在参与研讨的过程中对《新课标》倡导的理念有了更深入的理解，活动最后也取得了较好的反馈，但其中还存在一定不足，有待进一步改进和优化。

首先，我们期待学生的学习能力和思维品质在活动推进过程中同步得以提升，能将所学阅读技能迁移运用于其他形式的阅读活动中，并能就一些现象和话题创造性地表达自己的立场和态度，但是由于缺乏相应的评价工具，无法量化评价，因此对于整个活动效果的评价就缺乏一定的科学性，稍显无力。

其次，由于受到其他学科阶段性考试的干扰，使得活动的推进几经暂停，缺乏连贯性；同样，受此影响，学生的作业质量也参差不齐，阻碍

了目标的达成。

3. 改进与优化

（1）完善活动计划

通过加入前期、中期、后期的教师和学生的访谈以及问卷调查，明确教研的指向性，提高教研活动评价的科学性。同时，教师应注重资料的积累，实践和反思相结合，为互动研讨提供实证，以不断优化教研。

（2）优化实施节奏

策划教研活动时可参照学校日历，提前做出预案，细致规划，调整节奏，有序推进。

结语

本次主题教研活动旨在以报刊阅读为载体，以单元整体设计为路径，系统规划，有序推进。在主题引领下，引导学生进行合作学习和自主学习；激励学生运用所学阅读技能迁移创新；帮助学生实现语言能力、文化意识、学习能力和思维品质的同步提升。

围绕一线教学中存在的问题形成研究主题展开教研，推进"主题教研活动"，有助于教研活动科学、系统、规范地开展，提升教研活动的主题性、有效性和参与度；有助于构建教师合作研究群体，在参与式教研中实现教师间的优势互补和共同成长。我们也将继续努力，不断完善。

参考文献

［1］中华人民共和国教育部.普通高中英语课程标准(2017 年版 2020 年修订)［M］.北京：人民教育出版社,2020.

［2］梅德明,王蔷.普通高中英语课程标准(2017 年版 2020 年修订)解读［M］.北京：高等教育出版社,2020.

［3］上海市教育委员会教学研究室.案例锚定主题［M］.上海：上海教育出版社,2020.

［活动点评］

本主题教研活动案例生动还原了上海市第三女子中学英语组三个

学期中班组研修的聚焦——基于高中生自主阅读能力培养的英语报刊阅读单元教学设计,为我们开启了近距离观察这个充满活力和才情的教研团队的一扇窗,该主题教研活动以其整体性、渐进性和融合性给我留下了较深刻的印象。

首先,整体性。该主题教研活动改变了传统"零敲碎打"式的报刊阅读教学,站在单元的高度,以提升学生的自主阅读能力为支点,整体设计,全面培育学生的英语学科核心素养。第二,渐进性。随着研修主题不断深化,教师对学生自主阅读的能力要求递增,从教师引导下的课内阅读,到学生半自主的课内外阅读,再到学生自主的课外阅读,将报刊这一集时效性、多样性和趣味性的读物在培养学生自主学习和合作学习中的作用发挥到了极致。第三,融合性。该主题教研活动的内容和方法基于女中教研组多年来的班组研修项目(如"报刊阅读教学"和"阅读工坊 Literature circle")的研究成果,在实施过程中又不断融入新理念、新方法和新技术,真正意义上体现了一个优秀教研组传承、发展和创新的精神。

当然,女中教研组还可以加强该主题教研活动实施期间的辐射性,作为一所英语教学名校,传承和发展在一定程度上也意味着尽可能向更多同行分享自己的教学和研修经验,而且展示和分享过程本身也能促进教研组完善研修成果。

(点评人:上海市长宁区教育学院　张珏恩)

作者简介

丁燕婷,中学高级教师,英语教研组长,长宁区高中英语学科中心组成员。1996年进入市三女中担任英语教师,从教至今25年。曾先后获得"长教杯一等奖""上海市中青年教师教学展示一等奖""上海市牛津英语新教材展评一等奖""新课标指导下英语长作业设计一等奖"等成绩;获"长宁区先进工作者""长宁区园丁奖"等荣誉。自2016年担任市三外语组教研组长一职以来,重视团队建设,组内的青年教师近年来相继在全国、市、区级各项教育、教学和科研评优活动中获得骄人的成绩。外语教研组团队也屡获殊荣,于2019年荣获"全国巾帼文明岗""长宁区工人先锋号先进班组",2020年获"上海市工人先锋号"等荣誉称号。

项目引领，共建校本课程群，发展学生核心素养

市西中学　罗凤琴

引言

2001 年 6 月，国务院召开了全国基础教育工作会议，随后发表了《国务院关于基础教育改革与发展的决定》，明确指出"实行国家、地方、学校三级课程管理"，并鼓励学校在保证实施国家课程的基础上，"可开发或选用适合本校特点的课程"。同时，教育部颁发的《基础教育课程改革纲要（试行）》，也提出"改变课程管理过于集中的状况，实行国家、地方、学校三级课程管理，增强课程对地方、学校及学生的适应性"。自此，校本课程开始进入国家课程政策的范畴，也成为学校工作与教研组教研的重要内容。

《普通高中英语课程标准（2017 年版）》（以下简称《新课标》）于 2018 年正式颁布。与 2003 年颁布的《普通高中英语课程标准（实验版）》（以下简称《实验版课标》）比较，新课标呈现了以下两大变化：

1. 在学科课程标准方面，新课标凝练了学科核心素养，并构建了与课程目标一致的课程内容和教学方式。

为促进学科核心素养的落实，新课标提出了由主题语境、语篇类型、语言知识、文化知识、语言技能和学习策略等六要素构成的课程内容以及指向学科核心素养发展的英语学习活动观。为更好地落实上述课程内容，新课标对一线教师提出了单元整体教学的教学建议，要求教师根据高中学段的课程总目标及各单元的主题和教学内容，制订各单元的具体教学目标，并围绕主题语境设计学习活动。

这为 2018 年 6 月至今本教研组的教研活动提供了第一个方向，即校本化实施新课标，探索出指向学科核心素养的、适合本校学情的、基

于教材单元主题的单元整体教学模式。

2. 在课程方案方面，新课标进一步优化了课程结构。

新课标将课程类别调整为必修、选择性必修、选修三类课程。必修课程由实验版课标的 10 学分减少为 6 学分，定位为全体学生必须修习的课程，满足高中毕业基本要求。选择性必修课程（0—8 学分）供有学习兴趣和升学考试需求的学生选修。而选修课程（0—6 学分）为学生自主选择修习的课程，包括提高类、基础类、实用类和拓展类等课程，由学校自主开发，其目的是满足不同地区和学生发展的需求，供不同水平、不同兴趣、不同需求的学生任意选修。这为 2018 年 6 月至今本教研组的教研活动提供了第二个方向，即基于本校办学特色与学生学情，开发出指向英语学科核心素养的校本选修课程群。

一、教研理念与经历

1. 教研理念

在笔者看来，教研组应该是一个专业的教学团队，在团队中大家的年龄、特长与分工不同，但都有着共同的目标，即在教研中互相合作、互相学习，不断提高自身专业化水平，从而发展本校学生的学科核心素养，落实立德树人的根本任务。

2018 年新课标颁布后，为进一步落实文件精神，从 2020 学年开始，上海市全面使用普通高中英语新教材。如何把握国家课程方案与学科课程标准，如何了解英语学科新教材的编写理念、特点与主要变化，在本校、本教研组层面实施"双新"工程，构建具有针对性、实用性和选择性的校本课程，是近几年教研的重点。

要达到这样的目标，教研活动绝不能只是简单的工作布置会，或孤立的解决事务性问题的会议，而应该重在"研"，要根据"双新"精神与学校实际，确定系列化的研究主题，通过团队的实践项目或课题，构建新型的教师学习共同体。在较长的周期里，教师合作研理念、研课标、研教材、研教法、研学法、研备课、研听课，最终校本化地实施国家课程。

2. 教研经历

（1）教师自组团队，申请项目、开发课程

2016 年 11 月，笔者开始担任市西中学英语教研组长，负责课程开发与学科竞赛。当时，即将颁布的新课标与上海正在实行的英语高考改革(包括一年两考、增设听说测试、题型变化、难度增大等)，对高中英语教学提出了新的要求，教师必须主动应对。同时，为了更好地促进学生全面而富有个性的发展，学校制定了课程群建设推进方案，力图打造具有市西特色的课程群。在这样的背景下，笔者开始构想一批适合学生学情、彰显学校文化、符合新课标理念的有市西中学特色的英语选修课程。

由于高中教学任务繁重，教师们往往疲于完成任务，无心或无力研读教学书刊与政策文件，开发符合课标精神与时代需要的校本课程。之前教研组内的选修课程，大多出自教师的个人兴趣，在课程目标、内容、流程与评价方面缺少理论依据与系统规划，而且往往因为教师工作的变化(例如，承担高三英语教学工作)，这门课程也就昙花一现、无疾而终。可见，依靠教师个人力量开发校本课程，很难保证课程的高质量与持续性。

2018年6月，静安区教育局以团队发展项目的形式，资助笔者与教研组的四名青年教师，进行为期两年的项目研究《高中英语新课标背景下本校特色英语选修课程群的建设》(后改名为《课程是条船，素养是彼岸——开好选修课，发展学生英语学科核心素养》)。在项目研究过程中，团队先后开发了《英语经典文学赏析(短篇)》与《翻译中的逻辑思维》两门校本选修课，创建了英语演讲与辩论社、英语阅读社两个社团，并带头进行新教材试用、单元作业设计与线上导学的教学实践。

本次团队发展项目取得的成果还不止于此。在整个项目启动、发展、调整、更新与结项的过程中，一条行之有效的教研路径也逐渐呈现：即教研组内，教师通过自主组团、申请实践项目的方式，一起开发校本课程(包括开发校本选修课程与在必修课与选修性必修课程中校本化实施新课标)，从而在各类课程中落实培养学生的英语学科核心素养。受到该团队发展项目的启示，英语教研组的其他教师团队，先后进行了《通过编制〈高一英语思维广场学习手册〉变革学生学习与评价的实践研究》《AI智能环境下高中英语教学设计》《"读懂中国，讲述世界"课程资源的开发和利用》《英语整本书阅读(〈人类简史〉)》等项目的研究，从多角度探索校本课程开发与完善的途径。

(2)汇聚全组之力，整合资源、优化课程

2020学年伊始，新教材在上海市高一年级使用，"双新"工程全面推进。同时，学校提出了教育质量年与创建学术性高中的目标，旨在提升学科教学效果的同时,通过课程教学改革,培育学生的学术素养。这些新的变化给教研组提出了更高的要求,需要全教研组形成合力,对原有的课程资源进行整合与优化。

基于前几年教研活动的成功经验,笔者沿用"项目引领,团队落实校本课程"的路径,申请了教研组团队共同参加的项目:"双新"与数字化背景下本校英语教研组课程资源建设。这个项目的标题大、范围广、耗时长,但方向很明确,即在后续的教研活动中,在"双新"精神的指引下,教研组团队整合以往的课程资源,认真研究不同课程的教学目标、教学规律和教学特色,探索在必修课与选择性必修课课程中有效的教学方式、评价方式,优化满足学生个性化需求的校本选修课,并充分利用信息技术,实现课堂的延伸,提高课堂教学效率。

同时,根据学校创设学术性高中、建设学术探究日课程的要求,整个教研组团队还需要进一步优化统整选修课、社团、学科活动、微型讲座,培养学生的学术素养;根据学校提升教学质量的要求,教研组要通过编制与实施《英语学科校本教学实施指南》,改进作业、命题等教学环节。

要完成这些项目,不是几次教研组会议、一两个学期或学年计划就可以解决的,而是一个长期的、渐进的、需要不断更新与调整的团队共同努力、共同进步的过程。但这才能体现教研的真正价值与意义。

二、教研活动设计与实施(2018 年 6 月至 2022 年 8 月)

1. 针对必修课程与选择性必修课程进行教研

(1) 探索有效的教学方式

① 初高中衔接课程

阶段	教研主体	教研内容	教研方式	教研成果
1	新高一教师	1. 从学习方法上,指导学生做好初高中英语衔接 2. 市西中学的特色课程体验,如思维广场、线上导学、外刊阅读、单元整体教学等	1. 高一英语备课组依托"新高一预录取学生课程体验"项目,集体备课,并实施 2. 在教研组会议上分享	1. 新高一英语导学讲座 2. 新高一预录取学生课程资料

阶段	教研主体	教研内容	教研方式	教研成果
2	数学资优班任课教师	1. 了解数学资优班学生的特征 2. 在数学资优班5年连续培养中，促进初高中英语衔接的有效教学方式	1. 完成《数学资优班初高中英语衔接教学的策略研究》项目 2. 在教研组会议上分享	结题报告、教学经验总结

② 教材单元整体教学

阶段	教研主体	教研内容	教研方式	教研成果
1	部分教师	参加2018年上海市中小学优秀单元作业、试卷案例征集评选	1. 研读课标、学习案例 2. 专家指导 3. 集体撰写与修改 4. 在教研组会议上分享	获得上海市高中英语组一等奖
2	部分教师	参加《高中英语》(上外版)新教材一个单元的试用、参加《高中英语》(上教版)新教材六个单元的试用	1. 听专家讲座 2. 集体备课，完成单元教学设计 3. 拍摄教学录像 4. 集体研讨、专家指导 5. 撰写试用报告	1. 单元教学设计案例与教学录像资源； 2. 教师教学能力提升
3	高一备课组	1. 在高一年级使用《高中英语》(上教版)新教材 2. 将思维广场课程与《高中英语》(上教版)新教材的单元主题相结合	1. 在集体备课，完成单元教学设计(包括思维广场中进行的综合性实践性任务) 2. 备课组内互相听课 3. 做好资料收集整理	1. 积累新教材教学资源 2. 将思维广场课程融入教材单元教学设计中
4	35以下青年教师	帮助徐历老师完成《高中英语》(上教版)新教材"空中课堂"的录制	1. 集体备课 2. 根据专家意见进行修改 3. 现场观摩录像 4. 在教研组会议上分享	1. 单元教学设计案例与教学录像资源； 2. 提升青年教师教学能力

阶段	教研主体	教研内容	教研方式	教研成果
5	全体教师	1. 了解《高中英语》(上教版)新教材 2. 上好《高中英语》(上教版)新教材的各种课型	1. 专家介绍新教材理念与特色 2. 教研组会议上,每人针对新教材提出一个问题,并互相解答 3. 每学期确定新教材 1—2 个课型(如阅读课、听说课、文化课、思维广场课等),教师轮流开课、说课,教研组全体教师听课、集体评课	提升全体教师对新教材的了解与教学能力

③ 线上线下混合式教学

阶段	教研主体	教研内容	教研方式	教研成果
1	部分教师	视频先导、线上线下混合式教学运用于英语学科的教学流程	1.《AI 智能环境下高中英语教学设计》实践项目 2. 在教研组会议上分享	确定线上导学融入课堂教学的流程
2	部分教师	制作文化系列微视频(包括英美文化、中国传统文化、跨文化交际)	教研组会上商定视频内容、规范,确定制作与审核人员及时间节点	文化系列微视频
3	全体教师	观摩 4 名教师开设的线上导学的全市公开课	1. 集体备课 2. 开课、说课 3. 集体评课	线上导学教学案例与教学录像资源
4	全体教师	根据高中阶段知识结构,制作语法知识系列微视频,配以相关题目	1. 教研组会上商定视频内容、规范,确定制作与审核人员及时间节点 2.《英语学科 TeachAI 平台建设》实践项目	1. 语法系列微视频 2. TeachAI 网学平台创建

续　表

阶段	教研主体	教研内容	教研方式	教研成果
5	高一高二备课组	如何使用 TeachAI 平台上的微视频与题库,有效实施线上线下混合式教学	1. 集体备课 2. 实施教学 3. 在教研组会议上分享	教学案例集
6	部分教师	总结线上导学经验	编写《线上导学融入中学英语课堂教学》一书	出版专著

（2）探索有效的评价方式

阶段	教研主体	教研内容	教研方式	教研成果
1	高一高二教师	编写并使用《思维广场学习手册》,实施多样化评价方式,开展形成性评价	1. 《通过编制〈高一英语思维广场学习手册〉变革学生学习与评价的实践研究》区级课题 2. 教研组会议上分享经验	1. 结题报告 2. 《思维广场学习手册》
2	部分教师	依托张芸—赵晶晶英语教师工作室,学习 portfolio 教学策略,将形成性评价用于各类课程	1. 《建立学习档案袋提升学困生英语学习成效》等项目 2. 教研组会议上分享经验	1. 结题报告 2. 教学经验的总结

（3）提升作业的有效性

作业既能起到巩固知识的作用,又能达到知识迁移与运用的目的,对提升教学效果有重大意义。然而,在教研活动中,却往往忽视对这一教学常规的研究。

教研组通过编制《英语学科校本教学实施指南》,规定每学期都安排一次专门的作业研究。首先,各备课组根据学段特色,确定要统一检查的作业内容与批改要求;其次,教研组长与资深教师对各班作业进行检查;最后,在教研组会议上,教研组长对作业检查情况作出反馈,与情况不理想的备课组与个人个别沟通,进行整改。

例如,在 2020 学年的教研中,各学段已经形成了自己的特色作业,并明确了批改规范。

学段	学段特色作业(除常规作业外)	目　　的
高一	1. 分类错题整理 2. 词汇积累本 3.《思维广场学习手册》	引导高一学生养成良好的学习习惯,探索适合自己的个性化的自主学习方法。
高二	1. 翻译本 2. 周末卷答题纸 3.《思维广场学习手册》	提升高二学生的译写能力与整卷把控能力。
高三	1. 综合卷答题纸(装订成册) 2. 写作(装订成册) ＊备课组设计高三写作专用纸,有专门的抄题区、提纲区、正文区、批改区,并预留充足的空间,供学生进行写作后的反思、主题词汇整理,以及重写、重批。	引导高三学生关注学习过程与成长经历,看到自己的成绩和进步,获得成就感,提高自信心,同时认识到自身的不足,积极运用、主动调试英语学习策略,努力提升英语学习效率。

(4)提升考试的有效性

为提升考试的有效性,教研组在《英语学科校本教学实施指南》中,也规定每学期安排一系列命题研究。

以 2021 学年第一学期命题系列的教研计划为例。

周次	主题及主讲人	活动前准备	具体内容	活动后任务
W5 9/26	命题研究(高考评价会反馈):罗凤琴(1)、黄卓群(2)	1. 在群内发部分高考真题 2. 教师自己梳理一下对近年高考试卷的感受	1. 高考评价会反馈(罗) 2. 高考阅卷心得(黄) 3. 教师现场交流:高考命题、评价如何反拨教学?	每位教师思考:高考命题、评价如何反拨我的课堂教学?

续　表

周次	主题及主讲人	活动前准备	具体内容	活动后任务
W7 10/11	1. 命题规范:罗(1,2) 2. 明确各年级期中考卷范围、题型、题量、期望均分:备课组长(3)	1. 确定出卷人、审卷人 2. 出卷人与审卷人与该年级备课组长沟通	1. 研读新课标学业质量水平一、二 2. 强调基于《高考英语词汇手册》《考试手册》、最近的高考真题及高考评价会数据,以及《校本教学实施指南》,进行考试命题 3. 备课组长确认期中考试细节	1. 出卷人、审卷人按要求命题 2. 任课教师按要求开展教学
W11	各备课组分头讲解试卷(各备课组主讲老师)	每位教师已了解本年级及本班考试数据,从试题要求、学生学习、教师教学三方面分析原因	1. 各位教师交流各班的试卷分析 2. 主讲教师分享试卷讲评课设计 3. 试卷讲评课听课(备课组长、教研组长、资深教师)	每位教师完成一份试卷讲评课教案
W11 11/8	命题与诊断(命题教师、备课组长、教研组长)	1. 在群内发各年级试卷 2. 各备课组已经进行了备课活动	1. 命题教师结合双向细目,介绍命题思路,基于考试数据,总结命题经验 2. 备课组长结合考试数据,对试卷作出评价,对下阶段教学与作业作出规划 3. 教研组长对试卷讲评课进行反馈	每位教师对自己的教案加上个人反思

2. 针对学校学术探究日课程进行教研

（1）优化校本选修课程

阶段	教研主体	教研内容	教研方式	教研成果
1	部分教师	根据新课标精神与本校学情,团队开发校本选修课	1. 《高中英语新课标背景下本校特色英语选修课程群的建设》区级课题 2. 教研组会议上分享经验	开设《英语经典文学赏析（短篇)》与《翻译中的逻辑思维》两门校本选修课
2	部分教师	根据新课标精神与本校学情,团队开发校本选修课	1. 团队备课、实施、修改、整理教学资料 2. 教研组会议上分享经验	开设《英语口译中的跨文化思维》与《中西方文化对比研究》两门校本选修课
3	全体教师	1. 优化教研组已开设的选修课 2. 根据需要,增加新的选修课	1. 教研组内进行已开设选修课的听课、集体评课,优化原有选修课程 2. 在教研组会议上,根据学术探究日课程要求,确定教研组选修课程方向;教师自行组团,申报选修课（包括拓展课、研究课)	打造出符合学术探究日课程要求的精品校本选修课程

（2）优化学校学科活动

阶段	教研主体	教研内容	教研方式	教研成果
1	高一教师	优化、固化高一英语戏剧节活动流程和学生评价标准	1. 高一备课组会议上研讨 2. 教研组会议上研讨 3. 教研组全体教师参与高一英语戏剧节观摩与评价	高一英语戏剧节活动得到优化

续　表

阶段	教研主体	教研内容	教研方式	教研成果
2	高二教师	优化、固化高二英语演讲比赛活动流程和学生评价标准	1. 高二备课组会议上研讨 2. 教研组会议上研讨 3. 教研组全体教师参与高二英语演讲比赛观摩与评价	高二英语演讲比赛得到优化
3	全体教师	除了年级学科活动，还可以组织一些其他学科活动，成为校园四大节日的一部分	在教研组会议上研讨	1. 艺术节中增加英语歌曲演唱、英语诗歌朗诵 2. 文史节中增加英语书法比赛、英语诗歌译写比赛

（3）开设系列微型讲座

在教研组会议上，根据学术探究日课程方向，商定微型讲座分类与主题。教研组教师发挥自己优势，以团队或个人的名义，开设主题下的系列微型讲座，拓宽学生视野，为学生提供拓展性学科论文研究方向与英语学习方法指导。

讲座分类		部　分　讲　座
短讲座	英美文化系列	英国概况、美国概况、英国传统节日、美国传统节日
	英语语言学系列	英语文体与修辞、英语构词法、英国英语和美国英语的差异
	中华传统文化系列	京剧、文学、国画、园林、武术、饮食、中国传统节日
	跨文化沟通系列	跨文化交际、日常生活习俗中中西文化异同
	学科活动指导系列	英语戏剧欣赏、英语诗歌入门、如何做英语演讲

讲座分类	部　分　讲　座	
短讲座	学习方法指导系列	高中词汇学习方法指导、手机应用学英语、科普英语阅读指南、中英文思维差异、思维导图在写作中的运用、听说测试指导、语法解题指导
长讲座	英语学科学术研究方向引导	
	英语学科论文研究方法指导	

三、教研感悟

1. 教研成果

教研组经过几年系列化的教研活动,取得了以下成果:

(1)基于新课标理念,教研组教师改进了必修与选择性必修课程的教学方式与评价方式,校本化实施国家课程,提升了教学效果。

(2)根据新课标精神与本校学生学情,教师以团队合作、项目引领的方式,开发校本选修课,并基于学校学术探究日课程要求,优化统整选修课、社团、学科活动、微型讲座,凸显对学生学术素养的培养。

(3)根据学校提升教学质量的要求,教研组编制与实施了《英语学科校本教学实施指南》,改进课堂教学、作业、命题等教学环节。

(4)通过教研活动,教研组积累了高质量的课程资料,校本课程、TeachAI 网学平台(包括微视频与题库)、案例、课题、项目、专著等资源形式固化、系列化。

(5)教研组团队在教研活动中相互支持、相互学习,共同探讨和解决教学中遇到的问题,形成了共同进步的专业发展机制,提升了教学与教研能力。

(6)学生全面提升核心素养,在高考与学科竞赛中屡获佳绩。据不完全统计,从 2018 年 6 月到 2020 年 7 月,市西中学学生在各类英语学科竞赛中获得全国一等奖 2 人次,全国二等奖 1 人次;上海市特等奖 9 人次,上海市一等奖 27 人次,上海市二等奖 28 人次,上海市三等奖 17 人次。

2. 教研反思

刚担任教研组长时，笔者总是花很多时间精心设计每一次教研活动，包括活动前准备哪些资料、活动中播放的 PPT 是否完善、教师们的发言是否踊跃、活动后又有怎样的任务，似乎一次完美的教研活动就能彻底解决一个令人头痛的教学问题。这样的教研活动当然是必要的，也能解决一些具体的事务性的问题，但如果缺乏长时段的设计和研究主题的统领，这些不成系列、缺乏彼此关联的教研活动，设计再完美，也难以解决教学中的关键问题。

课堂教学方面，在新课标提出"关注主题意义，制定指向核心素养发展的单元整体教学目标"的教学建议之前，教师们也是局限于精心备好每一节课。然而，学生的核心素养不是任何一节完美的课就可以培养的，脱离主题意义或碎片化的呈现方式，并不能达到预期的教学效果。

因此，在进行教研活动规划时，笔者选择了"校本教程"这个大的方向，再细分为数个小的研究主题。每一个主题的教研，都预设了一个比较长的周期，涵盖一系列的活动，教研主体从部分教师逐渐扩展到全体教师，而教研的深度也通过一个个项目逐渐提升。在教研的过程中，大家通过团队合作、制定方案，听课评课、检测效果，分享感悟、反思原因、改进原方案，最终固化成果，积累教研组资源。

结语

教研组的组织性质取决于其组织定位与工作内容。之前，教研组多被认为是一个基层管理机构，而教研活动的内容主要是事务性的，如上传下达通知、集体备课听课评课等。在"双新"的背景下，教研的内容要重在"研"上，要选择教学中的关键问题，进行系列化、长时段的研究，教研组才能成为致力于教师专业发展和学生素养提升的专业组织。

这样的定位不仅给教师增加工作量，对教研组长本身的素质也提出要求，需要从学科专业能力、科研能力、专业领导力等方面提升自己，同时要通过实践不断提高教研活动的创新与策划能力、协调和管理能力。虽然不易，但只有高质量的教研活动才能成就优秀的教研组，它不仅是学校学科教学质量的根本保障，还是教师专业素养提升的主要机体，是学校课程资源积累的基本主体，更是反映校本教研文化的综合体。

参考文献

[1] 崔允漷. 校本课程开发：理论与实践[M]. 北京：教育科学出版社, 2000.

[2] 崔允漷, 夏雪梅. 校本课程开发在中国[J]. 北京大学教育评论, 2004, (7).

[3] 崔允漷, 周文叶, 岑俐, 杨向东. 校本课程规划：短板何在——基于Z市初中校本课程规划方案的分析[J]. 教育研究, 2016, (10).

[4] 中华人民共和国教育部. 普通高中英语课程标准（2017年版2020年修订）[M]. 北京：人民教育出版社, 2020.

[活动点评]

市西中学英语组一直活跃在上海及区域高中英语教学改革和研究的前沿，时刻关注学科发展动态，随着"双新"教学研究在上海市的全面铺开，市西中学也积聚全组合力，积极投入"双新"培训的一系列活动。该教研案例关注上海市"双新"教研动态，结合学校教研组背景和特点，提炼学校教研教学待突破的难点和核心问题，形成教育教研的发展和研究方向，并针对本校各位教师的特点和实际，基于教研组的以往经验和团队研究的优势，提出了基于单元教学研究和提升学生学科核心素养的一系列教研举措和实施轨迹。从教研资源开拓，教研模式创新，教研策略优化和教研评价多元入手，全面提升校教研活动质量和教学质量，收获了较好的教育教研教学效果。

（点评人：上海市静安区教育学院　汤华）

作者简介

罗凤琴，市西中学英语教师、教研组长，静安区学科带头人，静安区教育拔尖人才，上海市第四届"双名工程"名师后备人选。曾获上海市教学展评高中组一等奖。热爱教学，热爱创新，多次开设过全国、市、区级公开课。2016年开始承担教研组长工作，带领教研组通过项目与课题，开发校本课程，落实"双新"工程。近年来，本校学生在高考与各级英语竞赛中连创佳绩，青年教师也在教研中快速成长。曾带领团队获得2018年上海市中小学优秀单元作业、试卷案例征集评选高中英语组一等奖。

"双新"背景下的高中英语校本课程优化探究

——以华东师大一附中语用实践课程为例

华东师大一附中　沃维佳

引言

"双新"背景下,华东师大一附中英语教研组设计了系列主题教研活动,结合《高中英语》(上外版)教材的综合运用板块内容,探究特色校本课程(语用实践课)的优化路径,引导学生在情境语境中运用语言知识,发展语言技能,实现其学科核心素养的发展与提升。

一、教研理念

《普通高中英语课程标准(2017 年版 2020 年修订)》指出:"学科教研组要构建新型的教师学习共同体,在教学中不断总结和提炼发展学生英语学科核心素养的有效途径、方法和策略,共同探讨和解决教学中遇到的问题,形成教师之间相互支持、相互学习和共同进步的专业发展机制。"

我校英语教研组深知:学校是教研的主阵地、教师是教研的主体、教学问题是教研的核心。在"双新"推进的过程中,我们针对教学中的真实问题,以团队合作学习的方式,协同共进,推进工作与研究,同时依托"市、区、校"三级教研体系,三级联动,实现教研机制优化,促进教研有机整合,确保教研责任明晰,激发教师投身教研工作的积极性和主动性,促进教研主体到位,提高教研活动效益,从而推动我组教师的专业发展和成长。

二、教研活动设计与实施

（一）教研背景

　　根据校内调查问卷显示,高中学生在听说学习话题、内容的选择与课堂教学环节的设置上有自己的需求,且呈现多元化、多样化的趋势。就"听"而言,大部分学生期望达到能正确理解课内外师生之间或学生的信息传递或能听懂外籍人士就一般内容开展的谈话大意水平,超过三分之一的受访学生希望达到能听懂外籍人士所作报告的大意或能从广播、电视、电影等有声媒体中获取信息的水平。而在"说"方面,学生希望能达到参加专题讨论和演讲活动,基本表明自己的观点或能直接与外籍人士交流,较流利地表达自己的意见与见解的水平。近半数的学生希望达到能参加辩论,流利地表明自己的观点或能参加英语小品和戏剧的演出表演的水平。同时,学生所期望的课堂教学方式与原有的课堂教学设计也存在较大差异。他们渴望个性化、多元化的基于现实语境的任务型的课堂教学模式,需要的不仅仅是教师向学生单方面的输出,或是教师与学生个体的双向互动,而是一个可以实现教师与学生、学生与学生之间的多角度、多维互动的整体交流语境。

　　面对学生需求,教研组开展研讨并开设语用实践课程。该课程定位为课堂教学的延伸,聚焦听说,旨在通过由浅入深、由易到难的语言实践活动,提供学生多元、多维、多样的听说学习体验,提升其语用能力,同时通过实施积累较为完整的听说材料,丰富教师听说教学实践经验,提升其专业能力。教研组围绕语用实践课程的设置、授课形式、授课内容和评价形式等集中研讨,达成共识,并形成了课程的初步实施路径(见图1)。

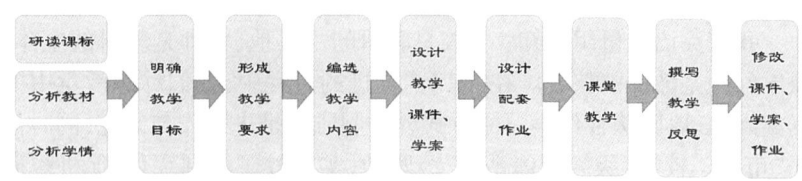

图1　语用实践课实施路径1.0

　　实践证明,语用实践课的开设基本满足了学生对于听说学习话题、内容与课堂教学形式的需求,有效地提升了学生的语用能力。但是我们没有安于现状,而是再次利用问卷调查和访谈等形式,发现课程依然存有不足。学生非常重视"听""读""看",接触了大量多模态语料,然而"说""写"技能相对薄弱,空有想法却无法表达,交际策略掌握不够,缺乏目标读者或听众意识。

2020年是"双新"课改的启动之年,高一年级开始使用《高中英语》(上外版)教材。原有积累的语用实践课程文本材料无法和新教材适配,语用实践课程该何去何从?这是教研组面临的巨大挑战,也成为教研组的革新契机。我们主动规划,从"新"出发,重新出发,经研讨决议,以我校2023届为试点,优化语用实践课程,内容定为《高中英语》(上外版)教材的综合运用板块,充分利用小班化教学这一优势,推动"双新"课改,聚焦学生核心素养。

《高中英语》(上外版)教材的综合运用板块旨在引导学生在主题语境中将"说"与"写"相结合,在某一特定任务中实现"说"与"写"的融合。这一板块的设计在很大程度上体现了新课标的理念,即学生在综合语言实践活动中,以语篇为载体,深化对主题意义的理解,在具有现实意义的任务中完成交际,落实核心素养培育。它结合口语和写作,兼具关联性、真实性和融合性,系统地整合了语言知识与语言技能,是一种能够充分体现英语学习活动观的教学方式。

然而,这也让我们不禁思索:语用实践课应如何从原有的"听说为重"转型至"以说促写、由写至说、说写融合"?语用实践课中,教师该如何基于主题创设交际语境,引导学生在参与、实践任务的过程中运用语言知识,发展语言技能?如何让学生通过任务型说写活动,促进多元思维,提升文化意识,塑造良好品格,在"亲历"和"历练"中实现其学科核心素养的发展与提升?

为了寻求这些问题的答案,我校英语教研组依托"市、区、校"三级教研平台,三级联动、协同共进,开展了一系列教研活动。

(二) 教研主题及预期目标

该系列主题教研活动聚焦英语学习活动观,研究在语用实践课堂可开展的单元整体视角下的说写融合教学活动,创设贴合生活实际的语境,在语境中使学生的英语说写能力得到综合提高,提升其思维能力及思维品质,最终使其语用能力得以提升。

（三）教研活动整体规划

表1 教研活动整体规划

序号	教研步骤	教 研 目 的
1	研读课标、教材	（1）明确新课标中对语言技能的教学要求与教学重点； （2）明晰新课标中对语用知识的具体学习要求； （3）梳理新教材单元中各板块之间的关系； （4）理解"综合运用"板块在单元教学中的作用。
2	学习研讨	（1）探究单元整体视角下的说写融合教学； （2）明晰说写活动中的对象意识和语言规范； （3）研讨活动单的作用，设计与说写融合教学适配的活动单； （4）明确作业在教学中的作用，研究单元作业的设计与评价。
3	示范展示	（1）"市、区、校"三级联动，优化课堂教学，发挥优秀教师示范引领作用； （2）汲取市、区、校各级专家意见，完善说写融合教学设计。
4	总结反思	收集汇总资料，反思研讨教研过程，总结相关经验。

（四）主要教研活动回顾

表2 主要教研活动

序号	活动内容与要点	邀请专家	活动层级	活动时间和地点
1	• 示范课设计及录制 部分教师初涉新教材，通过对《高中英语》（上外版）1AU1 School Life 整单元课程的设计及录制，理解综合板块的设置意义，对说写融合教学初步尝试。 • 磨课修改	王蓓蕾	市级	2020.8.7—8.11华东师大一附中

序号	活动内容与要点	邀请专家	活动层级	活动时间和地点
2	• 区级培训 通过介绍综合运用板块特点、使用建议及单元视角下的高中英语说写融合教学设计,更新全组教师理念,改变传统的语用实践课程的教学方式。	陆佳一、姜振骅	区级	2020.8.27 网络
3	• 互动研讨 语用实践课中引入任务单,部分教师分享使用感受和设计心得,其他教师提出修改建议。	姜振骅	校级	2020. 10. 14 华东师大一附中
4	• 说写融合教学 通过 1AU4 Moving Forward 的试讲,授课教师厘清并整合"说"和"写"的教学活动之间的逻辑关系,达成说写有机结合。 • 磨课修改	金怡、詹玲	校级	2020. 10. 21 华东师大一附中
5	• "新课标·新教材·新教法"教学展示和研讨(公开展示) 在 1AU4 Moving Forward 的教学展示中,授课教师使用信息技术,将"说""写"板块紧密结合,让两者之间的关系更立体。在课堂中,学生实现了"多模态综合创作"。 • 专家点评	汤青	市级	2020. 11. 25 上外东校

序号	活动内容与要点	邀请专家	活动层级	活动时间和地点
6	• "新课标新教材"——单元视角下的文本解析与教学活动设计(公开展示) 教师们通过现场观课和听取报告,明确"大单元"概念,并明晰设计的活动任务必须贴近学生生活的交际需求。 • 专家点评	汤青、金怡、束定芳	区级	2020.12.22 华东师大一附中
7	• 说写融合教学 在 1BU3 Moving Forward 教学设计中,授课教师尝试设置和单元主题相关的 duty report,帮助学生巩固词汇语义网,同时激发学生对说写融合课的兴趣。 • 互动研讨	王蓓蕾	校级	2021.3.30 华东师大一附中
8	• 新高考改革背景下的增值评价——以英语写作能力为例(公开展示) 教师以 1CU3 单元的综合写作作业为例,探讨如何通过单元视角下有效的作业设计,帮助学生完成写作任务,并借助多元增值评价方式激发学生内在动力,提升其学习的积极性和创造性。 • 专家点评	汤青、金怡、潘鸣威	市级	2021.4.21 市西中学

(五) 教研活动成效

1. 求变,探究单元整体视角下的说写融合教学新形式

　　教研组研读课标,明确新课标中对语言技能的教学要求与教学重点和对语用知识的具体学习要求,研讨教材,梳理新教材单元中各板块之间的关系,理解综合运用板块在单元教学中的作用,调整了语用实践

课的实施路径(见图2)。

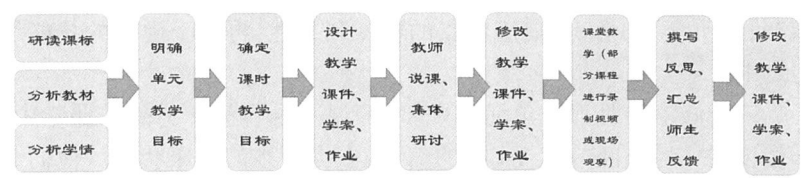

图2　语用实践课实施路径2.0

我们基于《高中英语》(上外版)新教材综合运用板块,将语用实践课推陈出新,力图结合主题语境和任务与形式,设计具有可复制、可借鉴的说写融合教学模式,在精心设计的情境与任务中,借助具有针对性的语篇、思维方式、学习策略,使学生的英语说写能力得到综合提高,优化学生的思维方法与品质,从而使学生的语用能力得以提升。

在求变的过程中,全组教师达成共识:说写融合课的"说""写"板块并非机械拼接,而是呈递进关系,互相融合,不可分割。教师要建立"说写融合"的意识,厘清并整合"说"和"写"的教学活动之间的逻辑关系,达成真正的说写有机结合。在说写融合活动中,教师应将说写能力的培养与学习策略和单元理解相结合,运用新教材中的话题布置恰当的说写任务,在任务中真正锻炼学生的综合语用能力(见图3)。

图3　关注说写融合教学的语用实践课程

2. 求进,研讨说写对象意识及语言规范

在说写融合教学的探索中,教研组意识到了学生"对象意识"的缺乏。"说""写"作为两种输出性技能,其生成过程中必然会存在"对象"。说者有听众,写者则必有读者。学生要使用语言,就必须意识到

自己的"对象"。这是锻炼说写技能的重要一环,在说写融合教学中不可或缺。教师在进行说写融合教学时,必须帮助学生建立"目标读者"或"目标听众"的意识,提炼对象的特点和共性,再用于说写的技能练习之中。

以必修第三册第三单元(1CU3)的说写融合教学为例。课堂中,学生读到一封来自同龄人 Liz 的信,信中提及她的健康状况。他们需分析其问题成因,并通过问题——解决模式(problem-solution pattern)给出具体可行的建议。课后,则需使用课堂所学的写作策略,运用提出问题、分析原因和提供建议的语言表达,给 Liz 写一封回信。因此,教师需要在说写教学的过程中引发学生共情,引导其保持对象意识,思考并总结与同龄人进行说和写交际时要用到怎样的语气、情感、文字等,最后再运用到说与写的练习之中(见图4)。

Dear Liz,

I am more than willing to read your letter. It's hard to be dispassionate about your health problems, but honestly, don't be too emotional.

I think that there are three things contributing to your problem, which are the lack of sleeping time, an imbalanced diet and a wealth of academic missions.

So, from my own perspective, I will give you the following suggestions. First you should control you sleeping time and make it adequate. You can set an alarm to remind you to sleep.

Besides, you should eat properly and take in the nutrition you need every day. You should eat less junk food and food high in sugar, which can increase the burden of the body's metabolism.

Last but not least, you should alleviate your work load because your mental state is more important than your academic performance. You can do some exercise instead of burying yourself in anxiety, such as jogging, cycling, etc. Also you can listen to soft music, chat with your friends and read some novels to relax yourself. It is up to you!

All of the above are my own opinions. Thanks for your reading. And I will be very honored if you take my advice!

Yours sincerely,
Amy

图4　1CU3 Moving Forward 学生习作

此外,根据目的、语境和对象的不同,"说"与"写"在内容上也会有相应的语言规范性要求,而语言规范性和正确性也毫无疑问必须在教学过程中予以重视。"说"与"写"对于语言规范性的要求明显不同,但二者也存在基本的共性,比如都需要使用正确的英语语法,要有正确的拼写或读音等等。教师在说写教学的过程中要向学生再三明确这些共性的语言规范性要求,避免学生在说写融合或者转换的过程中误用不规范的语言或表达方式。

3. 求实,设计学习活动单,搭建教学脚手架

面对新教材信息量大、能力要求高的挑战,教研组基于课标、教材、学情的综合考量,在钻研教材、阅读文本的基础上,为学生设计并提供自主学习任务,以学习目标的活动单作为"支架",引导学生完成学习任务,实现学习目标,培养思维能力。活动单可以在学习任务的"前""中"或"后"阶段使用,提供文本信息且存有一定信息差。学生需要就此进行意义协商,在设定的真实语境中运用目标语言进行沟通。

以 1AU4 单元的说写融合教学为例,该课时主要话题是介绍中国某一地区成人礼。由于学生对不同地区的成人礼并未充分了解,若是在课内直接对此进行讨论,对学生的文化知识储备要求较高,难度较大。因此教师把任务分阶段处理,把部分内容以活动单的形式布置(见图 5),要求学生自主探究,选择自己感兴趣的少数民族,完成相关成人礼的资料搜集,并撰写 100 字左右的初稿,为后续的写作与口头介绍积累素材。

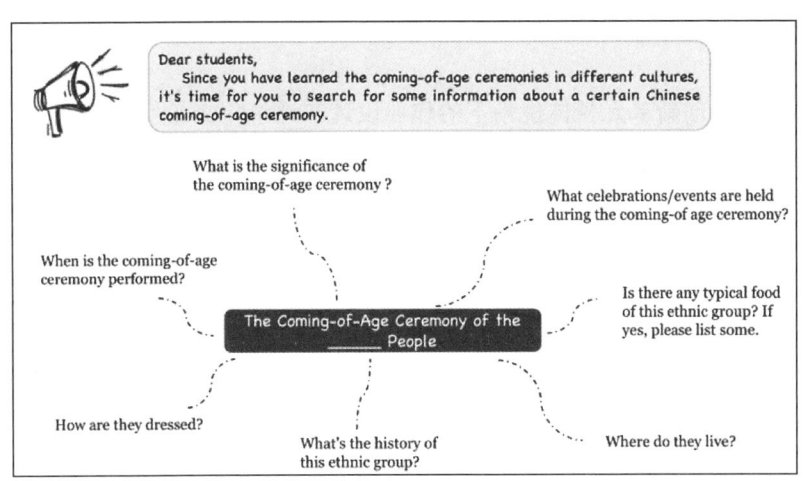

图 5　1AU4 Moving Forward"任务前"活动单

课堂中,教师指导学生使用活动单(见图 6),修改样品段落,加深对于段落统一性的理解,同时生成写作核查单。之后,学生以小组为单

位,基于写作核查单,对他组的段落习作进行互评和修改,并将修改内容拍照上传,与全班分享修改的建议及理由。

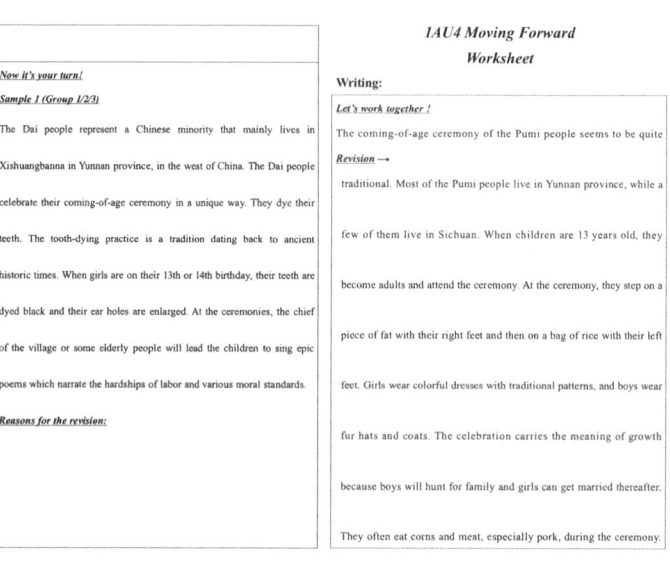

图6 1AU4 Moving Forward"任务中"活动单

活动单的设计,弱化了教师角色,鼓励学生进行自主学习,同时能使学生更好地理解目标语言和文本材料,实现有效的说写融合学习。

4. 求新,创新单元整体视角下的作业设计和评价

作业作为教学整体的一部分,其设计与实施从某种角度,直接影响到课程目标的达成,影响到教育目的的实现与学生的全面发展。它应与课堂教学交相呼应,互补互彰。教研组基于单元教学设计和课堂教学实践,研究单元作业、单元评价的内容和要求,达成了关于作业设计和实施的认识,明确作业的设计应遵循:从"课时"走向"单元"、从"题海"走向"精选"、从"育知"走向"育人"。教师应通过设计指向任务达成的长短课时作业,逐步带领学生内化语言知识,优化学习策略,深化对单元主题的理解。

以1CU3单元说写融合教学的综合写作作业为例。在设计时,教师采用逆向设计,以终为始,从最终的单元评价要求出发,逆向思考,通过设计和布置有效的高质量的课时作业,确保学生在完成单元学习任务的过程中能稳扎稳打,一步一个脚印。此外,教师还尝试通过单元作

业清单来厘清作业与作业之间的关系,减少无效作业,实现作业的"少而精、精而深"。同时,作业清单亦可帮助教师明确作业与综合任务达成之间的关联(见图7)。最终,教师通过单元视角下有效的作业设计,帮助学生完成写作任务,并借助多元增值评价方式激发学生的内在动力,提升其学习的积极性和创造性。

	作业内容	综合任务关联	作业形式	作业用时	认知维度
第一课时 Reading A	1. 朗读课文至少三遍,注意语音、语调自然和流畅。	语言	☑个人□小组☑口头□书面	10'	学习理解
	2. 通过梳理阅读语篇A中相关词汇,初步构建健康话题词汇语义网。	语言	☑个人□小组□口头☑书面	15'	学习理解
	3. 基于图片,思考对青少年健康造成不利影响的禁忌行为,描述并录制成语音。	语言/思维/语体	☑个人□小组☑口头□书面	15'	应用实践
第二课时 Reading A (Vocabulary Focus)	1. 整理语篇中的长难句。	语言	☑个人□小组□口头☑书面	5'	学习理解
	2. 理解核心词汇,在词典中查找例句并摘录。	语言	☑个人□小组□口头☑书面	10'	学习理解
	2*. 理解并使用核心词汇造句,表达健康生活方式的相关建议。	语言/思维	☑个人□小组□口头☑书面	10'	应用实践
	3. 基于词汇语义网,按照所给首字母,撰写健康生活方式的相关建议	语言/思维/语体	□个人☑小组□口头☑书面	15'	迁移创新
第四课时 Listening & Viewing	1. 修改健康指数评分表,并写出修改理由。	语言/思维/语体	□个人☑小组□口头☑书面	30'	迁移创新
	2. 基于健康指数评分表,分析自身健康状况,查找问题,给Amy发语音微信,讲述个人健康问题。音频要求:开头为Dear Amy。	语言/思维/语体	☑个人□小组☑口头□书面	10'	迁移创新
第五课时 Moving Forward	使用课堂所学的写作策略,撰写个人习作,并根据评价表修改习作,形成初稿。	语言/思维/语体/文体/写作策略	☑个人□小组□口头☑书面	40'	迁移创新

图7 单元作业清单

面对"双新"课改,教研组思考如何通过引入多方参与评价、开发多样评价方式、形成多元评价内容,让评价成为促进学生学习的重要手

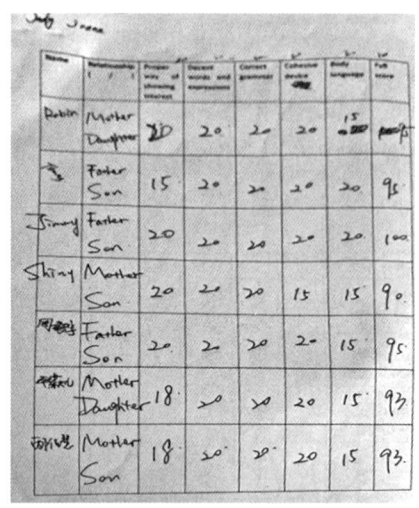

图8 语用实践课互评表

段。我们优化了语用实践课的评价方法，突出了学生自评和互评的作用，使其成为评价的主体。教师从新教材单元设计的整体视角完善对学生的形成性评价和诊断性评价（见图8），通过设计角色扮演、情景会话等基于真实语境、侧重任务型说写的综合语言实践活动帮助学生加深对主题语境中不同的话题的理解，引导学生记录和反思自己在说写教学活动中表现出的情感与态度，监控并调节自己的学习目标与策略，充分发挥评价体系的促学作用。

三、教研感悟

（一）教研深度

为探索我校校本课程优化路径，教研组依托"市、区、校"教研平台，设计了形式多样的系列教研活动，主题明确，任务清晰。全体教师积极参与，分工协作，合作互助，针对说写融合教学，深入开展研讨，获得了值得推广、有应用价值的经验成果。各项活动有序、持续推进，预期教研目标得以实现，并为之后的教研发展打开了思路。

当然，教研组对于语用实践课程优化的探究并没有结束。"双新"课改刚刚起步，我校只有一个年级使用新教材，故大部分教研活动只能以2023届为试点。随着新教材在各年级的全面铺开，相信我们对于"双新"背景下的高中英语校本课程优化探究会更有收获。

（二）教师参与度

在教研活动中，全体教师能根据教研主题、针对现场实际，积极、主动参与研讨和评议，发言有理有据，并在活动结束后，对教研任务的完成情况总结反思（见图9）。部分教师主动参与系列活动，在活动过程中积极贡献智慧、圆满完成任务，在活动后还提出了跟进研究的设想及完善教研活动的建议。

反思1:
　　在本节Moving forward的说些融合课中，不仅是speaking策略和writing策略的融合，也是Reading A语篇同Moving forward的融合。我从课文出发，通过主课文的写作手法回顾梳理，引出比较和对比这一技巧，并将此作为线索，贯穿整节课的课堂任务。引导学生基于课文，借助课文写出自己的段落，说出自己的思想。而这一层循序渐进的活动设计正是本节课最重要的部分。
　　说写融合课教会学生，说与写不是独立的两个个体，而是从思想到唇齿，从唇齿到笔尖的一气呵成。而如何把输出的内容做到"信达雅"，正是说些融合课的精髓所在。技巧的输入，主题的融合，水到渠成的输出任务都能够让学生充分调动起词汇储备，将背诵下来的单词赋予思想的灵魂。

反思2:
　　每个单元的Moving forward都应该结合单元整体目标来设计，说与写的教学活动之间没有逻辑性的先后关系，有说在前，也有写在前，根据不同的学习策略进行调整，通过说来积累写作素材，通过写来为说作好铺垫，这样一来，说写就能更好地融合在一起。说写融合课程能为学生创设真实语境，让学生熟悉到可在现实生活中运用主题相关词汇和句型，获取自己所要的信息或达成自己的目标，在活动过程中也能促进创新心与批判性思维，小组合作的能力，并提高文化意识。

反思3:
　　基于《普通高中英语课程标准》（2017年版）的Moving Forward说写融合课，为双新教材（上外版）的特色板块。经过一年的探索和实践，作为英语教师，我感觉该课型能给学生提供与单元话题相关的专项和综合性语言实践活动，通过教师基于学生学情的分析，设计由浅入深，由易到难的各种语言实践活动，帮助学生发展语言技能，提供基于真实交际为目的的，融合了听说读看些的综合技能训练。以单元视角开展Moving Forward的教学设计，首要具备的是大单元概念。基于单元的教学目标，教学内容开展互为关联的教学设计，与所关联的话题和单元一致，所设计的活动任务必须贴近学生生活的交际需求。其次，在设计时，要关注说写融合课是以语言输入为基础设计，通过口语和写作相互关联衔接的教学活动，来完成一项交际任务。同时，说写融合课在设计时，要关注如何为之后的写作准备和铺垫，为学生的说写活动的产出做好支撑。基于课本和教参，Moving Forward的输入板块会包含在之后的输出，即交际过程中，学生所必须的书写策略。任务活动形式多样：可以是通过团队合作、小组分工、同伴互助、独自完成等。同时通过教授学生使用适当的评价工具开展课堂评价，让学生在过程中不断反思，提升教学效能。

图9　部分教师反思

　　同时，教研活动对于教师的成长也起到了反拨助推的作用。语用实践课程的再设计，带动了教师对说写融合的课型和教学活动进行研究、整理与优化，进而提升了教师的教学能力，推动其职业发展。有些教师进行了说写融合课的设计，完成教学课例拍摄，有些教师则根据单元主题与说写融合课的相关学习内容，设计了契合教学步骤的活动单，还有些教师申报了市、区级的相关课题，进行说写融合教学的深度研究。

结语

　　"教而不研则教必施之肤浅，研而不教则研必施之生晦"。高中英语课程改革的深化和发展，促使原有的教研形式和课程设置的转型。华东师大一附中英语教研组"双新"背景下的校本课程优化已在路上。我们有过困惑，也有过失败。然道阻且长，行则将至，行而不辍，未来可期！

参考文献

［1］陈皓曦.以说促写，加强互动，优化过程写作效果[J].《英语学习》，2019(9)：5-9.
［2］罗少茜，陆锡钦.解读"任务型的教学途径"：任务·真实性·任务链[J].中小学外语教学：中学，2002，25(11)：20-23.
［3］中华人民共和国教育部.普通高中英语课程标准(2017年版2020年修订)

　　[M].北京：人民教育出版社,2020.

[4] 陆伯鸿.深度教研的研究与实践[J].上海课程教学研究,2019,(12)：
　　67 - 75.

[5] 陆伯鸿.教研活动质量评估运作模型[J].上海课程教学研究,2020,(05)：
　　3 - 9+21.

[活动点评]

　　从案例中,不难发现该校英语组的教研活动设计主要体现两个目标：解决实际问题和提升教师能力。在实施的过程中体现出不少亮点：1.精准定位问题。通过调查问卷了解学生需求,分析学情诊断学生短板,研读教材发现教学难点。从学生、教师和教材三个不同的角度确定了阶段性教研活动要解决的核心问题,从而确定深度教研的主题,设计具体活动,体现出求实性与针对性。2.有效落实活动。详细的教研活动整体规划,明确了实施步骤和活动目的；主题导向的活动设计,紧紧围绕所聚焦的问题进行学习、研讨和实践,持续不断地形成研究成果；教师间的互助和专家的指导,通过"市、区、校"三级联动,借助各种平台与资源,检验和佐证研究成果。3.明确实施路径。设计具有可复制、可借鉴的说写融合教学模式,即,就教学设计给教师们的一个清晰的途径。这是提升教师能力的有效方式。4.教师参与度高。教师们能积极、主动参与研讨和评议,并进行总结和反思。更有一批教师积极参与到市、区级相关课题组。应该说这个教研活动案例具有较强的可复制性,值得推广。

　　　　　　　　　　　　　　　（点评人：上海市虹口区教育学院　陆佳一）

作者简介

　　沃维佳,英语高级教师,华东师大一附中英语教研组副组长,虹口区骨干教师,上海市第四期"双名"工程虹口区"种子计划"高中英语姜振骅团队成员。参与《高中英语》(上外版)教学参考资料的编写和教材的试用。倡导"教而不研、行而不远",主持并参与多个市、区级课题,并有多篇文章在各类刊物上发表。

指向单元目标，围绕主题语境

——高中英语单元作业设计的主题教研实践

上海市敬业中学　乔　健

引言

　　教研，是保障教育质量、促进教育内涵发展的重要机制，也是教师专业发展的重要引擎。在"双新"改革的背景下，固守原有的教学方法和理念已经不能适应新的教学使命，而教研能促进教师去学习新的理论，去实践新的教学方法，去改进现有的教学模式，由此才能实现"双新"的推进和落实。就高中英语教学而言，如何从单元的角度去分析教材文本、单元教学目标，如何指导单元课时教学目标的设定，如何设计单元作业都成了我们研究的重点。我校教研组以本校教学的实际需求出发，就单元教学设计与单元作业设计两个方面进行了一系列的教研活动。本文将重点阐述我校"单元作业设计的实践与反思"主题教研活动。

一、教研理念与经历

1. 教研理念

　　教师是教学的基石，只有这个基石坚实了，我们的教研组才有可持续发展的可能。我组的青年教师占比高达约 60%，如何将青年教师从经验型、苦干型教师培养成学习型、研究型教师成了我们教研组的一个核心问题。主题教研活动正好给予了我组青年教师合作学习的平台。主题教研活动提倡"合作共同体"式教学研究，强调深度参与。青年教师可以通过共同体，在团队中分享意见、寻求帮助、促进相互依赖，为教师成长提供了一种新型的学习方式。因此，我校英语教研组的教研理念是"主题引领、深度探究、共同提升",从英语教学前沿理论的学习入手,注重理论联系实际,坚持在课堂教学的实践探索研究中,引领教师的专业发展。

2. 教研经历

在为新教材的推行进行准备时,笔者带领组员就单元教学设计进行了系列主题教研。

表1 系列主题教研

教研活动名称	活 动 内 容	活 动 目 标
1.《基于标准的语篇研读和教学设计》	研讨如何进行语篇研读和如何基于语篇研读进行教学设计	帮助组内教师初步认识新教材中每个单元结构并开启新教材单元教学设计的思考。
2. "单元视角下的有效英语教学"的双新教学展示活动	1. 阅读课 Reading A "Growing Worldwide"教学展示 2. 听说课 "Coming-of-Age Day"教学展示	1. 探索单元主题下的各课时间的联系与渐进教学模式。 2. 尝试线上线下并举的教研形式,扩大教研辐射范围。
3.《高中英语》(上外版)必修二第三单元单元解读与规划	组内全员独立完成该单元八个课时的教学设计,即确定单元内容、设定教学目标、确定课时目标与设计词汇表、整理好句诵读	确保组内每位教师都为新教材的实施做好准备。

通过一系列的主题教研活动,我们教研组成员从理论到实践,从青年教师到全员教师,从本校到学区,实践了我组的教研理念,并将教研的成果进行了辐射,使受益面得以扩大。

二、教研活动设计与实施

1. 现实背景与实际问题简析

作业是教学环节中必不可少的部分,既是教师检测课堂教学效果的重要手段,也是学生巩固课堂所学的途径。中办、国办印发的《关于深化教育体制机制改革的意见》中提出：要切实减轻学生过重课外负担，提高课堂教学质量，严格按照课程标准开展教学，合理设计学生作业内容与时间，提高作业的有效性。

这个文件的出台旨在解决目前学生的作业负担过重，作业质量不高，作业与教学内容脱节，作业没有与学生的实际学习水平挂钩等比较突出的问题。结合我校实际情况，我们发现现有的作业也存在着各课时作业间衔接不好，与课本的匹配度不高，不能很好地满足分层作业的需求等问题。因此，如何提高教师的作业命题能力、如何根据本校学情优化作业内容，成为此次系列主题教研活动要解决的首要问题。

2. 教研活动主题的思考与确定

随着"双新"改革的推进，如何从单元视角出发分析文本，设计教学步骤，设计作业及单元评价成为我组教师不断学习的内容。而其中关于单元作业设计的部分鲜有相关的学习和实践机会，因此试图通过本次单元作业设计相关的主题教研活动，驱动组内教师进行理论学习和相关实践。

其次，在原有的校本作业设计中没有设计过单元作业目标，较多的还是根据各课时的教学内容设计该课时的作业，因此各课时作业之间是相互脱节的，更没有长作业或综合实践类作业的设计。同时，原有的校本作业也没有较理想的分层作业的设计来帮助学有困难的学生搭建完成作业的脚手架。因此，本次主题教研也希望在单元作业与课时作业的关系、实践综合类作业、分层作业方面进行有效的实践探索。

再次，我组的青年教师占比较大，他们也需要在单元作业设计的实践操作中来提升他们的作业命制能力。

综上所述，本次教研活动试图通过单元作业设计实践，摸索出目标指向明确、凸显重点、结构清晰且注重内在逻辑性的单元作业设计路径，并总结单元作业设计过程中的小贴士。故本次教研活动的主题为"高中英语单元作业设计的实践与反思"。

3. 教研活动预期目标

（1）厘清单元教学目标与单元作业目标之间的关系，确定单元作业目标设计的路径。

（2）提炼课时作业之间的衔接与关联模式。

（3）提高教师的作业命题能力。

（4）通过区块教学联动模式，发挥教研成果的辐射作用。

4. 整体规划

本次教研活动的团队主要由黄浦区高中英语教研员金敏老师和上海市敬业中学外语教研组教师组成。围绕教研主题，共规划开展了 7 次教研活动（包括 5 次校本教研，1 次豫园学区联合教研和 1 次区级教研展示活动），如表 2 所示：

表 2　主题教研系列活动列表

序	活动内容与要点	活动层级	活动地点	时　间
1	• 主题教研活动筹备 • 教研主题选题研讨	校本教研	敬业中学	2018. 6
2	• 单元作业设计相关理论学习 • 学习心得分享	校本教研	敬业中学	2018. 7
3	• 单元作业设计个人实践 • 专家指导修改单元作业设计	校本教研	敬业中学	2018.8—10
4	• 反思单元作业设计过程 • 单元作业设计路径梳理	校本教研	敬业中学	2019. 3
5	• "单元作业设计的实践与反思" 主题教研活动	豫园学区联合教研	敬业中学	2019. 3
6	• "单元视角下学生英语探究性活动"的理论学习与实践活动	校本教研	敬业中学	2020.12—2021. 2
7	• "单元视角下学生英语探究性活动的设计与实践"区级展示活动	区级教研	向明中学	2021. 3

本案例介绍的主题教研活动是这一系列活动中的第五次活动，即"单元作业设计的实践与反思"主题教研活动。通过微讲座+互动提问的形式，将我校外语教研组在进行单元作业设计时的一些经验与反思分享给豫园学区的各位教师，帮助大家构建单元作业设计的一般操作思路及如何处理单元各课时作业之间的联系。

5. 主题活动准备

在主题教研系列活动的第三次活动中，教研组组成了四人单元作业设计实践小组，完成了高二英语第一学期 Module Three Unit 5 Animals 的单元作业设计。在第四次活动中四位组员在实践基础上，通过对比、分析多次单元作业设计的修改稿，就单元作业目标设定、各课时作业如何为单元目标服务、各课时作业的联系等进行归纳，形成单元作业设计原则。故此次，即第五次教研活动的内容为：分享单元作业的目标制定原则、单元各课时作业的衔接与联系模式和单元作业设计原则。此次教研活动参与对象为豫园学区高中英语全体教师，旨在将前期关于单元作业设计的一些实践操作方法进行推广。为了让所有参与活动的教师能主动地参与到单元作业设计的思考中，在教研活动形式上我们一改常规的讲座式教研，采用微讲座+互动式教研模式：先呈现出单元作业设计的过程稿，让与会教师在研读之后发现问题；然后由主讲教师就当场生成的问题进行解答，提高教研活动的针对性与实效性。

6. 展示研讨

（1）区教研员金敏老师阐述单元作业的概念及单元作业的作用。除了基本的概念界定，还重点讲解了如何借助地道的语料素材，让学生在真实、有意义的主题语境中，尝试针对不同的交际需求或任务要求，调用所学语言知识和听、说、读、写、看等语言技能，组织思维，运用策略，从而解决不同问题，由此提升语言能力、文化意识、思维品质和学习能力。

（2）敬业中学教师呈现单元作业设计过程稿，其他参与教师提出设计中的问题：单元作业目标的顺序混乱，单元作业目标的内容有重合，单元作业目标难以进行量化检测且与单元教学目标的维度和学习水平不一致。

（3）教研组教师通过单元作业目标的三次修改稿的对比分析，对以上问题进行解答，同时讲解了单元作业目标设计的基本流程与要点：

A. 梳理单元教学内容，确定单元作业目标。通过对单元内容的横向梳理与纵向梳理，能明确单元作业要检测的本单元中语言、结构、功能、听说和写作的内容，避免目标设定的重合、顺序混乱及难度设定不准确等问题。

B. 单元作业目标的精准表达。

（a）结合单元内容，给出具体的修饰语。

例如：在第一稿中，第五课时的作业目标为"能根据所给信息，写出表达清晰、逻辑合理的说明文段落"。在此目标中只是写出"说明文段落"，但是这个内容太过宽泛。根据我们对单元教学内容的横向梳理，我们就能精准地表达这一单元作业目标为"能根据所给信息，写出表达清晰、逻辑合理的有关濒危动物面临灭绝的原因的说明文段落"。

（b）行为描述用词的规范和精准。

在第三课时作业目标的初稿中，我们使用的描述语是"掌握"，而在定稿中，我们使用的是"熟练掌握"。虽然只是多了两个字，但是把目标的要求就鲜明地区别开来，"熟练"两个字明确了对于动词不定式的这两种形式的掌握程度，符合了学习水平的等级C"应用"。在进行描述语的选择时，可以参考《上海市高中英语学科教学基本要求》附录2学习水平界定。

（4）呈现单元作业设计稿，阐述单元各课时作业的衔接与联系模式。以该单元的语法课时作业与听说课时作业之间的衔接为例：本单元的语法作业重点是检测学生是否熟练掌握动词不定式的进行时和完成时。因此在听说课时作业的设计时，我们从作业文本的选材到作业答案的呈现都延续了对动词不定式的输入、考查和运用，做到了课时作业间的衔接与联系。通过课时主题语境的延续，在作业的题干上复现上一课时的语法教学内容，并且在作业的回答形式上也再次复现上一课时的语法教学内容，有效地将两个课时的作业联系了起来，做到了课时作业间的循序渐进。

（5）根据上述实例与分析，概括单元作业设计的原则：目标一致、形式多样、分层递进、反馈有效。

（6）现场教师与主讲教师互动，解答在单元作业设计中的困惑，例如：作业的时长如何把控，如何设定单元目标及单元作业目标，单元作业目标的用语准确性等问题。

（7）专家点评：金怡校长对本次教研的实效性予以褒扬，指出分享的经验与具体实例有可操作性，可以帮助一线教师在实际进行单元作业设计时厘清思路。同时也提出了不足之处：首先，作业的形式还比较传统、单一，可以尝试使用多模态的素材，拓展出题方向；其次，综合实践类作业也未能起到长作业应有的功效，这可以作为下一次教研的研究方向。

三、教研感悟

1. 收获与共识

此次教研活动，我组教师在实践中提炼出单元作业设计的基本方法，并通过问答的互动方式进行分享推广。

（1）明确了单元教学目标与单元作业目标之间的联系

在反复地修改单元作业目标的过程中，我组组员们更加明确了单元教学目标是如何指导单元作业目标的制定；单元作业又是如何实现教学目标的检测；通过单元作业目标的设定如何确定主题语境在作业设计中的主导地位。主题语境的创设贯穿整个单元的作业设计，实现课时作业间的衔接。

（2）课时作业之间的衔接与分层作业的思考

通过此次单元作业设计实践，我组教师有意识地去思考单元视角下各课时作业间的联系，而不是割裂的作业设计，并且开始思考分层作业的可行性操作。我们采取了梯度作业与分层作业相结合的模式，例如：本单元的语法重点是熟练掌握动词不定式的进行时和完成时结构。由于高一的教材中已进行了不定式的部分教授，因此在本单元语法作业的设计过程中，我们着重聚焦在知识点的衔接与延伸。我们由句到篇，难度逐步增加，在检测范围上，从不定式、到非谓语、再扩展到谓语非谓语混合练习，一步步循序渐进，使学生在练习不定式进行时和完成时的同时，复习巩固其他已学的非谓语和谓语语法，做到新旧知识彼此联系，从而更好地理解和应用不定式的进行时和完成时，夯实基础，并为随后的听说与写作练习做好铺垫，帮助学生在口头和书面表达时，自如地运用动词不定式的各类形式。

其次，此次教研活动也催生了有关长作业的设计思考。因为在此次教研活动中尚未对长作业有比较好的设计思路和操作，由此开启了系列教研活动中的第六、第七次主题教研，即单元视角下英语探究性活动的设计。

（3）提升青年教师的命题能力

通过此次教研活动，组内青年教师全程参与了单元作业设计的实践与反思过程。对于单元作业设计的一般操作路径都有了全面的了解，并形成了自己的命题思路与风格。基于此次单元作业设计教研活动，我们组还形成了青年教师命题学习小组，每月进行一次专题命题活动,聘请专家进行指导,不断提升青年教师的作业及试卷命题能力,使教研活动持续发挥成效。

2. 问题与分析

虽然教研活动顺利完成,但是仍有一些地方需要进一步思考和改进:

(1)关于作业的有效性和可行性。在此次教研活动中所使用的单元作业实例都尚未经过学生实践的检验,因此作业的有效性和可行性还有待验证。因此,在之后的教研活动中,可以先让学生做一次作业,根据学生的作业反馈再进行研究与修改,开展更科学的教研。

(2)关于现场互动问题的局限性。因为与会老师先前没有将自己在平时设计作业时产生的问题进行收集,因此在现场提出的问题可能仅限于主讲教师的内容,会比较有局限性。可以在之后的研讨活动之前,先进行问卷调查,收集参与教师关于平时设计校本作业时的困惑与实际操作问题,将会更有普示效应。

(3)关于教研活动的证据积累。此次教研活动未能让参与教研的教师独立进行一个单元的作业设计,来验证教研活动的有效性。后续可以组织教研组及豫园学区高中英语全体教师进行单元作业设计比赛,来检测此次教研活动是否帮助教师掌握单元作业设计的方法。

3. 完善与推进

(1)根据此次单元作业设计的实践,在下一轮的单元作业设计中会着重进行长作业设计的实践,就如何依托单元主题设计操作性强的单元探究性作业进行思考,真正做到将整个单元的内容与语言输入融汇于一个长作业中。

(2)如何合理利用网络平台布置作业是我们将要思考的第二个问题。尤其是英语口语作业,如何有效地利用已有的网络平台,如微信、晓黑板等布置口语作业,在平台上进行批改、反馈、再订正等都是较实际且有应用价值的。

结语

每一次的教研活动,我们教研组都全情投入、互相学习,思维的萌芽悄然生长。借助于主题教研活动和项目研究，教研组共同探究教学的本质属性和根本使命，把握教学规律，让教师的教研活动更好地服务实践、服务课堂、服务学生。此外，在教研活动中专家们的指导起着举足轻重的作用——为我们提供各类理论支持，提出宝贵的改进意见，帮助我们抽丝剥茧，发现问题的本质，找到解决的路径。同时我校的领导也给予了组内教师很多学习理论的机会和实践理论的平台。教研之路道阻且长，我们将分享实践，合作创造，共同建设好教研共同体！

参考文献

［1］中华人民共和国教育部.普通高中英语课程标准（2017年版2020年修订）［M］.北京：人民教育出版社，2020.

［2］上海市教育委员会教学研究室.高中英语单元教学设计指南［M］.北京：人民教育出版社，2018.

［3］上海市教育委员会教学研究室.案例锚定主题.中学卷［M］.上海：上海教育出版社，2019.

［4］上海市教育委员会教学研究室.主题导航教研［M］.上海：上海教育出版社，2019.

[活动点评]

一、活动主题明确

敬业中学的单元作业主题系列教研活动，主题明确清晰，且针对教学难点，有很好的实践研究意义。此次教研作为中期的阶段性成果辐射，定位清晰，条理分明，既借助准备过程将之前的研究成果概念化、路径化，形成一些规律性的理解和认识；也通过此次"微讲座+互动提问"的方式，切实实现了阶段成果的辐射效应。

二、教研活动持续

此系列主题教研活动的研究时间将近3年。其中，既有理论的学习、实践的探索，也有实践后的反思、梳理、辐射，更有对单元视角下不同类型作业的持续性研究，体现了教研组团队和教研组长对单元作业重要性的认识及较强的研究能力。每次主题教研产生的成果，又能转化为后续研究的起点，形成了良性的教研序列。

三、辐射效果良好

此次主题教研为"经验辐射型"教研活动,敬业教研组团队在前期实践的基础上,梳理形成了单元作业设计的一般路径和关键要点,以现场互动的方式,和豫园学区的教师们做了分享。来自一线的经验和做法、形成的路径和思路,的确让参与教研的教师很有收获,学到的不仅仅是这个单元的作业是怎么设计的;更重要的是,能带着此次教研所学,去实施校本化的单元作业设计。这恰恰达成了此次主题教研的最主要目标。

建议加强教研活动前的"问题收集"、活动中的"证据积累"和活动后的"反思沉淀",更好地促进教师和教研组的成长,同时产生更好的辐射示范作用。

(点评人:上海市黄浦区教育学院　金敏)

作者简介

乔健,毕业于华东师范大学外语学院,并获得华东师范大学教育硕士学位。连续六年担任备课组长,并于 2018 学年开始担任外语组教研组长,目前是黄浦区金怡名师工作室成员兼秘书。2013 年主持课题《高中英语情境化语法教学策略研究》,获 2012 年度黄浦区青年教师教育教学课题研究成果评选一等奖;2018 年参加黄浦区英语学科作业试卷设计评比获一等奖,同年参加上海市学科作业试卷设计评比获三等奖;2021 年获黄浦区园丁奖。

有效命题，把脉"教""学"

上海市松江二中　朱静华

引言

2020学年，新课程新教材全面推进，高中英语也开始启用全新的教材，高中英语教育面临新的挑战和机遇，也对每一位高中英语教师提出了更高、更严的要求，不仅教学理念需要更新，课堂教学需要转型，命题能力也需要提升。通过有效命题，可以精准反映教师的教学质量、学生的学习效果。《普通高中英语课程标准（2017年版2020年修订）》提出，"命题要着重考查学生在具体情境中运用英语理解和表达意义的能力，特别是听、说、读、看、写的能力。同时，要通过语言材料的选择、考查重点的设置、考试项目和考试形式的设计等，直接或间接地考查学生的文化意识、思维品质和学习能力"。因此我们组确定以"高中英语命题研究"为抓手，掌握命题的基本原则及变化趋势，提高命题能力，注重试卷分析，提升教学有效性。

一、教研理念与经历

1. 教研理念

教学与研究相辅相成，教而不研则浅，研而不教则空，无教之研显得空洞乏味，而无研之教则如坐井观天，只有把教学和研究紧密结合在一起，从教学实际中发现问题，从研究中找到解决问题的方法，然后运用这些方法于教学实践中，指导、修正教学，才能最终提升教育教学的质量。基于此，我们教研组认真分析自身薄弱环节，寻找教学实际中亟待解决的问题，进行"问题解决式"的行动研究，使教研落在实处，真正为教学服务。在教研活动中，我们遵循图1所示的行动模式，确保教研活动能解决实际问题,提高教学成效。此次高中英语命题研究的系列教研活动,我们从组内讨论,确定"命题研究"这一方向开始,邀请专家做专项指导,然后进行命题实践,反思存在的问题,总结经验,提升组内成员的命题能力。

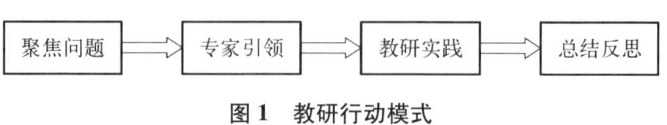

图 1　教研行动模式

2. 教研经历

　　笔者在 2015—2017 学年,作为小组成员,参加了区高中英语共同体的"基于高中主题式写作中词汇教学策略实践研究"的课题研究,对写作中的词汇教学进行了探索与研究,并完成了《高中英语写作的个性词库建设探索》。2020 年担任教研组长后,更加迫切地意识到,若要推进整个教研组的发展,必须重视教研工作,推进切实有效的教学研究。因此在 2020 学年初,在听取了组里教师的意见后,针对大家最迫切的需求,在组里开展"高中英语命题研究"的教研组系列活动;2021 年 3 月,我校参与了上海市英语教育教学研究基地的上外版教材示范校项目,作为主持人,在我区教研员的支持下,带领我组的几位年轻教师,开展了"双新背景下高中英语作业设计探究"的课题研究。整个教研组团队积极投入到教研活动中,基于学校、学生的实际情况,一起寻找研究的着力点,探讨研究方法。这种同进退、共成长的良好氛围,给予了笔者推进教研组教研活动的底气和勇气。

二、教研活动设计与实施

　　2020 学年,我校英语教研组就如何在"双新"背景下更好地进行英语命题展开了系列教研活动,旨在提升组内成员的命题能力,提高命题的科学性和有效性,使之对英语教学产生反拨作用,从而提高英语教学的实效性。

1. 教研背景

　　我组之所以选择"高中英语命题研究"这一主题是基于以下三个方面的原因:

（1）教研活动从实际出发，解决紧迫问题。近三年来，英语组引进了6名新教师，占了英语组的25%，这些青年教师在教学上有创意，但命题经验明显不足。为了让测试更有效，避免拼凑试题的情况，有必要升级组内教师的命题能力。

（2）新课程新教材的推进，对考试命题也有了新的要求，教师必须更新观念，与时俱进。根据《普通高中英语课程标准（2017年版2020年修订）》的要求，"在具体命题过程中，要体现本课程标准所确立的课程目标和教育教学理念，要有利于促进和引导高中英语教学全面落实本课程标准所规定的课程目标、课程内容和学业质量标准；要有利于引导学生优化学习方式，拓展学习渠道，提高学习效率；要有利于英语教师大胆进行英语教育教学改革；要有利于学校综合评价学生的英语学习水平和表现。"此外，命题还需注意考查英语学科核心素养；要根据英语语言的实际使用情况命题；要充分考虑学生的生活经验和认知发展水平；要确保试题的信度和效度；要合理制定评分表。面对这么高的命题要求，整个教研组必须认真学习、体会、实践、反思、提高，通过一系列的研讨活动，提高对命题的认识，提升命题的综合能力。

（3）配合学校的整体安排，本学年学校以"提升命题能力，再攀发展高峰"为重点，要求各教研组重视命题，因此我们教研组确定了"英语命题研究"的教研主题。

2. 教研主题与范围

"高中英语命题研究"的教研活动主要在教研组内部进行，在三个备课组落实，目的为提高整个教研组成员，尤其是年轻教师的命题能力，以更好地满足英语课程标准以及新时代的要求，通过科学、合理的命题，反映教与学的问题，更好地指导教学，保证教学的高效实施。

3. 教研内容与形式

"高中英语命题研究"教研活动的具体内容包括"双新背景下的高中英语命题总体要求""高中英语命题研究——语法及词汇命题""高中英语命题研究——完形填空命题""高中英语命题研究——阅读理解命题""高中英语命题研究——概要写作命题""高中英语命题研究——翻译及写作命题""高中英语命题研究——听力命题""高中英语命题研究——质量分析"八个专题系列，在每一次的系列教研中，主要以专家引领、实践操作、专家点评、交流分享的工作坊形式开展,大家通过学习、领悟、实践、评价、反思、改进,加深对命题规范与要求的认识,提高自身的命题能力。

4. 教研活动设计与实施步骤

整个系列教研活动为期一年,教研组长担任主持人,高一、高二、高三的三位备课组长为共同组织者,邀请命题专家徐雯老师、陆跃勤老师、潘鸣威老师,以及学校课程教学处顾春梅老师为指导者,分别就"双新"背景下的高中英语命题总体要求和语法、词汇、完形、阅读、概要写作、翻译、写作、听力各方面具体要求以及如何进行试卷质量分析进行指导。具体实施过程见表1。

表1　教研活动实施安排

教研时间	教　研　内　容	活动形式
2020.9	双新背景下的高中英语命题总体要求及高中学业质量水平解读	专家讲座
2020.10	高中英语命题研究——语法、词汇命题	专家指导
2020.11	高中英语命题研究——完形、阅读理解命题	专家指导
2020.12	高中英语命题研究——概要写作命题	专家指导
2020.2	寒假中教研组就词汇、语法、完形、阅读、概要写作进行命题实践	命题实践
2021.3	高中英语命题研究——翻译、作文、听力命题	专家指导
2021.4	教研组就翻译、作文、听力进行命题实践	命题实践
2021.5	教研组进行命题质量分析	互动交流,专家点评
2021.6	教研组对命题进行质量分析,探索进行题库建设	实践探索

5. 教研活动成效

在将近一年的"高中英语命题研究"系列教研活动中,教研组成员认真学习,积极实践,收获颇丰。

（1）明确命题原则

通过专家引领下的对于新课程标准的学习，教研组成员经过集体研讨、个人实践，对命题的原则有了更明确的认识。如考试内容覆盖面要广、语言素材要真实地道典型、创设的语境要符合学生的生活经验和认知发展水平、能紧密围绕学业质量水平、能全面考查英语学科核心素养等原则是命题过程中始终要牢记的准绳。

（2）把握命题策略

经过系列主题教研活动，教研组成员意识到以往命题中的缺陷和不足，对于命题的技巧、策略和规则有了新的认识。譬如在语料选择方面（表2）不再是拿来主义，而是学会了筛选、修改；对于最常见的多项选择题的命题策略（表3），通过实践和总结，对于命题的细节有了更深的体会。虽然规则琐碎、繁多，但给了我们命题的抓手和方向，使命题能力不再是抽象的概念，而是具体的实施，然后在实践中得到锻炼和提升。

表2　语料选择注意点

1	语篇长度适中
2	语篇难度是否符合学生学情
3	语篇主题合适，覆盖面广
4	语篇有足够的出题点
5	语篇内容不偏向特定群体的学生，保证公平

表3　多项选择题的命题注意点

1	干扰项合理，考虑了学生的常见错误
2	注意题干和选项的长度以及语言表达的简洁
3	选项在结构上保持一致，避免考生运用应试技巧答题成功
4	选项中不标注中文，不采用绝对化词汇，如 always, never, all, none 等
5	考查目标明确，每个单题只聚焦一个知识点进行设问

6	考点针对考试目标都有所覆盖
7	设问内容在文本中较为均匀地分布
8	选项答案必须本身无语言错误,在文中有足够支撑

（3）形成命题成果

教研组成员在学习理论知识的同时,积极将所学理论化为实践,进行命题实践,个人独立进行单元测试卷命题、小组进行阶段检测卷命题、备课组之间互相进行期中考试卷、期末考试卷的命题,相互评价、反馈、修改,总结经验和心得,切实提高个人的命题能力。此外,利用整个教研组力量,编制了一套高三训练习题,与上海交通大学出版社合作,即将出版。

（4）探索题库建设

通过命题能力的提升,使英语组原创命题成为常规任务,每学期进行原创命题实践,从题型、主题语境、主要内容、语篇长度、Flesch-Kincaid Grade Level、考查能力等维度进行试题整理、汇总和筛选,探索校本题库建设,迈开校本题库建设的第一步。

题型	主题语境	主要内容	语篇长度	Grade Level	考查能力	命题人	审核人	预估难度

图 2　命题检测维度

（5）规范质量分析

在提升命题能力的系列教研活动中,我们也注意对命题的质量进行分析,规范了质量分析的方法,通过反馈、反思,进一步推进教研组的整体命题能力的提升,并从问题中找到教学中的薄弱点,调整教学方向。（附高一第二学期的期中考试分析）

三、教研感悟

在整个系列教研活动中,组员们都能积极主动地参与到研讨活动中，并及时地将所学应用于实际教学活动中，大家从中感悟良多。

1. 年轻教师对于命题的初体验。对于缺乏命题经历的年轻教师而言，通过此次活动，他们对命题有了更直观、更清晰的认识。有成员感叹道："作为今年入职的新教师，试卷命题本身对我而言就是一个巨大的挑战，刚开始的时候实在是一头雾水，所幸我们教研组开展了命题研究的教研活动，经过陆老师、徐老师、潘老师等专家的指导，并经过我们自己的实践体验，才渐渐明白，命题不仅仅是简单的出题，还要考虑到格式、考点、难易度、作文指令是否清晰等等。不管是理论习得还是实践研究，这次命题教研活动让我受益良多，是一次十分有意义的活动。"

2. 资深教师对于命题的新感悟。不仅年轻教师从此次的教研活动收获良多，对于有一定教龄和命题经验的中青年教师来说，此次教研活动也大大提升了大家对命题的专业认识以及对如何在"双新"背景下通过合理、科学的命题，促进学生核心素养的发展。有成员指出："通过这次关于命题研究的系列教研活动，让我明白了文本选择时要重视语言的真实性原则，尽量采用真实、地道、典型的当代英语素材；改编素材时应根据测试目标和学生实际语言水平，进行适当改写，保证语篇内部结构和意义表达的完整性与连贯性，尽量体现原汁原味的特点。"也有成员表示："在命题中会更重视主题语境的覆盖面。根据新课标的要求，在人与自我、人与社会和人与自然的三大主题语境中，还细分不同的主题群和子主题，要达到更广的覆盖面就要求我们平时注重各种不同主题素材的积累。"

3. 各成员对于各自薄弱点的再认识。通过这次教研活动，教研组成员不仅更全面地了解了整个命题的策略、规范以及过程，对照自己原有的命题习惯及能力，大家对自己平时命题较薄弱的环节有了更明确的认识，从而使得命题能力的提升更具针对性和实效性。如有的成员对听力试题的设计有了新的了解，"这次的命题研究系列教研活动，让我印象最深刻的部分就是对于试卷中听力部分的效度研究，因为之前我们并不注重听力，材料往往拿来就用，从未曾深究。通过此次学习，我充分了解到，在命制听力题型时，命题人要考量的因素其实有很多，包括：文本内容、听力策略、词汇知识、语法知识、语篇线索、话题熟悉程度、体裁、问题类型等方面。譬如，在话题方面，听力材料在主题上应该要选择合适的题材，难度要适中，主题不应该有利于参加测试的某一部分群体或者存在文化偏见。同时，在听力理解测试的过程中，考生回答问题应该具有语篇依赖性,也就是说,考生不应该没有听到或者没有听懂录音材料就可以回答出问题。这次教研活动让我们重新审视和思考对于听力试题的命制方法和今后需要考量的因素,比如:篇章长度适中,生词比例合理,话题类型多样等。命题之路,道阻且长,我们将继续潜心研究。"还有教师对翻译的命题有了新的感悟:"第一次明确地了解到,在出翻译题目时,第一步就是针对高考词汇手册,确定核心词;第二步考虑句子结构;接下来考虑语境,一般是德智体美劳各方面,且前面语篇中没涉及的,比如民族教育、劳动教育、体育运动等;之后考虑得分点和修改文字,如:把"英语性"的中文翻译成流畅的中文语言文字;考虑主动与被动语态;考虑时态是否有差别等,这次的培训令我深受启发。"

结语

经过这一学年的"高中英语命题研究"的系列教研活动,聆听专家深入浅出的指导,结合自身的实践探索,教研组成员对各种题型命题的原则和策略有了更深的理解,更清楚了命题在反拨教学、培养学生核心素养方面的重要性。但命题能力的提升并不是一年半载就能速成的,我们教研组依然会继续葆有对于命题研究的热情,用理论指导实践,在实践中加深领悟。在日常教学中认真分类、归纳、整理各类语言资料、语篇文本,探索题库建设,注重命题能力的提升,并做好试卷的质量分析,真实反映出教情与学情,更好地服务于教学。

参考文献

[1] 中华人民共和国教育部. 普通高中英语课程标准(2017 年版 2020 年修订) [M]. 北京:人民教育出版社,2020.

附高一第二学期期中考试分析

松江二中 2020 年第二学期期中考试高一英语质量分析报告

一、命题基本说明

(一)命题指导思想

本次期中考试的目标,在于考查学生本学期以来所学习的语法和词汇（语法以非谓语动词为主；词汇以新教材和高考词汇手册所学习的两块内容），难度方面大致与前两次周测与月考相当，从结果来看，词汇题 21—40 题的得分率远在预估难度之上，年级均分在 96 分左右（总分 150 分）。

（二）试卷的基本特征

由于高一所学英语知识和技能要求还未与高考接轨与达标，本次考试题型中有语法选择、单句词汇填空等，语法单句填空变成了与高考一致的语篇填空。语法考查以非谓语动词为主，在此基础上略涉从句、倒装、代词等；在语篇材料类型的选择上，尽量将语篇范围涵盖三个主题语境，本次考试主要的主题语境为"人与社会"。

题　型	题　号	分　值	主题语境	Grade Level
听力	1—20	25	无	无
词汇 1	21—30	10	无	无
词汇 2	31—40	10	人与社会	A
语法选择	41—50	10	无	无
语法填空	51—60	10	人与社会	B
完形填空	61—75	15	人与社会	C
阅读 A	76—79	8	人与自我	B
阅读 B	80—82	6	人与社会	C
阅读 C	83—86	8	人与自然	B
阅读六选四	87—90	8	人与社会	B
翻译	91—94	15	无	无
作文	95	25	无	无

注：	Flesch-Kincaid Grade Level	
	A	11.00 及以上
	B	9.00—10.99
	C	7.00—8.99
	D	6.99 及以下

二、试卷的总体分析

（一）试卷结构

题　型	题　量	分　值
听力	20	25
词汇	20	20
语法	20	20
完形	15	15
阅读	15	30
翻译	4	15
作文	1	25

（二）测量目标与知识内容分布

1. 学科能力目标的界定

I. 语言基础知识

主要测试考生对语言基础知识的掌握及其运用能力,即:

I.1　能在语境中正确识别和理解不同语音、语调等所表达的意义;

I.2　能在语境中正确理解和运用词汇;

I.3　能在语境中正确识别、理解和运用语法知识;

I.4 能在语境中正确理解和运用语言的交际功能。

II. 听

主要测试考生理解口头英语并运用相关知识完成任务的能力,即:

II.1 能获取并理解话语中的事实信息;

II.2 能根据话语中的事实信息进行分析判断;

II.3 能推断话语中隐含的意思;

II.4 能归纳话语的主旨大意。

III. 读

主要测试考生理解书面英语并运用相关知识完成任务的能力,即:

III.1 能理解文章的基本内容;

III.2 能根据上下文正确理解词语和句子;

III.3 能推断文章中的隐含意思;

III.4 能理解作者的写作意图;

III.5 能归纳段落或文章的主旨大意;

III.6 能理解句子、段落之间的逻辑关系。

IV. 写

主要测试学生的书面表达能力,即:

IV.1 能运用所学的语言知识译出正确通顺的句子;

IV.2 能根据题意正确、连贯、贴切地进行书面表达;

IV.3 能用自己的语言概括所读材料。

2. 测量目标分布

测量目标	题　　号	分　值	比　　例
听	1—20	25	16.7%
语言基础知识	21—50/第二卷 1—10	40	26.7%
读	51—80	45	30%
写	第二卷翻译 1—4/作文	40	26.7%

三、考试统计结果

	得分率		得分率
整卷	64%	阅读	73.1%
听力	78.3%	语法新题型	60.9%
语法选择	67.1%	翻译	66.5%
词汇	38.6%	作文	60.7%
完形	58.3%		

四、得分率较低的试题分析

1. 值得注意的是,在众多预估难度的大题中,有一些小误差是必然的,但是在本次考试的词汇部分的得分率大大低于预期,暴露出学生的一大薄弱点。

本次考试的词汇部分较为灵活,在单句挖空的命题上,结合单元词汇聚焦板块"一词多义"内容,主要考查核心词汇的多义解析和应用,从结果反映,同学们确实对"一词多义"现象并不重视,如下图所示:

考查词汇	考查来源	考查点	正确率
multiple	课文重点词汇	基本含义和用法	66%
curable	课文重点词汇	基本含义和用法	89%
minor	词汇手册	基本含义和用法	13%
joint	词汇手册	基本含义和用法	51%
moderate	词汇手册	基本含义和用法	13%
just	词汇手册	一词多义(非基础含义)	9%
issue	词汇手册	一词多义(非基础含义)	18%
notice	词汇手册	一词多义(非基础含义)	87%

续　表

考查词汇	考 查 来 源	考 查 点	正确率
nerve	词汇手册	一词多义（非基础含义）	29%
motion	词汇手册	一词多义（非基础含义）	19%

　　探究学生们对这些词汇的掌握程度，我们发现了容易忽视的问题：对于一些耳熟能详的词汇，学生们在进行词汇背诵时，会下意识地认为自己已经学会了这个词汇，从而跳过或略过，不仔细学习。例如 just，notice，nerve 三个词，初中阶段分别用作副词，表示"刚才"；用作动词，表示"注意"和用作名词，表示"神经"，但是本次考的并非其常见用法。可以看出在"一词多义"考点中，除了 notice 一词，其他的正确率都低于 30%，特别是 just 这么基本的词汇，正确率只有 9%，这点着实没有引起学生们的重视。

　　在考查基本含义和用法的类别中，除了 moderate 和 minor 由于牵涉到词义辨析，正确率有所下降，其他的基本都能达到 50% 以上的正确率。

　　2. 在词汇 11 选 10 的大题中，当词汇的考查范围更加广，考点更加全面灵活之后，学生们不仅需要了解考查词的含义，还需要解析句意、句子结构、句子逻辑等。

	考 查 词 汇	正确率	难　点
单选 31	help	25%	刻板印象
单选 34	predicted	10%	长难句解析
单选 36	orderly	33%	词性辨析
单选 38	employ	26%	一词多义
单选 39	regulate	30%	基本用法
单选 40	delight	22%	基本用法

五、后续教学对策

　　1. 在语法方面虽然学生们的基础分都能拿到，但是如果要成为英语能力出众的学生,未来在语法上必然不能丢分。在高一的最后一阶段,一定要加强基础学习,特别是语法薄弱的同学,可以在教师的指导下,再将语法滚动学习一遍,操练重点。

2. 词汇学习上,不勤加复习的结果就是遗忘,一方面明明是背诵、默写过的词汇,同学们的正确率还没有达到一定水准;另一方面,呼吁并指导学生重视一词多义中的一些核心用法,因为对这些词汇的理解不光会反映在词汇题部分,更是反映在完形填空、阅读理解题部分。

3. 加强词汇的输入,为完形填空题打下基础。注重在完形填空中,学生们解题思路和逻辑的问题,在强化词汇认知的同时,引导学生们注重全文思路。

4. 写作教学本次暴露的问题:学生们对成功的理解照理说应该是深入的,结合成功的例子应该是多种多样的,然而结果就是他们对成功的理解却是比较浅显,例子大多局限于近期所学的两篇课文中提到的乔丹和乔布斯。结合 4 月 21 日在市西中学参加的市教研活动,写作教学的重点在"学生学"与"教师改":学生要学会将所学的内容应用到自己的写作中去,教师通过"改",引导学生学以致用,并且学会关注学生的成长性。

[**活动点评**]

松江二中英语教研组团结奋进。教研组长朱静华老师具有丰富的一线教学经验,教学基本功深厚,能积极参加各类市、区研修活动,并带领组员结合本校实际积极进行校本研修。本着落实新课标要求、满足青年教师需求、发展学生学科核心素养的初衷,朱老师在本学年内组织教研组开展了"高中英语命题研究"。整个研修过程由教研组长领衔,备课组长助力,全体教师共同参与,呈现出明确的组织架构;由沪上知名命题专家指导研修过程,呈现出专业的研修深度;用八个不同子话题保障研修内容,呈现出丰富的研修广度;用便于操作的研修模式开展,呈现出实用的研修形式;以整个学年内每月一研的频率开展,呈现出恰当的研修强度;以层层深入、循序渐进的方式推进,呈现出演进式的研修思想。经过的一年主题研修活动,教师对命题过程中的文本选材、选项设置等方面的认识更为深刻,实践更为规范。该主题研修同时促成了校本资源库建设,为校本材料积累、组内青年教师学习打下坚实基础。测试的目标之一是反拨教学,高质量的命题能真实反映教学情况,帮助师生反窥教学，长善救失。通过"松江二中 2020 年第二学期期中考试高一英语质量分析报告"可以看出，教研组在考后能根据科学量表进行分析，反思教学情况，充分发挥试题的反馈、反拨作用。

（点评人：上海市松江区教育学院　凌清华、吴健雄）

作者简介

朱静华，2001 年毕业于上海师范大学英语教育专业，本科学历，毕业后一直在松江二中任教，2013 年开始担任备课组长，2017 年 1 月被评为中学高级教师，2020 年 9 月担任松江二中英语教研组组长。曾获松江区中青年教师教学评比一等奖，上海市中青年教师教学评比三等奖；被评为"松江区十佳青年教师""松江区十佳班主任"等。教科研方面，2015—2017 学年作为小组成员参与区高中英语共同体"基于高中主题式写作中词汇教学策略实践研究"的课题研究；在 2021 年 3 月参与《高中英语》(上外版)新教材示范校项目，作为该项目主持人开展了松江二中"双新背景下高中英语作业设计探究"的课题。

以深度教研促进课堂教学变革，提升教师专业高度

——"核心素养背景下的作业设计和评价"主题教研实践

余　雯　戴文芳

一、教研理念与经历

1. 教研理念

民立中学高中英语教研组一直致力于英语教学研究和创新实践，近年更专注于个性化、数字化和创新实践项目等研究，在区域内享有盛誉，获得专家和同行一致认可。教研组的实践研究在提高学生英语学科知识的同时，培养了学生的英语学科核心素养，教师也在专业上获得了很大的提升。英语教研组传承"创新、个性、共进"特色，实行教研组长总负责、备课组长分负责、组员落实的层层配合制，在学习中改变，在实践中反思，在调整中提升，在提升中飞跃。我们坚信，只要我们带着饱满的热情，踏实地工作，坚持创新管理，不断探究学习，一定会师生携手，共同进步。

我们认为，教研工作包括落实立德树人根本任务、探索育人模式变革及提升教师育人意识和能力。在市、区教研室的专业引领下，我们针对本校本学科的学情，聚焦课程、教师、学生、评价四个方面开展教研。我们坚持以教师立场和学生立场为教研工作的出发点和落脚点，为提升教师教学水平、转变学生学习方式提供智力支撑。

我们的教研活动围绕教与学的需求确定教研主题，教师就课程标准、教材、教学设计、学科重难点等问题进行研讨交流。这在一定程度上解决了日常教学问题，促进了教师间的交流，为青年教师的成长和资深教师教学经验的传承提供了平台。

2. 教研经历

在开展教研工作的过程中，我们经历了一定程度的变化与转型。首先，我们的教研主题从单纯以学科课堂教学为主转变为"课程—教学—评价"整体性的教学研究，加强新教材研究，促进教研转型。其次，我们的研究方法从基于经验转变为证据与经验相结合。教研组长充分发挥教研对课堂教学变革的专业支撑作用，促进校本教研，释放组内教师的教研活力。通过实践探索，英语组教研的传承与创新不断交互，逐步形成了"探索—实践—改进—提炼—推广—再研究"的良性循环。

此外，最初我们的教研活动习惯基于教研组长自己的视角进行，缺少基于组内教师立场、学生立场的设计与实施，致使教研方向不够精准，组内教师素养的厚度和格局难以提升。因此，如何强化教研活动的效度、扩大同伴交流的广度、增加集体备课的深度、提升教师专业的高度，成为我们教研工作转型的切入点和着力点。校级创新实践项目、区级课题和区级团队发展项目为我们提供了解决困惑的多元路径。其中，参与静安区中青年骨干教师团队发展计划给我们带来了尤为深远的影响。

2018年1月，静安区中青年骨干教师团队发展计划启动，我校高中英语教研组着力研究《教育个性化背景下英语核心素养培育的路径》，由教研组长余雯老师领衔，带领组内五位骨干教师共同参与。通过两年的学习、研究和实践，团队教师形成鲜明的梯队，并各自在专业和教学能力上有提升，特别是理论和实践的结合能力有更大的突破与发展，获得团队共赢。余雯老师作为区学科带头人和上海市双名基地攻关计划成员，能在区域有效辐射，并往更高一层的教学能力提升，荣获上海市教育系统"三八红旗手"称号；戴文芳老师不断积淀，成功获得区学科带头人资格；丁捷敏和李成君老师晋升为高级教师；顾天麟老师获得华师大硕士学位，并获得区级青年课题二等奖。总之，全组成员以读书研讨活动、专家讲座、工作室研修、组内研修、学历提升、线上课程（自培）为杠杆，创建学习型组织，每位教师通过不断学习来完善自己，在本体知识、科研能力、教学技能、教师的核心素养等方面得到提升，激发内在动力，促进学科专业成长，为成为特色教师而努力。

二、教研活动设计与实施

1. 教研背景

在"双新"课改的大背景下,学校的教学实践和教学研究都聚焦于新课标所提出的学生核心素养的培养。2020学年,我校高中英语教研组的主题研修围绕"'双新'背景下高中生英语学科核心素养培育的路径"展开。本学年第一学期中,教研组通过组内研修,研读新课标,深入学习英语学科核心素养四大要素——语言能力、文化意识、思维品质和学习能力的具体涵义和相互关系,探讨如何在英语学科中落实学科核心素养。我们认识到,立德树人是英语学科的根本任务。因此,英语学科核心素养的培养应贯穿在英语教学的全过程,包括课程内容的选择、评价标准的制订、教学环境的创设、教学资源的开发、教学模式和学习方式的转变。近年来,教研组先后开展了活动课程化教学实践研究、数字化手段助力高中英语"个性化"课堂教学的实践研究和高中英语博雅课堂教学模式的实践研究,从学习方式和教学模式等角度探索高中生英语学科核心素养培育的路径。

2020年9月,高中英语新教材启动。英语教研组立即行动起来,结合我校所选的"上教版"新教材开展了一系列公开课,对阅读、深度阅读、文化聚焦、听说和诗歌教学等板块进行了教学实践和研讨,并请英语教学专家给我们开设了"'双新'背景下高中英语阅读教学的探索与实践研修"系列讲座。专家对我们的探索和实践给予了充分肯定,并指出,把握新课标的关键在于单元视角、语篇研读和六要素整合的英语学习活动观。活动设计要基于对这三者的分析和挖掘,从输入考虑,创造学生可以产生的输出,让学生在输出活动中充分运用课堂所学,展现输入效果,以输出检测学生对文本的理解深度及对语篇要点的掌握程度。这是高中英语阅读教学中核心素养培育的一条有效路径,即注重学生的起点,设计符合文本特征的教学活动,在教学的过程中充分体现对于学生学习难点的思考,从而促进学生英语学科核心素养的发展。

2. 教研主题及范围

本次教研活动主题为"核心素养背景下的作业设计和评价",是本学年英语教研组"'双新'背景下高中生英语学科核心素养培育的路径"主题研修系列的一部分。

在近一年的教研活动中，我们学习了有关高中英语学科核心素养培育的理论，也通过教学实践探索了高中英语学科核心素养培育的路径，深知通过教学模式变革和学习方式改变可达到有效形成和提升学生核心素养的目的。根据新课标，评价标准的研制也是促进学生核心素养发展的重要环节，而评价标准与作业设计密不可分。因此，本次教研活动便以"核心素养背景下的作业设计和评价"作为研究主题。

本次教研活动由教研组长余雯老师主持，除了全体高中英语教师外，校长和教导主任也出席了本次主题研修，并有我校政治组、语文组、艺术组、信息组等教研组长出席旁听。

3. 教研内容与形式

本次教研活动以校内公开教研形式展开，时长为 2.5 小时。教研组全体教师先观摩职初教师徐钰玮的一节公开课，然后，大家围绕"核心素养背景下的作业设计与评价"展开主题研讨。教研组长余雯老师首先简单回顾了本学年教研组开展的"'双新'背景下高中生英语学科核心素养培育的路径"系列主题研修活动，并带领大家对评价进行理论学习。之后，各备课组结合自己年级的学情和学科特点从评价的角度，以不同的作业设计来说明我们教学实践思路的改变。

4. 教研活动设计与实施步骤

（1）准备阶段

准备一：确定教研活动主题和形式

根据本学期初教研计划，本学期的教研主题围绕核心素养培养路径深入推进，并初步拟定了每次教研活动的基本形式和主题。作为本学期最后一次教研活动，学期初便确定本次教研活动主题为"核心素养背景下的教学评价"。本学期，各备课组都尝试了基于评价的各类作业设计，对英语的教与学都有一定的促进作用。因此，最终决定将主题改为"核心素养背景下的作业设计和评价"。

准备二：学习相关理论

在本次教研活动前两周，教研组外请专家给我们做了主题为"基于英语学科核心素养的高中英语教学评价"的讲座。专家从什么是教学评价、为什么要进行教学评价和如何开展教学评价三个层面对教学评价进行了解读。教学评价以形成性评价为主并辅以终结性评价、定量评价与定性评价相结合。教学评价的目的是为了促进英语学习、改善英语教学、完善课程设计和监控学业质量。专家借助一个个教学实例让我们深刻体会到课程评价体系应以学生为主体,旨在促进学生全面发展和进步。开展教学评价时,我们要突出核心素养在学业评价中的主导地位,着重评价学生的发展和成长;要关注课堂教学过程,通过英语活动实施各类评价。此外,我们还要注重评价方式的多样性和合理性,切实开展好形成性评价;正确处理日常评价与阶段性评价的关系,选择恰当的纸笔测试方法。总而言之,我们要发挥评价的反拨作用,实现评价为教和学服务的目的。

准备三:召开备课组组长会议,确定各备课组汇报形式和主题

专家讲座后,教研组长联合各备课组长一起讨论本次教研活动的具体内容。由于高一是目前唯一使用新教材的年级,大家一致同意由高一年级承担主要研修任务。他们组将由职初教师徐钰玮执教一节公开课,作为前一阶段教研组"'双新'背景下高中英语阅读教学的探索与实践研修"的成果展示。然后,由备课组就这一单元介绍如何从单元视角进行作业设计和评价。高二备课组本学年获得我校个人创新实践项目二等奖,由他们结合自己的学科教学特色和校本课,介绍英语经典短篇小说长作业和基于整本书阅读的阅读档案。而高三年级在本学年的各类区域考试中成绩优异,他们在写作作业设计和写作评价量表方面做了大胆的尝试和探索,取得了很好的效果,他们和大家分享高三写作作业设计与评价。至于汇报形式,由备课组长领衔,形式不限,但要确保所有组员都参与进来。

准备四:高一备课组配合带教导师辅助徐钰玮准备教学公开课

徐钰玮老师的带教导师是高一备课组长李成君老师,她和徐老师先讨论确定公开课单元、主题和课型。根据教学进度和本次教研活动主题,她们将公开课确定为新教材第三册第三单元"Ideal Beauty",课型为第一课时阅读课教学,而教学设计旨在反映新课标的单元视角、语篇研读和六要素整合的英语学习活动观。此后两周内,高一备课组在李成君老师的带领下,列席了徐钰玮老师的三节试讲课,并对教案和各教学环节反复讨论和推敲,确保公开课能高质量呈现。教研组长余雯老师也全程参与了高一备课组活动,并给予了建设性意见。

(2)实施阶段

第一环节:教学公开课展示

研讨活动前,教研组全体教师在高一(6)班观摩了徐钰玮老师的公开课。本课选用的是《高中英语》(上教版)第三册第三单元"Ideal

Beauty"。徐老师的课堂展示非常精彩,结构清晰,由表及里,层层深入。在这堂课中,学生理解了美在不同文化和社会中有不同的表现,人们追求美,表现美,以此来表达自我。最后,学生在输出活动中,表达了人各有美,各美其美的观点。

第二环节：本学年相关主题研修活动回顾

公开课后,听课教师们围绕核心素养背景下的作业设计和评价开展了研讨。教研组长余雯老师主持了这次公开教研活动。她首先简单回顾了本学年英语教研组围绕"'双新'背景下高中生英语学科核心素养培育的路径"所开展的各类主题研修活动,以及教研组近年来在学科素养培育路径上所开展的教学探索。余老师指出,徐钰玮老师的这堂公开课正是英语教研组经过前期专家指导后对"双新"背景下高中英语阅读教学的进一步探索与实践。徐老师通过单元视角和六要素整合的活动观来实现核心素养的落地。她通过设计基于语篇的学习理解类活动、深入语篇的应用实践类活动和超越语篇的迁移创新类活动,发展学生的核心素养。

第三环节：本次教研活动研修主题解读

余雯老师对这次研修主题——核心素养背景下的作业设计和评价进行了解读。她首先让今年9月即将入职的新教师浦欣元和大家交流学习体会,带大家重温了两周前专家所传授的教学评价理论知识。接着,余老师补充说,作业评价要遵循以下四个原则：以英语学科核心素养为评价指南；以学生为评价主体；以学生进步及完成过程为评价重点；以多元评价为评价方式。

第四环节：各高中英语备课组汇报

接着,余雯组长安排各备课组透过评价的理念,以不同的作业设计来说明教学实践思路的改变,以更优的方式看待学生的进步。

作为目前唯一使用新教材的年级,高一备课组组长李成君老师结合徐老师所教的第三单元介绍了单元作业设计。李老师认为,从单元视角设计作业即通过具体载体和抓手,让学生所学融入到做一件事情中去。以徐钰玮老师展示课布置的课后作业为例,要求学生推荐班中一位同学作为校园大使,并说出理由。这样的作业取材于真实生活,引导学生在应用中掌握语言,让学生有话能说,有话想说。而要完成这个作业,教师要给学生搭建足够的脚手架,尤其是语言支持。徐老师在教授本课时,牢牢抓住主题意义,引领学生探讨了美的定义、美的评价标准以及不同时代和文化中美的表现,使学生形成与"美"相关的主题语库。此外，徐老师在设计作业时，注重了"外在美"与"内在美"的关联性与递进性，顺应学生思维梯度，提升其思维品质。最后，李老师还强调，单元作业设计要通过探讨国际视野下的话题，挖掘人文价值，培养学生的社会责任感，使其形成正确的价值观。同组的周玲老师补充了活动中帮助学生构建词汇和背景知识的方法。周婷婷老师则简述了自己基于学情，针对 Mini-project 活动做了灵活调整以帮助学生积累词汇。关于评价，高一备课组老师向大家介绍了新教材每一单元后的自我评价表的使用。学生学习一个单元后，从自我、他人和行动三个角度对本单元的阅读、语法、听说、写作和文化聚焦各板块开展评价。该评价表各项指标描述明确，可以帮助学生准确地评价自己的学习成果，并据此规划下一步的学习目标。其他年级的老师听后很受启发。

高二备课组持续在创新实践中表现突出，他们基于以评促教的理念，设计了英语经典短篇小说长作业和基于整本书阅读的阅读档案。汇报首先在戴文芳老师和薛佳悦老师的对话互动中展开，她们介绍了"英语经典小说阅读展示活动学生参与自评表"的研制目标和原则。该评价表不仅明确了作业的总体要求，还描述了各项任务在语言、内容、呈现方式、团队协作等方面的具体指标，以便学生正确理解评价标准并分步骤开展活动，从而保证整个活动的实施质量。接着顾天麟老师从整本书阅读入手，分享"建立阅读档案"这一评价手段。整本书阅读档案包含小说背景调查、阅读任务单、故事情节连环画、读书评论和课外活动任务单，将这些材料装订成册，就形成一本每位同学自己的阅读"档案"。高二备课组的作业设计在一定程度上辅助了第一课堂教学目标的落实，使得英语拓展课更为完整丰富。他们设计的作业不仅激发了学生学习英语的兴趣，也让学生对英语学习保持主动和积极的态度，培养了学生的英语学科核心素养。

高三年级在本学年的各类教学质量调研中表现优异，形成了一定的区域影响力。高三备课组组长丁捷敏老师以高三"旅游"主题写作为例和大家交流分享了高三写作作业的设计，罗亚老师交流了高三备课组精心设计的高考英语写作自查清单。为了提高学生的写作能力，从头脑风暴到思维导图，从内容到语言组织，从赏析范文到摘录好词好句，从学生自评互评到教师一评二评，高三备课组在写作作业设计和写作评价量表方面做了各种尝试和探索。在完成了三个阶段不同写作任务后，学生会从多维度、多角度切入讨论，内容组织更有序，表达更顺畅。不少学生在写作的内容、语言、结构方面均有一定的提升，从此可以看出高三老师们在写作指导方面的教学扎实且有效。

最后，即将入职的张甜老师结合自己在读研期间撰写的论文，解答了教师普遍存在的如何评价文化意识的疑惑，给大家带来一定的启发。

5. 教研活动成效

本次教研活动后，大家达成共识：任何评价方案的最终目的并非是给学生评定等第或分值，而是为学生如何成功完成各项任务提供明确的指令和方向。因此，在设计评价方案时，教师应明确作业或任务的具体要求，帮助学生高质量完成活动任务。此外，所有评价表应在活动实施前分发给学生，引导学生学会监控和调整自己的英语学习目标、学习方式和学习进程。成功的体验能转化成学生学习英语的兴趣与动力，教师应通过有效的评价方案来帮助学生达成这个目的。尤其是对于性格比较内向或英语学习能力较弱的学生，教师还应该在作业或活动实施过程中给予一对一的指导，鼓励并帮助学生获得成功的体验。

即将入职的两位新教师浦欣元和张甜对这样的教研活动感到既新鲜又兴奋，能加入民立中学高中英语教研组这样团结向上的集体，她们感到非常幸运。这样的研修，既有理论知识的高度，更有教学策略的具体落地，是以前在大学课堂中无法学到的经验。她们非常高兴能有这样宝贵的机会，在入职前就能参与到教研活动中，迅速融入团队。

三、教研感悟

在这样一个教育教学变革的时代，学科教研工作转型是必然的结果。我们的教研主题要从单纯以学科课堂教学为主转变为"课程—教学—评价"整体性的教学研究，加强与新教材相适应的研究。如何强化教研活动的效度、扩大同伴交流的广度、增加集体备课的深度、提升教师专业的高度，是我校高中英语教研组教研工作转型的切入点和着力点。

教育科研并不难，就是"把不懂的问题提出来，把学到的理论做出来，把实践的感悟说出来，把获得的经验写出来"。但要能做好这些小事，也不容易，一定要坚持不懈，精益求精。民立中学高中英语教研组会秉持着这份工匠精神，分工协作，磨练专长，珍惜实际活动中碰撞出的智慧火花。

[活动点评]

　　民立中学高中英语教研组是一支精干的教师团队,用心做好每一项教育教学工作,智慧思考教育路线。此次教研活动是团队从学习新课标到落实新课标的一个体现,反映了教研成果的丰富性和创新实践性,准备非常充分,日常教学中有意识地积累材料。英语组的作业设计可定义为高定版教学,而本次活动可归纳为"有序""有物""有人"。"有序"是指英语组每一次活动都组织得秩序井然;"有物",即每一段发言都言之有物;而"有人",是指组长眼中有教师,教师眼中有学生。每次研修,每个备课组各具风采,每位教师都有发言机会。"双新"课改响应国家社会长远的需求和目标,希望英语组也可以制定更长远的目标,将计划落地。希望英语教研组各位教师进一步领会核心素养,以评价为引领,带动教学和评价的改革,期待民立中学高中英语教研组的长足发展。

（点评人：上海市静安区教育学院　汤华）

作者简介

　　余雯,静安区拔尖人才,静安区英语学科带头人,上海市双名基地攻关计划成员,民立中学高中英语教研组长,民立中学民盟主委,中学英语高级教师,美国陶森大学教育学硕士,并获得上海市紧缺人才"高级口译证书"。近五年荣获上海市教育系统三八红旗手、静安区园丁、静安区优秀班主任标兵、科普英语竞赛优秀指导教师奖、上外杯英语竞赛优秀指导教师奖等荣誉称号。所带团队荣获上海市巾帼文明岗和上海市金爱心集体等荣誉称号。工作期间,她一直本着"只要给学生搭建一个舞台,他就一定能够绽放自己的光彩。只要充分相信学生,他们每个人都可以成为21世纪的人才"的教学理念,努力激发每位学生的潜能,打开每一位学生的眼界,引领学生为未来而学。

　　戴文芳,中学英语高级教师,区学科带头人。华东师范大学教育学学士,美国陶森大学教育学硕士,现任民立中学英语教研组组长。曾获得上海市"金爱心教师"提名奖、静安区园丁奖、静安区高中英语教师课堂教学技能大赛一等奖等荣誉。参与上海市教研室编写的《高中英语单元教学设计指南》并撰写了"单元学习活动设计",为高中英语教师开展英语单元学习活动提供了依据。在静安区教育学术季中,《厚己薄彼——高三英语有效教学策略》和《让活动点燃英语课堂》作为成功教学经验,在区域内得到推广。

关注单元主题，优化命题设计，践行复盘式研修
——以高一备课组阶段性考试命题为例

上海市松江区第一中学　薛　瑛　刘露霞

引言

考试是学生教育成效的核心检测手段，以"复盘式研修"的理念优化考试命题设计，有利于进一步做好命题出卷、考后分析、试卷复盘等考前、考后所涉及的中心环节。一份科学有效的试卷不仅能达到检测学生学习、促进学生进步的作用，而且还能促进教师对课标、教材的把握能力，对学生实施因材施教的教学能力的提高。新教材实施以来，单元的整体性得以凸显，主题语境贯穿整个单元。关注新教材的单元主题特色，并在此基础上优化命题设计，也是教研组重要的关注点之一。

本文是本校英语教研组复盘试卷命题研修的一个案例分析，通过探讨新教材中单元主题下的命题设计与实施，开展以教研组为单位的复盘式研修活动，反思此类教研活动的必要性和可行性，从而为今后此类研修提供一些思考。

一、教研理念与经历

（一）教研背景

1. 背景简述

自 2019 年《国务院办公厅关于新时代推进普通高中育人方式改革的指导意见》和 2020 年《普通高中课程方案（2017 年版 2020 年修订）》《普通高中英语课程标准（2017 年版 2020 年修订）》的发布以及普通高中新教材的实施以来，为贯彻相关文件精神的落实和推进工作的部署

与实施，在我校基于"双新"背景，以"三识"为培养思路，在"四自教育"新局的学校发展目标的引领下，我校英语教研组配合课程教学中心，探索"5‐30‐5"课堂教学模式，建构"学研课堂"，提升学生在校学习品质。

为积极响应学校号召，松江一中高一英语备课组以"复盘式研修"为指导纲要，以单元主题下的阶段性考试的命题为抓手，开展了试卷命题研修案例与分析。

2. 教研现状

高中一线英语教师研究教学的比较多，而对命题设计、试卷分析、考后措施等的研究力度不够。在平时出卷过程中，大多是奉行"拿来主义"，粘贴复制的占绝大多数，自创命题相对来说比较少。考后也只能通过几个数据来编写试卷分析，大概了解学生存在的问题。但是教师的命题能力、试卷分析能力也是教师专业技能的重要组成部分。一份合格的英语试卷不仅是科学评价教学的手段，也是促进师生的发展的途径。此外，考后分析还能有效调整下一阶段的教学，优化教学行为。

在传统教研中教师们更多着眼于眼前，对于教学上的整体规划、深层的教学理念、前沿的教学方式等方面的内容，时常是心有余而力不足。然而，在"双新"和高考改革的背景下，传统教研方式似乎很难再有上升空间。最发人深思的就是每个学期结束，回顾一学期的教研活动时候，我们会发现，除了追赶和完成教学进度和目标，其他的涉猎似乎少得可怜。一次又一次的教研活动后，教师们在本已忙碌的工作中变得更加手忙脚乱，然而却没看到自身的成长和进步。

因此，教研活动主题应该是多样的。本学期学校的一个活动主题是复盘考试命题研究，故我们英语组的研修主题也相应地作了调整。除了常规的教学方面的教研活动，新增了以提高命题质量为目标的研修，旨在提升教师的命题能力，提高本校自主命题试卷的命题质量，提高考后分析的指向性，更好地为教学服务。此外，结合新教材的主题语境，深入挖掘单元主题下的学科素养和学业质量落地路径。

（二）教研理念

本文以阶段性考试的命题为例，着眼于新教材中的单元主题，并采用"复盘式研修"的理念与流程，进行优化命题设计的阐释分析。"单元主题"和"复盘式研修"作为核心理念对本文起到支撑作用。

1."单元"理念

"单元是承载主题意义的基本单位"(教育部,2020)。新教材中以主题语境划分出不同的单元,以主题来指导单元中阅读、词汇、语法、探究等不同板块的知识架构,将主题与学生的学习及日常生活相关联。在进行命题设计时,除了将知识点纳入其中,还要关注到主题的价值,巧妙地将语言知识与主题语境和学科德育相结合,助力于提高学生的核心素养。

2."复盘"理念

复盘是围棋、象棋术语,也称复局。复盘式研修,是以"复述、盘点"的方式,回顾、认定教育活动事实,追溯、反思活动过程,以期获得启示。复盘式研修可以由活动参与者进行复述、盘点,也可以借助录像资料再现活动过程。复盘式研修是动态的、生成的,其价值就在于提高研修的质量,加强研修活动的指向性、缜密性、深刻性,提升研修成果的可借鉴性,进而快速优化教育行为,全面提升教育品质。复盘式研修还能够引导教师树立"以终为始"的习惯,即在考虑如何开展教育教学活动之前,先关注学习活动要达到的目标,以教育教学活动的预期成效作为规划工作的起点。

二、教研活动的设计与实施

在上述背景的影响和教研理念的指导下,松江一中英语教研组开展了优化命题设计的复盘式研修,并进行了活动的设计与实施。

(一)教研活动的设计

1. 教研活动主题与目标

本次教研活动以命题设计的优化为抓手,结合各备课组的教学情况,通过复盘式研修的方式,深入挖掘单元主题下的学科素养和学业质量落地路径,从而进一步提高学生的学习成果,提升学生在校学习质量。

本次教研活动重点在于"双新"背景下的阶段性考试命题,尤其体现将单元话题与考试命题相结合的特色,通过备课组复盘研修,促进阶段考试的准备命题、审核验题、测验做题、考后盘题和分析改题的方式的改进。

通过阶段性考试的命题和分析,不仅能够呼应新教材在授课实践中围绕"单元设计"进行的教学活动，而且进一步巩固学生的学习成果，进而实现以"单元主题化"为特色的多元评价方式。努力做到有理论、有实践、有规划、有操作，内容丰富，形式多样。

通过对几次阶段考试整体流程的把握与梳理，紧扣新教材特色，把握单元化命题视角，聚焦英语学科核心素养，以学业质量落地为目标来反思课堂教学，切实提高课堂效率，打造"5 - 30 - 5"高效课堂。

2. 教研活动方式与流程

本次教研活动以备课组为单位，进行阶段考试的命题、审核和复盘，任务具体分配到个人，不同教师搭配合作，共同完成备课组任务。

在复盘式研修理念的指导下，本次活动流程设计如下所示：

（1）准备命题，分配阶段测验命题人员，两位教师共同进行命题。

（2）审核验题，由备课组长负责题目的审核与进一步修正。

（3）测验做题，开展测验，由学生考试和其他未看过试卷的教师做题，了解师生的相关反馈。

（4）考后盘题，统计考试成绩进行质量分析和复盘，开考试质量分析会，盘点命题优缺点以及学生完成情况，从而反思课堂教学目标的达成。

（5）分析改题，考试质量分析之后进行测验题目复盘，分析提升命题质量的方向，并为下次的阶段考命题奠定基础。

（二）教研活动的实施

1. 整体部署，细化任务分配

以高一备课组为例，学期初确认阶段性考试命题的任务分配，进行整体性安排与部署，确保准备工作得以顺利进行，责任明确到人。

表1　教研任务分配说明

阶段性测试	命 题 人	审核人	做题教师	复 盘 方 式
阶段测试一	夏凤英、江守礼	薛瑛	其余高一教师	组内分析复盘
期中考试	陆国忠、刘露霞	薛瑛	其余高一教师	高一年级质量研讨会
阶段测试二	薛鹿敏、王怡晶	顾朝晖	其余高一教师	组内分析复盘

此外,在本学期的教研活动中,还计划邀请了区教研员以及校外专家举办讲座,帮助大家协同研究。在进行任务分配后,教研活动按照之前的流程设计进一步开展,并完成整体性循环。但由于本文的侧重点,有些环节虽然在实践中存在,但在文中适当省略。

2. 准备命题,完成设计说明

在此阶段,命题教师完成备盘预设和命题设计,并进行设计说明。

根据教学进程,不同阶段性测试涉及的教学内容有较大区别。因此,在任务分配之后,首先要回归到新教材和课堂教学之中。以期中考试为例,命题教师为陆国忠和刘露霞,两位教师首先确定了考核内容为第二册最后一个单元以及第三册的前两个单元,梳理出单元的主题涉及运动、成功和艺术,围绕三个单元主题进行命题材料的检索与收集。

此外,根据年级的教学进程,确定了考试形式,并在此基础上结合单元主题和词汇范围来创设语境,完成对单词的考查。语法填空、翻译和作文题目也都紧扣单元主题进行设计。例如,*41. He is no doubt among the most _____ basketball players in his age group.* 选词填空中聚焦于运动的单元主题,同时考查 promising 的单词用法,与新教材的推进相呼应。*43. Many governments round the world are giving _____ to the effective prevention and control of the Covid-19 epidemic.* 则紧跟时事,以新冠疫情为背景,突出英语学科的素养,帮助学生们在学习知识的同时把握时代脉搏。

在中译英命题方面,紧扣教材,教考一致。比如本次考试 94 题中译英考查了"It dawns on sb that"的句型,是单元的重点句型;93 题中译英考查了"passion"和介词"for"的搭配,这也是单元的重点词汇。

3. 考后盘题,协同复盘交流

此阶段,命题教师进行考后分析,组内教师集体协同复盘,交流研讨并形成共识。

阶段测验成绩出来之后,备课组开展协同复盘,主要以备课组会议的形式开展,其中期中测验分析时校长与教学主管也参与到会议研讨当中。

首先,出题教师进行年级情况的总体分析,涉及考情分析和考后措施两方面。其中考情分析记录了学生整体情况,并对常见错误和易错原因进行了回顾,从而有助于考后漏补缺。例如"高失分率试题主要为听力部分的短对话,学生的词汇量有限,发音不太准确,以及短对话只读一遍,学生心理紧张,容易在这一块丢分严重,其中的4—6题失分率最高,得分率分别在22.69%,34.40%,41.69%。"

又比如在中译英中失分较高的是中文"我恍然大悟",对应句型"It dawns on sb that",这里中英文明显有误区,因为中文主语是"我",而英文要用形式主语 it 来翻译,显然学生在学的过程中没有很好地感悟到中英文之间的区别。

因此,在备课组教师的集思广益之下,指出后续措施:① 听力方面,不仅需要增加听的输入,还要提升精听的质量,要让学生在实战中夯实听力速记技巧、辨析技巧,并加强每周听力练习。② 语法方面,仍需反复强调语法规律,做到举一反三,触类旁通。③ 加强阅读过程中阅读技巧的训练,学会把握文本主旨并能关注细节。在备课组其他老师的共同努力下,完成下一步的阶段性教学任务布置。④ 单元重点词汇和句型还需加强操练,有些单词的使用还需提醒学生中英文之间的区别。

4. 专家助力,点拨命题方向和命题技巧

在考试分析之后,为了更加精准地把握命题方向,提高命题质量和学生学习表现,教研组先后邀请了考试院专家徐老师和松江区教研员凌老师进行了命题技巧方面的讲座。

徐老师的讲座从两个方面展开。一方面以英语高考为抓手分析了我校学生高考情况。在分析全市高考的基础上,对标了我校的学生近几年高考情况,指出了我校总体情况以及优势与劣势,并指出今后试卷命题要体现学生的能力,命题时体现学生平时出现的问题,使试卷命题能更好地服务学生。另一方面从命题设计要领和试卷分析角度,对我们的出卷和试卷分析给出了建设性建议。她指出高一的试卷命题不一定要以高考题型进行。比如短文听力部分可以设计成记笔记的形式,将笔记挖出几个空格,作为考查部分,这样高一学生在今后的听力练习中会养成记笔记的习惯,等他们到了高二、高三,听力水平肯定会有不少提高。同时,老师在上课时也要有意识地培养学生听写的能力。这样教师的教、学生的学才能和考试很好地联系起来。

凌老师以"指向高考,提升教师试题研究能力,打造高效能备考"为主题,从三个方面进行分析并提供参考。一是有效分析,精准施策,从学校、班级和学生三个层面进行了分析。在学校层面要找准整体薄

弱点,例如,主观题的翻译命题侧重"讲地道的中文,传播中国文化",要善于对题目进行中文转化。她指出了三个年级的翻译题目中不太地道的中文表达。另外翻译教学要为学生搭好框架。班级层面要精准分析,学生层面要注重课堂与课后,为学生提供"摸高而行"的抓手。二是复盘式反思,多项交流。鼓励教师们要和同行交流,学习优秀策略;要同教材对话;还要同学生对话,激发学生自主性。三是要平稳心态,鼓舞士气。不仅要防微杜渐,更要常积跬步。最后,凌老师以"静心研究、走出交流、多措并举、再创辉煌"结尾。

5. 分析改题,优化命题设计

两个专家的讲座给教研组的教师带来很大的启发,各备课组再次进行复盘,完善阶段考试卷。例如,高一备课组在复盘时指出如下几点:

(1) 92题中译英如果想考察"inform"这个单词,应该给出关键词,否则让学生用"keep sb. informed of"来翻译,难度有点大;

(2) 94题中译英"听了这个励志的故事,我恍然大悟,坚持梦想是通往成功的唯一之路,而且要学会批判性思考问题","我恍然大悟"后面标点符号应该是冒号,用逗号不符合中文的表达。另外"坚持梦想是通往成功的唯一之路"和"要学会批判性思考问题"这两个半句之间没有逻辑性,纯粹是为了考中译英,完全凑拼在一起的,没有考虑到中文之美感。看来要出好中译英,教师的中文功底不可忽略。

(3) 作文提示性中文给予太多,局限了学生的想象力,不利于学生思维品质的培养。

另外各个备课组在教学方面也作了相应的调整。以高一备课组为例。

对于学生作文的指导,高一重点应放在新教材单元的学习,并针对单元的主题语境多加练习。通过主阅读语篇及其词汇语法板块的学习,帮助学生梳理新单元主题化词块,创建学生主题化词汇,帮助学生积累主题化的核心词汇,从而丰富学生作文词汇表达。比如学到"Custom and Tradition"这个单元,可以划分出如下的子话题:成人仪式的名称;成人仪式庆祝形式;成人仪式的意义;成人仪式的目的等话题。每个子话题又有不少核心词汇。比如成人仪式的意义的子话题下就有如下的词汇: learn about multiculturalism and general responsibilities; have respect for other people; have a sense of duty; take on values for themselves；respect knowledge；symbolize and celebrate one's transition from childhood to adulthood；symbolize the beginnings of the journeys in the real world。汇总了这些词汇后，让学生写相关话题的作文。学生积累了一定的词汇量后，在写作中再也不会因为缺乏词汇而难以下笔了。

另一个重点是听力解题技巧的点拨，聚焦以前忽略的教材中的听力部分。受到徐老师讲座的启发，高一老师经过讨论决定，首先是充分利用课本上的听力内容和书本上的相应练习。挑选出一些其他听力练习，并进行相应改编。比如以前做听力都是直接听，然后针对后面问的问题做选择。现在做短文练习时，可以是第一遍听完让学生做记录，然后学生之间分享记录，看看怎么做记录更有效；或者第一遍时聚焦某个细节，听完可以采用师生校对或者生生校对等方法。

三、教研感悟

以考试命题为主题的复盘式研修对于提高学生学业质量水平有着重要的作用。为了迎接期末考，使备考和考试的品质有一个提升，可以从考前备考和考后分析两部分进行提升。

对于高一备课组而言，考前，首先紧跟备课组的复习进度，分工做单元复习，在围绕单元重点的基础上，稍作教学统一。在出卷的时候，充分考虑近阶段单元主题，考试文本主题与课文单元主题相一致。

与此同时，考后分析也很重要。通过发现试卷中出现的问题，分析是教师出题的问题，还是学生在学习中产生的问题。如果是出题的问题，那么要反思考题，从而在今后出题中避免此类问题的出现。如果是教学中出现的问题，那么要及时调整教学策略和教学重难点，提高教学质量。如果是学生在学习中的问题，那么教师还要做学习方法方面的指导。

另外专家的力量不可忽视，借助外力可以给我们的工作带来很多的启发和思考。专家在自己的领域有独树一帜见解和较高的造诣。这次请的专家的确也给教师们带来了不少精神食粮。

此次考试命题的复盘式研修给高一、高二、高三备课组的考试命题带来深刻启发，后续又开展了以命题为主的复盘式研修，大大提升了英语教研组全体教师的命题意识、命题能力和考后分析等能力，更让我校学生在校内命题测试中经历切实有效的阶段测试，给后阶段学习起到非同一般的指引作用。

结语

采取复盘式研修的方式,并聚焦于单元主题下的命题设计,为教师们今后的工作带来了一些改变和思考。但是科学的命题远不止这区区一学期的研修所能做到的。路漫漫其修远兮,我们还将进行更深度、更广泛的研究。

参考文献

[1] 中华人民共和国教育部. 普通高中英语课程标准(2017 年版 2020 年修订)[M].北京:人民教育出版社,2020.

[活动点评]

松江一中英语教研组秉持"落实课堂教学,提升学生素养"的教研宗旨,坚持"专业引领,经验传承"的教研方式。教研组长薛瑛专业素养强、教学有实绩,有多年备课组长和教研组长经历,教研经验丰富。为切实体现测评的反拨功能,教研组开设"命题复盘式研修"主题研究。在研究过程中,教研活动指向学校发展目标,基于"双新"背景,以"三识"为培养思路,开"四自教育"新局。课程教学中心、校长室关注活动主题设计、操作流程及评价反馈。该主题研究呈现以下特色:指导专业,专家指导高位引领,区首席教师带领,区学科名师和任课教师精诚合作;流程规范,准备命题、审核验题、测验做题、考后盘题、分析改题五大流程从测试前、测试中和测试后对研究路径进行明确要求;计划详细,在学期三次阶段性测试中,从命题人、审核人、做题教师和复盘方式作出前期安排,遵循组长指导、新老搭配原则,有学期视角和远程规划;反馈有力,测评重点紧扣近期所学内容,及时、有效检测所教、所学成果,考后分析从考情分析和考后措施展开,注重实证,从测评中分析,通过分析改善教学,体现测评反拨功能。

(点评人:上海市松江区教育学院　凌清华、吴健雄)

作者简介

薛瑛,松江一中英语组教研组长。常年扎根在教学第一线,担任备课组长,曾连续担任毕业班英语教学,教学效果良好。荣获学校的教学骨干,松江区第五、第六届学科教学名师。多次参加校、区、市级层面的教学评比,获得一、二、三等奖,获得区优秀指导教师奖,多次参加市级培训研讨,多次代表学校参加跨省跨校教学展示及教研组经验交流。教学风格和风细雨,风趣幽默,形式多样,注重学生个性化发展及个别指导。深知要教给学生一杯水,自己要有一桶水,在教学理念和教学方式上不断创新,以适应学生的变化和教材及课标的新要求。

刘露霞,2020年入职松江一中担任英语教师。获"2020届松江区见习教师综合素质评比"一等奖,"教案设计"优秀奖及"演讲"优秀奖。入职以来多次辅导学生参与演讲、拼词、话剧等比赛并获奖。

聚焦学术意识　探索教学路径

——CAP背景下"基于学术意识的英语教学"教研实践研究

复旦大学附属中学　耿　鋆

引言

2020年颁布的《大学英语教学指南》中明确指出,大学英语应进一步增强其学术英语或职业英语交流能力。这是我国首次在全国高校大学英语教学指导性文件中把学术英语作为大学英语教学的重要目标。

《国家中长期教育改革和发展规划纲要(2010—2020年)》提出要"树立系统培养观念,推进小学、中学、大学有机衔接"。对此,中国教育学会联合国内多所知名大学、一流高中及教育科研服务机构共同组织实施大学先修课程(Chinese Advanced Placement,简称CAP)试点项目,以解决目前我国高中教育和大学教育之间存在的衔接断层问题以及培养和选拔高中优秀人才机制等问题。

鉴于以上文件精神,复旦附中作为CAP的会员单位,结合自身学情和教学目标,近十年来以复旦附中的资优生为研究对象,在常规英语教学中重视和加强学生的学术技能、学术素养的养成,定位复旦附中的英语教学为"聚焦学术意识、培养学术思维、提高学术品质"的教学活动,实现了本校英语教学的三级跳:知识教学—能力训练—学术思维培养,探索高中英语教学新途径。

开展项目化教研活动,实现目标具体化、任务成果化、过程可视化,不仅驱动教师的教学、教研同步,更能够帮助教师找到职业发展的方向,提升教师的职业成就感,更好地为教学服务,提高教育教学质量。

一、学术英语能力的界定

学术英语能力包括语言技能和学习技能(蔡基刚 2018)。语言技能除了听、说、读、写、译等,还包括听讲座、做笔记、做演示报告等学术技能;学习技能包括独立开展学习和研究的能力、收集整理和分析评价信息的能力、批判性思维能力等,分析和思辨能力是学术品质的基础。

哈佛大学 Paola Uccelli 教授的核心学术语言能力(Core Academic Language Skills)理论将阅读理解能力具象化为四个维度,即语句理解能力(Unpacking words and sentences):解构复杂词汇和句法结构的能力;语篇理解能力(Organizing and connecting discourse):梳理整体结构,以逻辑联结词和指代词联结观点和论述主体的能力;内容理解能力(Interpreting content and viewpoints):解读作者主要观点、立场,总结全文主旨的能力;元语言能力(Developing metalinguistic awareness):理解字面意思的同时,了解其语用功能,逐步发展语体意识(秦文娟 2021)。

已有研究表明,英语学术能力不仅与表层的语言资源(如学术词汇、公式化句型)的熟练使用有关,它还与作者深层次的认知习惯和思维过程有密切关系,后者的影响在某种意义上甚至更为巨大。因此,要想从根本上提升高中生的英语(学术)能力,必须先从培养和训练学习者的学术思维品质开始,把高阶思维(higher order thinking)与精确表达紧密融合,才有可能教会学生审慎思考、准确措辞、规范有效地使用目标语,为顺利过渡并接受大学(学术英语)教育打下良好的基础。

二、教研理念

项目化教研就是一种"以教师教研产品开发为目标的学习型教研方式"(苏辉 2020)。它要解决两大核心问题:一是组织和推进核心问题,二是最终形成问题的解决方案或产品。在这种模式下,教研组的教师们要精准、具体地做实地调研,发现实际问题,并通过协同合作,探究原因,寻求解决途径,最终形成教学设计、教学论文、教学展示等相关教研产品。

基于以上理论学习,复旦附中外语组制定了教研行动原则:"项目驱动,以研促教,做研究型的教师"。全员教师积极参与,共同研读理论,邀请专家指导,精准调研,科学设计相关课程,明确教研任务和目的,以课堂教学的落地来检测教研的方向、策略、路径。教研组希望通过有序、有效、有任务、有目的的教研活动,明确"学术意识英语教学"的意义和培养途径,实现教研、教学相结合,实现个体教学和群体教学相结合,促成教研组的整体发展,助力教师们成为学习型、研究型教师。

三、教研活动设计与实施

1. 教研背景

　　复旦附中外语组"聚焦学术意识培养的英语教学"的教研始于2013 年的教学改革。国内学者文秋芳(2006)、郭爱萍,宋丹(2012)等人的研究结果表明,中国的英语学习者在语言输出(如演讲、写作等)中存在严重的"思维缺席",缺乏科学分析和逻辑表述。针对这一问题,余继英(2014)提出写作思辨一体化,张新玲(2009)提出读写结合,Shaw(2000)建议通过阅读、写作和口头表达技能的训练,可以提供批判性思维培养的教学策略,促进批判思维发展。郑咏滟(2021)建议,读写结合的教学模式需要"展开结构性的构思",而且,在内容语气、词汇句法、行文组织、修辞语步等方面都要有一定的严格要求。

　　作为《高中英语》(上外版)新教材示范校,复旦附中承担了 2020年和 2021 年上海市英语教育教学研究基地两年的科研项目。以高中资优生为研究对象,以阅读和写作为研究抓手,聚焦学生在认知和情感上的问题,如:分析、推理、评价技能问题,阐述问题的清晰性、逻辑性、深刻性问题,以及他们自信、开放的情感态度等问题,究其原因,探索提高策略,在促进学生分析性思维、批判性思维的同时,培养他们的学术思维,增强学术意识,为未来的大学教育奠定扎实、有用的学术能力。

2. 高中资优生在学术能力中存在的问题

　　刘华霞(2017)指出,资优生不仅是那些成绩优异的学生,资优生群体思维活跃,具有较强的学习能力和较高的创造性,具有领袖气质和卓越的领导能力,具有潜在优秀特质等。

　　根据以上定义,并结合英语学科特点,笔者认为高中资优生应具备以下特征:

　　资优生的语言思维具有学术的严谨性、思辨性,具有鲜明的自身特点的表达能力,其语言表达具有较强的逻辑性和表现力。资优生在解释、归类、推论、预测、评价、批判等认知能力方面都优于普通学生。他们的思想表达完整、逻辑清晰、有谋篇布局的能力、语言的修辞特征明显。他们往往多元视角看待问题,多维度评价问题,能够渗透到问题的实质。

2020 课题组和 2021 课题组针对高中资优生在英语语言运用,特别是在学术能力方面的灵活度、熟悉度,在复旦附中、交大附中、建平中学、上实验等四校进行了师生调研:访谈四校的 26 位教师和部分学生,观摩课堂教学模式,记录学生上课反应,抽查学生的 summary writing 和 guided writing 习作等。

我们发现,资优生存在的较大问题主要表现在语法规范、词汇精确、逻辑分析、双语转换、思维方式、批判意识、严谨性和规范性等方面有待提高。这些问题与学术英语论文存在的问题极其相似。正如 Ma Xiaohao(2018)指出的那样:中国学生对学术英语(写作)的理解过多关注于语言成分,缺乏文体意识和语言表现形式。

表1　受访四校教师课堂教学

调 研 内 容	经 常	偶 尔	很 少
讲解阅读时进行思维训练	7人	9人	10人
解题技巧和应试能力并重	17人	6人	3人
上课师生互动	9人	11人	6人
补充开放性问题	7人	8人	11人

以概要写作(summary writing)为例,受访学生常出现以下问题:

(1) 不能正确地梳理文本整体结构,断章取义,抓不到主旨(偏题)。

(2) 混淆中心信息和支撑信息。

(3) 概要写作与写作框架混为一谈。

(4) 信息的起承转合生硬。

(5) 只会改述(paraphrase)某一个具体词汇,而不是信息语句。

(6) 忽略概要写作与阅读的关系,在提炼有效信息时缺乏技能和方法。

从调研结果可以看出,教师的教(过程)与学生的学(结果)有着直接的密切关系。

3. 教研主题及范围

为了弥补和提高资优生所欠缺的学术英语能力,促进他们学术品质的发展,复旦附中外语组近几年的教研活动围绕如何贯彻和实施"学术意识培养的高中英语教学"而展开。我们认为,高中阶段,在完成通用英语(基础英语)的同时,教师要努力创建学术英语学习情境,旨在通过学术意识培养的教学活动,和对学生学业进步和成就的测试,帮助学生进行分析、比较、总结、反思、评价等高阶思维能力的养成,提倡和开展重证据、重分析、重思辨的训练,加强学术思维的体验、固化和提升,提高学生学术规范和科学伦理意识,为学生未来的学术进阶奠定良好的基础。

基于以上认识,我们将研究和实践具体到以下内容:

(1)在高中英语教学课堂中,通过分析性活动,获得学术英语所必需的学术素养:搜索、评价、综述和运用信息的能力。

(2)学术思维培养背景下的阅读教学以及它的有效性,如:语篇整体阅读策略、文本信息的逻辑轨迹、作者意图解码、写作特点及语言特色等。

(3)学术思维培养背景下的写作教学以及它的有效性,如:立意的确定、"对话"平台的建立、切入口的选择、论证过程的合理性及谋篇布局策略等。

(4)学术思维培养背景下的英语课堂教学整体规划及课程建设。

4. 教研内容与形式

早在2013年,复旦附中外语组进行教学改革的时候,就确立了"大课本、大课堂、大教育"的教学理念。此方案注重文字、文学、文化的有机结合,注重知识学习和技能培养的相得益彰,强调表格化学案设计,融入续写、改写等写作活动,并将教学活动集中体现在学生分析性思维的培养上。此方案得到了大学和市教研室专家的论证和指导。2014年11月,全体高一备课组同课异构,以公开课的形式对一年的教学探索做了可视化的教学汇报。复旦附中的英语教学渐渐有了学术教学规模,呈现出了学术意识教学的雏形。

　　复旦附中外语组始终围绕"聚焦学术意识、培养学术思维、提高学术品质"的教学方向展开教研,采用灵活多样的活动形式,如"听课日""学术沙龙"、集体研讨、理论研读、专家引领、教辅编写、公开教学、课程开发、项目参与等,推动教学、教研同步建设。

　　"学术沙龙"是复旦附中外语组教研活动中一块重要的阵地,培养教师学术意识和能力、深化学术研究的平台,每学期举办一次活动。外语组本着"请进来、走出去"的原则,以大学为依托,邀请"学术英语"教学方面的专家进行集体或个人的学术(教学)指导。

表2　近两年部分专家给予的专业指导

专家	单　　位	指导方式/讲座主题
蔡基刚	复旦大学	学术英语在中学开展的必要性及论文指导
王雪梅	上海外国语大学	CAP背景下高中生写作中的问题及对策(论文指导)
陈建林	上海外国语大学	基于教与学的抽样调查,透视"一年两(多)考"的利弊及对策(论文指导)
郑咏滟	复旦大学	英语学术写作初学者指南
何　静	复旦大学	辩论中的逻辑培养
全建强	华东师范大学	英语词汇学习的奥秘
常珊珊	上海财经大学	The Art of Public Speaking
徐继田	宝山教研员	语篇的主位述位分析
谢忠平	浦东教研员	中学英语阅读课程与教学及课题指导
周小舟 侯云洁	上海外国语大学 云南师范大学	"阅读与逻辑"课程教学随堂听课

　　此外,外语组先后组织有关教师参加了复旦大学"2020年上海英语思辨课程混合式教学模式研讨",西安交通大学外语学院,广州外国语大学,中国科学院大学等学术英语论坛,为"学术意识培养"的外语教学设计提供更加丰富的理论指导和实践学习。

　　复旦附中外语组还组织相关备课组老师参与教辅图书的编写。

2023届备课组在参与上海市英语教育教学研究基地项目基础之上,结合自身的教学实践和对《高中英语》(上外版)教材的认知、理解、把握,参与了《高中英语(上外版)同步测试 AB 卷》的编写。这也是将理论学习、教学实际相结合的一种教研模式,让教师的教研活动实实在在地落地。

5. 教研活动设计与实施

(1)明确教研目标

极端的应试教育忽视了学生的分析能力的价值、忽视了证据的重要性、忽视了思辨的力量。"思辨缺席"的学生不会有意识地利用逻辑推理以及基本的论证技巧,条理不清、逻辑混乱,只会浮于表面泛泛而谈,遣词造句随心所欲,在各种语言表达形式上都表现得不够理想。

"双新"推进背景下的新教材使用,无疑提供了一个崭新的平台,让具有教育情怀的教师们摆脱了传统的 PPP(Presentation, practice, production)模式的束缚。教师借力课堂教学中"脚手架"的搭建,建立与学生"对话"的平台,以学促思,优化学习策略,激活学生思考、比较、欣赏、评价等高阶思维活动,同时实践知识的内化、迁移和重构,体现学生的语言能力、价值取向、思维品质和学习能力,实现"用中学"的教学理念。在此背景下,提升资优生的学术意识和学术能力,就显得格外有必要。

(2)开展教研实践

以教学和活动开展为主要内容的教研设计与实施主要有以下几个方面。

① 学术词汇比对和确定

在学术语境中,选词意识非常重要,词汇和术语能演化出微妙的含义,用于描述该学科衍生出来的特定思想、概念或现象。

外语组除了建立话题词汇语义网以外,在《高考词汇手册》基础之上,辅于《大学英语》教材进行系统性的构词法和词块学习。2020 年10 月,外语组将新西兰惠灵顿大学的 Averil Coxhead 教授创建的 AWL(the academic word list)学术词汇表与高中英语词汇进行了比对。我们发现,AWL 有 570 个使用频率最高的单词,其中的 277 个学术词汇也出现在 3 500 个高考英语词汇表中。

AWL 是 Averil 教授在 350 万词的语料库中,选取了词频在 100 次以上,且在艺术、商业、法律和科学 4 个领域中出现频率分别在 10 次以上的核心学术词汇,最终入选了 570 个常见词汇。

将学术词汇纳入我们的日常教学之后,教师们在阅读+改写、续写、Summary Writing 和 Guided Writing 中都融进了教学的创新内容,学生的语言质量也有了显著的提高。通过学术词汇的学习和运用来体现学生学术品质、学术思维也就变得有实际意义了。

② 特色课程群及学术性英语写作课程建设

结合资优生(希德学院、望道学院学生)的培养方案,复旦附中英语组创建了"基于学术思维培养的复旦附中英语特色课程群",旨在加强学生学术技能、学术素养的提升,打破通用英语向学术英语过渡的壁垒,实现优质中学和优质大学的自然衔接。

本课程群以文秋芳的思辨能力层级理论模型为理论依据,以语言的"听、说、读、写"四大技能为抓手,创建了"读道,听音、说理、学术写作"四大课程模块,结合"读、思、议、评、写(说)"等技术手段,将课程、教学、评价和教师专业发展等作为整体加以推进。教师以团队形式合作,展开科学、有序、系统的英语专项课程的探索和实践,凸显复旦附中的英语教学特色,为中学同行构建类似课程、培养学生学术思维提供借鉴和参考。

表3　基于学术思维培养的复旦附中英语特色课程群

课程模块	教　师	课　程
读道	耿　鋆 耿　鋆 吴　纬 吴晓玲 朱克娜 李剑诗 欧阳吴娴 吴建冰	阅读与逻辑 思辨阅读与演讲 美国语文 英语经典短篇小说 英语时文阅读 《西南联大英文课》选读 英美文学入门 延伸阅读
听音	周嘉悦 施悦临	新闻看世界 TED 欣赏
说理	陆佳伟 殷　铭	英语视听说 口译初探

课程模块	教　师	课　程
学术写作	Symon Park 何　慕	Academic Writing 多维度探究正式写作的应用

此外,外语组从实际出发,结合新教材的使用,还设计了"CAP 学术意识背景下的写作课程"。备课组教师以《通用学术英语综合教程》《高阶思维与学术英语写作》《高中英语思辨阅读与写作》《英语学术论文写作》等学术教程为学习蓝本,经过认真研究、提炼,教研组长首先确定大纲及要求,在广泛讨论和征得修改意见之后,再确定内容和实用性,教师全员参加,认领任务,主备教学内容和材料,两周一次提供写作课程。

表 4　CAP 学术意识背景下的写作课程(高一)

学　段	课　程
高一第一学期	Combination（组合）, Paragraph（段落）, Rhetoric（修辞）, Coherence（连贯）, Contraction（缩写）,写作微技能之列举法+举例法,写作微技能之因果法+起承转合
高一第二学期	利弊比较,现象分析,看图议论,图表分析,选择说理,名句理解,夹叙夹议

③ 课题参与

课题研究是教师专业成长的需要,是解决实际问题的需要。课题的参与不仅有助于教师养成严谨的工作作风,更有助于形成科研教学意识,让教师的教育、教学工作更加科学化、系统化。外语组组织部分教师参与了《基于大数据的 ELP 标准与英语智能化教学研究》《电子词典在英语教学中的运用》以及《高中生翻译能力事例研究》等课题;参与了新教材的研读、审读、试教等活动,努力在各种平台进一步检验和提高"学术意识培养英语教学"的可行性和实际意义。

在上海市英语教育教学研究基地的大力支持下,复旦附中外语组在 2020 年和 2021 年两次参与了基地的科研项目,所做的课题分别是《分析性思维在高中英语教学中的可视化运用》和《基于教材文本改写的资优生学术英语思维能力培养途径探究》)。这两个项目都有年轻教师的参与,他们思想活跃,可塑性强,乐于接受新理念、新思想。集体参与项目更是培养青年教师的极好机会,为他们今后成为教学的中流砥柱打好基础。

为了起到带动和引领的作用,这两个项目还邀请了跨区学校的教师参与。更值得一提的是,这两个项目是有着内在关联和持续性的,是依托英语基地的两次课题在做一个完整的学术教学探讨,是对外语组"教研主题及范围"核心内容的整体跨越。

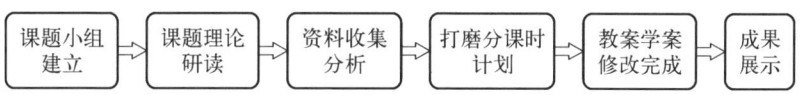

图1　两大课题实施的基本流程

2020年《分析性思维在高中英语教学中的可视化运用》课题组依托《高中英语》(上外版)必修第三册的 Unit1 Road to Success,设计8个课时的单元教学。在教学活动设计上,课题组坚持认知能力训练由浅至深地涵盖,以达到思维链的完整;坚持由面至点的路径,解决学生就文本主题和宏、微观层面上信息逻辑的获得。

结合听、说、读、看、写学习技能,借助分析性思维可操作性功能,即分析(Analysis)、推理(Reasoning)、评价(Evaluation)在阅读理解、文本分析、要义解读、读写融合、语法学习与实践等内容上落实学习任务。

通过可视化的思维活动,展开对话题(topic)的讨论和剖析,实践Approaching the topic, Reading about the topic 和 Exploring the topic 的阅读策略;根据流程图中的信息,对判断、排序、表达等思维能力进行培养和训练。

利用写作课上的"头脑风暴"活动,培养学生"摆事实讲道理"的能力;在概要写作中,寻找和鉴别主、次要信息,串联内在逻辑,完成阅读+写作任务。

借力于"cause-effect"逻辑模式,探究事物之间关联,确立自己的观点和论证方法,完成写作任务,做到言之有物,言之有序,言之有理。

2021年《基于教材文本改写的资优生学术英语思维能力培养途径探究》课题组依据《高中英语》(上外版)选择性必修第三册 U1 Fighting Stress,设计8个课时的单元教学,分别涉及课文导读、语言点讲解、信息链建构、语法运用、批判性思维、视听看融合、(课文)学术改写、探究与评估、项目创建等教学活动。课题重点在 Reading A 和 Reading B 的学术改写，以及学术词汇的学习。

研究内容如下：

- 探讨英语学术词汇在高中阶段的可行性
- 学生学术思维获得的过程，以及学术能力的表现
- 学术能力的培养对语言学习的帮助
- "阅读+改写"的教学途径实践
- 如何在日常教学中运用学术技巧和方法
- 如何在教学过程中评价学生的产出成果

"阅读+改写"教学活动内容如下：

- 你能找出文章的主旨和写作目的吗？
- 你能有效地归纳文本要点吗？
- 你能迅速把要点进行有序串联吗？
- 你如何评价自己的(或同伴的)成果？
- 你能用学术英语词汇重新改写吗？
- 你的改写文本还需要补充材料吗？（再评价+论文形式）

以上教学活动的一大亮点是其内在内容的连续性。如 2021 年的"改写"项目反映了改写活动是将线性思维上升到结构思维或系统性思维的过程。重点不是输出的结果，而是通过输出手段，让学生把获取到(学习到)的知识点建立起结构严密的逻辑连接，这样，学习才会发生。

在上述两项课题研究过程中，教师们集体讨论，确定项目主题、研读有关文献、展开调查访谈、制定分课时计划、打磨教案学案、精细化课堂教学。分工、合作，相互促进，共同提高。

④ 公开教学展示

公开教学是集中展示教研活动和教研成果的最佳方式。复旦附中外语组始终坚持"聚焦学术意识"的教学方向，围绕教研主题，开展年度主题教学展示，可在本校内进行，或本、分校联合展示。外语组成功地开设了阅读理解、课文学术改写、项目式教学等区级(跨区)公开教学，集中展现了复旦附中在学术意识培养的英语教学中的探索，也为后续的研究积累了丰富的经历和经验。

表5　近两年区级(跨区)公开课

开课教师	主　题	课　例
李　莘	Road to Success	导入(基地课题展示课)
黄祎杰	Take Charge of Your Health	分析性思维在阅读中应用
殷　铭	Think Before You Eat	动态阅读
欧阳吴娴	词典使用与信息筛选	项目式教学
何　慕	课文改写与学术意识	学术写作(基地课题展示课)

李莘老师的阅读导入课是2020年基地课题组项目的展示课。她以新的视角将导入和课本整体阅读巧妙地结合,体现思维可视化的实际意义。

何慕老师的"课文改写与学术意识"写作课是2021年基地课题组项目的汇报课。学生在教师的帮助下,将课文文本通过学术词汇和结构的改写,成为一篇语言专业、结构严谨、表达准确的学术性文本,达成了本课题研究的目的。

黄祎杰老师的阅读课充分体现了项目研究成果在日常教学中的运用,从中可见分析性思维和阅读理解、信息解读、个人评价等能力不可分割。黄老师的课也是在基地指导下,复旦附中三校区联合教研活动中的跨区展示课。

殷铭老师的动态阅读教学已经有了两次规模较大的实践和展示,成为其教学和教研的特色和方向。

欧阳吴娴老师的"词典使用与信息筛选"课已入选外专委第22届年会(2021年)展示课例。

6. 教研活动成效

复旦附中外语教研组近年依托上海市英语教育教学研究基地,以高中生"学术意识、学术思维"的培养为目的提升学生的核心能力,探究语言教学的有效途径,有助于复旦附中彰显其语言教学特色。

由于学术意识的渗入,复旦附中的英语教学进行了课型分类,逐渐形成了语法课、阅读课、写作课、综合课等课程模块,脱离了千篇一律的枯燥语言课;教师在课堂教学中摒弃了传统的 PPP 教学模式,回归语言学习的本质,帮助学生体验学习、积累经验、运用技能。在教学中,教师们通过 On my own questions, Right there questions, Think and search questions, Author and me questions 的设计,直指文本的核心信息,完成有效提问;教师们利用显性或隐形信息搭建脚手架与学生对话,启发带动思考,反驳激活论证,充分展现思维在语言学习过程中碰撞出的智慧火花;由于学术词汇的融入,师生在语言运用中措辞规范、准确,深切感受到了语言在不同语境和情境中的魅力。

经过多年的努力和实践,外语组全体教师受益良多,对自身的专业发展和提升带来了实实在在的帮助,多篇相关论文在部级和市级刊物发表,其中《高中学术英语写作中批判性思维培养的课堂案例实证研究》在《中国 ESP 研究》上发表,成为唯一一篇中学教师在此专业学术刊物上刊登的文章。已有五名教师分别将不同的学术教学内容作为自己今后研究的方向,为他们未来的特色教学、创新教学提供有力的保障。

复旦附中外语组"学术意识培养"的英语教学目前正辐射到分校和其他兄弟学校。2021 年 8 月 23 号,应杨浦区教师进修学院教研员李蒨老师邀请,复旦附中外语组在全区的教研组长会议上做了教研汇报。这种鼓励和鞭策,将进一步激励我们做好教研工作,为基础教育做出应有的贡献。

四、教研感悟

教研是教师教学教育活动的重要组成部分,集教学、学习和教育管理为一体。教师不应该成为"匠",而应该努力成为具有教学思想并富有教育热情的知识创造者。一个有着良好教研传统和氛围的教研组是难能可贵的,志同道合,和而不同,才有可能彼此借力,取得丰硕成果。

源于项目化学习的教研模式是一种宝贵的财富,它会让已有的研究方向和研究成果以更快、更直观的方式呈现出来。看到自己的教研产品真实而有意义,不仅增强了教研者的成就感,更能给教研者带来信心和灵感,从而投入到更加广阔的教研天地里。

项目化教研,提供了机会让我们对自己的教学经历、教学思考有深入的复盘和思索,给教师职业的发展带来巨大的动力。

结语

随着我国青少年英语水平的不断提高,我们对语言学习者提出了更高的期望,即从被动的语言接收者转变成主动的信息加工者、产出者和思考者(秦文娟 2021)。学术意识在思辨性阅读和写作中的重要性更加凸显,这也成为考查学习者语言能力和思维能力的关键所在。

复旦附中外语组利用科研项目的契机,结合 CAP 背景,展开项目化教研,聚焦资优生英语学习准确性的培养,注重他们未来学术能力的奠定,同时也助力教师们更深入地把握问题的复杂性和微妙性,提高自身的学术素养和学术能力,为基础英语教学寻找有效途径做出贡献。

参考文献

[1] Ma, Xiaohao, L2 Postgraduate students' conceptions of English academic writing: Perspectives of mainland Chinese students [J]. *The Asian Journal of Applied Linguistics*, 2018, (1): 81 - 92.

[2] Shaw, V N. Reading, Presentation, and Writing skills in Content Courses[J]. *College Teaching*, 2020, (4): 153 - 157.

[3] 贾洪芳. 中国开设大学先修课程的实践及问题[J]. 当代教育科学,2014,(19): 27 - 30.

[4] 刘华霞. 从未来人才发展需要思考资优生教育[J]. 现代教学,2018,(5).

[5] 汤青. 高中英语单元设计指南[M]. 北京: 人民教育出版社,2018.

[6] 尹一兵. 创设需求,因材施教[J]. 文理导航,2015,(05): 10.

[7] 蔡基刚. 学术英语课程大纲与评估测试[M]. 上海: 上海交通大学出版社,2018.

[8] 蔡基刚. 通用学术英语写作教程[M]. 上海: 复旦大学出版社,2015.

[9] 黄源深. 思辨缺席[J]. 外语与外语教学,1998,(7): 18 - 19.

[10] 刘东虹. 大学生写作中评判性思维能力研究[J]. 外语教学,2005,(5): 46 - 51.

[11] 郭爱萍,宋丹. 从写作能力看英语专业学生的批判性思维能力[J]. 太原理工大学学报(社会科学版),2012,(2): 70 - 72.

[12] 文秋芳,周燕. 评述外语专业学生思维能力的发展[J]. 外语学刊,2006,(5).

[13] 文秋芳,王建卿. 构建我国外语类大学生思辨能力客观性量具的理论框架[J]. 外语界,2009,(1): 37 - 43.

[14] 韩少杰,易炎. 英语专业写作教学与批判思维能力的培养[J]. 《外国语言文学》,2009,(1): 24 - 28.

[15] 张新玲. 英语读写结合写作试题效度验证[M]. 上海：上海大学出版社,2009.

[16] 陈则航. 批判性阅读与批判性思维培养[J].《中国外语教育》,2016：4-11.

[17] 郑咏滟. 英语学术论文写作：初学者实践指南[M]. 上海：复旦大学出版社,2021.

[18] 秦文娟. 高中英语思辨阅读与写作[M]. 上海：上海教育出版社,2021.

[19] 苏辉. 高中英语学科"项目式"教研模式初探[J]. 中小学教学研究,2020.

[活动点评]

　　复旦附中英语组"基于学术意识的英语教学"教研实践在大学先修课程试点项目(CAP)和"双新"工作不断推进的背景下,借助上海市英语教育教学研究基地的科研项目课题《分析性思维在高中英语教学中的可视化运用》和《基于教材文本改写的资优生学术英语思维能力培养途径探究》,通过个体日常教学创新和群体教学交流与研讨,实现教师专业成长和教研组整体建设。

　　教研组在深入学习理论并分析现状问题的基础上,通过学术词汇表比对与确定、特色课程开发与实施、重大课题研究与探索、公开教学展示等方式,扎实开展教研实践与研究,逐渐形成具有校本特色的课程群,培养出一批优秀教师,切实提高学生学术分析、比较、总结、反思、评价等高阶思维能力,为日后的学术进阶奠定基础。

　　此项教研实践研究紧紧围绕"学术意识培养"的主题,理论与实践并重,发挥个人的专长与教学特色,凸显"双新"理念,以学生发展为本,将学科核心素养与资优生发展需求相结合,形成了较为丰硕可见的教研成果。

（点评人：杨浦区教师进修学院　李蕾）

作者简介

　　耿鋆,大学讲师,中学高级教师,中国专门用途英语专业委员会唯一中学会员,复旦大学高等教育研究所外聘硕士生导师,中国日报21世纪英语教育传媒V论坛主持人,全国中学生英语演讲比赛评委,华师大外语教学研究中心常务理事,上海教育考试院专家,复旦附中英语教研组长。其首创的"新概念阅读法"致力于文字、文学、文化的有机渗透;精研于中学生分析性思维培养,以及学术英语(ESP)在中学教学和思辨性写作中的运用,探讨学生思维链的训练路径。主持省级、市级课题研究5项,主编《高中英语能力激活(牛津版、新世纪版)》《高中英语先修教材》《高中自招考试直通车英语》《黛西米勒》和 Helbing Readers 系列名著改编等,在《语言政策与语言教育》《中国 ESP 研究》等专业刊物上发表教学教育论文十余篇。

项目驱动建教研机制 团队研修促专业发展

——"基于单元的高中英语阅读教学设计"主题教研实践

上海市第二中学 王雅芬

引言

　　《普通高中英语课程标准(2017年版2020年修订)》(以下简称《课程标准》)对"双新(新课程、新教材)"背景下的教师提出:要不断更新学科专业知识,提高自身语言和文化素养;要积累学科教学知识,立足教学实效;要加强实践与反思,促进专业可持续发展;要建设教学团队,形成教研机制,开展教师间的合作与研究(教育部,2020)。《新课标》既提出了要实施好英语学科核心素养目标和教师专业发展目标,也指明了学科教研组的核心任务是构建新型的教师学习共同体,形成教师之间相互支持、相互学习和共同进步的专业发展机制。

　　那么学科教研组如何保证有足够的养分去滋养教师的成长,去实现个体和团队的共同发展呢?带着这个问题,笔者自2005年起带领团队——上海市第二中学英语教研组(以下简称市二英语教研组),努力学习课改精神,积极融合"市、区、校"三级教研,在"校本课程统整""学科德育探究""初高中英语教学衔接""基于标准的高中英语听说教学""基于核心素养的阅读课程"和"单元教学设计"等方面做了大量有效的探索,探索以项目驱动建教研机制,以团队研修促专业发展。本文将选取典型教研案例,分析探索基于项目研究的团队研修的设计和实施。

一、教研理念与经历

（一）教研理念

　　基于"双新"背景，在学校一贯坚持的"和谐教育发展"的办学理念影响下，在"市、区、校"三级教研的融合下，市二英语教研组的教研理念可以归纳为以下三点：

1. 基于教学实际问题，确立项目研究主题

　　学校教研组研讨主题源于教师在日常教学工作和课堂中出现的真问题，通过教研解决问题，最后又回归到教师的教学实践中去验证教研工作的有效性。如随着课程的深化改革，2017 年开始上海将英语听说记入高考总分，但当时我校英语教研组听说教学中存在着明显的问题：听说素材缺乏系统性，听说课堂缺乏交互性，教学评价缺乏标准性等。鉴于此现状，我组将《基于课程标准的高中英语听说教学研究》作为一个新的研修专题。第一阶段，团队通过自主研习《上海市中小学英语课程标准》和《上海市高中英语学科教学基本要求》，为课题的研究奠定理论基础；第二阶段，基于标准进行四个专题研讨："听说教学目标的确定""听说教学资源的开发""听说教学活动的设计""听说教学评价的实施"；第三阶段，团队在"自主研习、专题教学、课例探讨"研修模式下，钻研教材，以话题为切入口，对听说教学进行单元整体规划，形成了"市二听说课"的教学模式，这一模式也践行了新课标所倡导的基于核心素养的"六要素整合"的英语学习活动观。基于问题的研讨，提升了整个团队在听说教学资源开发、目标设定、活动设计和评价标准上对接新课标的能力，而随着听说教学课堂有效性的增强，学生的听说能力也显著提升。教师撰写的两篇论文发表在核心刊物上，课题成果也转化为了区级研修课程《高中英语听说教学与研究》。

2. 融合不同层级教研，凸显团队研修主体

　　"合作共享，创建和谐教研组"是我校外语教研组一贯追求的目标，在实现这个目标的过程中，市、区、校三级教研体系起到了至关重要的作用。校本教研中对教师专业成长的途径作了明确的表述，即：专家引领、自我学习、同伴互助。毋庸置疑，这就要求教师必须坚持学习，知识的获得、重组、变革、更新都需要学习，新体系的构建，新思维、新策

略的产生也需要学习。但如果教研组中每个教师的想法与经验都是封闭的，纵然每个人都有"独门秘诀"，其结果也不过是一盘散沙。市、区、校不同层级教研的交融使参与的多个主体共享知识、相互促进。通过"走出去（教师参加线上线下的市区级教研培训）"和"请进来（教研员和专家来校指导）"，既发挥了教研组在研究过程中的主导地位，又能获取市区范围内同一教研主题下多角度、多层次的资源，从而开拓团队教师的视野。因此"双新"背景下的教研应该是教师间的"多边互动"、教师和教研员的"平等对话"，而不是教师的"各自为战"，教研员的"单向灌输"。

3. 规范教研评价机制，创建反思教研文化

学科教研组要构建新型的教师学习共同体，离不开规范的教研评价机制。以项目驱动来构建教研机制指的是：把项目研究、师徒带教和校本培训结合在一起，构建相应的评价机制，从而实现教研修一体化的实施。从教研组和备课组两个层面设计教研组校本教研评价表，参与教研的各个主体对教研的每一个环节的落实情况进行评价、具体描述和积极反思，以便教研组及时总结和调整，从而加强教研团队的反思能力，实现团队内部的优化。

（二）教研经历

笔者担任教研组长工作20余年，经历了从二期课改的"三类课程、三维目标和学科德育"到如今新课标的"学科核心素养"，无论哪个阶段，教研工作的重心都在队伍建设和项目研究上。采用提出问题——学习研讨——观摩反思——实践感悟——反思总结的研讨模式，组织本组教师进行理论学习，组织课堂教学交流，培养新教师，指导备课组工作，形成教研组成果等。努力把教研组打造成校内研究教学问题、推动教师专业能力提升的学术组织和平台。

在多年的努力下，我校英语教研组形成了良好的教学研讨氛围，也出色完成了多个项目研究。但随着新课程改革的不断深化，新课标、新教材给教研组也带来了一定的挑战，尤其是单元教学设计。主要原因在于：在设计教学目标时，只关注一节课的内容，而缺乏单元全局观，忽视单元主题意义；在分析教材和学情时，只关注教材知识与内容，而对学生的自主学习能力、基本情感需求关注度不够；在设计教学活动时，多为学习理解类活动，语言、思维和文化的融合不够，与学生的实际

生活联系不紧密,也没有落实相应的课堂评价,处理不好教、学、评的关系。

鉴于此现状,笔者申报并领衔了区级课题——"基于核心素养的高中英语阅读教学单元设计",旨在突破以往的英语阅读教学中存在的不足,在单元的大背景下,对照新课标,对上海新教材中的英语阅读教学进行整体设计,加强语篇分析、教学目标、教学活动和教学评价等方面的研究。项目组通过学习相关理论,不断研习新课标,钻研新教材,进行课堂实践研究。邀请专家和同行开展区、市级层面上的专题研讨活动,大大提升了项目组成员对基于核心素养的高中英语阅读教学单元设计的认知水平和实践能力。教研组教师们在不断研习新课标的过程中,以标准来指导自己的课堂教学和评价,避免了随意性和盲目性,提高了自己制定适切的教学目标,设计创新的教学活动,整合有效的教学资源,科学测评学生等方面的能力,从而具备了在高中英语教学其他领域中进行探究的可持续发展的能力。

二、教研活动设计与实施

研修案例: 基于单元的高中英语阅读教学设计(新教材阅读教学研讨)

(一) 教研背景

2019 年,我校英语教研组作为上海市英语教育教学研究基地新教材调研项目实验学校,承担了由市、区两级教研室共同负责参与的"《高中英语》(上外版)教材调研项目"。项目持续的时间为三个月(2019 年 3 月—6 月),旨在通过《高中英语》(上外版)教材必修第三册两个单元的试用,为编写组提供试用试教反馈,并针对教材编写体系和所试用的两个单元材料提出具有建设性的、合理化的修改建议和意见,提供配套的教学案例和资源,为上海市高中英语教材建设做出贡献。

《高中英语》(上外版)教材的单元体系的编写符合《新课标》理念,形成了以六要素整合的互相关联的有机整体。每个单元以主题意义为引领,以语篇为依托,整合语言知识、文化知识、语言技能和学习策略等内容,创设了具有综合性、关联性和实践性的英语学习活动。我校英语教研组虽然有着良好的教学研讨氛围,并且之前也完成了多个项目研究,但新课程新教材的到来还是给教研组提出了新的挑战和要求。

因此,我们决定把此次新教材调研项目作为一个契机,开展主题研修,着重解决以下三个问题:

1. 如何因地制宜、创造性地执行《新课标》,探索以学科核心素养培养为重心的课堂教学设计与模式?

2. 如何从使用者角度了解新教材,指导教师基于《新课标》进行单元教学设计、实施、评价等教学实践?

3. 如何让组内教师通过研修和学习,跟上课程改革的步伐,主动思考和探究落实学科核心素养培养的路径?

(二)教研主题及范围

英语学科课程内容包含的六大要素和《高中英语》(上外版)教材的单元体系编写,无不提醒我们一线教师:课堂教学的目标不再是碎片化的知识技能传授,而是通过整合关联的结构化学习来实现英语学科核心素养的培养。《新课标》中也明确指出英语课程应该把对主题意义的探究视为教与学的核心任务,并以此整合学习内容,引领学生达到语言能力、文化意识、思维品质和学习能力的融合发展。于是我们决定把新教材调研项目与单元教学整体设计的研究相结合,确立主题为:基于单元的高中英语阅读教学设计。

经项目组商议,本次教研活动由 4 次系列活动组成:① 项目调研启动和初步规划(参与人员:项目组成员);② 教材研读和理论学习(参与人员:项目组成员);③ 1CU4 单元设计和说课研讨(参与人员:上海市英语教育教学研究基地项目负责人、徐汇区教育学院英语教研员、徐汇中学教研组成员、市二中学和金山区全体项目组成员);④ 1CU4 观摩课展示和课后研讨(参与人员:上海市英语教育教学研究基地项目负责人、徐汇区教育学院英语教研员、市二中学和金山区全体项目组成员、徐汇区各高中高一高二备课组长)。

(三)教研内容与形式

1. 教研内容

本次教研所选取的单元为《高中英语》(上外版)必修第三册第四单元(1CU4),四次系列活动的时间跨度近 3 个月。为帮助不同层次的教师更好地学习交流,本次教研设立了研修工具:"教师课堂反思记录表"及"教师课堂教学观察表"。

单元教学设计的优势在于打破了单个知识点之间的壁垒,不但关注如何让学习者掌握单个的知识点,同时也重视让学习者理解一章或是一个单元中各个知识点之间的内在联系,这种系统的教学设计既帮助教师整体把握章和单元的教学内容与教学形式,也更方便学习者理清知识点之间的关系,形成体系更加完整、结构更加坚固的知识结构。因此,本次教研的主要内容为:

(1)研读新课标对于单元和单元教学的基本概念,在单元教材教法分析的基础上,依据学情与学习风格,确立单元教学目标,开展单元学习活动,设计并实施相应的单元作业,形成单元评价并提供配套单元教学资源等一系列教学设计过程。

(2)研究学生学习的起点和预期,在把握单元整体教学目标和任务的基础上开展对阅读教学的单元整体教学设计,关注主题语境,创设与主题相关、真实化的教学情境,体现六要素整合的学习活动观,体现学习理解类活动、应用实践类活动和创新迁移类活动层层递进、螺旋上升的特点。

2. 教研形式

四次系列研讨分别采用了定量和定性研究方式,采用问卷访谈、理论学习、现场教研、课例探讨、课堂观摩、展示交流、案例分析等方式探讨和解决教师在基于核心素养的高中英语阅读教学单元设计和实施中的问题。

(1)问卷访谈。在教材试用前后通过问卷调查和个别访谈,从使用者的角度了解教师和学生对于教材使用和学习的看法。

(2)理论学习。教师带着问题和研修目的进行理论学习,主要参考书目有:《普通高中英语课程标准(2017年版2020年修订)》《高中英语单元教学设计指南》《上海市高中英语学科教学基本要求》。

(3)现场教研。选取新教材必修第三册第四单元1CU4,小组研讨并撰写单元教学设计和单元课时计划安排。

(4)课例探讨。通过对1CU1 Reading A 的三个课时进行基于单元的教学设计和说课交流,并结合同伴反馈和研讨意见进行反思修改。

(5)课堂观摩。通过对三位教师的课堂案例观摩,结合"教师课堂反思记录表"和"教师课堂教学观察表",以及与听课专家的现场交流,进行反思再实践。

(6)展示交流。通过现场教学展示,听取专家的点评,开课教师完成"教师课堂反思记录表",听课教师完成"教师课堂教学观察表"。

（7）案例分析。通过总结分享，项目组成员完成《高中英语》（上外版）必修第三册1CU1及1CU4两个单元的单元设计案例分析，并撰写"高中英语（上外版）教材调研项目终结报告书"。

（四）教研活动设计与实施步骤

本次专题研修历时三个月，共分三个阶段，遵循的研讨模式是：提出问题——学习研讨——观摩反思——实践感悟——反思总结。

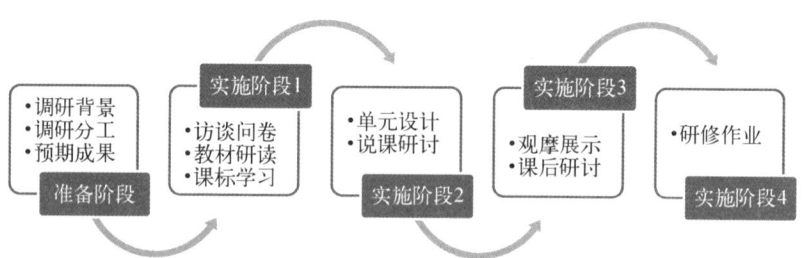

图1 "基于单元的高中英语阅读教学设计"主题教研流程

1. 准备阶段

2019年3月13日，通过了解调研背景、教材编写流程和教材调研的内容和方式，启动项目调研并作出初步规划：落实单元课时分配及教材调研分工；明确调研材料发放和回收时间；明确教材调研的预期成果（学生问卷、课堂反馈记录表、研讨纪要、调研报告、课堂录像、单元设计、PPT课件以及补充材料）。通过本次研讨，各成员初步了解了此次调研的背景、目的、过程和预期成果，成员之间进行了分工，明确了各自的任务。

2. 实施阶段

（1）教材研读和理论学习

2019年3月27日，结合问卷访谈的反馈信息，集体研读教师用书和学生用书，分享初步单元教学设计思路并进行讨论，提出问题：什么是单元和单元教学设计？什么是六要素整合的英语学习活动观？阅读课时设计和阅读单元教学设计的区别是什么？在阅读教学中落实对于学生核心素养培养的路径是什么？教师带着问题和研修目的进行理论学习，主要参考书目是：《普通高中英语课程标准（2017年版2020年修订）》

《高中英语单元教学设计指南》《上海市高中英语学科教学基本要求》。

（2）1CU4 单元设计和说课研讨

2019 年 4 月 24 日，上海市英语教育教学研究基地项目负责人、徐汇区教育学院英语教研员、徐汇中学教研组成员、市二中学和金山区全体项目组成员参加了 1CU4 单元设计和说课研讨活动。活动由三部分组成：首先由备课组长介绍单元教学计划，包括单元素材和教法分析、单元教学设计目标群体分析、单元教学目标设计、单元教学总体目标、单元教学课时目标、单元教学活动设计及单元教学评价设计；然后三位开课教师在集体备课后，对 1CU1 Reading A 的三个课时进行说课交流，徐汇区和金山区参与新教材调研项目的教师们分成四个小组讨论并提出建议；最后听取专家和教研员的意见，开课教师结合同伴反馈和研讨意见进行反思、改进再实践。

（3）1CU4 观摩课展示和课后研讨

2019 年 5 月 8 日是本次教研的最后一个系列活动——1CU4 观摩课展示和课后研讨。三位教师就新教材 1CU4 Reading A 进行三个课时的现场教学交流展示，上海市英语教育教学研究基地项目负责人、徐汇区教育学院英语教研员、市二中学和金山区全体项目组成员及徐汇区各高中高一高二备课组长参加了这次听课评课。在学习研讨、听评课的基础上，反思分析并完善"基于核心素养的高中英语阅读教学单元设计"的内容、方式和策略。开课教师完成"教师课堂反思记录表"，听课教师完成"教师课堂教学观察表"。

（4）研修作业

通过总结分享，项目组成员完成《高中英语》（上外版）教材必修第三册 1CU1 及 1CU4 两个单元的单元设计案例分析，并撰写"《高中英语》（上外版）教材调研项目终结报告书"。参加本次项目研修的每一位教研组成员，结合本学期自己的阅读教学，在 2019 年 6 月 10 日前完成一份阅读课堂教学单元设计。

（五）教研活动成效

1. 通过试教试用，为教材建设作出了贡献

本项目通过《高中英语》（上外版）教材必修第三册两个单元 1CU1 和 1CU4 的试用，为编写组提供了试用试教反馈，针对教材编写体系和所试用的两个单元材料提出了具有建设性的、合理化的修改建议和意见，提供了配套的教学案例和资源，为上海市高中英语教材建设做出了

一定的贡献。

　　新教材调研的前提是基于教材文本,因此教师在备课的过程中力争做到理解教材、解读教材,充分利用文本和配套的习题及教参,但我们在设计过程中,从学生需求的实际出发,也对教材进行了一定的开发与取舍。如在第一课时结束的时候,教师利用图表的形式来布置作业,使得学生能更直观地获取文本基本信息;而在第二课时中,教师在深入文本、品词析句的基础上,结合机器狗 Aibo 的视频来引发同学们思考机器狗和真正的宠物狗之间区别到底在哪里,唤起同学们对人与宠物,人与人之间情感交流重要性的思考;在第三课时中,教师通过丰富的课堂教学活动设计,以新颖、有效的教学活动来帮助同学们掌握课文中的核心词汇和表达,并在实际语境中进行练习和提升。在最后还用思维导图的方式帮助学生理清自己的思绪,培养学生的创新能力,同时也关注了学生的语言表达与思维品质。

2. 通过项目驱动,对教学理念进行了更新

　　本次教研活动在项目的驱动下,在务实、开放、分享的教研机制中,通过"了解问题——学习研究——课堂实践——专题研讨——反思提升"的过程,大大提升了项目组成员对于单元教学、六要素整合的学习活动观等理念的认识水平和实践能力,完成了"做中学"的研修任务。在本次研讨和实践中也遗留下来的一些问题,如对于阅读教学中问题链的设计和单元评价活动的设计等,在之后的区级项目"基于核心素养的高中英语阅读教学单元设计"中进行了进一步的跟进和探究。教师们以新教材试用为契机实施课堂教学改革,通过教材试用,深入学习理解新课标理念,开拓创新,提前做好了教材更新和理念更新的准备。

　　如在 1CU4 Reading A 课时活动的设计中,教师们介入了真实情境与任务,把真实情境与任务背后的"真实世界"直接当作课程的组成部分,以实现课程与生活的关联。在第一课时学习理解类活动中,教师围绕主题创设情境,铺垫语言。教师用她和自家宠物狗的日常互动来导入课文话题——Robot Dog,从学生已熟悉的与宠物狗的生活转到学生未知的与 Robot Dog 的日常生活,从而引起学生阅读的兴趣;在第二课时情感体验类活动中,教师通过问题: Would you buy a robot dog if you could afford one? 把学生从对作者情感变化的体验中拉回到自己身上,从而让学生更好地体验作者的情感变化过程;在第三课时的应用实践类活动中,教师所设计的 robot products 活动也是基于我校争创科

技特色校这一背景,很巧妙地将阅读过程中的所学、所思应用到了学生的生活实践中。这不仅能激发学生的学习兴趣,使学生主动参与到学习活动中来,而且更重要的是学生在这样的真实情境中学会了"做事",培养了他们的创新能力和表达能力。

3. 通过团队研修,对单元教学达成了共识

本次教研活动立足单元教学和核心素养,满足了本组教师在新课标下对于新教材探索的需求,创设了教师自我教育的环境,强化了教师自我发展的愿景。在共享、反思、创新的团队研修氛围中,教师们明白了如何解读语篇,梳理提炼单元主题意义;如何基于主题,设计阅读单元课时目标;如何设计活动,引导学生自主阅读探究。

如在设计 1CU4 Reading A 的课时目标时,因为是一个教师负责设计一个课时,一开始三个课时在目标描述时出现重复,不能体现课时的渐进性,而且缺少课时之间的连贯。但团队通过反复研读文本,认真学习课程标准,积极探讨分享,最后确立第一课时注重基本信息理解;第二课时注重情感态度与价值观体验;第三课时注重实践运用。通过"基本信息理解——情感态度与价值观体验——实践运用"的过程,实现阅读活动由单一层次、平面化向多层次、立体化的转变,在提升学生阅读素养的同时,实现英语学科的育人功能。并在此基础上基于单元视角,把握教学重难点,关注对学生学习策略与思维品质的培养。教师在第一课时中通过对主题词"how much fun""a lot of fun""not so much fun"的追问,让学生通过三次带着不同目的和任务的阅读,培养学生获取文本基本信息的能力;教师在第二课时中通过对文本的细读,从中感悟作者的情感变化——从一开始对机器狗的爱不释手到最后的颇感失望,引发了学生对于科技和人,科技和生活的思考;教师在第三课时中通过 interview 和 presentation 的方式,最终将阅读过程中的所学、所思应用到生活实践中。以语篇为载体,以育人为导向,设计基于语篇、深入语篇和超越语篇的活动,帮助学生解构和建构语篇,实现深度学习,提升语言和思辨能力。

三、教研感悟

(一) 和项目研究相结合,有利于建立学校教研组的学科教研机制

基于项目研究使本次教研活动形成了系列统一的研究主题,围绕着"教"和"研"两大主题,立足课堂,脚踏实地深入研究如何用好"新教材",让核心素养落地英语课堂。教研组努力寻求和搭建各种平台,创造各种机会,引领教师们反复研读文本,认真学习课程标准,激励大家秉承开放、包容的理念,积极探讨,乐于分享,增进集体教学智慧。在这样的项目探究和教研活动中,教师们逐渐明白:只有务实、开放、分享的教研机制才能促进教师自身专业的发展。

(二) 和市区教研相结合,有利于提升学校教研组的教学科研实力

我校有幸多次成为市、区级项目的实验基地校,除了由市、区两级教研室共同负责的"《高中英语》(上外版)教材调研项目"外,还负责参与了市级重点课题"基于课程标准教学的区域性转化与指导策略研究"的实验学校重点课程等多个项目,实现了市教学研究基地、区教育学院和我校英语教研组的三级联动。作为实验基地校教研组,在研修活动过程中获得了市、区教育专家的大力指导,开阔了我校教师们的科研视野,拓展了思路,增强了研修的规范性和科学性,提高了一线教师的学科科研意识和能力,从而促进了本校教师的学科教学能力的发展。

(三) 和专业发展相结合,有利于促进学校教研组的团队核心素养

教师要适应瞬息万变的信息社会,要在英语课堂中落实培养学生的核心素养,必须具有专业发展中的核心素养:教师专业素养、教学技能素养、协作素养、信息素养、终身学习素养和创新素养。所以教研组作为学校的基层组织单位,要致力成为学科教师专业发展与学科自信的源泉。要构建教研制度文化,在"发现问题——研讨问题——解决问题"的模式下,帮助教师理解课程标准,把握教材体系,进行单元分析与解构。让教师亲身经历"问题——研究——实践——反思——提升"的合作建构与实施研修的过程,实现深度学习。通过这样的团队研修,培养教研组新入职教师和青年教师能在最短的时间内胜任英语教学,能基于课标进行教材单元分析、活动设计和教学评价,避免了随意性和盲目性,提高了教师制定适切的教学目标,设计创新的教学活动,整合有效的教学资源,科学测评学生等方面的能力,教师们的学科专业素养、信息素养和反思创新都得以更快地成长和提升,从而具备了在高中英语教学其他领域中进行探究的可持续发展的能力。

结语

教师的专业成长是一个渐进的过程,离不开群体的实践与探究,离不开教师对同一问题的反复思考、探究和实践,所以在一定程度上项目驱动下的团队研修保障了有效的教研机制,促进了团队建设和教师的专业发展。我们希望以教研组为单位的研修方式能帮助教研组每位教师反思如何在英语课堂中落实新课标,培养学生学科核心素养。通过经验的分享,思想的碰撞,情感的交融和潜能的发掘,建设激励共享的教研组文化。

参考文献

[1] 中华人民共和国教育部. 普通高中英语课程标准(2017年版2020年修订)[M]. 北京:人民教育出版社,2020.

[2] 上海市教育委员会教学研究室. 高中英语单元教学设计指南[M]. 北京:人民教育出版社,2018.

[3] 上海市教育委员会教学研究室. 上海市高中英语学科教学基本要求[M]. 上海:上海教育出版社,2017.

[活动点评]

该教研活动在"双新(新课标、新教材)"背景下,对研究课标,拓展教材教法做出了有效的实践和尝试,对新教材的试用试教项目作出了效果证实。教研活动按系列推进,井然有序,目标指向探索与创新——探索课标要求的真实落地,提升教师专业能力和发展空间;创新教材教法,变革教师教育教学理念。通过"解构——提炼——重组——整合"的过程对单元主题进行确定,依据《新课标》中的学习内容要求和学业质量水平要求,结合学情,形成了基于语言能力、文化意识、思维品质和学习能力的单元教学目标和阅读课时目标,并在不断的研讨和实践的过程中完善了单元教学设计的基本模式。

该教研活动的选题具有较强的现实意义和推广价值,能基于"双新"背景下的教学实际问题,紧扣新课标要求,探索指向核心素养培养的阅读单元教学设计。教研活动目标明确,研究方法得当,实施过程清晰,具有较强的科学性和操作性,呈现了有效的教学效果,为新课程新教材下的高中英语阅读教学设计和实施提供了值得推广借鉴的方法和路径,为后期的"双新"落实于基层做出了有意义的探索,提供了宝贵经验,值得借鉴和推广。

建议在现有项目组成员的基础上,扩大教研活动范围,并可适当开展校际之间的交流,利用优质资源,以实践为抓手,加强对理论的具体落实,进一步落实单元活动和评价活动的设计和实施。

(点评人:上海市徐汇区教育学院 孟莎)

作者简介

王雅芬,上海市第二中学英语教研组长,上海市特级教师,正高级教师,徐汇区学科带头人,华师大外语学院师范生兼职导师。曾获"上海市园丁奖""上海市教育系统三八红旗手""国家教师科研专项基金先进个人"等荣誉。在担任教研组长工作的20余年间,先后开展公开教学和讲座15次,主持10余个课题项目,项目成果获国家教师科研专项基金"十一五"规划重点课题一等奖、全国基础英语素质教育实验基地学术交流研讨会阶段性实验报告一等奖、徐汇区教育科学研究成果一等奖等。在全国公开发行的教学杂志发表教科研论文50多篇,参与编写两部学术专著。每年带教校内外青年教师,指导日常教学及各级各类公开课教学,所带团队被评为"全国巾帼文明岗"。

高中英语校本项目化教研模式初探

——基于主题语境，探索以读促写教学的教研实践

上海市奉贤中学　周　兰

引言

　　教研是整合教学、学习和教育管理的活动（Gall，Gall & Borg，2006）。然而，校本教研往往存在主题不清、缺乏设计、流于形式的问题，教师也缺少参与教研活动的主动性和积极性。结合我校"双新"背景下的项目化学习重点推进工作，我发现项目化教研模式呈现以教师为主体、解决教育教学真实问题为驱动、形成教研产品为成果的特点，能真正促成教师的专业发展，提升教育教学成效。

一、教研理念与经历

1. 教研理念

　　项目化教研模式借鉴于项目化学习（Project-Based Learning），核心包括两个部分：一是组织和推进活动的真实问题，二是最终形成问题的解决方案或产品。夏雪梅（2018）提出了学习素养视角下的项目化学习设计六维度：核心知识（项目化学习的核心知识）、驱动性问题（项目化学习驱动学生投入的问题）、高阶认知（驱动性问题引发的高阶认知历程）、学习实践（项目化学习的持续时间和实践情况）、公开成果（学生产出的成果）和学习评价（学生学习过程和成果评价）。在此基础上，苏辉（2020）提出项目式教研模式（如图1）："一种以教师教研产品开发为目标的学习型教研方式，驱动教师主动发现问题，并协作确定解决问题方案的学习型教研模式"。该教研模式下，教师需要主动发现教学实践中的问题，通过协同合作开展教学实践或研究，最终形成

教研产品(如教学设计、教学展示、学生学案、学生习作集、教学案例、教学论文、研究报告等)并接受评价。陈万勇(2020)提出了项目化教研的 PPDCA 运营模式(如图 2):项目筹备(Prepare),项目规划(Plan),项目实施(Do),过程监控(Check)和评估优化(Action)。他尝试将项目化管理理念运用到校本教研活动中,提高校本教研的质效,从而推动教师专业成长和学校的长远发展。高敏(2013)也提出教研活动是以教师的教育教学问题为研究对象、以教师为主体、以专业研究人员为合作伙伴的实践性研究活动。总之,项目化教研能通过真实问题驱动教师主动参与教研活动,并在专家型教师和其他同伴教师的协同互动中寻找解决方法并形成教研成果,更能凸显教师的主体地位。

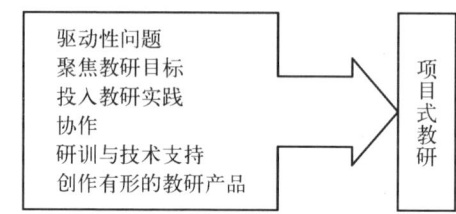

图 1   项目式教研设计模式(苏辉,2020)

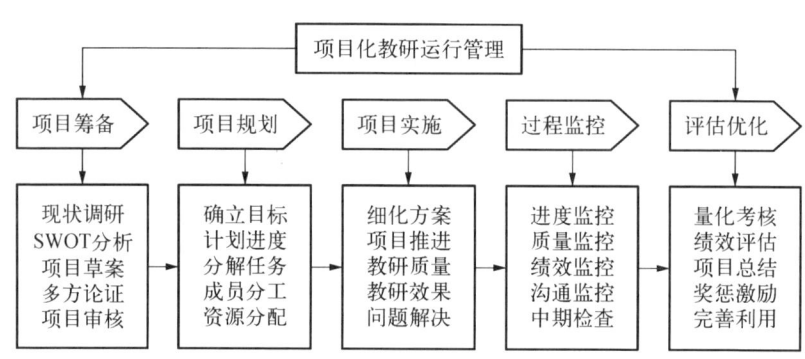

图 2   项目化教研运营管理(陈万勇,2020)

2. 教研经历

笔者担任奉贤中学英语教研组副组长的时间不长,主要协助英语教研组长吴彩霞老师组织教研活动,参与教研组的管理工作。从一名英语教师到学校英语教研组副组长是我职业生涯的一次重要转型,工作任务也从学科教学扩展到了如何围绕课改和学校的重点工作开展学科教研活动,实现教学和科研的同步发展。我认为开展校本教研的工作应该面向教师的专业发展,关注当下"双新"背景下课程改革和新教材在课堂实践中的使用,同时鼓励教师积极参与课题研究和教学研讨活动。

笔者担任了 2021 年上海市英语教育教学研究基地的项目负责人,在申请项目之初,对于如何设计"以读促写"的教学实践研究感到十分困惑,在研究对象、研究工具、研究方法等方面都有诸多疑问。例如,项目研究对象应该如何选取,是选择两个平行班分别开展"读写结合"和"读写分离"教学,还是选择不同学习水平的学生接受"以读促写"教学? 又如,在研究设计中如果采用前测和后测的方法,那么检测的标准应该如何确定? 带着这些困惑,我通过文献研究、专家指导、同伴讨论等各种方法,最终确定了最具可行性的方案。项目选取了高一年级中代表高中低三种学习水平的学生作为研究对象,通过"以读促写"的读写结合写作教学指导学生写作,记录和分析学生的习作篇幅、词汇频度、句法复杂度等数据,进行基于主题语境的"以读促写"教学实践研究,最后通过开展教学成果展示的方式将研究成果在区域内进行辐射推广。

二、教研活动设计与实施

1. 教研背景

《普通高中英语课程标准(2017 年版)》(以下简称"新课标")指出了"学科核心素养是学科育人价值的集中体现,是学生通过学科学习而逐步形成的正确价值观、必备品格和关键能力。英语学科核心素养主要包括语言能力、文化意识、思维品质和学习能力"。作为《高中英语》(上外版)新教材示范校之一,我校承担了 2021 年上海市英语教育教学研究基地的科研项目。该项目旨在借助新教材主题语境下的语篇阅读和同主题语篇阅读教学,通过探究单元主题意义,开展"以读促写"教学实践,提高学生的写作能力,发展学生的学科核心素养,帮助学生成为更好的思想者、学习者和文化交际者。

2. 教研主题及范围

本次教研主题为《基于主题语境的"以读促写",提升高中学生英语写作能力的实践研究》项目成果展示,活动由区高中英语教研员钟爱群主持,区内高一年级英语教师和英语职初教师参加观摩和评课活动。

作为英语学科素养的基础要素之一,也作为一项重要的表达技能,"写"承载着"表情达意"的重要任务。写作能力的提高蕴含着文化意识、思维品质和学习能力的提高。其次,新课标的课程内容由六要素组成,即主题语境、语篇类型、语言知识、文化知识、语言技能和学习策略。主题语境包括人与自我、人与社会和人与自然,涵盖高中阶段涉及的主题内容。因此,本项目旨在通过新教材语篇阅读结合同主题多语篇的报刊阅读教学,引导学生展开对主题意义的探究,促进学生思维发展,提升学生运用语言表达意义的能力,即以语篇为依托,"以读促写",提高学生写作能力,激发学生语言输出潜能,使学生切实提高英语综合语用能力。

3. 教研内容与形式

2021 年 6 月 2 日下午,我校开展了《基于主题语境的"以读促写",提升高中学生英语写作能力的实践研究》区级成果展示活动。首先,奉贤中学汪晓忆和姜松燕两位教师开设了《高中英语》(上外版)必修第三册第四单元 Life and Technology 阅读课:A Life with a Robot Dog 和写作课:Sharing Views on the Robot Dog and the Real Dog,为教师们展示了"双新"背景下基于主题语境的"以读促写"课。课堂观摩后,奉贤中学周兰老师就项目研究的内容向教师们做了简要介绍,并提出围绕主题语境深入学习承载主题意义的阅读语篇,进行关联性写作教学能有效提升学生写作能力。随后,观课教师就两节课展开讨论和点评,认为阅读课教师成功带领学生深入阅读语篇,激发学生对新兴科技的辩证思考;而写作课教师通过过程性指导学生写作输出,引导学生迁移运用知识,说明"异同"。最后,区教研员钟爱群老师对两节课做点评,她认为两位教师的读写课为教师们开展新教材的单元设计提供了实践经验。

4. 教研活动设计与实施

项目化学习中,建构主义和学习科学发展观为项目化学习提供情景、建构、认知学徒制等学理依据(崔允漷,2019)。项目化教研同样也应该是一种聚焦以教师为主体,提供教师真实教研情境,通过教学实践应用建构的知识体系解决问题,最后公开展示教研成果并接受评价的过程。借鉴苏辉(2020)的项目式教研设计要素,为了更完整地体现项目化教研模式的可行性,我做了调整和修改,形成了我校英语学科项目化教研设计要素(如图3),包括驱动性问题、核心教研目标、教研实践、协作、形成成果和教研评价,具体分析如下。

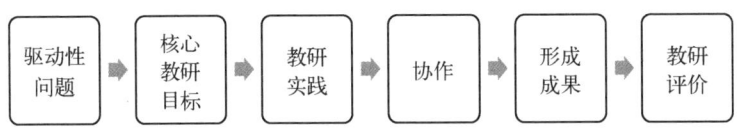

图3　项目化教研设计六要素

(1) 提出驱动性问题

驱动性问题的提出是鉴于高中英语写作教学实践的一些问题,如教师"重结果、轻过程"的现象普遍存在,教师对写作的过程性指导不足,对写作教学的思考和研究不足等。其次,我校高一年级在使用上外版新教材过程中发现,新教材中主阅读语篇和拓展阅读语篇为写作应用提供了语篇内容、语篇结构和语言表达等支架信息,同时学校订阅的英文报纸也提供了大量的同主题阅读语篇,但是学生在大量阅读输入后,无法有效地将输入内容迁移运用到写作输出中。于是,我们提出了"如何开展以读促写的阅读和写作关联教学,提高高中学生的英语写作能力"的问题。

(2) 明确项目化核心教研目标

基于驱动性问题,我们确定了项目主题《基于主题语境的"以读促写"提升高中学生英语写作能力的实践研究》,旨在采用基于主题语境的新教材单元语篇阅读和报刊同主题语篇阅读教学,指导学生探究主题意义,积累语言知识和文化知识,结合关联性写作教学提升学生的写作表达能力,发展思维品质,优化学习策略。新课标提出,语篇作为意义连贯的文体,既承载着语言知识、文化知识又助力学生获取和理解语篇意义。因此,结合主题语境下的高中英语新教材语篇阅读和报刊同主题语篇阅读,学生可以习得语言知识和技能,为写作中的迁移创新提供知识支架。教师也可以结合主题语境下的语篇阅读教学,对学生写作进行过程性指导,"以读促写"提高学生写作能力。

(3) 开展教研实践

确定了项目化教研目标后,为了高效地开展项目教研实践,首先需要规划和制定项目框架方案。项目规划是开展项目化教研的关键环节,是项目化教研的起点和基础,需要结合学校发展目标、教研核心目标、教研资源、教师专业因素等进行修改和完善(陈万勇,2020)。因此,通过多次的修改和优化,我们确立了基于主题语境的"以读促写"研究项目框架(如表1)。本次项目研究主要分为准备阶段(1个月)、实施阶段(4个月)和总结阶段(2个月)。首先,在准备阶段,我们根据发现的问题,深入学习和研读"以读促写"教学的相关理论,确定了研究主题和内容,并撰写科研项目申请书。同时,通过学习读写结合的相关理论,我们思考了如何开展"以读促写"教学实践来帮助学生在探究主题意义的基础上迁移运用语言知识,实现有效的语言输出,提高学生写作能力。其次,在实施阶段,项目组教师首先在我校高一年级开展新教材阅读语篇和报刊同主题语篇的阅读教学以及关联性写作教学实践,同时收集三种学习水平学生的习作做多维度数据分析。经过4个月的教学实践后,两名教师(汪晓忆和姜松燕)开展基于主题语境的"以读促写"区级教学成果展示。最后,在总结阶段,通过筛选、汇总和总结,我们预计形成教学实录、教学案例、教学论文、学生习作集等有形的成果产品。

表1 基于主题语境的"以读促写"研究项目框架

时 间	内 容	方 法	预期成果
准备阶段 2021年2月	根据新课标中学科核心素养培养和写作能力教学要求,查阅相关文献,确立研究方向和内容。	文献法	科研项目申报书,项目方案。
实施阶段 2021年3月—6月	进行"以读促写"教学设计。	实践法	教学设计,生习作收集,教学展示。
	进行"以读促写"教学实践。		
	开展"以读促写"区级成果展示。		
总结阶段 2021年7月—8月	材料筛选、汇总、总结。	经验总结法	学生习作集,教学案例,教学论文,教学实录,教学设计。
	撰写"以读促写"的教学案例。		
	撰写"以读促写"论文。		

项目化教研的实施是"按照项目规划的框架时间点逐步落实完成任务,是直接影响教研质量的核心环节"(陈万勇,2020)。根据项目实施的阶段规划,我校教研组展开了两条线的教研实践。一条线,在如何开展"以读促写"的读写课问题驱动下,高一英语备课组教师首先深入学习新课标、研究读写结合相关的理论,开展为期4个月的"以读促写"教学实践。他们在日常教学中实践读写结合理念,指导学生写作,收集学生习作(如表2),分析相关数据,为项目课题提供数据支持。教师们在问题驱动下,自觉主动地在教学实践中应用教育理论和理念,探究问题的解决方法,真正体现立足真实情境、以教师为主体的教研理念。另一条线,汪晓忆和姜松燕两位教师作为成果展示课教师,认真研读新课标,研究新教材单元主题,把研究成果融合在高一备课组"以读促写"教学实践经验的教学设计、学案设计、课件设计等一系列的教研实践中。

表2 学生习作

单 元	学 生 习 作
必修2第4单元	A Letter to Badminton
必修3第1单元	My Secrets to Success
必修3第3单元	A Letter of Advice on Health
必修3第4单元	Sharing Views on the Robot Dog and the Real Dog
拓展写作	My Happiness

(4)进行教师协作

此次的教研活动是我校英语教研组历时4个月的"以读促写"教学研究实践成果展示活动,教师们在教研团队中通过协同合作共同完成了教研成果。以下主要围绕此次项目研究的区级成果展示活动中教师的协作过程做分析(见图4)。第一,两位教师历时1周形成教案设计一稿,并进行第一次试讲。第二,项目组教师就教学设计和流程展开讨论,提出修改意见并合作形成教案设计第二稿。教师们提出阅读课的环节设计需要明确主线,建议以作者对机器狗的情感变化为主线开展由浅入深的阅读教学,在探究主题意义的基础上为写作课做铺垫。

针对写作课,教师们提出写作作为阅读的迁移创新,关联性写作活动设计应当以阅读课的语言知识和主题意义为依托,指导学生进行写作输出活动。第三,专家型教师即校教研组长吴彩霞和区教研员钟爱群根据教案设计二稿提出修改意见。他们指出,阅读环节的设计需要符合记叙文的语篇特点,引导学生熟悉文体特征、掌握语篇大意、理解相关词汇,同时建议读后活动和作业设计体现与写作教学的关联性。写作课中,他们提出,写作教学设计应当突出教师的过程性指导作用,贯穿于写前、草稿、修改、编辑和评价环节,最后建议教师设计多元评价活动,鼓励学生积极参与自评互评。第四,两位教师和项目组成员根据修改意见完成教案设计第三稿。第五,成果展示课教师进行为期2周的试讲、磨课。磨课过程中,项目组教师参与听课、评课、讨论并形成修改意见。最后,在项目组成员的协助下,两位教师完成成果展示课的教案设计、学案设计和演示文稿设计。

图4 教研项目协作

(5)公开展示成果

项目化教研强调基于真实教学情境,解决真实问题,形成真实存在的有形的项目成果。本次教研成果包括阅读课和写作课的教案设计、学案设计、演示文稿设计和教学实录。成果展示课内容为《高中英语》(上外版)必修第三册第四单元 Life and Technology 阅读课:A Life with a Robot Dog 和写作课:Sharing Views on the Robot Dog and the Real Dog。汪晓忆在 Reading A 的阅读课上,通过指导学生阅读文本了解主旨大意,获取记叙文的描述性线索,推断作者对机器狗的情感变化,感悟其心理历程。学生通过分析作者心态变化背后的原因,形成自己对机器狗这一新兴科技产品的看法。姜松燕在写作课上,帮助学生回顾上一节阅读课中积累的关于机器狗的相关词汇,了解语篇中涉及的"比较和对照"写作方法。学生在教师指导下完成写作任务,说明机器狗和真狗之间的异同,最后通过自评和互评完成写作成果评价。

(6)接受公开评价

教研评价作为项目化教研的最后环节,是对教研成果的评估和优化过程。陈万勇（2020）提出,评估的重要功能在于梳理问题和经验总结,提供教师反思和优化的机会。在此次教研活动最后阶段,观摩教师们参与了评课活动,他们一致认为汪晓忆的阅读课成功地带领学生深入阅读文本,引导学生学习如何从阅读中寻找线索并理解作者情感态度变化的过程,同时通过对机器狗特点的分析引发学生对新兴科技产品的辨证思考,为写作课提供内容、语言知识、思维方法等支架信息。当然,也有教师提出改进建议,认为教师应该借助上下文引导学生理解语篇词汇,课件设计应该做到简洁明了等。针对写作课,教师们认为姜松燕通过衔接阅读课中对机器狗特点的分析,成功地引导学生展开讨论,比较真狗与机器狗之间的异同,并且通过"相同点"的改写任务指导学生关注段落结构、主题中心句、发展句、衔接词等,最后有效地指导学生完成"差异"的写作任务。最后,教研员钟爱群对两节课做点评,她认为两位教师的读写课为教师们开展新教材的单元设计提供了实践经验,体现了指向学生核心素养发展的学习活动设计理念。如阅读课中,教师通过指导学生寻找线索,提炼作者情感变化,有效激发了学生思维;写作课中,教师为学生搭建脚手架,明确学习任务,体现出单元设计中的学习活动观。

5. 教研活动成效

鉴于新课标对高中英语写作能力的要求,本次教研成果展示证明了开展基于主题语境的"读写结合"教学能有效提高学生写作能力,对促进学生英语学科核心素养发展具有实践意义,具体体现在以下三个方面。第一,鉴于国内外基于主题语境的读写结合教学研究课题的文献资料不多,本次教研成果将填补相关研究的不足,并提供相关数据支持。第二,针对高中英语写作教学中教师"重结果、轻过程"的普遍现象,本教研项目将进一步形成"以读促写"相关教学论文和教学案例等成果,为高中英语教师如何开展读写结合教学提供实践经验和优化策略。第三,我们将改进和完善教研项目成果,提炼有效读写教学策略,把成果推广到我校高二和高三年级,并向区域内辐射。

通过本次教研活动,我校英语教研组既公开展示了基于主题语境的"以读促写"教学实践成果,也通过结合我校"双新"背景下项目化学习的重点推进工作,探究了项目化教研的新模式。本次教研活动证实了,在项目化教研模式中,教师有机会针对在教育教学实践中发现的问题,主动参与符合学校课程发展和教师专业发展的教研活动。

三、教研感悟

作为新教材示范校之一,我们借助了上海市英语教育教学研究基地科研项目的契机,尝试了项目化教研这一新的教研模式。源于项目化学习的项目化教研是"一种立足于建构主义取向的情境教研模式,形成的教研产品对教师而言是真实而具有意义的,折射出学科的核心素养,反映出相关领域的专业实践活动(苏辉,2020)"。经过本次教研活动,我深刻感悟到项目化教研为我们教师提供教研情境,明确教研主题(即实际教学问题驱动下的主题),激励教师主动参与教学实践,在真实的情境中学习和建构新理念,通过协同合作、迁移创新,共同产出有形的教研产品。

结语

本次教研活动有幸借助了上海市英语教育教学研究基地提供的平台,对项目化教研模式做了初步探究和尝试。我们希望将项目化教研作为我校英语学科教研的发展方向,不断完善符合学校课程发展和教师专业发展的教研模式。

参考文献

[1] M. D. Gall, Gall J. P. , Borg W. R. *Educational Research: An Introduction: International Edition* [M].北京:人民邮电出版社, 2006.

[2] 陈万勇.项目化教研:改进校本教研的有效探索[J].福建教育,2020,(14):14 - 17.

[3] 崔允漷.如何开展指向学科核心素养的单元设计[J].北京教育(普教版),2019(2):11 - 15.

[4] 高敏. 提高教研活动有效性的探讨 [J]. 中学政治教学参考, 2013, (11):69 - 70.

[5] 苏辉.高中英语学科"项目式"教研模式初探[J].中小学教学研究,2020,(06):92 - 96.

[6] 夏雪梅.项目化学习设计:学习素养视角上的国际与本土实践[M].北京:教育科学出版社,2018.

[7] 中华人民共和国教育部.普通高中英语课程标准(2017 年版)[M].北京:人民教育出版社,2018.

[活动点评]

本次教研活动体现了奉贤中学英语教研组的项目化教研新理念，改变了教师在学校课程发展和教研活动中的被动局面。项目化教研模式通过真实问题驱动教师投入高中英语新课标、教学新理念的探究中，鼓励教师通过协同合作，建构和实践教学新理念，明确了教师在教研活动中的主体地位，助力教师的专业成长。同时，项目化教研模式也充分反映了奉贤中学"双新"背景下的单元设计和项目化学习重点，推进工作，符合学校的课程改革理念。项目化教研设计六要素（驱动性问题、核心教研目标、教研实践、协作、形成成果和教研评价）清晰地展现出校本教研活动的层次性、深入性和完整性。在该教研模式中，教师能善于发现真实的教学问题，能明确教研目标，能积极主动地参与教学实践，能通过团队协作形成成果，能乐于接受评价并优化成果。其次，项目化教研六要素也明确了教研活动的实施流程和步骤，有助于教研组有序开展校本教研活动，同时具有在区域教研中的示范辐射价值。最后，提出几点改进建议：建议教研组对项目化教研成果进行归纳总结，形成教学案例、教学策略等，通过进一步提炼和整合项目化教研设计要素，策划开展系列化的深度项目化教研活动。

（点评人：上海市奉贤区教育学院　钟爱群）

作者简介

周兰，中学一级教师，2008 年进入上海市奉贤中学工作，担任英语教师。2020 年 9 月至今担任上海市奉贤中学英语教研组副组长。近年来，获得 2015 年区行政嘉奖，上海市民族教育课堂教学比武二等奖，上海市君远奖优秀教师，上海市第 12 届"金爱心教师"二等奖，2017 年奉贤区中青年教师教学评比二等奖，2018 年上海市中小学优秀作业、试卷案例征集评选三等奖，2019 年区园丁奖，2020 年区"农商行"新成长课堂教学大赛优课奖等。

PDCA 循环视角下高中英语项目式校本教研

——核心素养背景下实验班英语特色课程探索与实践

上海师范大学附属嘉定高级中学*　甘韦伟

引言

我校自 2004 年更名以来,始终坚持"外语特色,文理并举,全面发展"的办学理念,也是特色学校创建的追求和主要特征。建设特色学校是深入实施素质教育的需要,是满足学生多样化、个性化教育,促进学生个性全面发展的需要,是学校生存、发展的需要。立足外语特色高中建设,以外语学科为龙头,突出外语优势,培养学生的英语核心素养,提升学生的英语学习能力和教师的教学科研能力,是我们不懈追求的目标。

一、教研理念与经历

1. 教研理念

我校英语教研组积极贯彻、领会区教研室的有关精神,在学校领导的关心帮助下,在各位组员的齐心努力下,以学校创建"外语特色,人文见长,全面发展"的办学目标为指导,以"培养有社会责任感和实践创新能力的现代高中生"的育人目标为宗旨,以学校的基于脑科学的活力课堂构建课题为抓手,切实做好各项教学常规工作。以课程改革为发展契机,以《普通高中英语课程标准(2017 年版 2020 年修订)》为

---

*　"上海师范大学附属嘉定高级中学"原为"上海外国语大学嘉定外国语实验高级中学"。

教研导向,紧紧围绕课程实施中的问题而展开,不断研究、总结,推广教学经验,探索英语教学规律,培养学生英语学科核心素养。在课程改革的实践中,激发和培养学生学习英语的兴趣,不断提升英语教师的教学水平,从而全面提高我校英语教学的质量,为学生的终身学习和发展打下良好的基础。

我校于 2018 学年起着力开展和实施 PDCA 项目式校本教研,旨在以项目式研训一体为抓手,落实课堂教学改进举措。在落实课堂教学改进工作中,除校本培训和研修以外,学校以学科教研组为核心,开展 PDCA 项目式主题研训活动。通过项目式校本研训教一体化,着力提升学校办学品质和教学质量。以项目为抓手,加强主题研究,强调同伴互助,解决实际问题。教研组活动主题主要从四个角度考虑:学科核心素养、学校学情、学期性及语言描述准确性。教研组项目推进主要由"PDCA"循环的四个阶段组成:P 为计划(Plan)、D 为执行(Do)、C 为检查(Check)、A 为处理(Act),即教研组工作要有计划并能预设成果,在目标引领下将其贯彻实施。这四个环节共同组成一个完整、统一和连续的 PDCA 循环。在教育领域,PDCA 循环能够以"标准化"助力教学质量的提升,启发教师在确定教学质量标准后开展形式多样的教学活动。

2. 教研经历

近年来,我组教师在《普通高中英语课程标准(2017 年版 2020 年修订)》《高中英语单元教学设计指南》等纲领性、指导性文件的引领下,积极学习学科前沿理念,把握学科发展最新动态,把握正确的学科教学方向。以每学期一次的组内公开课为抓手,开展同课异构、组内研讨活动,以提高课堂教学实效。在备课组建设方面,我们充分发挥各年级备课组的堡垒作用,积极挖掘教师的潜力,集思广益,各抒己见,共同探讨有效教学模式,科学实效地进行英语教学工作。开展组内师徒结对活动,提高教师继续教育培训的力度。采用以老带新、新老搭配的有效模式,加强对新教师的培养,对新教师热心帮助、悉心指导,助推新教师尽快成长。另外,我们充分利用一切内部交流和外出学习的机会,积极开展校内和校外的教学活动交流,让组内教师们能够博采众长,学习优秀经验,始终坚持扎根于课堂教学效率的提升。区教研员也针对我校教师实际需求和学生实际能力,进行分层教研指导,增加教研实效,着重指导我们关注学生英语运用能力的培养,探讨学生语言运用能力的培养策略和方法,提高教师的教学能力,关注课堂教学设计、作业设计、课题研究等,进一步提升教师专业素养,优化教学技能。在一系列的教研活动中,我们团结协作、踊跃交流、共同进步。团队凝聚力也日益增强,为后续校实验班英语特色课程的探索与实践提供了有力支撑。

二、教研活动设计与实施

1. 教研背景

为培养学生全面发展的综合素养,尤其在外语语言素养和人文素养上有明显优势,将学生塑造为放眼世界的具有国际化视野的学习者,增加学生的竞争力,我校于 2018 学年第一学期在新高一年级创设两个实验班,分别为外语实验班以及人文实验班,并着力打造实验班英语教学特色。在学校领导、区教研室和区域教研的大力推动下,我校针对高一实验班推行"3+2"英语教学模式,全盘调整教学内容和步骤,进行教学模式改革,提高课堂效益。与此同时,学校引领的《基于标准 品质教研——PDCA 项目式校本教研》也正式启动,我校英语教研组根据学校发展、学生需求、教师发展、教研品质提升等方面,设计实施校本项目,有计划地开展项目并预设项目成果,在目标的引领下将其贯彻实施。

2. 教研主题及范围

《普通高中英语课程标准(2017 年版)》提出英语学科核心素养包含语言能力、文化意识、思维品质和学习能力。核心素养成了教育改革的中心议题之一,但实际上为"高考"服务的高中英语教学依然置身于传统教学的影响下,英语学科核心素养的切实培养在我校并未完全落到实处。对于学校在新高一全力打造实验班,重点培养英语特长生的力度与决心,我们都感到责任重大,任重道远。怎样对实验班的学生进行有效的英语教学,是每一个担任实验班英语教学的教师必须面对的教学研究课题,如何使他们在高中阶段得以充分和全面地发展,成为我校高中英语教育必须面对的问题。因此在校 PDCA 项目的引领下,我组教师群策群力,共同商议,制定了"核心素养背景下的实验班英语特色课程探索与实践"这一校本教研项目,努力做到突出重点、体现特点、形成亮点,以期在校英语特色课程道路上取得经验和收获。

3. 教研内容与形式

2018 学年第一学期高一实验班组建伊始,我校教研组全体教师在"高一实验班英语特色课程探讨"的主题式教研活动上多次就特色课程的主要内容、拓展阅读的教材选择、自编练习的重点难点等进行研讨。在语言能力的培养上,我们着重激发学生的兴趣,并且结合听、说、读、写、看设置多样化的语言学习任务。在文化意识的培养上,我们计划增加文化背景知识的输入,引导学生正确理解文化差异,并指导学生在实践探索中培养文化意识。在思维品质的培养上,我们认为应充分解读并深入挖掘阅读材料,一步步加深学生的思考,还要让学生在实施、展示、评价小组项目的一系列活动中,活化思维,锻炼逻辑,培养批判、创新等思维品质。在学习能力的培养上,我们应鼓励学生转变学习方式,提高自主学习的能力,并在课堂教学中加强策略指导,全面提升学生的学习能力。因此,经教研组商议和校领导审核,实验班英语特色课程主要包括基础型课程、研究型课程、拓展型课程和活动课程。基础型课程推行"3+2"英语教学模式,一周 5 节英语课,3 节课完成基本教学任务,2 节课完成拓展内容。拓展内容决定引入《大学英语精读》第一册,并设计以该教材为核心的校本练习,以拓展学生的文化视野、培养学生的英语学习兴趣和学以致用的能力。研究型课程为"合作式学习之假期主题式阅读探究",主要由背诵、阅读、听力以及小组主题式阅读活动组成。小语种课程、培优课程、专家讲座等被纳入拓展型课程。最后活动课程由校英语节、校科技英语节、每月一主题英语活动和英语社团等构成,当然这些活动课程不仅仅是实验班学生的专利,也是全年级学生的共同盛会。高一英语备课组是本项目的主要负责团队,其中带教实验班的甘韦伟和沈灏两位老师需要有效落实特色课程中的基础型课程、研究型课程这两个重点特色课程项目。

4. 教研活动设计与实施步骤

（1）准备阶段

首先,我们利用丰富的网络资源,结合本校学生实际,选取了有针对性的问题用于排摸 2018 届实验班学生英语学科核心素养的大致情况（表1）。通过分析,我们看出学生对英语的认同感和兴趣度还是比较高的,大部分学生对英语学习有正确的认识,认为学习英语能提升自我,储备技能,为今后工作需要提供必要的帮助。但在英语学习的难度上,很多学生普遍认为英语的各个方面都有学习难度。此外,学生的学习主动性比较差,大多没有课前预习及课后复习的习惯。在英语的学习能力上把握不足,具体体现在不善于使用英语工具书和总结英语学习方法。不少学生仍然怯于开口说英语,语言表达能力较弱。课外阅读积累的不足导致文化意识和思维品质仍有待提高。

表1 2018届高一实验班学生英语学科核心素养现状调查

1. 你为什么学习英语?	A. 应付考试	B. 就业需要	C. 个人兴趣	
2. 你认为学习英语节最难的是?	A. 词汇	B. 语法	C. 阅读、写作	D. 听力
3. 你有课前预习、课后复习英语的习惯吗?	A. 有	B. 偶尔	C. 没有	
4. 你是否有查阅英语工具书的习惯?	A. 有	B. 偶尔	C. 没有	
5. 你每天坚持听读英语吗?	A. 有	B. 偶尔	C. 没有	
6. 你更趋向于哪种作业形式?	A. 背单词	B. 做课后习题	C. 演讲或角色扮演	D. 用英语完成某项任务
7. 你是否会对英语学习方法进行总结?	A. 有	B. 偶尔	C. 没有	
8. 英语课后,给你印象最深刻的内容是什么?	A. 词汇、语法	B. 学习技巧、方法	C. 文本内容	D. 文化背景知识

因此,我们在实施项目教学之前,需结合英语学科核心素养的概念,合理分析,准确把握教学目标、确定项目任务。教师在设计、确定项目任务的过程中,应该遵循以下原则:目标原则、可行性原则、兴趣原

则、实操原则以及开放性原则,以保证教学效果(钟志贤,2016)。我们采取异质分组的形式,依据学生的成绩、知识水平和学习能力的高低等将两个班级(每班 42 人)分为 7 组,每组 6 人。每个小组内都有英语成绩好的学生也有相对较弱的学生,有外向型学生也有内向型学生,通过这种方式可以使小组内成员分工合作,完成项目,增强团队协作精神的同时还有利于提高学生的学习能力。每组还需确定一名小组长,小组长需要有较强的责任心和领导力,其职责是组织、领导小组成员合作完成各项任务。

(2)实施阶段

① 基础型课程设计

基础型课程的教材由《英语》(牛津版)高一第一册以及拓展阅读教材《大学英语精读》第一册(学生用书)构成,并推行"3+2"英语教学模式,即每周三节课用于牛津教材学习,两节课用于拓展阅读教材学习。牛津教材课后活动系列由每月一次的专题式拓展语法及主题式拓展阅读构成(表 2)。

表 2 牛津教材课后活动系列设计

英语 (牛津版) 高一 英语 学生 用书 (3 节/ 周)	学 生 活 动				
	活动时间	活动地点	负 责 人	专题式拓展语法	主题式拓展阅读
	2018 年 9 月	本班教室	本班任课教师	定语从句	交际
	2018 年 10 月	本班教室	本班任课教师	状语从句	生活
	2018 年 11 月	本班教室	本班任课教师	名词性从句	旅游
	2018 年 12 月	本班教室	本班任课教师	非谓语:动名词、不定式	饮食
	2019 年 1 月	本班教室	本班任课教师	非谓语:分词	科技

引进《大学英语精读》第一册(学生用书)作为拓展阅读教材以解决课内阅读教材单一的问题是本次特色课程的亮点和重点,但如何科学、合理、高效地用好这套教材是我们需要共同克服的难题。经多次备课组商议和教研组研讨,我们将本拓展阅读教材的设计流程分为:研

读教材、分析重难点、设计教学过程、制作导学案、课堂实践、单元测评和修改完善7个步骤(见图1),带教实验班的教师负责将组内教师的意见和建议进行汇总、提炼和落实。例如:我们对教材的研读可归纳为:拓展阅读教材的《大学英语精读》第一册(学生用书)共十个单元,可供一个学期使用。每一单元由课文(Text)、生词(New Words)和短语(Phrases & Expressions)、注释(Notes)、练习(Study & Practice)、阅读练习(Reading Activity)和有引导的写作(Guided Writing)六部分组成。该拓展教材题材、体裁多样,内容丰富有趣并有一定的启发性。生词释义采用英汉结合的方式,对我校高一年级实验班学生具有一定的适用性。教师讲解课文时应从全篇内容着眼,防止只关注语言点而忽略整体内容。设计教材配套导学案时力求每个单元的 pre-task,while-task,post-task 活动一应俱全。导学案的内容包括:课文理解、思维导图、词组整理、课文翻译、拓展翻译、概要写作和写作等。初稿形成后于备课组和教研组活动时进行集体讨论,并及时修改和完善。例如:拓展阅读训练后写作部分的输出,我们结合教材,紧扣主题,精心准备适宜的作文题目,引导学生将本单元的句型、词组与写作技巧运用到自己的写作中,从而提高用英语表达思想的能力。优秀的学生作文将在全班分享、公开展示(学生习作见表3)。

研读教材 → 分析重难点 → 设计教学过程 → 制作导学案 → 课堂实践 → 单元测评 → 修改完善

图1 拓展阅读课程设计流程

表3 学生习作

《大学英语精读》第一册(学生用书)		
单元	课　文	学　生　作　文
U1	Some Strategies for Learning English	Introduce one of your study strategies with your own experiences.
U2	Sailing Round the World	Describe your most unforgettable traveling experience in no less than 120 words.
U3	The Present	Make a plan to celebrate one of your parents' birthday with your group partners.

续　表

《大学英语精读》第一册(学生用书)		
单元	课　文	学　生　作　文
U4	A quiet hour	Present your idea about the impact of watching TV to your classmates and it will be better understood with a PPT.
U5	I never write right	Write a passage about how you have struggled to reach your ambitions in 120 words and illustrate your passage.
U6	Sam,Adams,Industrial Engineer	Are you an efficient person? In what ways are you efficient? In what ways are you inefficient? And please invite a friend to give some suggestions to help your improve your efficiency.
U7	The sampler	Write a composition describing the "sampler" in the story you have just studied. Begin the paragraph with the sentence: " Every week during the Christmas season a poorly-dressed, elderly gentleman would appear in a certain store where he sampled puddings, but never bought any. "
U8	A Magician at Stretching a Dollar	Write a composition describing the most unforgettable gift that you have received in your life.
U9	The brain	Do you think modern technology will someday dominate human beings and ultimately replace humans' brains? Present your reasons.
U10	Going home	My family and I

　　上海市教研员汤青老师在 2019 学年第一学期市级调研中,莅临我校指导工作,对我们设计的拓展阅读导学案系列给予了肯定,并提出了改进意见。汤老师指出,作业设计应努力着眼于一个点,着力于学生基本功的锻炼,以激发学生思维,鼓励学生积极动脑。在以后的学生写作中,应指导学生在写作前先列提纲,以提纲为指南,进行多稿写作。优秀的学生范文可转化为学生的诵读内容,切实加强学生语言运用的能力。

② 研究型课程设计

2018 学年第一学期期末,我们针对实验班学生进行了研究型课程的探究学习,主题为"合作式学习之寒假主题式阅读探究",围绕某一主题开展主题式阅读学习,主题的选择可根据课标主题内容要求来选择,即人与自我(生活与学习、做人与做事);人与社会(社会服务与人际沟通、文学艺术与体育、历史社会与文化、科学与技术);人与自然(自然生态、环境保护、灾害防范、宇宙探索)。

每班以小组为单位进行互助式学习,小组内分工明确,6 人一组,共 7 组。由组长统筹领导,每位小组成员都要承担相应的职责并成立组长微信群及小组群。于下学期开学初以小组为单位进行汇报,形式可多样,如微演讲、微电影、微视频、微调查、短剧、歌曲等,汇报在寒假主题式阅读中的收获或感受(实施过程见表 4)。阅读材料的查找、收集和整理可借助网络电子资源或图书馆纸质书籍,并确保使用电子词典或纸质词典,遇到生词可随时查阅。

表 4　高一实验班寒假主题式阅读探究实施过程

1. 启动阶段				
时　间	班　级	组　名	组　长	阅读主题
1 月 18 日—1 月 22 日				
小组成员及相关职责				
组　名	姓　名		职　务	职　责
2. 实施阶段				
时　间	导师指导时间		组员碰面时间	资料留底
1 月 23 日—2 月 4 日				
3. 总结阶段				
时　间	班　级	组　名	组　长	汇报形式
2 月 5 日—2 月 15 日				

续　表

4. 汇报阶段		
时　间	地　点	评价标准
2月16日—2月28日	尚越楼6楼阶梯教室	师生共同协商评价标准

　　我们认为,对本次学生活动成果的评价应该是多元的。培养学生的英语核心素养,其有效途径之一就是通过表现性评价让学生张扬个性,凸显并强化其学习特质。除了常规的测试性评价,实施表现性评价是我校课程建设的一项重要内容,旨在细致深入地观察每个学生个体学习行为和特质,并给予个性化指导。表现性评价主要用来评价学生在真实情境下运用英语的能力,主要抓手是课堂参与度、项目化作业课堂呈现,以及辩论赛和演讲比赛等。具体的评价步骤如下(见图2)。学生在完成项目活动的过程中根据探究主题和目标,在真实世界中探索发现课外知识,收集资料并完成项目,在研究过程中不断调整、完善。在项目完成后还要进行展示,以检验学习的成果,最后进行项目评价。评价不仅来源于教师,还要进行小组自评和小组之间的互评,这种方式对于训练学生的判断能力和批判性思维具有很好的作用。

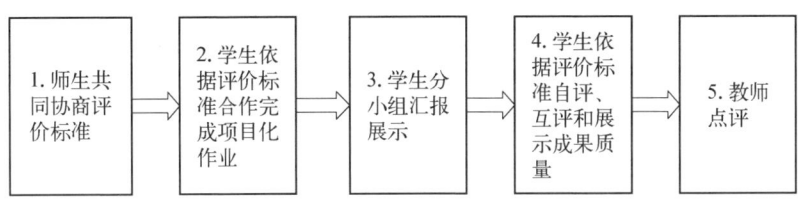

图2　表现性评价步骤

　　③ 拓展型课程、活动课程设计

　　拓展型课程由小语种课程、培优课程及专家讲座构成。我校作为外语特色学校,开设日语、法语等小语种课程,能满足学生多样化的学习兴趣,为学生的个性化发展创造条件,更为英语学困生提供了应对高考的新途径,帮助他们将来圆大学梦。校外语特色项目组负责人沈灏老师与小语种老师进行沟通,同时听取组内教师意见,制定小语种课程评价标准,以衡量学生学习成效。每周的英语培优课程和专家讲座邀请区内和跨区的名师和专家,进一步为学生答疑解惑,提升学生英语语言素养,帮助构建培养学生核心素养的课程体系。

活动课程由校英语节、校科技英语节、每月一主题英语活动和英语社团构成,这些精彩呈现的活动课程不仅是实验班学生,也是全年级甚至全校学生的嘉年华盛会。每年的校英语节和科技英语节活动,建构了系统化的校园节日活动课程体系,每月一主题的英语体验活动、英语社团活动,发挥了学生在活动中的主体地位,为增强学生的创新思维和实践能力搭建了平台。为保证每项活动课程的顺利开展和圆满落幕,我们全组教师全程参与,共同研讨、撰写活动策划书、担当活动评委、点评学生表现,虽忙碌却快乐。

5. 教研活动成效

在校 PDCA 项目式校本教研的引领下,我们立足学生英语学科核心素养,以学生的终生发展为目标,坚定不移地开展实验班英语特色课程的探索与实践。在区教研室的大力支持下和教研员的精心指导下,经过长期的努力,我们的核心素养背景下实验班英语特色课程取得了一定的成效。经过一次次的课程、活动等体验、调整、再磨合、再调整,逐步形成了合理、有序、有梯度的校英语特色课程。实验班英语 3+2 课程体系,提升了学生拓展阅读、写作、听说等各方面的能力,为增强学生英语学科核心素养创造了条件。在多次区质量检测中,实验班英语学科均分取得了显著进步。形式多样、内容丰富的拓展课程和活动课程满足了不同学生的个性发展需求,点燃了学生的学习热情,营造了强大的师生凝聚力。在英语特色课程的探索之路上,我们积累了宝贵的教学经验和丰富的教学资源,也为后续教研活动的进一步开展拓宽了思路、提供了素材。

三、教研活动感悟

1. 教师层面

通过校本教研活动提高我校一线英语教师的教学能力是做好教师研修工作,促进一线教师专业成长的重要途径之一。我校英语课程建设是新形势下英语学科"核心素养"培养的探索性研究,我校英语组教研活动的开展,始终扎根于一线教学实际,解决教研实际问题。在历次的校本教研活动中,我们一起学习、钻研教材、参与备课、积极反思,有效提升了教师的学习主动性和积极性,培养了团队意识和合作精神,在协作中提高了专业素养,并积累了宝贵的可循环使用的教学材料。

2. 学生层面

学生作为学习的主体,激发学生学习的兴趣,使学生能够自主学习是促进学生素养发展的重要前提,也是教师转变教学方式的出发点。通过本次项目式教研活动,实验班学生主动地参与到校特色课程的学习中,他们不仅是基础课堂的参与者更是第二课堂的主讲人,这大大调动了学生的学习积极性,加快了教学进度,增加了教学内容,拓宽了教学形式,同时对培养学生自主学习能力和实际解决问题的能力也起到了较大的作用。

3. 改进提升

① 提升拓展阅读教材校本作业的品质

在设计时考虑校本作业的时间、形式及数量。采用半句翻译或整句翻译相结合的方式,设计有层次的课文理解问题等,帮助学生通过回答链能连成一个语段,为后续完整表达提供支架。明确校本作业的意义和性质:它是配套练习册的补充,是对单元学习的检测,尽量注意避免校本作业内容与练习册重复。在作业内容方面需进一步改进,力求体现具体化、情境化、词块化和生活化的要求。

② 增强特色课程服务于学生发展的功能

特色课程活动过程中,我们将特别注重学生的参与和体验,并要求学生在进行思考的基础上撰写活动小结;部分活动我们也会尝试让学生参与设计,畅谈领悟、感想,并注重过程性资料的整理与积累。(如:用英语撰写研学感受,并进行微信的实时推送等)

③ 提高特色课程的整体性和区域影响力

今后,我们应努力增加教研组各项工作间的关联,如导学案制作、英语节、海外研学等活动将紧紧围绕环境、旅行等主题展开,以丰富学生经历,帮助学生获得连贯而真实的体验。今后的特色课程活动,我们竭诚欢迎区兄弟学校教师与学生参与,将英语节等特色活动做成品牌,扩大在区内的影响力。

四、结语

过去的几年,我们教研组工作务实、作风踏实,今后我们将继续努力,抓好教学常规,进一步提高教研组的整体教学水平。我校英语全体教师一定能以勤奋敬业、积极进取的精神对待工作,为实现学校创办特色高中办学目标而不断努力。

参考文献

[1]李婉莹.项目教学法在培养学生核心素养的应用研究——以英语阅读教学为例[D].河北科技师范学院,2019.

[2]王丽娜.PDCA循环视角下初中英语教学质量管理的实践与反思[J].中小学课堂教学研究,2021,(1):10-13.

[3]施丽华,朱旭彬,何小庆.基于英语学科"核心素养"培养的课程建设和实施[J].教学前沿,2016,(07):59-65.

[活动点评]

上海师范大学附属嘉定高级中学英语教研组以 PDCA 项目为抓手,从学校特色发展及师生实际需求出发,对实验班英语特色课程的开发与实践进行了研究,并形成了"3+2"英语教学模式。项目通过对"三类课程"的统整和重构,营造了浓厚的英语文化氛围,激发了学生的学习兴趣,提高了英语语言的运用能力,使英语课程由"静态"转向"动态",由"统一"转向"差异",由"单维"转向"立体",充分体现了国家课程的校本化实施。

在项目前期,教研组充分调研并分析了学生的英语学习现状,针对学生在英语学习中的问题,展开研究,体现了教研的计划性和针对性。

教研组的研究基于课标,有理念引领;设计流程,有方法路径;注重积累,有材料实证;依托评价,有检验工具。为学校在学科建设上形成了可操作、可复制的教研方案,体现了教研组扎实的学科管理思想。

教研组后期可以对项目研究进行深化和延伸,进一步研究课程实施的策略,并在过程中,注意及时总结经验,反思不足,积累材料并不断完善,细化管理,形成制度和标准,以保证项目成果的推广与孵化。

（点评人：上海市嘉定区教育学院　陆艳艳）

作者简介

甘韦伟,上海师范大学附属嘉定高级中学(原上海外国语大学嘉定外国语实验高级中学)英语教师,中学英语一级教师。2003 年毕业于上海师范大学英语教育专业并进入该校工作。2018 年担任校英语教研组长并兼任所在年级英语备课组长。曾获得 2009 年度记功、2011 年嘉定区班主任基本功大赛(高中组)二等奖、2015 年嘉定区课堂转型优秀教学案例评选活动三等奖、2020 年度教育局嘉奖。参与校《基于标准 品质教研——PDCA 项目式校本教研》和上海市英语教育教学研究基地科研项目《核心素养视角下高中英语新教材项目探究课型多元评价体系探究》的研究和撰写工作。

"主题引领，多语种融合式教研"管窥

上海市光明中学　施　翎

引言

　　随着 2017 年《普通高中英语课程标准（2017 年版）》（以下简称《新课标》）的正式出版，2020 年 9 月依据新课标编制的高中英语新教材在上海高一年级全面使用，改革开放四十年来我们的高中英语教育取得了长足的进步：教学理念从重语法、翻译到重交际再到强调对学生语言能力、文化意识、思维品质和学习能力的综合培养；课程类别从单一的必修课调整为必修课程、选择性必修课程和选修（提高类）课程齐头并进，为不同发展方向的学生提供有选择的课程。每次课改都是教学理念的一次巨大震荡，这次尤甚。因此，教研组——这一基层的学科教学研究小组活动的有效性显得尤为重要，因为它直接决定了教师们对新课标的认知、接受和落实。

一、教研理念与经历

1. 教研组基本情况

　　上海市光明中学前身为"中法学堂"。20 世纪 90 年代，光明中学恢复法语教学。当时法语作为第二外语，所有学生在高一学习基础的法语语言、了解法国文化；进入 21 世纪后，学校从所有学生中选取一部分对法语学习有兴趣的学生开设了"双语班"，这些学生通过三年的法语学习，在考试合格后由法领馆颁发法语水平证书。自 2012 年起光明中学设立了以法语为第一外语的"法语班"，班里的学生经过三年的法语学习，在高考中参加法语考试而非英语考试。

　　自 20 世纪 90 年代光明中学恢复开设法语课以来，英语和法语就合二为一成立了"外语教研组"。组内的 20 位教师中有 12 位是英语学科教师,8 位是法语教师——光明中学的外语组是名副其实的"外语"教研组。

如何以教研组为单位,结合两门语言共同开展《新课标》的学习和实践是教研组在落实《新课标》过程中面临的一个挑战。

2. 教研理念

（1）双语教、研相融合

不管是法语还是英语教学,在中国都属于外语教学。虽然语言不同,但无论从教师的"教"还是学生的"学"角度,这两种语言都有一定的共通性。作为一个多语种的教研组,"融合"是关键——教学融合、教研融合是教研组建设的一个重要原则。

教研组的每一次教研活动,英语和法语教师共同参加。每次外语组内的公开课展示都由两节课组成:英语和法语各一节,课后教师们以年级备课组(含英语和法语)为单位,对这两节课进行研讨。为了能更好地开展英、法双语的教学融合,自 2021 学年起,每次的组内公开展示课都是在同一主题下进行教学设计和实践,这样无论是上课的教师,还是观课、评课的教师都能从教学方法、教学重难点的攻克、教学目标的达成等方面开展具体可行的英、法双语教学对比。每一次的组内公开展示是全组教师向其他语种教学学习,向其他教师学习的一次机会。鼓励每位教师参与教学研究是融合教研的目标。

此外,自 2015 年以来,无论是学校承担、外语组参与还是外语组承担的课题都有两门语言的教师一起参与。如:《高中外语渐进式写作教学》(其中英语论文 6 篇,法语论文 5 篇);2 位英语教师和 1 位法语教师共同合作的《光明中学多语种教学初探》;《多语种跨文化对焦高中生人文素养靶向培养的实践探究》(英语教师参加者 2 人;法语教师参加者 2 人);《"双新"背景下基于"教学反馈·因材施教"的 OMO 校本教学实践与研究》(英语教师参加者 6 人;法语教师参加者 1 人)。

在一个由多语种构成的教研组里,不分伯仲、共赢学习是教研活动的主旋律。

（2）学年教研有主题

作为基层教师专业组织,教研组在保障学校教学质量、促进教师发展方面发挥着重要作用(徐晶,2008)。教研组的学科教研活动科学、有序地开展是落实《新课标》,培养学生学科核心素养的基础。

目前,许多学校教研组的活动形式主要是听课、评课、讲座。这些活动中前两者是相互关联的,但是仍存在问题。在听了某位教师的上课、评课后,教师们是否会把该教师的优点运用到自己的教学实践中,同时把这位教师授课中有待改进的地方在自己的教学实践中改进呢?至于讲座,因为受制于主讲教师的专长,主题的选择具有一定的随意性。有没有什么方法改变这种"随意、表象"的教研活动呢?

自 2018 年开始学习《新课标》以来,光明中学外语教研组每学年的教研活动都会拟定一个主题,学年的每次教研活动,无论是讲座抑或是教师的公开课以及听、评课都围绕这个主题开展。在这一年的时间里,教师们围绕教研主题经历了"认知、悟道、实践、反思"的过程,最后借助学校每学年一次的教育论坛,教师们结合自己的感悟和实践写一篇小论文。

我校外语组自 2018 学年以来的教研活动主题见表 1。

表 1 教研活动主题

学　年	教研活动主题
2018 学年	解读新课标,优化课堂设计
2019 学年	单元主题教学探究
2020 学年	基于单元教学的教学活动设计
2021 学年	单元教学视角下的作业设计

从上述四个学年的活动主题看,不难发现,对于《新课标》学习遵循着从"广、泛"到"精、细",从"认知、理解"到"实践、体会"的过程。2018 学年,《新课标》出版伊始,了解《新课标》各项要求,对比新、旧教学方式是学习的重点;2019 学年,鉴于当时依据《新课标》制定的新教材还没有推广使用,但是市教研室已经组织了几次大型的"新教材试教试用课例研讨"活动,教师们根据参加课例研讨活动教师所做的微型讲座,结合正在使用的《英语》(新世纪版)教材开展了单元教学设计的探索——我们称之为"老瓶装新酒";2020 学年起,随着对《新课标》认识的不断深入以及新教材的推广,我们的教研活动也随之"精细化":以单元教学为基础,拆分教学活动,落实每一个细节。

教研活动主题的确立可以和课改相结合，也可以和课题研究相结合。如 2014 学年我们的教研主题是："'句—段—文'外语写作教学实践"，为当时教研组的课题《渐进式外语写作教学》提供实例。

这种以主题为引领的教研组活动方式有效避免了教研活动的随意性、无序性，同时也为教师学习、实践课题和课标提供了一个共同学习、交流和探讨的平台。

（3）人有所长，相互学习

孔子曾说过：三人行，必有我师焉。在我们教导学生要向他人学习，"择其善者而从之，其不善者而改之"的时候，作为教师的我们何尝不需要时刻向周围的人学习呢？

"深化信息技术与英语课程的融合，提高英语学习的效率。"这是《新课标》对教师提出的一个要求。光明中学的外语教研组从学历而言，20 位教师中博士一人，硕士六人；从年龄而言，50 岁以下的中青年教师 17 人；从年龄和学历程度而言，这是一支年富力强的教研组，但也不排除部分教师只关注课堂教学、忽视信息技术及其带来的语言学习和运用的拓展。为了提高教研组教师的信息素养，教研组多次组织了信息技术学习交流活动。除了邀请与学校有合作关系的"校园智慧英语平台"的技术人员给大家做讲座，介绍如何借助平台提升作业效率外，还和学校的信息技术"达人"教研组——生物组开展联合教研，就"运用现代信息技术，创建自主学习平台，提升教学效率"话题进行跨学科教学研讨。在研讨会上，法语青年教师潘诚介绍了自己在课堂教学中常用的一些技术，如：思维导图、音频打卡等，以此助力教学。他的结尾语："这些功能也是在使用时不断摸索发现的"给教师们带来了不小的触动——"学习"不仅仅是学生的任务，也是我们每个人生活中的一个重要组成部分。

此外，针对教师课件制作中采用的照片主题不明确等现象，为了提升教学、教研活动照片的拍摄质量，教研组还邀请组内擅长摄影的英语教师胡斌老师为全组开设了摄影微讲座，既提升了教师们的综合教学素养，也提升了教师们的生活情操。

"人有所长，相互学习"中的"人"指的不仅是同一教研组内的教师，也可以是其他教研组的教师，甚至是其他学校、其他领域的教师、从业人员；从"学习"的内容而言，教研组在研讨教学的同时，还要关注教学的"衍生品"。《新课标》倡导培养学生的学科综合素养，教师何尝不需要提升自己的综合教学素养呢？

二、教研活动设计与实施

下面笔者就以 2018 学年教研组以"解读新课标,优化教学环节"为主题开展的系列教研活动为例,分享"主题引领,多语种融合式教研"的实施。

表2　2018 学年教研主题:"解读新课标,优化课堂设计"活动实施表

2018 学年第一学期	形　式	内　容
2018. 8. 29	讲座	新课标背景下的课堂教学设计
2018. 9. 19	微型研讨会	从课例《Very-Vegetarian》看新旧课堂教学设计的优劣对比
2018. 10. 24	讲座	《法语新课标学习》
2018. 11. 14	教学实践	在真实的语境中培养学生表达情感(法语)
2018. 11. 29	教学实践	解读新课标,"让学生成为评价主体"初探——高三"六选四"题型复习指导(英语)
2018. 12. 12	访谈类讲座	"新教材试教试用课例研讨"活动听课感悟
2018 学年第二学期	形　式	内　容
2019. 2. 20	讲座	阅卷归来话课改
2019. 3. 6	教学实践	基于主题语境的高三阅读能力指导(英语)
2019. 3. 13	教学实践	以单元教学目标为基础的场景描述的课堂写作实践(英语)
2019. 3. 27	讲座	新课标下背景下的高中法语作业优化设计(法语)
2019. 4. 24	访谈类讲座	"新教材试教试用课例研讨"活动听课感悟

续　表

2018 学年第二学期	形　式	内　容
2019.5.22	教学实践	在真实的语境中培养学生的文化意识（法语）

2018 学年（2018.9—2019.6）《新课标》和《普通高中法语课程标准》才刚出版，解读课标、让教研组内所有的教师了解、认知《新课标》是这一学年的教研组工作重点。形式单一的、主讲者滔滔不绝地说教式的讲座不足以引起教师们的学习兴趣。为此，教研活动在形式上除了讲座外，还采用了微型研讨会、访谈、教学实践等具有互动性、体验性的形式；活动主讲人、主持人有教研组长、成熟型教师，还有新入职的一年期见习教师；教研活动的内容有理论学习，也有具体课例对比和教学实践；每次教研活动的最后环节"聊一聊，说说我的感想"前，都会留有时间让教师们以年级备课组（含英语和法语）为单位进行交流，有了这样一个在小范围内"随便说"的过程，即使是平时在办公室内向、寡言的教师都愿意就自己的学习感悟展开交流、探讨。

以下是教研组部分教师在 2018 学年结束后所写的小论文节选：

鉴于高中法语这门学科的特殊性，2017 年前是没有课程标准的，教师们只能根据自己从书本上学习到的理论知识和学习外语的长期经验，按部就班地布置课后作业，……优化作业设计对我们法语教师来说是一件迫在眉睫的事。因此，我想结合新课标的要求，结合法语教学实际，针对作业设计中的"作业形式"，谈一谈自己的想法。

……随着互联网+时代的到来，法语课堂也随之变得丰富多彩。我们并不对传统作业模式进行全盘否定，但为了让学生真正感受到法语的魅力，激发学生们的学习兴趣，我们需要丰富作业的形式。

——选自《万变不离其宗——浅谈新课标下高中法语作业形式的优化设计》

（作者：徐佳璐［法语］）

作为一名法语教师，我们也必须提升自己的素养，紧跟时代发展的步伐，时刻关注教育前沿动态，不断吸纳新的理论并付诸教学实践。我们要本着"一切为了学生，为了一切学生，为了学生的一切"的原则，深刻学习领会《普通高中法语课程标准》的理念和内涵，不断研究教材、教法，研究教学对象，转变教学模式，强化立德树人，加强学生自主能力、合作能力、创新能力的培养。同时还要根据法语学科的特点，在语言、思维、文化和能力四个方面发展学生的法语学科核心素养，培养具有国际视野与跨文化沟通和交流能力的人才。

总之，核心素养指向的《普通高中法语课程标准》的出台让中学法语教学更有的放矢、有章可循。高中阶段是学生个性形成、自主发展的关键时期，也是核心素养培养的关键时期。学科核心素养的形式并非一日之功，需要学校、教师乃至全社会的共同努力，从而真正实现从"学科教学"到"学科教育"，从"知识本位"到"核心素养"的转变，让核心素养落地生根。

——选自《核心素养背景下的高中法语教学——普通高中法语课程标准解读》

（作者：戴剑安［法语］）

单元是集主题与话题、话题与文体、内容与技能、话题与思维、能力表现与评价于一体的基本单位。单元是基于一定的目标和内容所构成的学习模块，是整个学科学习中最具能量的、不可缺少的组成部分。只有当每一部分的学习目标有效达成，才能保证整体的学科学习朝着正确的方向前进。高中英语教学应当从活动观出发，按照主题语境，设计以主题为引领、以活动为重点的整体学习单元。

以下是我就高一上的 21 世纪教材第一单元进行的单元设计……

——选自《让教师成为有思想的实践者——英语新课标下单元设计的思考》

（作者：刘抒洁［英语］）

《新课标》中对于学习能力的培养也让我印象深刻，还记得学期伊始在准备讲解课文中的语言点时，我只是单纯地把要讲的单词和词组罗列在 ppt 上，一个个过，别说学生觉得枯燥，我自己在教授的时候都觉得十分的单调。在观摩了带教导师的一节课后，我对于语言点的讲解有了全新的认识：语言点的讲解绝对不是单纯地将词组和句型罗列，而是应该结合多种手段，如填空、翻译、语境归纳等形式，帮助学生主动习得新知识，并且在长此以往的练习中学生在自己接触英语时也可以通过类似的方法学习新知识，这样才能够践行《新课标》中对于学生学习能力培养的要求。

——选自《新课标之我见》（作者：杨捷［英语］）

三、教研感悟

1. 教师是教研活动的主体

教研组是学校研究教学问题的组织，是实施新课改的基本单位。教研活动是完成教学研究工作、提高教师教学能力和教学质量的一种活动形式（胡健，2017）。

《新课标》倡导以学生为主体的英语学习活动观和教学评价体系，同样地，教研活动的设计、组织、开展也应该以教师为主体，以解决教师在教学中存在的实际问题为目的：教研活动的主题须是教师们有话可说的话题；教研活动的形式须多样化，兼具高互动性、高参与度；教研活动过程中要鼓励教师们思考并发表自己的观点、想法、交流自己的做法；教研活动结束以后要为教师实践教研活动的主题搭建平台。科学、有效的教研活动能激发出教师的教学激情和热情。

2. 教研组长应具备的素养

践行《新课标》是一场自上而下的变革，但自下而上的接应很重要。教研组长就是自下而上最基层的领导者，就是地面接应最直接的组织者（陈骁，2007）。

教研组长不仅要有较高的教学和学术造诣，更要有开阔的教研视野、强烈的科研意识，对学科发展方向有较高的敏感度。

教研组长不仅是教研活动的组织者、引导者，同时还是一个敏锐的观察者，是教研活动中出现的问题的发现者、思考者、解决者。

教研组长还要有开阔的胸襟，团结组内每一位教师，了解每一位教师的长处，为每一位教师发挥自身的优势搭建舞台。

结语

科学有序的教研活动应该是教学和研究的融合，是激励每一位教师参与教学研究，从一名教书匠转变为研究者的催化剂。

参考文献

［1］中华人民共和国教育部.《普通高中英语课程标准》（2017 年版 2020 年修

订).北京：人民教育出版社,2020.

［2］胡健.新课改下的中学教研组教研活动的调查研究［D］.华东师范大学,2017.

［3］陈骁.教研组：提升教师实践智慧的重要阵地——访上海市教育科学研究院副院长顾泠元教授［J］.现代教学,2007,(3)：10‑12.

［4］徐晶.中学优秀教研组知识传承与发展研究［D］.华东师范大学,2008.

［活动点评］

　　光明中学英语教研组在组长施翎的带领下,尤其是在两种外语融合性教研组的背景下,开展了很多富有成效的校本教研活动。案例中呈现的主题系列教研活动集中表现出以下特色和亮点：

1. 主题明确、设计合理

　　学校教研以"主题引领,多语种融合式教研"一以贯之,每学期又有此主题下的分话题研究,但始终以教学改革的主要问题、教学实践中的主要难点、学生学习中的主要困难为切入点,以理论学习、教学实践、组内研讨、个人反思、撰写心得等方式,切实落实教研步骤,确保教研能真正入心。

2. 学科融合、注重实践

　　无论是英语与法语的共同教研,还是外语教研组和其他学科教研组的联合教研,都体现了教研和教学的本质：作为教学和教学研究,虽然学科不同,但是很多教育教学的本质是一致的,很多教育教学的理念、方法和路径是可以相互学习借鉴的。光明中学教研组拓宽了教研的视角,提升了教研的品质。

3. 成果积累、成效明显

　　每一次的教研活动,都有文本积累,特别是除了课例以外的文本积累,这也是光明中学教研活动的一大亮点。正是这些小论文,帮助教师将教研所得物化,并在物化的过程中将所思所想进行梳理、沉淀和提升,并能由此引发对下一学期研究的思考。这不仅让教研组的研究有了良性循环上升,也让每位教师的成长呈现出良性循环上升,真正发挥了教研的作用。

　　　　　　　　　　　　　　（点评人：上海市黄浦区教育学院　金敏）

作者简介

施翎，中学高级教师，上海市光明中学外语教研组组长，黄浦区学科带头人，黄浦区外语教学专业委员会委员，上海市"第四期名师工作室张芸基地"成员。曾获"首届全国中小学外语教师名师""首届全国中小学外语教师教学能手"等称号。在高中英语原著阅读、高中英语渐进式写作、多语种教学和人情味考试等领域开展过相关教学研究，发表《富有人情味英语考试方案的探索》《高中英语渐进式写作教学初探》《多语种联动教学初探》《高中生英语原著阅读实践初探》等论文。

高中英语"沉浸式"教研校本实施路径
——以概要写作教学实践为例

上海市宝山区海滨中学　徐玮楚

引言

　　《普通高中英语课程标准(2017 年版 2020 年修订)》指出,"教师的专业化水平是有效实施英语课程的关键"。为落实课标提出的英语学科核心素养目标,学校需要在教研工作和教研制度建设方面有所创新,推动教师自身专业素养与课程改革同步发展。沉浸式研训打造了一整套易操作、可复制、有实效的研训模式,在此模式下推进的校本教研,不仅帮助教师提升了教学核心技能,同时也为开展教师间的合作与探究搭建了平台,充分发挥教研团队学习共同体的作用和功能,有助于教师专业化发展和区域教研生态的形成。

一、教研理念与经历

　　过去笔者所参加的教研活动往往是聆听专家讲座或者观摩教学示范课,尤其在每一次观摩市区级展评课归来,总会给自己的教学带来巨大的冲击,但这些教学的核心技术仍然如同隔了一层纱,让人看不清、摸不透。新鲜感过后,如何真正学会其中的教学技能、教学策略、教学方法,如何将新理念、新做法落实在自身的日常教学中,仍然是一个巨大的挑战。此外,平日里参加教研活动,笔者同许多教师一样习惯于做"壁上观",被动地听其他教师评课,很少主动参与点评研讨。

　　这种单向、被动的教研模式在我接触到沉浸式研训活动后发生了巨大的变化。2018 年笔者有幸成为第四期上海市普教系统名校长名师培养工程"种子计划"入选,跟随导师,区首席教研员、高中英语研究团队领衔人厉天宝老师学习,同时也成了研训团队的一员。沉浸式研训将教学理论与具体教学实践相结合,开发研制了10种不同课型的教学规程和实施路径,并以此组建了不同课型的接力团队,以 Demonstrate 下沉示范、Experience 浸润实践、Engage 接力升级、Popularize 辐射推广为路径实施。笔者作为沉浸式研训概要写作团队的第四棒接力队员,浸润在教研活动的整个过程中,充分感受到了DEEP 沉浸式研训的魅力。

回顾自己参与研训的心路历程,既是自我锤炼的过程,更是在学习共同体中互助提升的过程,让笔者对提升自我教学核心技能的路径有了较为清晰的认识。依托沉浸式研训,在接力教研的过程中,笔者经历了"研读规程→实践感悟→反思调整→现场展示→帮人磨课→理性评课→撰写课例"的全过程,实现了从旁观者到实践者到指导者再到推广者的角色转变,一步步实现教师个人的专业化发展,同时也积极辐射并带动所在学校备课组和教研组的建设,进一步影响区域其他学校的学科教学和学科团队建设。

二、教研活动设计与实施

1. 教研背景

为什么选择概要写作并以"沉浸式"的方式组织这次教研活动?一是基于教师与学生的需求,二是基于教研方式的转变。

自 2017 年起,上海英语高考试卷增加了概要写作(summary writing)。从学生层面而言,不少学生在面对概要写作时存有畏难情绪,抓不住文章的主旨大意,也不会用自己的语言转换文章的要点。在笔者所在的普通高中,毫不夸张地说有些学生只会盲目抄原文,或者写了半天却都写不到点子上,得分非常低。从教师层面而言,面对概要写作这一新题型不少教师积累的教学经验较少,且教学方式较为单一,大多以分析模拟卷上的试题为主,教学内容缺乏针对性,缺少对学生有效的策略指导,整体教学缺乏连续性和系统性。

新课程标准的诞生也推动着教研方式的变革。过去,教师在教研中的主体定位并不明确,许多教师在教研时只做倾听者,而非研讨者或者参与者。教师之间也缺乏有效互动,一般由教研组长主持带领进行教研,有效深入的研讨并不多。笔者所在的学校是一所区普通高中,整体英语教学水平和教学研究能力有待提升,校本教研较为低效,问题主要表现为：教研活动走过场,注重事务性任务;教研活动缺少主题,讨论浮于表面,缺少有效的策略指导;教研活动缺少专家的指导。而沉浸式研训以学习共同体为依托,针对不同的课型,形成专人专题团队,共同研讨和解决本专题教学中遇到的问题,总结和提炼发展学生核心素养的有效途径、方法和策略并将之推广应用,形成教师之间相互支持、相互学习和共同进步的专业发展机制。

2. 教研主题及范围

　　前期,区概要写作团队的成员们不约而同都选取了说明文语篇开展教学,经过几轮的打磨,教学实践比较成熟。为了探究不同题材概要写作的方法并最终形成系列化、校本化专题教学,笔者决定接受全新的挑战,选择记叙文语篇开展概要写作教学。

　　当笔者接到此次区级公开课展示任务时,整个学校教研组以此为契机,确立了"概要写作(记叙文)"这一校本教研主题。希望通过此次教研活动,帮助教研组教师更新理念、捋清实践思路与方法,积累实践案例,在本校推进概要写作专项教学,提高学生的概述能力和概要写作水平。与此同时,以开课教师所在的高二备课组为核心团队,整个教研组全员参与,与开课教师一起共同经历备课、磨课、上课、评课的全过程,并逐步完成校内接力,实践沉浸式研训模式下的校本教研。

3. 教研内容与形式

　　本次主题教研活动的参与对象不仅涵盖了本校英语组全体教师,同时还涉及区概要写作接力教研团队,是一次采用"沉浸式"方式开展的深度校本教研。如表 1 所示,围绕教研主题,共规划开展了 6 次活动。

表 1　系列教研活动设计

序号	活动内容与要点	活动层级
1	明确本校概要写作教学现状,引入沉浸式研训模式 通过案例分析介绍指向学科核心素养的高中英语概要写作教学规程及实施路径	校内
2	观摩行知实验中学龚赟老师所执教的概要写作课磨课	跨校

续　表

序号	活动内容与要点	活动层级
3	研讨龚赟老师概要写作课的二次展示,深入了解概要写作教学规程和实施中的注意点	校内
4	教研组和区概要写作团队为本校徐玮楚老师所执教的概要写作课磨课	跨校
5	徐玮楚老师概要写作课区级展示,听评课	区级
6	本次主题教研活动总结和反思	校内

4. 教研活动设计与实施步骤

（1）教研流程

为了顺利开展此次区级概要写作公开课,教研组做了充分的准备工作,设计教研流程如图1所示。

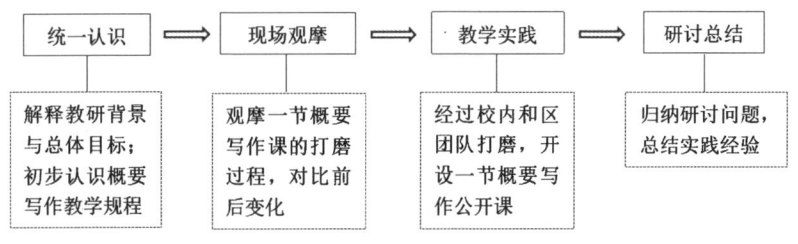

图1　教研流程

（2）教研目标

本次教研活动设置教研总目标如下:

① 帮助教师树立英语概要写作教学的正确理念;

② 教师熟悉指向学科核心素养的高中英语概要写作教学规程和实施路径;

③ 课堂实证概要写作教学规程的可操作性和教学实效;

④ 以校内接力的形式推广概要写作教学规程,推动本校概要写作教学的课堂转型。

（3）教研步骤

第一阶段:统一认识

明确本次教研活动背景,通过开展学生调查与教师调查,了解学生在概要写作时遇到的难点、教师在教学中的痛点,从而确立教研主题及总体目标。

通过互动交流,统一教师对概要写作的认识。概要虽然是新话题,但其实是我们日常生活和学习中的老内容,在生活中无处不在。概述能力的培养渗透在日常教学的点滴之中,例如阅读分析时让学生概述文章大意,请学生总结同伴发言的观点等等。此外,整个概要写作的实践过程也是落实学生核心素养培养的过程。通过激发学生主动学习的意识培养学生的学习需求以及自我评价能力,鼓励学生开展合作学习,在英语学习的全过程中不断提升学生的英语学习能力。

确定徐玮楚老师为此次区级公开教学展示执教者,明确以沉浸式研训的模式开展此次教研活动,确定校内接力教师。

带领教师阅读《指向学科核心素养的高中英语概要写作教学规程》,了解 My USA 概要写作教学规程实施路径(如图 2 所示)后,集体学习由上大附中刘颖老师撰写的《紧扣文本　搭建通道——高中英语概要写作课教学课例》,使教研组每位成员对规程的具体实施有了初步了解。

图 2　指向核心素养的高中英语概要写作教学规程实施路径

第二阶段:现场观摩

组织核心团队高二年级备课组全体教师旁听概要写作第三棒现场磨课活动。该堂课由概要写作第三棒行知实验中学龚赟老师执教,团队前两棒成员上大附中司南老师和刘颖老师担任主要磨课教师,区首席教研员厉天宝老师点评指导。

听课教师现场观摩教学规程的具体实施,完成常规的课堂观察评

价量表。除此之外,在听课结束后旁听整个磨课过程,完成磨课记录表
(如表2所示)。

表2 磨课记录表

磨课人	磨 课 意 见	磨 后 跟 进
刘 颖	1. 在处理说明文语篇时,建议按照 Introduction 和 Body 部分先分段,后归纳主旨大意。 2. 学生归纳要点有遗漏时,建议教师用问题驱动,引导学生挖掘 relevant information。 3. 评价环节 checklist 要提早给出。	• 教师简单介绍说明文的语篇特点,主旨句往往在第一段,而关键词主要分布在 Body 部分的各个段落中。
司 南	1. 用关键词组织主旨大意时教师指令要明确。 2. 评价时要给出 evidence。	• 在学生分享关键词后,教师以问题引领,引导学生寻找遗漏的重要信息。如:Why is conflict unavoidable? If you stay calm, what will happen to the other students?
厉天宝	1. 磨文本:规范性。 2. 磨实操:课堂气氛要轻松、自然、积极、热烈,时间把控好(设置弹性时间)。 3. 导入要有关联性和简洁性,例如:What is a summary? What should we pay attention to when we write a summary of narration? 4. 由学生复现完成一篇概要的基本步骤。 5. 建议请1—2名学生分享所找的关键词,教师板书,以意义协商的方式引出最终版本。 6. 先用简单句表述主旨大意,此时教师要及时鼓励学生的闪光点。 7. 投影展示学生的第二次修改稿,先学生自评(checklist + evidence),随后学生互评,说出优点和存在的问题并给出建议,最后展示教师版本供学生对比评价。 8. 可以增加对本节课所学内容的概述。	• 教师通过示例,要求学生整合 main idea 和 relevant information。如:Students can stay calm, which will calm the other person down。 • 在学生口头评价环节,教师给出表达支架。 In my opinion... Because in terms of content, it... From the aspect of language, it...

在龚赟老师进行二度展示后,完成上述表格的"磨后跟进"部分,对比两次教学设计与实施的变化,进一步总结概要写作教学规程实施中的注意要点。

让教师们没想到的是沉浸式研训团队的磨课会这么细致,大到教

学活动的设计,活动与活动之间的过渡,小到教师的一句提问,学生发言的音量,在大家眼中一些细枝末节的地方都会被拿出来讨论。通过参与此次磨课研讨,备课组成员们进一步熟悉了概要写作课的操作规范和一些常见问题的解决策略。同时,切身经历了磨课的过程,初步了解了磨课磨什么、怎么磨。

第三阶段:教学实践

在参与了上次教研活动后,教师们更坚信了一点:好课是磨出来的。作为概要写作第四棒接力成员,我的这节公开课也经历了本校备课组、教研组和区概要写作团队的多次打磨,才有了最终的成功展示。

(1)本校备课组磨课

笔者选用了概要写作第二棒上大附中刘颖老师分享的教学素材Howling,预先在班级开展了一次说明文概要写作教学,旨在让学生熟悉概要写作教学的各个板块。

根据概要写作教学实施路径,整堂课分为 My Understanding、My Strategy、My Achievement 三个部分。My Understanding 部分,在与学生的互动交流中,教师引导学生统一对概要写作的认识并介绍了概要写作的 KID 策略(key words, main idea and draft),即明确话题,锁定关键词;理出主旨句;打磨初稿。My Strategy 部分,教师引导学生回忆 CNPC 知识,(clause, non-predicate, phrase and conjunction),即复合句、非谓语动词、词组和连接词,尝试修订自己的概要初稿,凝练语言,提升概要品质。My Achievement 部分,教师展示学生的概要修改稿,开展师生评价。

课后备课组内进行了研讨,反馈如表3所示。

表3　组内听课反馈表

教学环节	暴露问题	解决策略	实　施　建　议
My Understanding	学生找不出关键词,找到的关键词有偏差,无法把握文章主旨大意	合理利用语篇知识,写前做足"读"的功夫	(1)设计导向性问题,以问答的形式,帮助学生突破障碍,进入正常轨道。 (2)开展语篇分析,通过准确理解和把握不同体裁文章的特征及其内部的逻辑关系,提炼关键词和主旨句。

教学环节	暴露问题	解决策略	实　施　建　议
My Strategy	教师直接将CNPC知识介绍给学生	通过与教师的互动,以头脑风暴的形式提炼概要整合的路径	(1)教师给出合并两句句子的实例,鼓励学生举一反三,学以致用。 (2)引导学生关注概要写作的字数要求,在同样表意的情况下,有所取舍。
My Achievement	预留时间不足且评价方式单一,只有一位学生代表作出点评,教师点评缺少实质内容	充分利用评价量表并且提供评价的语言支架,开展多元评价	(1)学生自评。教师预先设计checklist,让学生一一对照,开展自评。 (2)学生互评。学生通过小组结对相互交流,阅读同桌的概要初稿后进行"留有痕迹"的评价,比如圈画出对方利用CNPC知识打磨后的好词好句。随后借助教师提供的评价支架,开展点评。 (3)教师点评。积极评价学生在课堂上的表现,以课堂证据(即学生的具体表现)表扬学生,并客观指出有待改进的地方和建议。

　　课后笔者也进行了反思,前几棒教师的分享帮助笔者节省了备课时间,尤其是撰写教案和制作 PPT 的时间。但是笔者对教学规程及其实施路径的具体操作细节还不够熟悉,面对课堂即时生成的问题显得手足无措,只是按照预先设计的教学步骤一步步推进,最后的评价板块也只能草草了事。

　　正式试讲前的这次试教既帮助学生了解了概要写作的相关策略,熟悉了教师所设计的教学活动,也帮助教师进一步明确了教学规程的操作细则。前期观摩过磨课的教师在本堂课的评课环节能够较为敏锐地发现问题,并提出可行的解决方案。

　　(2)本校教研组和区概要写作团队磨课

　　在选材上,前三棒教师不约而同选取了说明文语篇。为了探究不同题材概要写作的方法并最终形成系列化、校本化专题教学,作为第四棒接力成员的笔者接受了全新的挑战,正式试讲时选择了记叙文语篇开展概要写作教学。

试讲后,由本校教研组长主持磨课活动。本次磨课由区概要写作团队的前三棒执教者担任主要磨课教师,本校教研组的教师们提出补充意见。根据教师们给出的建议,笔者对课堂进行了再次设计,以下就 My Understanding 部分的前后设计作一对比,如表 4 所示。

表 4　磨课前后教学活动设计对比

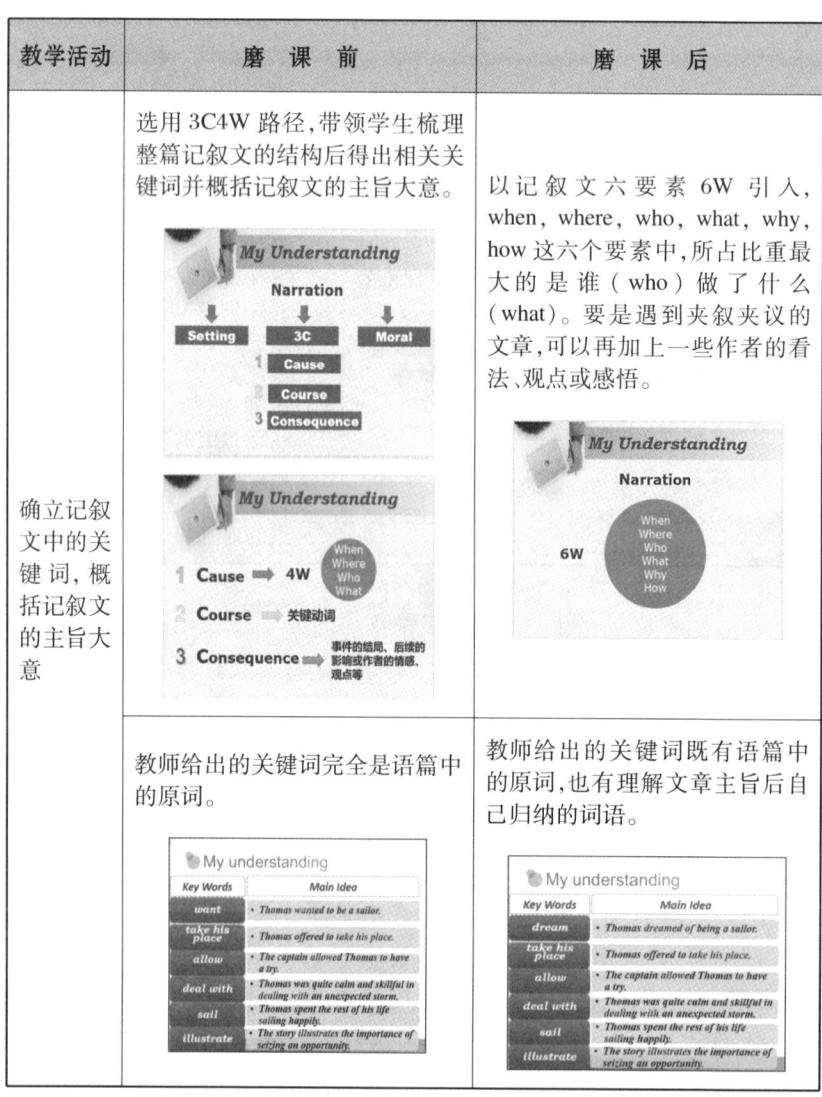

变化说明：

1. 执教者原先的设计将简单问题复杂化了。cause, course, consequence 这些词本身有一定难度,给学生设置了理解障碍。而学生在语文学科中早已接触过记叙文六要素,理解起来驾轻就熟。结合普通高中学生的实际学情,这样的设计效果更佳。

2. 关键词不是唯一的,它可以是文章里的原词,也可以是理解文章后自己归纳出的一个词。在实际教学中,教师应该鼓励学生在理解文章主旨后用自己的语言进行归纳。教师在呈现参考答案时应率先做出示范。

此外规程实施中有一个要点：学生挑选的关键词若符合语篇主旨,则开展拓句谋篇;若不符合,则通过意义协商引导学生重新调整关键词和相关语句。针对普通高中学生的实际学情,不妨降低难度,由教师设计一些引导性问题,比如 Who is the main character? What did he want to be? What was the result? What is the moral of the story? 通过思考并回答这些问题,学生能够很快把握文章大意,调整自己所找的关键词与主旨句。

课后笔者坦言,课前一直纠结于如何引导学生锁定记叙文中的关键词,听完前几棒教师的意见让人有一种拨云见日的感觉。本以为自己对概要写作规程已经非常熟悉,课后才发现原来实际操作时还有许多细节需要注意。教学规程有其不变的地方,但根据实际学情和授课内容,实施起来又会有千变万化。

从执教者的角度而言,之前的试教是学习规程的一次尝试,这一次的试讲是真正意义上的独立实践。学过不如做过,在实践的过程中发现问题,进而在同伴的帮助下共同解决问题,有助于培养教师的反思意识和创新能力。此外,区概要写作团队前几棒成员的磨课指导,能够帮助执教者在实践教学规程时少走弯路,使教学设计更为规范,也更符合实际学情。沉浸式研训的理念是"拷贝不走样,拷贝要走样",这一次的磨课也提醒我们,要进一步深入研读教学规程,并且基于学情不断优化教学活动设计,探究个性化教学实施方案和教学策略。

（3）最终展示

根据磨课教师提出的建议,笔者调整了 My Understanding 部分,以记叙文六要素引入,并以图式形式呈现对整篇文章结构的解读。与上一次试讲相比,更为简洁明了,学生更易接受,与教师互动较为流畅。

My Strategy 部分学生通过与教师的互动,以头脑风暴的形式提炼概要整合的路径 CNPC。CNPC 知识实质上都是学生平日里所学的语法知识精华，但学生缺乏主动应用的意识。在之前的课堂上，往往是教师说出的多，学生想出的少。经过磨课后，我做出了调整，以下呈现的课堂片段即学生在教师引导下选择合适的方法整合出自己的句子。

T： Dear students, since we have figured out the main idea and supporting details, can you think of some ways to combine the two parts together?

S1： I'd like to use "so" to combine them.

T： Fantastic! And you may add the subject "he" in the second sentence. What else conjunctions can we choose?

S2： I want to use "because", since it tells us the reason why Thomas could succeed.

T： Marvelous! And we have learned many phrases that have the same function. Can you recall some of them?

S2： Because of, due to, owing to...

T： Wonderful! Then you can change the sentence to...

S2： Because of his calmness and skills, Thomas sailed safely to the destination.

T： We can also combine the two parts with the help of non-predicate. Who wants to give it a try?

S3： Tom was calm and skillful in dealing with an unexpected storm, sailing safely to the destination.

T： Nice work! You guys, let's applaud for him.

...

在教师的鼓励下，学生尝试用从句、非谓语、短语、连接词等手段整合所找到的内容要点，将自己平日里所学精华充分应用起来，争先恐后地表达令课堂气氛高潮迭起。这一环节也成了本节课的亮点之一。

对课堂教学不断打磨和升级，帮助执教者不断发现、改进教学中的问题，优化自己的教学行为，从而提升教学技能，增强教学自信。

（4）课后评课

沉浸式研训下的评课活动，试图突破常规评课的做法，把评课权交给每个参与接力的教师，以理论指导实践，以实践指导评课，以评课促进实践。本节课的评课教师既有区概要写作团队前三棒的接力成员，也有本校全程参与备课、磨课的教师代表。评课教师借助相应的观察量表，围绕教学目标、过程策略、学生参与度等方面对本节课进行评价，具体实施过程如下：

① 教师说课

由徐玮楚老师介绍自己的教学设计，并反思自己课堂教学的成功与不足之处。

② 互动质疑

听课教师针对课堂教学，结合概要写作教学规程对徐玮楚老师提出问题。参考问题：与第一次展示课相比，你做了哪些调整？你为什么要做这些调整？调整后的效果你满意吗？你满意或不满意的依据是什么？

③ 讨论归纳

评课教师从不同角度作点评：本节课的成功之处在哪里？本节课还有哪些地方可以改进？怎么改进？为什么？

④ 交流分享

教师代表反馈参与此次研训活动的收获与感悟。最后，专家进行点评。

第四阶段：研讨总结

经过此次教学实践，参与的教师都感受到了 DEEP 沉浸式研训的魅力，尤其是"Experience 浸润实践"的过程，让大家更加明晰了概要写作教学规程的具体实施路径，对在本校开展概要写作专题教学有了一定的思考：

（1）教师要统一学生对概要写作的认识。

概要虽然是新话题，但其实是我们日常生活和学习的老内容。每一节课的课堂总结，每一次会议的纲要记录，校园公众号上各类活动的微信推送，辩论时本方观点的总结，小说、电影的简介，其实都称得上是一份概要。换个角度重新认识概要写作，既能够帮助学生调控学习情绪、保持积极的学习态度，又能激发起学生的学习动机，并进一步满足他们的学习需求，产生学习的饥渴感。

（2）概要写作的问题实质还是读和写的问题。

对于普通高中学生而言，首先要解决"读"的问题。如何运用语篇知识准确地理解语篇，掌握文章主旨大意，甄别主要信息和次要信息，正确理解句子或段落间的逻辑关系，这些都是教学的重点。在写的方面，不少普通高中的学生对句法结构一知半解，使用的句式较为单一，对从句和非谓语结构掌握不足,灵活转换句式的能力薄弱。为了更好地帮助学生打磨概要的语言,教师可以在日常训练中增加一定量的句型转换练习。

（3）以多元评价活动贯穿教学全过程。

通过鼓励学生开展自评和互评,加强学生对概要写作要求和策略的理解与内化,这有利于学生提高概要写作的能力,同时也让他们从评价的接受者转变为评价的主体和积极的参与者。在课堂中及时、有效地调控自己的学习进程,并从中获得成就感和自信心。

5. 教研活动成效

本次校本教研以一节概要写作公开课展开,开课前经历了一系列的准备工作,包括统一认识,研读规程和课例,观摩上一棒教师磨课和开课,接受组内和团队磨课指导,最终得以呈现一节成功的概要写作课。通过此次活动,教师们基本在思想上认同了教研组传达的概要写作教学理念;能够结合学情,实施指向学科核心素养的高中英语概要写作教学规程;课堂实证了概要写作教学规程的可操作性和教学实效;撰写了关于记叙文概要写作的课例;为下一步在校内接力教研储备人才。在学生层面同样也有变化,在学期末的区教学质量评估中本校概要写作板块在同类型学校中居于前列。

以沉浸式研训模式开展的此次校本教研体现了教研活动的系列化。执教教师分别实践了说明文概要写作和记叙文概要写作教学。在跟进阶段,教师将继续就议论文概要写作展开研究。研究主题具有一定的连贯性和持续性,这样的系列教研能使教师在参与活动的过程中不断就主题开展深入研究,充分实践反思。

其次,此次校本教研体现了教研活动的持续性。后续在教研组内将继续完成校内接力教研,由此次公开课执教教师负责指导本校的年轻教师就同样的主题试教（备课、磨课、上课、评课、撰写课例）。根据教学实践和研讨,积累教学素材和相关数据,形成个性化课堂教学设计,提高教学效率,提升教学自信。

最后,此次校本教研还体现了教研活动的创新性。"拷贝不走样,拷贝要走样"是沉浸式研训秉持的理念。在实践中,不应限制教师的创新和发展,而是要引导观课教师在自身教学中移植所学到的技能,根据学生的实际情况和英语水平,学校的自身特点和实际需求,以及个人的教学风格,对教学规程开展个性化实践。

三、教研感悟

沉浸式研训模式给教师们带来了极大的震撼,在参与教研活动的整个过程中,教师们加深了对教研理念的认识和理解,并自觉转化为自己的教学行为。

作为此次公开展示课的执教者,笔者全程沉浸在整个教研活动之中。

在实践中,笔者体会到了磨课的意义。磨课的过程是互帮互助,提出问题并解决问题的过程。每个教师都有自己的思考方式,正所谓当局者迷,磨课者从各个侧面对一节课提出自己的看法,可以帮助执教者获得更宽广的视野和空间。而对于磨课者而言,通过观察、分析执教者的教学行为,也是在梳理并内化自身教学理论,进而审视、提升自己的教学行为,起到了教学相长的研训效果。

在实践中,笔者更体会到了接力的意义。沉浸式研训模式让教师们不再是单兵作战,而是团队合力攻坚,将"学过做过不如教过"的研训理念体现得淋漓尽致。每一次的教学实践既有规程指引,又有前几棒教师的全程帮助和指导,大大提高了教学效率。在此次活动后,概要写作团队又迎来了第五棒接力成员,而笔者也加入到为她磨课、评课的团队中,把自己在实践中积累的教学经验传递给下一位教师,真正做到了整个团队一起协作努力,共同进步。

结语

沉浸式研训下的校本教研不仅让教师实现了从旁观者到实践者到指导者再到推广者的角色转变,收获了备课、上课、磨课、评课、撰写课例等五大核心教学技能,同时也拓宽了校本教研的时空,为开展教师间的合作与探究搭建了平台,成为推动整个区域教研生态形成和发展的重要一环。

参考文献

[1] 中华人民共和国教育部.普通高中英语课程标准(2017年版2020年修订)[M].北京:人民教育出版社,2020.

[2] 梅德明.普通高中英语课程标准(2017年版2020年修订)解读[M].北京：高等教育出版社,2020.

[3] 厉天宝等.沉浸式研训:高中英语研训生态探究与实践[M].上海:上海社会科学院出版社,2020.

[活动点评]

教研理念先进,有利于促进教师个体专业化快速发展。"学过做过不如教过"的教研理念符合陶行知倡导的教学做合一的学习理念,也符合当下教育界普遍推崇的学习留存率金字塔理论。年轻教师跟着骨干教师学的过程,既有先进理念的获取,也有观摩聆听的感性体验;年轻教师自己尝试做的过程,既是磨练蜕变的经历,也是自身专业化快速发展的捷径;年轻教师教会其他教师完成备课、上课、磨课和评课的过程,既是一种合作学习,也是一种精准教研、高效教研的探索模式。

教研过程合理,有利于推进学校教研品质整体持续提升。点对点的结对指导,一对一和多对一的接力教研,面对面的修正改进贯穿整个教研活动始终。整个教研过程以问题为导向,以实践为手段,以增值为目标,真正意义上实现了教研共同体的发展理念,使学校教研落实到位,确保教研品质不断提升。

教研辐射力强,有利于校际教研联动,优化区域教研生态。本校的同伴、外校的同行、区域的骨干共同参与教研的每一个环节,参与的教师不仅要看着学,还要亲自做和学着教,这样的教研给本校教师和外校教师都提供了学习进步的平台和机会,也有助于校际间的教研经验交流和传递,形成良好的区域教研生态。

（点评人：上海市宝山区教育学院　厉天宝）

作者简介

徐玮楚,上海市宝山区海滨中学英语教研组组长,宝山区教育系统第七届、第八届教学能手,上海市第四期普教系统名校长名师培养工程"种子计划"人选。曾获2018年上海市中小学优秀作业、试卷案例征集评选二等奖。多次开设区级公开展示课并作交流发言,参与区级重点课题《基于交际的高中英语课堂教学规程》,参与出版论著《沉浸式研训——高中英语研训生态探究与实践》并开发市级共享课程《学过做过不如教过——高中英语沉浸式研训》。

高中英语"沉浸式"校本研训探究与实践

——指向深度学习的教研案例

上海市行知中学　陈丁娜

引言

《教育部关于全面深化课程改革落实立德树人根本任务的意见》指出：课程是教育思想、教育目标和教育内容的主要载体，是学校教育教学活动的基本依据，直接影响人才培养的质量。为了切实贯彻指向学科核心素养的课程内容，培养学生的语言能力、文化意识、思维品质和学习能力，在教师培训中注重提升教师的学科教学技能，即备课、上课、磨课、评课和撰写课例的技能显得尤为重要。而沉浸式研训秉承学习共同体的理念，能有效帮助教师获取、掌握并能够熟练运用这些教学核心技能。

一、教研理念与经历

1. 教研理念

沉浸式研训是宝山区高中英语首席教研员厉天宝老师提出的，其依托于教师学习共同体，旨在建构科研训一体化的研训模式，提升研训效能。沉浸式研训包含四个环节：下沉示范（Demonstrate），浸润实践（Experience），接力升级（Engage），辐射推广（Popularize）。沉浸式研训的核心技术包含教学规程和研训规程。教学规程以语言技能为导向，针对英语学科 10 种不同课型，指向培养学生的英语学科核心素养。研训核心技术可以帮助教师在教学核心技能（备课、上课、磨课、评课和课例撰写）方面得到有效提升。沉浸式研训为教师教学能力的提升和科研能力的提高搭建了平台。在研训过程中，每一棒接力的教师都经历了"研读规程→实践感悟→反思调整→现场展示→帮人磨课→理性评课→课例撰写"等多个过程,旨在提高教师的教学综合能力和科研能力。

2. 教研经历

近年来,沉浸式研训已在全区范围内展开。同时,我校英语组的教研活动也已逐步采用沉浸式研训的模式,从 2018 年徐悠悠老师所授概要写作课,2020 年陈丁娜老师的空中英语课堂,到 2021 年施如画老师的视听说课、刘安然老师的试卷讲评课,以及本次选取的由霍玉玲和黄怡雯老师所承担的空中课堂案例。经历多次区级和校级的沉浸式研训后,参与的教师纷纷感觉到,沉浸式研训让教师由原来被动地听转为主动地说,教师有了更多的参与感和获得感,有效促进了教师的专业化发展和我校英语学科建设。

二、教研活动设计与实施

1. 教研背景

在传统的英语课堂,有些教师过于强调语言知识的重要性,忽视对学生思维品质,尤其是高阶思维的培养,忽略对文化内涵的挖掘,导致学生缺乏主动探索、质疑并求真的意识。当学习变得被动,思考就变少了。在新课标新教材的双新背景下,高中英语教师首要解决的问题应该是从如何在有限的时间内让学生习得更多的语言知识,转移到如何有效地培养学生的学科核心素养。而基于深度学习的教学设计体现了"注重理解性""渗透思想性""把握整体性"和"恪守逻辑性"等方面的基本要求,能使英语教学由零散走向关联,为培育学生的英语学科核心素养提供了新视角。

2. 教研主题及范围

本学期,我校作为《高中英语(上外版)》示范校之一,承担了选择性必修第一册第三单元空中课堂的录制。为了实现教学目标、培养学生的综合能力,我们举办了以"指向深度学习的教学设计"为主题的系列沉浸式研训活动,旨在帮助教师在进行教学设计时考虑如何引导学生实现深度学习,促进学生学科核心素养的发展。活动由宝山区教研员厉天宝老师领衔指导,研训人员包括我校参与空中课堂的授课教师、前一棒参与空中课堂的教师和其他年轻英语教师。

3. 教研内容与形式

此次沉浸式研训活动基于我校承担的 2021 年上海市英语教育教学研究基地的科研项目,共跨时三个月,具体内容如下:项目组成员通过前期集体备课和磨课,各完成一个课时的教学设计、课件和学案;项目组教师修改后,针对部分课型(词汇、语法、视听说、拓展阅读)进行试讲、评课、再修改;两位空中课堂教师(霍玉玲、黄怡雯)根据空中课堂的要求和学情进行再设计;参与研训的教师聚焦深度学习,共同磨课、听课和评课。针对本次空中课堂以"深度学习"为主题的系列沉浸式研训,我们总结了如下内容,见表 1。

表 1　沉浸式研训内容

阶段	研训阶段	研 训 具 体 内 容
1	集体研讨	• 区教研员老师明确空中课堂相关要求和注意事项,指导教学规程; • 教师共同学习教学规程,观摩优秀空中课堂教学案例; • 教师学习讨论单元整体教学设计中深度学习的理论和实施路径,即"制定教学目标—把握教学内容—选择教学方式—建立评价机制"。
2	共同磨课	• 授课教师备完课后,进行集体磨课,共同打磨教学内容,包括教学设计、课件、逐字稿等(上一棒空中课堂教师主讲,其余教师补充)。
3	教学实践	• 授课教师根据前一阶段磨课建议修改后进行正式录制前的教学展示。
4	互动评价	• 上一棒教师结合自身实践经验和理论基础,评价这节课的亮点和不足,总结经验。

4. 教研活动设计与实施步骤

针对本次以"深度学习"为主题的沉浸式教研,我们设计了如下三个教研目标:教师树立深度学习的正确理念;教师归纳指向深度学习的教学策略和实施路径;形成可复制、可推广的教学经验。在沉浸式研训的过程中,每一棒接力的教师都经历了"研读规程→实践感悟→反思调整→现场展示→帮人磨课→理性评课→课例撰写"等多个过程。结合研训目标和本次空中课堂的实际情况,我们形成了如下研训核心路径,见图1。

图1 研训核心路径

第一阶段:集体研讨

空中课堂是大部分教师从未实践过的上课类型。在备课前的集体研讨中,教研员厉天宝老师着重解读了课标相关要求和教学规程。之后,授课教师需要认真学习空中课堂优秀案例。此外,通过系统学习理论和课标,教师对于深度学习的理论和教学路径有了一定的认识。在深度学习理论之后,教师应从单元主题语境出发,设计内容相互关联、逻辑清晰的完整的教学设计。要把握为什么而教、教什么、怎么教和如何评。

第二阶段:共同磨课

磨课是进行课堂研究的重要方法,也是教师提升教学技能的有效途径。好的磨课历练过程,不仅能帮助教师提升教学能力,提高课堂教学实效,还能促使教师养成反思的意识和习惯;对于磨课的教师而言,磨课能够起到教学相长的研训效果。在磨课这一阶段,主要打磨的内容为教学设计、课件和逐字稿。打磨重点主要包括教学设计当中指向深度学习的可观测点,比如学习方式、学习过程、学习内容、学习机制、学习目的、学习结果等。在磨课过程中,授课教师将磨课教师的意见和建议填写在磨课记录单中。授课教师在下一次备课时,依据磨课教师给的建议完成表格右侧的"磨后跟进"部分。这里选取了黄怡雯老师所执教的思辨训练(Critical thinking)课型作为深度学习的教学案例展示当时磨课的片段(见表2)。

第三阶段:教学实践

这里选取了黄怡雯老师老师所执教本单元拓展阅读语篇(Reading B)作为深度学习的教学案例。Reading B的语篇类型为记叙文,根据经典小说《鲁滨逊漂流记》的选段改编。语篇内容为鲁滨逊第一次出海遭遇暴风雨的历险过程及其心理变化。该节课的教学设计共分为三个层次:基于语篇的理解、深入语篇的理解和超越语篇的理解。

表 2　磨课片段

磨课人	磨 课 意 见	磨 后 跟 进
厉天宝	巧妙设计思维导图,实现深度学习的有效路径 例如:在对比和比较杨利伟和沙克尔顿之间的异同时,可以选择用交集图(Venn diagram)来呈现各个要点。交集图相较于表格,更为直观、鲜明。	将表格改为交集图: 用思维导图呈现观点与线索之间的关系:
陈丁娜	搭建有效语言表达支架,激发学生主动思考。 学生发表观点时,建议遵循"观点(point of view)—介绍(introduction)—案例(examples)—解释(explanation)—结论(conclusion)"这一表达支架,不仅能引发学生主动思考,积极构建,客观、公正地分析和解决问题,而且能引导学生有深度、有逻辑地表达自己的见解。	以下是针对"In your view, which of the aspects is most likely to make an explorer remarkable?"这一问题的输出表述的调整: 　原路径:"观点(point of view)—案例(examples)" ⇨新路径:"观点(point of view)—介绍(introduction)—案例(examples)—解释(explanation)—结论(conclusion)"

① 第一层次:基于语篇的理解(联想与构建)——奠定高阶思维的基础

学生阅读文章,梳理、提取文章大意及细节信息。教师带领学生根据海面天气变化将鲁滨逊的第一次航海经历分成了三个不同的阶段:

第一个阶段暴风雨来袭,海面惊涛骇浪;第二个阶段风浪渐停;第三个阶段又回归到风平浪静。随后,教师引导学生基于语篇的内容分析主人公随着天气变化的情绪起伏。

② 第二层次:深入语篇的理解(内化与评价)——提升思维的关键

教师在这一层级设计了两个活动,帮助学生形成对语篇的深层理解,把握作者的写作意图、观点和态度等。活动一是人物对比分析,教师要求学生通过小组讨论将鲁滨逊与其他两个人物(鲁滨逊的父亲和他的航海伙伴)进行对比和分析,引导学生发现鲁滨逊敢于冒险、不畏艰险的性格和品质。活动二是语言特征分析,教师引导学生围绕航海的三个阶段构建话题词汇语义网,发现文学作品语言的修辞特征,如"拟人"等。

③ 第三层次:超越语篇的理解(迁移与创新)——体现高阶思维的核心特征

迁移创新是深度学习的重要标志,也是高阶思维的核心特征,教师引导学生将结构化的、能长期记忆的知识迁移到新的情景中,进行分析、评价与创造等较高层级的活动,帮助学生解决在真实世界中遇到的实际问题。在这一环节中,教师设计了如下两个问题:你认为鲁滨逊会继续此次航海吗?你想要成为当代鲁滨逊吗?为什么?教师引导学生依据语篇内容,通过分析、批判与评价,发表个人见解,分析小说的现实意义,即鲁滨逊不安现状、坚持勇敢、积极乐观的精神正好符合我们当代的时代精神——"幸福是奋斗出来的"。

第四阶段:互动评价

在沉浸式研训中,评课教师需从亮点和不足这两个方面进行评价。在这一阶段,参与教师就执教教师的PPT、教学设计、逐字稿进行评课。下面是负责评价教学设计的教师的部分点评:

表3 评课教师的点评

亮 点	不 足
• 这节课的教学设计遵从了教材的活动安排,只是在深入语篇的活动设计中做了部分调整,延续了教材编写的原汁原味。在挖掘语篇主题意义的过程中,学生一方面领悟到了文学作品的经典魅力,又能学习坚持勇敢、积极乐观的探险精神。 • …	• 由于空中课堂的对象是上海大部分高中学生,要适当降低教学设计的难度和密度。例如,教师可以利用问题序列,提出由点到面、有微观到宏观的问题链,帮助学生循序渐进、积极主动参与问题的讨论中。 • …

5. 教研活动成效

通过本次以"指向深度学习的教学设计"为主题的研训活动，笔者发现，深度学习对培养学生的英语学科核心素养具有十分重要的意义。首先，指向深度学习的教学设计重视语篇研读和主题情境的创设。教师引导学生将新学的知识和已有知识建立关联，围绕具有挑战性的学习任务设计活动，引导学生开展意义探究，由浅入深地实现思维发展的进阶，建构起围绕主题相对稳定的认知结构、情感态度和价值判断。其次，针对指向深度学习的教学策略和建议，有助于培养学生的自主学习能力，帮助学生挖掘文本的深层信息，训练学生逻辑思维，有利于学生解开浅层学习的束缚，增加学习的厚度和宽度。

同时，沉浸式研训也体现出深度教研的几大特色。首先，参与沉浸式研训的教师不仅是观摩者，更是实践者和传递者。通过沉浸式研训，观摩其他教师的优秀课例、研读教学规程，更是把实践经验传递给了参与空中课堂的同伴们。这个观摩—实践—传递的过程和陶行知先生所倡导的"做中学、教上学"异曲同工。其次，参与的教师不再是一个人在战斗，而是一群人朝着共同的方向努力，通过团队协作而共同进步。笔者作为空中课堂的第一棒执教教师，有规程在手和教研员的指导，把自己的教学经验传递给下一棒教师，通过合作探究，整个团队一起相互支持、互相学习、共同进步。最后，沉浸式研训有教学规程为依托，有主题为引领，让每个课型都有课例作为成果，让所有参与的教师都学有所得，学有所获，大大节省了教师备课的时间，参加教研的积极性也达到了前所未有的高度。

三、教研感悟

参加沉浸式研训以来，笔者经历了从原来的被动教研，转换成如今的主动教研、善于教研并乐于运用教研的内容来改善自己的教学。这无疑是沉浸式研训给笔者的教学工作带来的巨大转变。这一年来，我们教研组充分体验和践行了沉浸式主题研训，也深度学习了教学规程。我们希望，通过共同努力和实践，能让沉浸式研训的模式规范化、常态化、校本化、个性化，推广至更多的学校和教师。

参考文献

[1] 中华人民共和国教育部. 普通高中英语课程标准(2017年版2020年修订)[M]. 北京：人民教育出版社, 2020.

[2] 梅德明. 普通高中英语课程标准(2017年版2020年修订)解读[M]. 北京：高等教育出版社, 2020.

[3] 厉天宝等. 沉浸式研训：高中英语研训生态探究与实践[M]. 上海：上海社会科学院出版社, 2020.

[4] 王蔷, 孙薇薇, 蔡铭珂, 汪菁. 指向深度学习的高中英语单元整体教学设计[J]. 外语教育研究前沿, 2021, 4(01)：17-25；87-88.

[活动点评]

纵向有深度

从教研活动的路径看,教师先是带着问题跟师傅学,再是面对问题独立做,最后是带着方法教会别人做。从最初的问题提出到最后的问题解决,从学到做再到教,教研路径非常清晰,教研环节层层递进,教研要求由低到高,步步深入,可谓是有深度的教研。

横向有宽度

从教研活动的内容看,涉及备课、磨课、上课、评课和课例撰写五个方面,参与教师最后能够做到备课又快又好,磨课有理有据,上课又活又实,评课会圈会点,课例撰写有料有法,教师参与教研的收获颇丰,可谓是有宽度的教研。

内部有热度

从教师参加教研活动的热情看,教师由被动教研变为主动教研;教研形式由单兵作战到团队协作;教师心理由害怕展示到渴望纠错。这些足以说明这样的教研活动触及了教师的痛点,也触及了教师的兴奋点,激发了教师主动教研的欲望。是基于教师需求的教研,可谓是有热度的教研。

外部有温度

从教研活动中的反馈方式看,在备课、磨课、上课、评课和课例撰写的反馈环节中,提倡讲实话,找问题;讲真话,给策略;讲情话,助提升。可谓是有温度的教研,值得借鉴。

（点评人：上海市宝山区教育学院　厉天宝）

作者简介

　　陈丁娜,上海市行知中学英语教师,英语教研组长,宝山区教学能手。2018年获教育部"一师一优课、一课一名师"活动"优课";2018年获上海市中小学优秀作业、试卷案例评选活动一等奖;宝山区第十二届中青年教师教学评选活动一等奖;多次在上海市和外省市开设公开课,并做交流发言。

研习"空中课堂"双师模式，促进教师角色有效转型

上海大学市北附属中学　周　捷

引言：

"双新"理念引领教育教学方式的变革，经过诸多英语学科专家的推广，一线英语教师的学习和尝试，真实的课堂已经产生了不少喜人的变化。就笔者所在的上海大学市北附属中学而言，"双新"的落地，为我校英语教研组拨开了迷雾，指明了方向。本文旨在通过介绍我校英语组系列教研活动，阐明"双新"对我校英语学科发展带来的正向作用。

一、教研理念与经历

1. 教研理念：从"以教师为中心"向"以学生为中心"转变

随着《普通高中英语课程标准（2017年版）》（简称《新课标》）的正式颁布，语言能力、文化意识、思维品质、学习能力四大英语学科核心素养为广大英语教师理清了教学脉络，解释了应试与素质教育之间的关系。而在学科核心素养提出的背后，更是国家对教育转型的战略需要。英语学科作为核心课程，理应肩负起立德树人的重要使命。

《新课标》另外明确提及的三条纲要性目标分别是：

- 构建英语共同基础，满足学生个性化的学习需求。
- 实践英语学习活动观，提高学生语用能力。
- 建立以学生为主体的评价体系，促进素养内化。

不难看出，学生才是英语教学的主体。如何将英语教学从"以教师为中心"转向"以学生为中心"？如何在活动中，促进学生开展英语

学习？如何发挥教师的作用，赋能学生成为成功的学习者？这些问题都是当下英语教师的必修课。

同时，我校自 2010 年以来，一直以"生涯导航"为办校特色。无论是在学校的各类德育活动中，还是日常的学科课堂上，我校都以围绕学生发现自我特长，规划未来生涯为核心，培养学生的硬技能（文化知识、艺术特长等）和软实力（开朗、自信等健全的人格品质）。英语学科作为重要的人文学科之一，一直在我校的育人特色中承担着重要的作用，肩负着培养学生思维和表达能力、提振学生自信心、锻造学生创造力等助力学生人格成长的艰巨使命。

正是基于上述认知，笔者作为上大市北的英语教研组长，自 2017 年起，带领组内教师着重研讨"双新"背景下英语教师的角色转型这一命题。希望能够让我组英语教师从单一的"教育者"拓展成"设计师"和"关系员"，并最终在这三重身份中灵活切换，达到三位一体的境界。

2. 教研经历：基于标准，形成闭环

客观来讲，上大市北作为一所普通高中，生源情况不太理想。尤其近些年，随着初中生源的减少，中考录取成绩逐年下降。不断变化的学生情况，给我校英语教师提出了极大的考验。首先，学生的词汇、语法等基础语言知识极其薄弱。其次，学生的学习方式单一，学习习惯难以养成。最为关键的问题是，学生往往成为反馈黑洞。具体表现为，课堂上"哑巴英语"现象严重，课后也提不出问题；考试成绩不理想，却又不知道自己哪里不懂。而在教师端，教学理念明显落后，课堂灌输多，机械操练多，反复默写多；与学生课堂互动少，活动任务设计少，多样性巩固少。这些现象可概括为教师肯花的苦功多，巧劲少。

"双新"课改的到来，给我校英语教研组指明了奋斗的方向。市、区各级教研活动为我校英语教师打开了眼界，拓宽了思路，提供了示范。尤其是"空中课堂"系列课程，涵盖了新老上外版和上教版两套教材所有的教学课时，供我校英语教师参考模仿。这样优质的教学资源，不但为英语教师提供了模板，也让大家看到了教学的规范和标准，更为英语教研活动的提升提供了有力的支持。

反思之前的教研活动，活动主题散乱，往往只关注眼前的零碎问题，很难形成体系；活动过程中，教师们虽然能够各抒己见，但由于没有一个客观的标准和权威的参照，教研结论很难达成一致并具体落实执行，不能形成有效闭环；活动形式也相对单一，说说议议的方式，很难激

发教师深度思考。"双新"背景下的教研活动设计，主题更聚焦，单次教研活动的主题可以串联成一个完整的体系；理论学习，观课研讨，实践对比，反思总结，经验凝练这样的循环构成了教研闭环，有效地帮助教师提升教学能力；观摩视频，小组讨论，主题发言，公开课展示，课后反思撰写等等形式，激发教师有深度的教研思维。可以说，通过模仿"一月一研"主题教研活动，我校英语教研组拓宽了教研路径，丰富了教研形式，提升了教研质量。

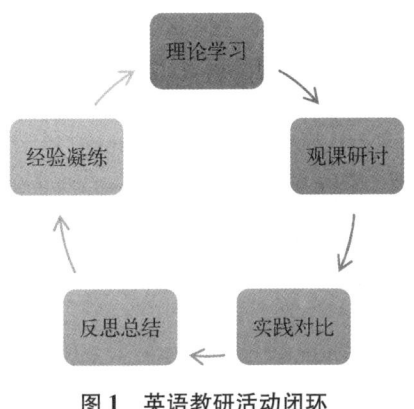

图1 英语教研活动闭环

二、教研活动设计与实施

1. 教研背景

随着上海市"空中课堂"精品课的推出，上海英语教学进一步探索了线上线下融合的教学"双师"模式。在广大师生共同学习"空中课堂"期间，笔者发现教育结构中的三个要素——教育者、学习方式和学习空间产生了巨变。

首先，教育者从教师变成了学生自己，家长和社会也有不同程度的参与。其次，学习从跟着教师听课到观看录播网课，然后上线与教师和同学互动，更加个性化。最后，脱离了既定的教室环境，学生置身家中，每位同学的学习空间都各不相同。

究其根本原因，"双师"模式的创新，带来了教育者、学习方式和学习空间三者之间新的连接方式，逼迫教师让出教育者的身份，转而由学生自己完成学习任务。教育部倡导的"以学为中心"；追求"个性化"的发展；技术拓展教学时空等等理念，在"双师"模式的规划下，从目标转变成了先决条件！

一个显著的问题摆在了我们，甚至全体高中英语教师面前——如何将"空中课堂"优质的教学资源效益溢出到线下的实体课堂中去？

在仔细研究了"空中课堂"的教学设计后，我校英语组一致认为，

"空中课堂"的教学难度适中,精准对标《新课标》中的学业质量水平;教学设计精巧,环环相扣,充分调动学习积极性,对我们日常的教学极具启发。"双师"模式中的第一师(空中课堂教师)圆满完成了任务。考虑到我校学生的学习基础、学习习惯和学习方式上的相对不足,在线教学期间,我组英语教师观察到学生独自观看"空中课堂"存在明显的困难,亟需教师辅助的现状,我校英语教研的重点应该是研究第二师,即使用"空中课堂"资源的英语教师自身如何转型,才能组织好课堂教学活动,激活学生开展有效学习。

2. 教研主题与范围

疫情期间的学生居家隔离的学习现状,复课后的学生成绩下降,以及这段时间中普通教师的无力感,恰恰让我们深刻地体会到了自身教学上最大的问题! 不破不立,不适当让渡"教育者"的权利,就不可能将学习还给学生,也就不可能转变成"以学生为主体""以学为中心"的教学模式。

因此,2020 学年,我校英语组的教研核心主题确定为"研习空中课堂双师模式,促进教师角色有效转型"。希望以《高中英语》(上外版)新教材的使用为锚,通过教研活动闭环,探索教师角色从"教育者"向"设计师",最终向"关系员"转变的渐进之路。

首先,我们客观地反思了自身主要的角色定位"教育者"——工作围绕所要传授的知识与技能展开。教师通过备课、授课、作业批改、考试的流程完成教学任务。教师就是导管,连接的两端都是容器,唯独是容器的类型不同而已,一端是书本,另一端是学生的大脑。我们既看到了"教育者"身份所取得的成绩,也认识到这个单一的身份仅能满足彼时彼处的教育需求,却无法胜任当前教育任务的现状。

然后,我们发表了各自"空中课堂"观课的体验,总结出当下教师一个更重要的角色身份——"设计师"。笔者归纳出几条"设计师"教师的共性原则:

- 能基于学生的学情,设计出梯度适当、内容适切、容量适中的课堂教学内容。
- 能从单元教学的视角做全局考虑,教学内容和教学流程设计促进学科素养的达成。
- 能为学习者提供个性化的指导和支持。
- 能将学习内容融入学习路径与学习体验中,将知识与知识背后的文化、思维、学习策略等整合起来。

例如，"空中课堂"每堂课的设计都以中等学生的能力为基准线，通过各类活动，充分调动学生的感官体验，加深学生对课程主题的理解。再如"双师"模式下，我组部分已经具备"设计师"思维的教师，能基于对自己学生性情的熟悉，巧妙地组织不同类型的线上群组，协调组员们完成各类学习任务。转型为"设计师"的教师，疫情中的作业布置和课后指导形式多样，学生作品中电子海报、主题演讲微视频、微电影、戏剧等等层出不穷。而在这些教学设计背后真正达成的，是教师对学生学习兴趣的开发，学习路径的引导和学习环境的创造。

最后，我们隐约察觉到教师一项更重要的角色使命——"关系员"。通过日常的教学和反思，我们感到教师缺乏对学生的"倾听"，无论是"教育者"还是"设计师"，我们都在对学生回答的语言对错给予评价和修订，而没有回应学生回答中透露出来的情感需求，教师和学生之间的关系还不够融洽。直到笔者有一次看到了李希贵校长的一句话，才豁然开朗。李校长说："教育学，首先是关系学。"

由此，我校英语组教研就形成了"空中课堂"促进教师角色转型的大主题，并围绕"双新联动""单元教学设计""数字化技术"等主题词，形成相互融合的子系列。

3. 教研内容与形式

以2020学年第二学期的教研活动为例，我校英语教研组组织了"双新联动，单元教学设计视野下的教师角色转型"系列教研活动。

表1 系列教研活动示例

主 题	任 务	形 式	时 间
1. 单元教材教法研究	研究"空中课堂"教学目标，教学设计如何体现精准的教材教法分析。	"空中课堂"课例学习	2021.2—2021.4（双周教研活动时间段）
2. 区级公开课展示	上外版必修三 Unit 2 Listening（周捷）上外版必修三 Unit 2 Reading B（王彤峻）	主题公开课展示	2021.5.10

主　题	任　务	形　式	时　间
3. 组内公开课教学研讨与反思	组内公开课说课，反思及经验提炼。	1. 讲座——说课汇报 2. "空中课堂"同课异构 3. 集体交流	2021.5.15

如上表所示，该教研主题通过《高中英语》（上外版）必修三 Unit 2 中的"听说"与"阅读 B"两个分课时的公开课教学实践为路径，探索"空中课堂"教学设计如何助推我校英语教师成为"设计师"，从而转变为"教育者"的角色，摸索学习活动观指引下，学生展开有效学习的范式。同时，通过比较"空中课堂"同课异构的教学设计，研究教学设计背后的理念，反思实际的教学效果，参悟"双师"模式互动与互补的原则。

4. 教研活动设计与实践步骤

参考市"一月一研"教研活动的常见形式，本系列校教研活动的主要形式为：观摩"空中课堂"课例，研学设计方案；组内教师教学设计，公开课展示；教师主题讲座，集体交流。具体教研流程如图 2。

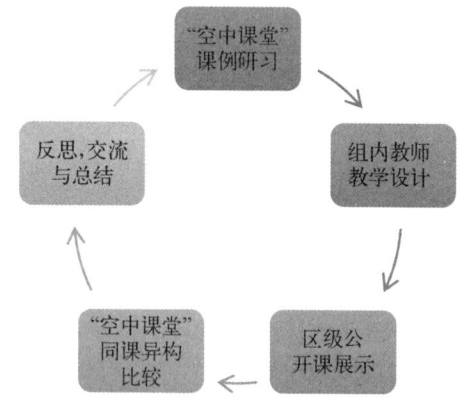

图 2　"双新联动，单元教学设计视野下的教师角色转型"系列教研活动

1）"空中课堂"课例研习

首先，笔者组织了教研组全体教师观摩了"空中课堂"上外版教材的优质课例。通过记录并分析这些模范课例的设计，总结提炼出"双新"背景下英语课堂教学设计背后的通用原则。

以上外版必修一 Unit One School Life，Lesson 1 Reading A：A Writing Assignment 的教学为例。这堂课由上海市行知中学杨梦婕老师设计。通过组内全体教师对该课任务链的研究，参照《高中英语单元教学设计指南》中 What、Why、How 的黄金圈模型，我们反推出了"空中课堂"教学设计对教材的分析。同样，通过组内教师们的探讨，大家达成共识，理清了该课在具体体现"六要素整合"理念的做法。在"语言能力"维度上，借助课堂活动展开课文核心词汇的运用，输入表达观点类的语言结构，如 I think/don't think Jim deserved A because...。在"思维品质"维度上，学生在预测、阅读、检验预测、讨论观点的过程中，理解故事写作重要的时间顺序，并能将事件、人物情绪变化和外在的行为表征在时间轴的框架内进行有逻辑的整合。在"文化意识"维度上，学生能在讨论结局的过程中，体验不同思维模式和价值观。在"学习能力"维度上，学生通过讨论、探究和交流活动，理解学习策略，如 viewing，skimming，scanning，timeline 的功能。

正是通过这样具体、扎实的课例学习，组内教师真切地感知到了单元教学设计法的方式，理解了英语教师不能仅仅是灌输知识点的"教育者"，应以"设计师"的身份来构建任务支架，这样的工作才更有意义。

2）组内教师教学设计

研讨之后，借助每学期校组内公开课交流的平台，每位英语教师各自准备一节公开课。其中周捷老师和王彤峻老师结合区内"双新联动，同学同教"项目，以上外版必修三 Unit 2 Art and Artists 为主题单元，分别设计了 Listening：Vincent van Gogh 和 Reading B：Banquet Speech 两节区级公开课。着重体现单元教学设计下教材教法分析，汲取"空中课堂"做法的营养，并考虑学情及线上线下课堂的差异，先对语篇进行了详细的分析，然后考虑各分课时之间的横向连接，基于学情，对标学业质量描述，完成了教学设计。

正是归功于效仿"空中课堂"有效、深入的单元教材教法分析，王老师才意识到这个语篇有诸多值得挖掘之处。虽然教材只给了 Reading B 一个课时的学习时间，但王老师还是果断地扩展了一个课时，将这堂公开课定位为本阅读的第二课时。笔者认为，这样的行为正体现了教师设计意识的觉醒。通过教研活动，我校英语教师开始初步理解"教教材"与"用教材教"的本质区别。

3) 区级公开课展示

2021年5月10日下午,周捷老师和王彤峻老师成功展示了这两节区级公开课。学校教研组全体成员和区域内各学校高一年级的英语教师参与了观摩和研讨,并得到了区英语教研员汤华老师的认可和点评。

这两节区级公开课得到了区内全体英语教师的一致好评。大家认为这两堂课充分体现了"双新"理念和学科素养,被汤华老师总结为:心中有课标,眼里有学生。

4)"空中课堂"同课异构比较

巧的是,"空中课堂"本单元该课时的教学同样在5月10日播放,分别由崇明中学的梅瑛老师和崇明区明本中学的裴安玉老师设计执教。

在随后的教研活动中,笔者组织了全体英语教师观摩"空中课堂"这两堂课的精选环节,比较了同课异构中教学设计的异同,认真反思了线上线下课堂教学各自的优势和特点,从而激发了组内教师对教师角色的深入思考。

首先是 Listening & Viewing 课时教学比较。

线上线下两堂课的教学目标都聚焦听力策略的训练;都依照教材要求,按预测—主旨—细节的认知顺序,完成两遍听力任务的教学;都关注了"看"的技能,运用多模态素材,如图片、视频等帮助学生建立语言与内容的联系,通过有效的支架设计,引导学生完成语义理解的构建。

两堂课在教学设计和教法上的不同之处首先在于,"空中课堂"的教学设计对听力关键词以 word bank 的形式预先给到学生,如troublesome,outgoing,creative,gentle 等,并默认学生不认识这些词,因而给出了英语注释。而笔者在设计与授课时,先激发学生自由判断,将学生生成的词语以 word bank 的形式板书下来。由于学生个体之间的差异,板书上既有简单的单词,如 poor,也有难词,如 aggressive。

其次,"空中课堂"的教学顺序是由听到说,而笔者线下课堂的教学顺序是由说到听再回到说。

最后,"空中课堂"的听后任务遵照了教材的设计,让学生自由讨论对艺术价值和公众认可度之间的关系(Q:Does popularity determine the quality of artworks?)。而笔者的听后任务回归到学生真实的学校

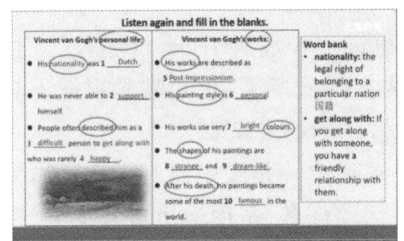 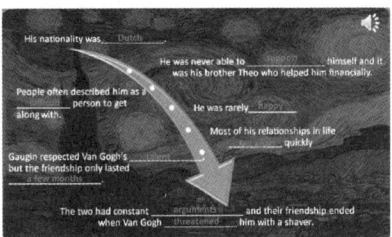

图 3 "空中课堂"梅瑛老师教学设计　　图 4 周捷老师线下教学设计

生活。任务设计为结合我校美术特色，让学生欣赏一幅学姐的画作，通过 jigsaw 活动，让每个小组获取画家不同的生平事迹，最后完成对画家的人物简介。

然后是 Reading B：A Banquet Speech 的课时教学比较。

这两堂课在设计上都能聚焦文本中的关键细节，引导学生展开深度阅读，聚焦核心问题：Do you think Dylan's songs are literature？Why or why not？学生在阅读、探索、交流的过程中，完成了文本内涵的理解。

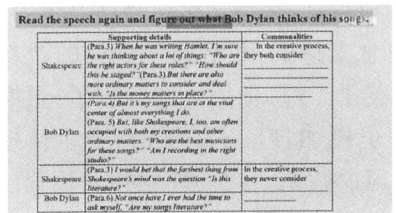

图 5 "空中课堂"裴安玉老师教学设计　　图 6 王彤峻老师线下教学设计

而两堂课在教学设计上，侧重点不同之处在于，王彤峻老师充分考虑到文本难度和学情，因此将本篇阅读拆分成了两个课时，在第二课时中给予了学生更多的时间和机会去探讨何为文学的这一深度话题。

5）反思、交流与总结

在随后的组内公开课专题反思教研活动中。我组教师以微讲座和沙龙的形式，交流了学习这四节课后的切身体验，并撰写对"双新"认知的相关主题论文。

例如，笔者通过比较"空中课堂"教学设计和自己教学设计的异同后，更深刻地理解了"形式—意义—使用"三维语言教学框架对线下课堂教学的积极作用。当笔者回忆起华东师范大学邹为诚教授在上海师资培训中心举办的系列研修活动中所强调的 EWL（Engage with language）教学法时，终于豁然开朗，也进一步理清了"听、说、看"三种技能之间系统性的关系。从而与组内教师分享了"单元教学视域下高中英语看、说、听融合式听说教学方式"的专题讲座。

再如，王彤峻老师的教学反思中提到："一是眼中要有学生。本课文本有难度，应设计适切学情的课堂活动任务，帮助学生搭建支架，使学生能够听懂指令并有效地融入课堂，充分参与任务，享受学有所得的成就感，从而对后续的学习注入自信与动力。二是心中要有课标。每一个环节的设计都力求找到课标支撑，由此带来的课堂变化是令人欣喜的。很多平时不出挑的学生，这次都能够有亮眼的产出，令我对后续的课堂开发充满期待。我校生源逐年走低是事实，但学生的学习需求确实存在，不能因为学生的能力或习惯问题就放低对他们的期望和要求。"

5. 教研活动成效

通过系列教研活动，我校英语组全体教师欣喜地观察到，直观地体会到并深刻地认识到，教师只有巧妙地设计，调动学生自身展开学习，教学才会有显著成效。在"双新"理念支持下，我们教学设计的改良取得了显著的效果。学生不再惧怕英语学习，他们更敢开口了，更愿意表达了，更主动参与活动了，从而也更加自信了。同时，学生情感态度上的转变也促进了他们课堂学习的效率。在环环相扣的教学设计中，学生学到想学的知识，能使用学到的技能，并在不知不觉中，提升素养。

正是看到了学生的转变，我校英语教师们初步体验到了从"教育者"向"设计师"角色转变的实际效果。学生的反馈是最好的证据，学生的成长是最大的激励。"空中课堂"优质教学资源的外溢效果，辐射作用已经得到了充分的证明。

同时，"空中课堂"作为单元教学的典范，更值得研究和学习的还有各课时之间、教学活动和作业任务之间、教学与评价之间如何衔接、配合与循环。这也为我校英语教研组之后的系列教研活动指明了目标和方向。其中更蕴含了教师从"设计师"向"关系员"更进一步提升的重要契机。可以说，本教研案例恰恰也是"双新"背景下，对校级高中英语教研活动设计范式的一次有效试点。

三、教研感悟

通过这个系列的教研活动，笔者再次反思了教研目标，即欣慰于学生和教师的变化，又深深地感受到了教研活动设计的重要与难度。正如"双新"驱动的教学方式变革一样，单元视角给予了教学活动系统性，教研活动的设计与成效同样要有系统性。

系统论认为，任何一个系统都不是由所有要素简单汇总而成，而是由要素、连接、功能这三大基础构成。而在这三者中，要素是最次要的，真正关键的是功能和连接。为什么要教研？因为教研改变教师。为什么要改变教师？因为教师承担起连接的重任，教师具备人的主观能动性、创造力和共情力。如果说新的教学方式是以学生为中心，让学生做学习的主人；那么新的教研方式同样应该以教师为中心，让教师成为教研的主人。未来的教研活动设计同样需要更上一层楼。

四、结语

"十四五"规划明确提出，国家的教育宏观目标是建设高质量的教育体系，深化教育改革，推进公共教育均等化。要达成该目标，就需要建设高素质、专业化的师资队伍，完善教师管理和发展的政策体系，提升教师教书育人能力。传统名校需要保持高水平的师资队伍，普通学校更需要提升师资队伍的水平，从而将教育的功能更广泛地辐射到整个社会。因此，作为一所托底学校的英语教研组，同样肩负使命，需要我们不断学习、实践、反思、总结。教研活动背后是教师学习共同体，教研活动更是每位教师专业发展最扎实的平台和路径，开展好每一次教研活动，就是实实在在为祖国的教育事业做贡献。

[活动点评]

上海大学市北附属中学英语教研组是一个充满活力，勇于面对挑战，敢于躬身实践，善于汲取经验，长于学习反思的团队。虽然学校的生源质量在区内靠后，学生的英语基础尤为薄弱，但是上大市北的英语教师们并不气馁,反而更有意识地主动将教学智慧从"育分"向"育人"转移。无论是学校的美育特色,还是"生涯导航"的办学理念,都有效助力该校英语教学专注在英语学科的核心素养上,通过多年参与到该校的教学、教研活动,我也明显地感受到该校学生精神面貌的改变。可以说,上大市北的学生在英语课堂上变得越来越阳光、自信、有朝气,直观地反映了英语学科的育人价值。

随着"双新"理念的落地,上大市北英语教研组团队积极学习市、区教研活动的成功经验,并能够按照自己的校情、学情,做出合理的调整。比如在这份教研案例中,我们可以清晰地看到市级"一月一研"主题教研活动的辐射作用已经渗透到了基层学校。通过提炼、整合、模仿"一月一研"的核心要素,上大市北的英语教研活动能够紧紧围绕"学双新理念,转变教师角色"的主题展开,并形成系列活动。教研内容有理论、有研讨、有课例、有反思,扎实有效地形成了研究闭环。并且通过学习、调整、比较"空中课堂"的教学案例,教研活动设计本身就有一个准绳,保证了教研理念准确,教研素材直接对标新教材,教研路径清晰具体。因此,教研活动包含了多节主题公开课,教学反思和教研论文这样实实在在的成果也就不足为奇了。也正是以这样"实"为基石,该校英语教师角色转变的"虚"才能让人观察到,感受到。这种基于标准,学习模仿,实践调适的循环式教研路径十分清晰,值得每一所学校尝试。由于每所学校的学情和特色差异,同样的路径也一定会产出个性化的成果,这样的做法同样兼顾了对创新性的保障。

当然,值得指出的是,由于"空中课堂"特殊的教学形式与常规的课堂教学依然存在诸多差异,教研活动也不宜过于拘泥于"空中课堂"的教学设计,将其奉为圭臬,还应该更深入研究"空中课堂"教学设计背后的教学原理,从"招法"转向"心法"。只有当教师"知其然"并"知其所以然"时,其角色转型才算是真正的成功。

(点评人:上海市静安区教育学院　汤华)

作者简介

周捷,上海大学市北附属中学英语教师,英语教研组组长。自从教以来,热爱并专注英语教学研究与实践,注重英语教学对学生全面的培养。教学中关注语言与文化,语言与思维的密切关系,倡导学习语言知识的同时也要感受英语独特的美感。随着"双新"的推动，作为静安区高中英语种子基地的学员，积极参与到课程改革中去，成为新教材试教组的一员。荣获多项教学技能、论文、课题奖项，并获区"百花奖"，区"园丁奖"等荣誉称号。